社会工作丛书·第二辑

社会工作实务手册

（第二版）

THE HANDBOOK OF
SOCIAL WORK PRACTICE
(SECOND EDITION)

朱眉华　文　军　主编

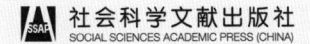

社会科学文献出版社
SOCIAL SCIENCES ACADEMIC PRESS (CHINA)

再版序言

改革开放40年来，我国社会学与社会工作的学科恢复重建工作取得了重大进展。在我国社会工作发展初期，高校开设社会工作专业课程与实际部门培训学习普遍缺乏本土教材参考。为了改变这种局面，社会科学文献出版社支持我组织出版"社会工作丛书"。在大家的共同努力下，2001年《个案社会工作》和《团体社会工作》率先出版，此后《社区社会工作》和《社会工作行政》等相继面市，成为我国大陆第一套教师自己编写的教材。这套丛书的特点是，结合实际阐述社会工作理论与实务，具有鲜明的本土创新性，得到了使用方的普遍好评。

这套丛书自出版以来，每年开学季都会重印，发行量平均在万册以上，有的教材销量超过6万册。为什么会取得这样好的市场反响？我想主要在于以下两点：第一，当时正值我国社会工作学科兴起与大发展时期，社会上对学习社会工作专业知识也热情高涨，但缺乏本土社会工作教材，因此这套丛书实现了供求及时对接。第二，得益于参与写作的老师与出版社的共同努力。当时，参与教材编写的作者大多是开设社会工作专业课程的大学老师，在怎么使自编的讲稿成为公开出版的教材方面还没有经验。书稿交到出版社以后，编辑根据出版要求提出不少修改意见和建议。这样，每本书经作者和编辑反复修改才出版，从而保证了书稿的质量。实践表明，这套丛书对社会工作教学、研究与实践都发挥了推动和引领作用。

现在，社会科学文献出版社决定再版这套丛书。再版教材的作者与读者，应认清我国社会工作发展的阶段性特征：社会工作教育从数量扩张转向质量提升，社会工作政策从基本框架形成转向体系化完善，社会工作专业服务从行业标准化向管理制度化转变，社会工作实务在蓬勃发展的同时迎来了社会工作理论的创新繁荣，社会工作专业化进入高质量发展的新阶段。

我国即将全面建成小康社会，开启基本实现现代化的新征程。人民美好生活需要日益广泛，不仅对物质文化生活提出了更高的要求，在民主、法治、公平、正义、安全、环境等方面的要求也日益增长。提供与此相适应的社会工作与管理，就必须实现创新发展，使社会工作成为社会建设、社会治理现代化的重要组成部分。在专业化、社会化、信息化、智能化过程中，推进社会工作理论、方法、政策与实务的高质量发展。立学为民，治学报国。无论是社会工作领域的研究者还是教学工作者，都必须"多到实地调查研究，了解百姓生活状况"，"着眼群众需要"。通过对中国特色社会工作实践进行总结及案例分析，提炼符合中国社会工作实际的新概念、新观点、新理论。运用大数据与人工智能，为服务对象挖掘数据中蕴藏的价值，实现社会工作的集成式和高效化发展，促进社会工作在更大的场域发挥实时性作用，走出一条具有中国特色的现代社会工作发展之路。

作为这套丛书的主编，我期待再版的每一本教材都能更加全面地总结我国社会工作的本土实践与模式创新的经验，也关注与借鉴国外社会工作方法与实务的进展；期待今后这套丛书在推进我国社会工作创新发展、在社会工作教学与实践中发挥更大的作用。

宋林飞

中国社会学会原会长、南京大学教授

2019 年 3 月 11 日

目 录

第一章　社会工作概述 …………………………………………… 001
　第一节　社会工作的产生 ………………………………………… 001
　第二节　社会工作专业理论 ……………………………………… 005
　第三节　社会工作与相关学科 …………………………………… 011
　第四节　社会工作方法 …………………………………………… 014
　第五节　社会工作的发展趋势 …………………………………… 017

第二章　社会工作的职业特质 …………………………………… 022
　第一节　社会工作的专业化 ……………………………………… 022
　第二节　社会工作的职业化 ……………………………………… 025
　第三节　社会工作的专业价值 …………………………………… 028
　第四节　社会工作职业守则 ……………………………………… 031
　第五节　社会工作者资格认证 …………………………………… 033
　第六节　社会工作者的角色 ……………………………………… 036

第三章　社会工作实务通用过程 ………………………………… 039
　第一节　接案 ……………………………………………………… 040
　第二节　预估 ……………………………………………………… 053
　第三节　计划 ……………………………………………………… 066
　第四节　介入 ……………………………………………………… 077
　第五节　评估 ……………………………………………………… 101
　第六节　结案 ……………………………………………………… 109

第四章　社会工作实务具体方法 ... 120
 第一节　个案工作方法 ... 120
 第二节　小组工作方法 ... 131
 第三节　社区工作方法 ... 142
 第四节　社会工作行政 ... 152
 第五节　社会工作督导、咨询与研究 ... 162

第五章　社会工作实务常用模式 ... 174
 第一节　社会工作实务模式概述 ... 174
 第二节　心理社会治疗模式 ... 178
 第三节　行为治疗模式 ... 185
 第四节　人本治疗模式 ... 193
 第五节　理性情绪治疗模式 ... 199
 第六节　家庭治疗模式 ... 204
 第七节　小组社会工作模式 ... 214
 第八节　社区服务模式 ... 219
 第九节　赋权模式 ... 221
 第十节　叙事治疗模式 ... 228

第六章　社会工作实务基本技能 ... 235
 第一节　自我探索 ... 235
 第二节　会谈技巧 ... 242
 第三节　建立关系技巧 ... 252
 第四节　讨论技巧 ... 262
 第五节　影响技巧 ... 269
 第六节　活动策划 ... 277
 第七节　评估技巧 ... 289

第七章　社会工作实务主要领域 ... 299
 第一节　儿童社会工作 ... 299

第二节 青少年社会工作 …………………………………… 305
第三节 老年社会工作 ……………………………………… 311
第四节 残疾人社会工作 …………………………………… 317
第五节 妇女社会工作 ……………………………………… 323
第六节 矫正社会工作 ……………………………………… 329
第七节 社会救助社会工作 ………………………………… 334
第八节 家庭社会工作 ……………………………………… 339
第九节 学校社会工作 ……………………………………… 345
第十节 医务社会工作 ……………………………………… 351
第十一节 社区社会工作 …………………………………… 357

第八章 社会工作实务相关资源 ……………………………… 364
第一节 志愿者 ……………………………………………… 364
第二节 家庭 ………………………………………………… 368
第三节 学校 ………………………………………………… 371
第四节 社区 ………………………………………………… 374
第五节 重要他人 …………………………………………… 377
第六节 社会组织 …………………………………………… 379
第七节 政府组织 …………………………………………… 383
第八节 社会政策 …………………………………………… 386

参考文献 …………………………………………………………… 390

后 记 ……………………………………………………………… 399

第一章 社会工作概述

社会工作既是一种助人自助的专业化思维理念与工作方式，也是一种促进社会公平正义的现代精神。改革开放以来，随着我国社会经济的飞速发展，各种深层次的社会问题也逐步显露出来。为确保我国社会的和谐稳定与社会经济的可持续发展，一种以助人为宗旨，运用各种专业知识、技能和方法来解决社会问题的职业——社会工作——应运而生。可以说，社会工作是21世纪我国确立的一种新的国家职业类别。这不仅标志着社会工作在我国正式走上了专业化与职业化的道路，也标志着我国社会工作事业经过多年的培育与发展开始走向成熟。面对社会工作的专业化和职业化，社会工作者不但要具备一定的社会学、心理学和经济学知识，了解社会工作专业理论，还要掌握个案、小组、社区等工作方法，并将这些知识、理论和方法融合在一起，灵活地运用到解决实际问题的过程中去。

第一节 社会工作的产生

作为西方工业革命的产物，社会工作在我国古代也有它的思想根源。西方的宗教和慈善运动与中国的赈灾济民实践，是社会工作产生的直接基础，或者可以说是早期初级形式的社会工作（陈良瑾，1994：2）。虽然我国与西方有着同样悠久的社会工作思想传统，但现代意义上的社会工作在我国开始较晚，因此，考察西方社会工作发展的历程对我们吸取国外优秀的经验、继承我国优良传统、指导我国社会工作良性发展有着重要的意义。

一 社会工作的含义

社会工作（Social Work）在一些国家又被称作社会服务（Social Service）或社会福利服务（Social Welfare Service）。尽管在实务操作层面，各个国家社会工作的性质及工作领域都大致相同，但在理论认识层面，人们对社会工作的认识是"仁者见仁，智者见智"，尤其是对"社会工作"概念的界定不尽相同。1947年联合国在调查各国社会工作教育情况时，33个国家就提交了33种不同的定义。不同学者对社会工作的界定更是五花八门。归纳起来，学者们对社会工作大体上是从五种不同的视角来界定的。

第一种视角是把社会工作看作一种"活动"。例如，联合国1960年出版的《国家社会服务计划的发展》一书指出，"社会工作是运用个人潜能与社会资源，以协助个人调适环境的一种方法和技术"。陈良瑾（1994：1）认为"社会工作是一种活动，用以帮助个人与其社会环境获得更好的相互调适"。李迎生（2004：6）根据当时中国的国情将社会工作定义为，"社会工作者运用专业知识与方法帮助社会上处于不利地位的个人、群体和社区，克服困难、解决问题并预防问题的发生，恢复、改善和发展其功能，以适应和进行正常的社会生活的服务活动"。

第二种视角是把社会工作看作一种"专业"。例如，我国台湾学者叶楚生（1986：33）指出，"现代社会工作或称社会事业，系指由政府机构或私立社团，所从事以协助个人、家庭、团体或社会发挥其潜能，调整其关系，或接触或预防其问题，并改进其生活或促进其福利的一种专业工作。它是一种有组织且具连续性的专业服务。需用现代科学知识与科学方法"。美国《社会工作年鉴》也认为社会工作是一种"专业工作"。

第三种视角是把社会工作看作一种"学科"。例如，在社会工作机构中我们常常听到"我是学社会工作专业的"这句话。很显然，在这里，社会工作是作为一门专业在大学中存在的。目前在我国大学的学科设置中，社会工作主要是专门研究、探讨有关帮助人群调整社会关系、解决社会问题的学问。尽管社会工作尚未取得独立的一级学科地位，但对于其作为社会学下的一个二级学科的地位，大家一般是认同的。

第四种视角是把社会工作看作一种"职业"。例如，我们常说，社会工作已被正式纳入国家职业序列之中，成为一种新的职业。很显然，在这里，我们首先把社会工作看作一种专门的职业。许多学者也指出，社会工作区别于传统助人活动的原因之一就在于，它是一种专门的职业，是运用科学的方法和艺术的手段去解决各种社会问题的职业。

第五种视角是把社会工作看作一种助人的"制度"。例如，西柏龄认为，"社会工作是一种协助人们去预防和解决社会问题，恢复并增强他们社会生活功能的一种社会制度化的方法"（参见陈良瑾，1994：1）。一般来说，社会工作是由政府或民间组织提供的一种规范化的、制度化的专业服务，因此被纳入现代社会的制度系统中，成为一种贯彻执行政府福利政策、确保社会稳定的不可或缺的社会制度。

上述五种视角从某个方面概括了社会工作的性质和社会工作的某些特征。结合国家职业标准对社会工作的定义，我们认为，社会工作是在助人自助价值理念的指导下，通过运用个案、小组、社区、行政等专业方法，来帮助机构和他人发挥自身潜能、协调社会关系、解决和预防社会问题、促进社会公正的一项专业性工作。

二 社会工作的产生

作为一种专业性的助人工作，社会工作首先是在西方社会的土壤中萌生的，且大多与西方早期的慈善活动相关。这些慈善活动主要是由教会开展的。它们本着人道主义精神和博爱的思想，积极开展保护妇女和儿童、帮助老弱病残的活动。另外，倡导文艺复兴的资产阶级极力主张恢复古希腊和古罗马时期以人为本的思想文化也为以后社会工作的发展提供了思想上的准备。

从社会发展来看，18世纪中后期西方资本主义国家先后完成了工业革命。工业革命的完成使资本主义国家的经济高速发展，但同时带来了许多社会问题，贫富差距急剧扩大，两极分化更加严重。社会上出现了大量的贫民和无家可归的人，原有的社会结构和社会关系的平衡被打破，阻碍了社会发展。因此，社会工作的出现就是尝试解决社会问题的方法之一。我们大体上可以把社会工作从萌芽到作为一个专业被正式承认划分为三个阶段。

第一个阶段：萌芽期——侧重于社会救助实践活动的社会工作。

作为工业革命的发源地，英国是遭遇现代社会问题最早的国家之一。1601年，英国女王伊丽莎白颁布的《济贫法》规定，以社区为单位，对无亲属照顾的贫民实行有条件的救济。该法案正式承认政府有济贫的责任，并初步建立了社会救济制度与救济工作方法。

1788年，德国汉堡市实行了旨在解决贫穷问题的救济制度——汉堡制。汉堡制规定，在汉堡市设立一个中央办事处，综合管理全市救济业务，全市分为若干区，每个区设一个监察员和若干赈济员。1852年，德国爱尔伯福市仿效汉堡制并加以改良，将全市划分为544段，每段约有居民300人，其中贫民不超过4人；每段设赈济员一名，综合管理全段济贫工作；全市每14段为一个赈济区，每区设一个监察员和一个赈济委员会。这样使救济工作更加组织化和科学化，这些做法对以后的社会救济制度产生了积极影响。

第二个阶段：发展期——侧重于慈善组织活动的社会工作。

19世纪中后期，由于工业化迅速发展，英国失业人口日渐增多，针对济贫法实施效果不好的情况，各种民间慈善组织开始出现。1869年，在英国亨利·索里牧师的倡导下，伦敦成立了第一个慈善组织协会。这种做法弥补了政府推行济贫活动的不足，同时从更广泛的范围向失业者和贫民提供帮助，推动了社会救助事业的发展。1869年伦敦慈善组织协会成立后，世界上的其他城市纷纷仿效，之后其影响更是远及美国。1877年，美国牧师哥尔亭在布法罗市成立了美国第一个慈善组织协会。在之后的短短6年时间里，美国的慈善组织协会就达到了25个。英、美两国慈善组织协会得到了蓬勃发展。

继慈善组织协会之后，英、美两国又兴起了睦邻组织运动，这是一次对社区服务的改造运动，鼓励志愿者广泛、深入地参与社区生活，调动并利用各种社会资源为社区居民服务。

第三个阶段：专业化时期——侧重于职业化和专业化的社会工作。

1896年，美国成立了纽约慈善学院（后更名为哥伦比亚大学社会工作学院），紧接着荷兰也成立了阿姆斯特丹社会工作学院。1904年和1908年，波士顿、费城、圣·路易斯也相继建立了类似的社会工作学院，正式教授社会工作知识，开展了专业化的社会工作教育。直到第一次世界大战，社会工作才被认为是一个独立的专业。1935年，美国国会通过了《社会保障法案》，第一次将"社会保障"正式写入立法文献，形成了一项国家制度。社会工作此时更加突出其在救助贫困和弱势群体方面的专业性和特殊性，成为促进社会发展最重要的专业之一。20世纪50年代以后，随着个案社会工作、小组社会工作等社会工作专业方法的建立和西方国家一系列制度化、职业化社会工作制度的出台，社会工作的职业化和专业化得到了人们的广泛认同与肯定。

第二节 社会工作专业理论

在实践中，人们是通过一定形式的理论去反映和解释现象的。因此，理论的主要作用是解释和预测，而判断一个理论的标准也就是其解释力和应用范围（林聚任、刘玉安，2004：46）。长期以来，社会工作比较偏重于实务训练和实践操作，导致许多人对社会工作理论产生了偏见，认为社会工作主要是一种操作层面上的经验方法，不需要建构自己的理论，只要从其他学科中吸取一些知识就足以应付实务了。这种认识无疑是错误的。一个学科如果不建立起自己独立的理论体系，就无异于取消自己在学科体系中存在和发展的理由。

一 社会工作理论的发展与作用

一般而言，理论是概念、定义和命题的逻辑演绎 - 归纳体系的一种陈述。任何理论都是与事实相关、与实践相联的。社会工作理论是借助一系列的概念、判断、推理表达出来的关于社会工作本质及其规律性认知的知识体系。社会工作是处理人际关系和社会环境中不同人群的问题的，因此，社会工作理论就是由特定的说理过程、知识系统和行动程序构成的，从而使得社会工作实务过程富有有效性和非伤害性（文军，2013：4）。其内容涉及为什么是社会工作、如何做社会工作以及服务对象世界的本质三个层次（宋丽玉等，2002：5）。

虽然一直以来理论研究在社会工作中没有受到足够的重视，但是作为一门学科，它从成为一门专业以来就不断在各个学科中寻找理论支持，融合与发展始终是社会工作理论自身不断完善的主旋律。西方学者对社会工作理论的分类一直存在着二分法、三分法甚至四分法的争辩，其中影响较大的如大卫·豪（D. Howe）、蒂姆斯（F. J. Timms）、西本（M. Sibeon）、皮拉里斯（J. Pilalis）、特纳（F. J. Turner）、佩恩（M. Payne）等。大卫·豪认为，一个完整的社会工作理论至少应该包括两大部分：为社会工作的理论和社会工作的理论。前者关注的是人与社会、人类行为与社会环境的关联，后者则涉及社会工作的本质、目标与过程。蒂姆斯将社会工作理论划分为"借用理论"和"实践理论"两种类型。前者回答什么是社会工作，社会工作的本质特征、价值、目的、伦理、知识基础和方法论等基本问题。后者阐述社会工作如何行动、如何介入和干预。皮拉里斯按照理论的抽象程度，将社会工作理论范式划分为三个部分：宏观理论、中观理论和实践理论。其中，中观理论又包含解释性理论和介入模式理论两种类型。列维（C. S. Levy）则从对社会工作实务操作过程产生影响的角度出发，将社会工作理论划分为应然、使然和实然三种类型。应然性的社会工作理论主要是解释社会工作应该是什么，如女性主义理论、增强权能理论等；使然性的社会工作理论主要是解释社会工作可以如何做，如系统理论、生态系统理论、危机干预理论、任务中心理论等；实然性的社会工作理论主要是解释服务对象世界实际是什么，如精神分析理论、认知行为理论、社会支持网络理论等。与列维相似，西本也极为关注"服务对象"，明确提出了社会工作理论应当在关于什么是社会工作的理论、如何开展社会工作的理论之外，加上有关服务对象世界的讨论。可以说，西本的分类对后世学者的影响甚大，如特纳以聚焦领域的不同，将社会工作理论范式划分为三类：强调服务对象本身的特性、强调服务对象的行动能力和强调服务对象与社会的关系。佩恩根据服务对象的不同取向对社会工作理论进行了分类，包括个人主义－改良主义理论、社会主义－集体主义理论和反思式－治疗性理论。而多米内利（L. Dominelli）则把佩恩的这三种理论进一步命名为"治疗性援助取向""解放取向""维护取向"三大社会工作理论范式。下面，我们根据佩恩的分类，详细阐述社会工作中的下述三种理论类型（Payne，2005：4－5）。

一是个人主义－改良主义理论。这种理论取向视社会工作为向社会中的个人提供福利服务中的一个组成部分。因此，它认为社会工作的主要目的是为服务对象提供资源与服务，解决个人问题，满足个人需要。

二是社会主义－集体主义理论。这种理论取向认为，一方面，社会工作的目的是加强群体合作性及相关支援的关系，务求改变弱势群体的社会地位，甚至使他们认识到建立其他社会制度的可能性；另一方面，社会工作与当权精英相对立。

三是反思式－治疗性理论。这种理论取向认为，社会工作应该致力于追求美满的个人、社区与社会生活状况，方法是尽量帮助个人改善社会环境、认识自我潜能和追寻自我完善。

西方社会工作理论的发展源自1917年里士满的《社会诊断》一书，

书中运用社会学理论指导社会工作的实践工作。20 世纪 40 年代之后，心理学的精神分析在社会工作理论中逐步占据重要地位，并取代社会学成为主流的工作理论。20 世纪六七十年代之后，社会工作理论逐渐多元化，各个学科的理论都被融入社会工作，并形成了其特有的理论方法。20 世纪 80 年代，西方国家对贫穷救济政策的反思导致社会工作的危机和转机。从这时起，政治学、经济学、公共行政等学科知识纷纷被社会工作采用。后来系统理论、生态学等学科的知识又介入社会工作理论，使社会工作的理论更加丰富。表 1-1 清楚地展示了社会工作理论发展的主要历史过程。

表 1-1 社会工作理论发展的主要历史过程

时间	理论、流派、模式、视角	主要人物和代表性著作	主要理论背景
19 世纪 90 年代~20 世纪 20 年代	社会诊断	里士满（Mary Richmond）：《社会诊断》（1917 年）	社会科学和医学科学的慈善观
20 世纪 30 年代	功能学派	奥托·兰克（O. Rank）：《出生创伤》（1924 年） 塔夫脱（J. Taft）：《个案工作中功能与过程的关系》（1942 年） 罗宾逊（V. P. Robinson）：《个案工作的技巧》（1942 年）	心理动力理论 自我心理学
	诊断学派	汉密尔顿（G. Hamilton）：《个案工作的基本概念》（1937 年）	自我心理学
20 世纪 40~60 年代	心理社会学派	汉密尔顿（G. Hamilton）：《个案工作的理论与实践》（1950 年）	自我心理学
	人本中心模式	罗杰斯（C. R. Rogers）：《患者为中心治疗》（1951 年）	人本主义心理学
	问题解决模式	帕尔曼（H. Perlman）：《个案工作：问题解决的过程》（1957 年）	学习理论
	家庭治疗模式	帕森斯（T. Parsons）等：《疾病、治疗与美国现代城市家庭》（1952 年）	家庭心理学
20 世纪 70 年代	任务中心模式	雷德（W. J. Reid）、爱波斯坦（L. Epstein）：《任务中心个案工作》（1972 年）	系统理论
	危机干预	高兰（N. Golan）：《危机处理》（1978 年）	生态理论

续表

时间	理论、流派、模式、视角	主要人物和代表性著作	主要理论背景
20世纪70年代	系统模式	平克斯（A. Pincus）、米纳汉（A. Minahan）：《社会工作模式：实践和方法》（1973年）	行为理论
	赋权视角	所罗门（B. Solomon）：《黑人增权：被压迫社区的社会工作》（1976年）	批判理论
20世纪80年代	生态系统理论	吉特曼（C. B. Germain）、杰曼（A. Gitterman）等：《社会工作中的生命模型》（1980年）	系统理论
	认知行为治疗	贝克（A. T. Beck）：《认知治疗与情绪障碍》（1989年）	认知行为理论
	寻解取向	沙泽（S. de Shazer）：《短期治疗中解决问题的关键》（1985年）	社会建构主义
	女性主义社会工作	多米尼利（L. Dominelli）、麦克劳德（E. Mcleod）：《女性主义社会工作》（1989年）	后现代主义
20世纪90年代	优势视角	撒贝（D. Saleebey）：《社会工作实践中的优势视角》（1992年）	女性主义
	叙事治疗	怀特（M. White）、爱普斯顿（D. Epston）：《叙事治疗的力量》（1990年）	后现代主义
	灵性视角	坎达（E. R. Canda）、弗曼（L. D. Furman）：《社会工作中精神的多样性：帮助的核心》（1999年）	社会建构主义
	结构式社会工作	穆拉利（R. P. Mullaly）：《结构性社会工作：意识形态、理论与实践》（1993年）	后现代主义
	激进的个案工作	福克（J. Fook）：《激进个案工作：一种实践理论》（1993年）	折中主义
	存在主义式社会工作	汤普森（N. Thompson）：《存在主义与社会工作》（1992年）	文化多元主义
	反压迫实践	达林普（J. Dalrymple）、伯克（B. Burke）：《反压迫实践：社会关怀与法律》（1995年）	马克思主义
	个人-环境实践模式	肯普（S. P. Kemp）等：《人与环境实践：人际互助的社会生态》（1997年）	—
2000年至今	整合模式	拉金（H. Larkin）：《将社会工作作为一个整体职业》（2006年）	后现代主义 文化多元主义
	发展性社会工作	格雷（M. Gray）：《发展性社会工作：社会发展的优势实践》（2002年）	社会发展理论
	关系视角	弗雷瑞德（F. Folgheraiter）：《关系社会工作：走向网络和社会实践》（2004年）	关系理论

资料来源：罗国振、文军，2006：19。

作为一门实践学科，社会工作在发展的早期借用了大量其他学科的理论和方法。但随着社会工作的不断发展，加之对理论的不断实践与反思，社会工作已经发展出自己的实践理论模式，即内生理论。任务中心模式、优势视角、个人-环境实践模式都是社会工作在综合不同知识体系的基础上独立提出来的。这表明社会工作理论已经走上了自我发展的道路。

虽然社会工作实务中会涉及很多具体、细微的实际问题，很难将理论与之相联系，但实际上这是对社会工作的一种误解。实践经验和理论知识并不是相互排斥的。经验能够帮助社会工作者在实践操作中驾轻就熟，缺点在于它比较片面，需要依靠时间的积累。而理论知识则是对大量经验进行总结、提炼，概括出共性的知识，并用抽象与精练的语言加以说明，让学习者能够把握内在的规律，特别是现代社会工作制度的建立与运作、方法与技术体系的形成与发展等必须要有理论指导。因此，理论建构与实践经验实际上是相互促进的。理论建构对实践经验的作用主要表现在：①适当的理论使原本孤立的变量在实践经验中确立起一致的相关性；②理论的进步会推动实践经验的发展；③理论对实践经验具有规范和指导作用；④理论可以预测实践经验的结果。而社会工作的实践经验对其理论发展也同样具有非常重要的积极作用，主要表现在能够恰当地激发理论、重塑理论、修正理论和澄清理论等方面。

二　几种主要社会工作理论

西方社会工作经过 100 多年的发展，已经在理论建构方面日趋成熟。尽管从理论的来源去分析，迄今为止，社会工作理论或多或少都带有较为明显的借用其他学科的痕迹，但作为一个相对后来的社会科学理论，其理论的发展已经取得了较大的进步。有关社会工作的理论流派繁多，马尔科姆·佩恩在《现代社会工作理论》一书中，详细介绍了当时比较有影响的一些社会工作理论，其中主要包括以下几种（Payne，2005：19-23）。

1. 心理动力学理论

这个理论受到弗洛伊德的影响，是社会工作中第一个具有很强解释力的理论，为后来的理论发展创造了生存环境。它影响社会工作特别重视感觉和潜意识因素（儿童时期、早期关系、母爱剥夺），而不是事件和想法。很多社会工作常见的概念，如潜意识、洞察、攻击、冲突、焦虑、母子关系、移情等都来自心理动力学理论。

2. 认知行为理论

这是以认知心理学为基础形成和发展起来的一种社会工作理论，其本质是将心理与行为分离。这种方法只获得在特定机构针对特定服务对象群体的有限运用，如用于精神病院，或是用于纠正青少年的认知行为偏差。因为这种方法的主要任务是帮助服务对象获得对世界的正确认识或提高理性思考的能力，从而使服务对象的行为能得到正确的、理性的指引。

3. 系统和生态视角

这个理论受到斯宾塞社会达尔文主义的影响。其中，系统理论在20世纪70年代对社会工作产生了巨大的影响，它主要包括一般系统理论和生态系统理论两种形式。系统理论是为了回应对心理动力学理论的不满而出现的众多不同的理论进展之一。这个理论在一定程度上弥补了心理动力学理论不能充分回应社会工作中对整体社会关注的不足。

4. 社会心理和沟通模式

这是以社会心理学、人类学和社会语言学中有关人际沟通的一些理论为基础而形成的一种社会工作理论。这一理论与知识的社会建构和后现代视角有直接关联，涉及理解人类如何独自和在社会情境中赋予特定的世界观以意义。这一理论的一个基本任务是帮助人们消除沟通过程中的障碍，使人们的沟通得以顺利完成。

5. 人本主义和存在主义视角

人本主义相信人是具有理性的，可以选择并自由行动。存在主义关注人类对于其生存这一事实的意义。佛教的禅宗被认为与人本主义和存在主义有关系。这一理论的任务就是去努力"理解"服务对象的"意义世界"及其存在的矛盾，帮助他们顺利重构自己的"意义世界"。

6. 赋权与倡导理论

赋权与倡导的理论背景包括管理学理论与实践，以及一些保守性的政治意识形态。它通过提高个体运用权力的能力与自信，或者从环境中向个体注入一定的权力等方式，去帮助服务对象获得对自己生活的决定权与行动权。赋权的目标在于释放并转移一定的权力给服务对象，以使其能够控制自己的生活。倡导实际上也是赋权的一部分，可以被用于争取资源或改变强势群体对服务对象的看法。

其他的理论还包括家庭治疗理论、危机干预和任务中心模式、社会发展和社区发展理论、关系理论、激进视角和马克思主义视角以及反歧视和反压迫视角等。

然而，日趋多元的社会工作理论并未给社会工作带来真实的繁荣，反而使社会工作在具体实践中与理论产生分歧，影响社会工作专业服务的有效性。近年来，整合理论的出现缓解了社会工作理论多元化与多样化在实践层面的尴尬，为社会工作带来一种更加有效、更加系统的工作思路。整合理论尝试建构一个统一的理论体系，使社会工作的理论与实践置于同一个屋檐下，从而有助于社会工作者开展实践（文军、吴越菲，2016）。

与社会学、心理学等社会科学的理论不同，社会工作不仅要致力于推进理论建设，更要注重理论建设的有效性问题。因为社会工作的特征决定了其实务过程更直接地同特定的社会变迁联系在一起，而受助对象往往就是这一变迁中的弱势群体，这使社会工作具有更加强烈的问题导向和时效导向。

第三节　社会工作与相关学科

社会工作是一门关于人的科学，其中包括如何处理好人与人、人与群体、群体与群体之间的关系，如何解决人们在社会生活中面临的各种困难，如何调试由于经济发展所带来的社会的不协调，如何缓解受助对象的心理压力，等等。而这涉及社会科学的多个学科，包括社会学、经济学、心理学、政治学、法学、伦理学、教育学等。

一　社会工作与社会学

社会学是从社会整体出发，综合研究社会行为、社会关系及其变化发展规律的一门应用性社会科学，在整个社会科学领域中占有极其重要的地位。它不仅是社会科学的基础性学科，也是一门与现实生活息息相关的应用性学科。19世纪30年代，孔德提出"社会学"一词，社会学真正走上历史舞台。虽然社会学和社会工作的产生和发展都和当时欧洲近代工业的发展和急剧的社会变迁密切相关，但是社会学的产生早于社会工作。由于它们最初产生的社会背景相同，研究的问题也相似，人们自然而然地运用了社会学的研究方法，当时的社会工作专业培养也是在社会学的名义下进行的。

实际上，社会工作者在工作中时时刻刻都会运用到社会学的知识和方法：如果面对的是单个的对象，就要关注社会学行为研究、社会化的过程以及家庭和社会学对个体成长的影响，找出问题的症结；如果面对的是一个团体，就要对这个团体进行研究，借助团体运动的方式为个人进行社会行动提供途径，教会个人如何在团体中活动并发挥自己的作用，如何借助团体的力量去实现社会目标。对于儿童和青少年而言，除了家庭与正式的社会组织之外，长期互动、志趣相同的朋辈团体也发挥着重要作用。可以说，社会学中关于人类群体和群体行为的研究在理论和实践上为社会工作提供了重要的方法和依据。当社区组织或社区发展成为某一地区的主题时，对社区结构（包括社区组织结构、社区权力结构、社区人口结构）及社区文化的研究分析就成为开展社区工作的关键，而这与社会学有直接的关系。

当然，社会学的研究领域远远超过社会工作，而且更倾向于进行理论化的解释。它涉及人类生活的方方面面，可以说只要有人并且存在互动的地方，就有社会学。社会工作考虑的是如何通过实践帮助社会中面临困难的个人和团体战胜困难，并在社会中重新找到自己的位置。所以，只要是能够解决问题的方法和理论，社会工作都要"拿来"，将其改造成为指导实践的工作方法。

二 社会工作与心理学

作为社会科学两个重要的分支，心理学和社会学一样，对社会工作有着重大的影响。心理学有许多分支，如普通心理学、生理心理学、社会心理学、教育心理学、发展心理学和医学心理学等。其中对社会工作影响最大的是普通心理学、社会心理学和发展心理学。

普通心理学研究的一个重要方面是心理现象的一般规律，如有关感受性的测量和各种感知觉的机制，学习与记忆的形式和过程，思维的各种操作，言语的知觉和理解，以及能力的测量、人格的结构，等等；另一个重要方面是心理学基本原理，近代心理学史上出现过许多重要的心理学思潮，如早期的构造心理学、机能心理学，以及行为主义心理学、精神分析、格式塔心理学和巴甫洛夫学说等，它们对心理学的基本原理虽然有不同的论述，但是都对心理学的发展产生了重大影响。里士满在《社会诊断》一书中采用心理医疗的模式，将社会工作的方法着眼于个人方面，把每个工作对象看成是一个"病人"。20世纪20年代以后,虽然弗洛伊德的精神分析学说在社会工作领域的广泛运用弥补了先前社会工作方法只关注个人而忽视个人以外的因素的不足,但还是缺乏对文化背景和社会因素的关注。

人们认识到纯粹从个人出发的心理学的运用在社会工作中是存在局限性的,因为心理问题的产生不仅是个人的原因,还要考虑社会外界环境的影响,许多心理问题的产生有其客观现实的背景。如果说普通心理学对社会工作的主要贡献在于对人类个体行为的理解,那么,社会心理学为社会工作者理解团体、社区以及各种类型的社会互动现象提供了富有启迪意义的解释(张乐天,2003:55)。社会心理学是对人的社会心理和社会行为规律进行系统研究的科学。这里所说的人,既包括个体也包括群体,而所谓的社会心理和社会行为则是指个体或群体在特定的社会影响中所做出的内隐的或外显的反应。社会心理学发展至今,已经有了较为完整的体系。我们可以从研究对象的角度出发把社会心理学的研究范围划分为以下四个方面:①个体社会心理和社会行为;②社会交往心理和行为;③群体心理;④应用社会心理学。社会心理学将研究的视角从个人扩展到整个社会,为社会工作提供了更加完备的知识和方法。

三 社会工作与经济学

西方现代主流经济学对经济学的定义是,经济学是研究社会如何选择具有各种用途的稀缺的生产资源来生产各种商品,并把这些商品分配到社会的各个成员或集团之间的学科。主流经济学的定义并不一定十分完美,但它指出了经济学所要解决的三个基本问题,即社会生产什么、如何生产及为谁生产。很显然,这三个问题中最根本的是"人"的问题,即为谁生产的问题,而这个问题不仅仅是经济学能够回答好的。当经济学追求利益最大化仍然无法解决部分人的生存问题时,社会工作就成为我们不得不做出的选择了。

经济学中与社会工作联系最为密切的是福利经济学。福利经济学是近代西方经济学的一个重要分支学科。它以社会经济福利为研究对象,探讨什么是福利、如何增加福利以及人类社会如何实现最大限度的福利等问题。福利经济学的主要特点是:以一定的价值判断为出发点,即根据已确定的社会目标,建立理论体系;以边际效用基数论或边际效用序数论为基础，建立福利概念；以社会目标和福利理论为依据，制定经济政策方案。因此，福利经济学主张社会物质财富的公平分配，即政府通过收入再分配使社会弱者得到好处，并认为这不但有利于社会弱者的生活，也有利于社会稳定。因此，将社会物质财富更多地用于福利事业是社会财富效用的最大化（王思斌，2003：19）。

除此之外，马克思主义的思想对指导社会主义国家构建社会福利制度提供了重要的理论依据。它在分析经济制度、经济与社会、经济与政治的关系方面有很强的解释力。

这些经济学理论为社会工作研究者在宏观层面指导实践工作、指导社会工作的具体方法或者提出有利于社会发展和整体进步的对策。

第四节 社会工作方法

社会工作方法是社会工作价值理念的具体化和操作化，是实施社会工作的各种服务方式、程序与步骤。社会工作方法一般可分为直接服务方法和间接服务方法两大类。直接服务方法是给受助者直接提供社会服务，通常包括个案社会工作、小组社会工作和社区社会工作。间接服务方法是指对受助者实施帮助前的社会工作活动形式，通常包括社会工作行政、社会工作督导、社会工作咨询和社会工作研究等（陈良瑾，1994：428）。无论是社会工作的直接服务方法还是间接服务方法，虽然在社会工作发展中得到认同的时间和力度有所不同，但作为一种专业社会工作方法的重要组成部分，基本上都得到了社会工作界的普遍认同。①

一 直接服务方法

按社会工作的服务对象来划分，社会工作的领域大致可以分为个案社会工作、小组社会工作和社区社会工作三个方面。这三个方面是社会工作

---

① 必须指出的是，我们在这里区分的社会工作的直接服务方法和间接服务方法是相对的。在社会工作实务中，为了掌握第一手的资料或数据，有时即使像社会工作行政这样归类在间接服务方法中的社会工作方法，也不得不采取直接服务方法，即直接运用一些专业技术和方法与服务对象面对面地进行交流，以尽可能地为社会工作行政积累更有力的知识或素材。

最基本、最主要的三种方法。

个案社会工作，简称个案工作（Case Work），是社会工作传统的三大工作方法之一，是指社会工作者采用直接的、面对面的沟通与交流，运用有关心理学、社会学等学科的理论与知识协助个人或家庭解决在社会生活中遇到的问题，帮助他们去适应生活环境，增强个人或家庭独立面对生活的能力，以维护和发展个人或家庭的健全功能，增进其福利。个案社会工作的本质是用一个人的力量去影响另一个人，帮助另一个人改变态度、改正行为、改善环境、发挥自身潜能，实现人与环境的相互适应。在个案社会工作中，个人或家庭被称作服务对象。个案社会工作有不同的工作模式，主要包括心理社会模式、功能模式、问题解决模式、行为治疗模式、家庭治疗模式、危机介入模式、任务中心模式以及融会模式。不同的工作模式适用于不同的服务对象，在具体的实施过程中会产生明显不同的结果。社会工作者要根据自己的专业知识进行判断，为服务对象选择合适的工作模式，并在工作中不断调整和适应。一种工作模式不可能完全适用于一个服务对象，社会工作者要综合运用多种方法，根据服务对象的情况灵活运用。

小组社会工作，简称小组工作（Group Work），也称团体工作。它是指在社会工作者的协调下，通过与团体内成员之间的互动，使组员在愉快、轻松的环境中实现教育和治疗的目的，从而让参加的个人实现行为改变，并促进社区和社会的发展。小组社会工作一般是为由儿童、青少年、成人等组成的小组提供教育与娱乐服务，为有社会和心理问题或生活不利的人们所组成的小组提供预防、治疗、康复等服务，从而预防与解决社会问题。小组社会工作的特点是借助小组特有的团体情境与互动来实现个人发展与矫治的目标，或者通过成员的协同工作达成社会行动。小组社会工作主要包括三大模式，即社会目标模式、治疗模式和交互模式。除此之外，在批评、借鉴、综合这三种模式基础之上还出现了折中模式、整合模式、生命周期模式、行为修正模式、任务中心模式、小组中心模式、个人成长模式、成熟阶段模式等。

社区社会工作，简称社区工作（Community Work）。它既是一种基本的社会工作方法，也是一种促使社会变迁加速的重要途径。与个案社会工作和小组社会工作不同的是，社区社会工作不直接解决个人与家庭的社会问题，而是以整个社区为工作对象，并通过社会工作者发动、组织社区居民，发掘和利用社区内外资源，协助社区居民解决社区问题，推动社区发展来开展社会工作。因此，社区社会工作更宏观，涉及面更广，更侧重于社会环境与制度的变迁。社区社会工作主要有三种工作模式，即社区发展模式、社区计划模式和社区行动模式。

二 间接服务方法

间接服务方法虽然不直接参与社会工作，但是为社会工作的实际操作提供了不可缺少的管理、保障和监督，保证了社会工作正常有序地运转。间接服务方法主要包括社会工作行政、社会工作督导、社会工作研究等。

社会工作行政，也叫社会行政，主要是一种把社会福利、社会保障政策转变为各种社会服务活动的程序。具体地说，通过各级政府的社会工作机构、国家与社会的福利保障单位、基层社区组织等的行政管理，把社会政策转化为具体的社会服务活动，以实现社会福利的目标。社会工作行政的作用体现在：其一，进行有关社会福利的政策分析与策划，把社会的要求转化为可以运作的政策；其二，通过社会服务机构把社会政策转化为具体的社会服务过程；其三，运用行政学与管理学的方法与技术以提高社会服务机构的工作效率与服务品质。我们把执行宏观社会政策的活动称为宏观社会行政，把执行具体社会政策的活动称为微观社会行政。社会工作行政的内容包括计划、组织、人事、领导、协调、报告、预算、评估等诸多方面。

社会工作督导是一种专门的社会工作方法，是机构人力发展与人才培养的传统方法。除了教育功能以外，社会工作督导还兼具行政功能，是社会工作机构保证服务质量的重要方法，也是为社会工作机构提供人才培养和机构发展的重要途径。社会工作督导一般是由社会工作者中资历较深的或者社会工作专家担任督导者，对社会工作机构内经验欠缺的社会工作者（受督导者）传授专业的服务方法与技术，通过一段时期的指导和帮助，提高其专业水平的一种方法。社会工作督导的功能可分为教育功能、行政功能和支持功能三个方面，目标是塑造出拥有丰富专业知识、能够恪守工作准则和具有强烈社会责任感的社会工作者。社会工作的督导者指导受督导者一般有三种方法：个别督导法、集体督导法和同辈督导法。

社会工作研究是社会科学研究的一部分，是通过运用社会科学的方法、知识、理论在社会工作领域进行的研究。在研究过程中，社会工作及其他领域的理论与实务工作者使用社会研究方法，收集和分析与社会工作有关的资料，协助达成社会工作目标（顾东辉，2005：24）。将社会科学研究中的假设、求证等方法运用到社会工作研究中，有助于社会工作研究者更为有效地对社会工作的实践与社会问题进行科学的分析、概括和总结，并寻求具有操作性的建议。根据社会科学的不同研究方法，大体上可以把社会工作研究划分为质性研究和量化研究两种。在社会工作研究中，研究者要到研究现场去观察事态的发生、发展，或者通过与相关人员的交谈来获得有用的资料，这种方法是质性研究方法。简单地说，在质性研究中，研究者在直接进入研究的过程中，采用访谈、观察、文献研究等多种方法收集资料，目的在于描述、解释事物、事件、现象、人物，以更好地理解所研究的问题。这种方法的关键之处在于，研究人员要参与到研究情境中去获得第一手的、鲜活的材料。量化研究又叫定量研究，主要是指通过对社会事物可以量化部分的测量、分析来把握事物，结果以数字呈现，并采用一些统计分析的形式（张乐天、徐玲，2003：174~185）。

第五节　社会工作的发展趋势

未来社会工作的发展趋势主要呈现出以下几个方面的特征。

第一，社会工作的理论与实务体系日趋完善，而且相互之间的紧密程度日益加深。长期以来困扰社会工作的一个重要问题就是理论与实务的分割运行。许多人认为社会工作的问题主要不是理论问题，而是实务层面上的操作问题。因此，社会工作在其理论与实务操作层面上的发展严重不成比例，理论研究在一定程度上明显滞后于实务操作，这不仅是因为社会工作理论与实务体系自身不够完善，也是因为彼此之间存在明显的分割。这一局面将随着社会工作自身的纵深发展和当代学科间逐步融合的趋势而得到改善，未来社会工作无论是在理论建构还是在实务操作层面上都将越来越注重不同知识体系间的融合与吸收，社会工作将获得更为广阔的发展空间和实践舞台。

第二，社会工作的服务领域将得到极大拓展。从社会工作的起源及发展历史来看，社会工作兴起的重要使命是应对工业化所带来的各种社会问题。因此，其服务对象长期以来都以困难群体（个体）或边缘群体（个体）为主，采取的手段和方法也多半是问题诊断式或疾病治疗式。随着社会经济的飞速发展及人民生活水平和生活质量的提高，人们对各种高层次发展的需求也日益强烈。社会工作的服务领域已经从救助层面向社会福利层面转移，这在一定程度上促进了社会工作理论与方法的反思。社会工作在为各种困难和边缘群体做好服务的同时，也势必服务于更广泛的对象和实践环境。

第三，社会工作的专业模式越来越趋向于一种综合性的模式。社会工作专业模式的发展是与特定时代的历史、社会文化环境以及人类行为的知识密切相关的。从个案社会工作模式到临床社会工作模式，再到生态系统取向的整合的社会工作模式，社会工作的发展回应了人类社会不断发展的需要（赵芳，2005：1）。尤其是随着当代全球化、信息化社会的发展，社会工作专业模式越来越表现出一种综合性发展的趋势。原来传统的彼此之间界限分明的个案社会工作、小组社会工作和社区社会工作将会被全部整合进服务对象的服务系统中，并与服务对象的社会系统与资源系统结合起来，以更好地为服务对象提供多层面的服务。

第四，社会工作者将越来越重视宏观环境和社会结构层面上的问题。以往社会工作者对微观个体层面问题的重视程度要远远超过对宏观社会层面问题的重视程度。因为在许多社会工作者看来，个体的力量毕竟是有限的，而社会工作者个人能够做到的就是尽自己最大的能力去解决好服务对象的具体问题。但随着经济社会的发展，当代社会工作者的角色开始发生变化，他们不仅仅局限于治疗性的临床工作，还更加关注社会环境因素与促进社会公平正义。

反观中国的社会工作事业，尽管起步比较晚，但发展速度非常快。据统计，截至 2019 年 7 月底，全国已有 348 所高校开设了社会工作专业本科。2019 年度累计有 33.2 万人取得了助理社会工作师证书，10.7 万人取得了社会工作师证书，全国社会工作者总量已经达到 120 万人。[①] 其规模已经大大超过先于自己发展起来的社会学学科。而且，随着当代中国社会的不断变革发展、社会结构的快速转型、社会利益的重新分配和社会生活的急剧变化，社会工作将会越来越凸显出它的重要性。但是，到底什么是社会工作、它与传统的民政工作有什么区别、应该由什么样的人和机构来

---

① 《社会工作师你听说过吗？348 所高校开设了社工专业本科教育》，https://baijiahao.baidu.com/s?id=1640482140789423325&wfr=spider&for=pc。

负责这项专业性的工作,人们对这些问题的认识还十分模糊。目前,中国社会工作在吸取西方既有理论和经验的同时,逐步走上了一条具有中国特色的发展道路,其在未来可能呈现出以下发展趋势。

第一,城市地区的社会工作将不断探索出新的领域。中国社会工作的运用首先是在城市地区开始的。随着改革开放的深入发展,快速城镇化引发了一系列社会问题,如青少年犯罪增加、就业率下降、环境污染日趋严重等。很多问题已经超出了政府所能承载的负荷限度,社会迫切需要第三方部门来缓和这些矛盾。第三方部门不但要能解决城市边缘人的生存危机问题,还要能够打开城市人封闭的心扉,充实他们的精神生活,增加"人"与"人"之间的认同。在这种背景下,社会工作将继续在城市社会中开拓新的发展领域,或许这正是中国社会工作全面发展的好时机。

第二,农村地区的社会工作也将得到新的开拓。在注重城市社会工作发展的同时,农村也已成为中国社会工作发展的重要领域。为大多数人谋求利益的社会活动必须在农村地区得以实践,如农村社会保障制度的建立,切实保障农村妇女、儿童、老年人、残疾者的合法权益,社会福利、社会救济、社会服务等农村区域社会工作模式的探究等,都将成为未来我国社会工作理论与实践的重要内容。农村社会工作将会在较短时期内进一步全面展开。

第三,在加强社会监督与评价的同时,将主动探索社会工作的社会化工作模式。当前,我国社会政策的实施机制与监督机制较为薄弱,这些社会政策要想得以真正落实就必须在实施过程中时刻接受社会工作实践的评判与检验,以及时对原有的政策进行修订、补充与完善,并随时注意与社会其他各项政策的配套与衔接。比如,政府购买服务是近年来形成的比较具有创新性的工作思路。这一工作思路淡化了政府的管理角色,使政府逐步担当起资金提供者和服务监督者的角色。但是我们还应该大力鼓励具有一定独立资金与资源的民间机构参与社会福利的提供,并探索出新型的社会工作机制,以形成社会工作资金来源的多元化渠道,因为只依靠政府是难以承担以后庞大的社会工作服务经费的。

第四,服务对象将从"雪中送炭"发展到"锦上添花"。我国社会工作的服务对象重点是救急帮困、扶助弱者和减少犯罪,这是关系到社会稳定的"雪中送炭"的工作,也是我国社会工作处于初创阶段的实际情况所决定的。随着我国社会工作体系的不断完善、工作领域的不断扩展,除了这部分服务对象外，社会工作还将有更多的人力、物力去面向社会大众。我们相信，随着社会经济的发展和进步，我国社会工作必然会在解决基本社会问题的基础上，通过高效管理来实现社会的长治久安，也必然会促进人们在充分享受社会二次分配的成果的同时，提高社会的整体福利水平。

当然，与全球社会工作发展趋势相适应的是，随着中国国力的日益强大和国际交流的增多，社会工作领域的国际接轨将会越来越明显，中国社会工作的发展无论是在理论研究上还是在实务水平上将会逐步缩小与世界发达国家之间的差距。届时，中国社会工作将会以更佳的状态整体性地融入世界社会工作领域中。2005年8月，中国社会工作教育协会、亚太及环岛社会工作教育者协会、美国南加州大学社会工作学院、香港大学社会工作及社会行政学系、香港中文大学社会工作系、香港理工大学应用社会科学系6家单位联合主办了"全球化背景下社会工作教育发展：东方与西方相遇"国际学术研讨会。在这次会议上，与会代表就以下几点达成了共识（这些在某种程度上可以看作社会工作未来发展的趋势或方向）。

第一，社会工作教育发展的国际合作趋势越来越明显，在全球化的影响下，任何国家的社会工作教育发展都不可能脱离与外界的联系。制定全球统一的专业基本标准体系（包括准入制度）、整合国际间社会工作资源和突出专业机构在全球专业建设之中的职能变得尤为重要。

第二，在社会工作不断面临全球化冲击所带来的话语体系和知识结构变迁的过程中，各国依然要强调自身发展的特色，强调专业实践中的文化敏感性和社会工作者在不同区域的实践中自身的融入。

第三，中国的儒家传统及几千年的文化始终影响着中国人的行为和思维模式，社会工作实践是在广义的文化情境和具体的文化场域中得以运作和发挥效应的，探究中西文化的差异和哲学层面上的后设差异以及对各自专业实践的影响是十分必要的。中国的社会工作教育和实践必须建立在对中国传统文化的深刻认知和实践上，这是本土化抑或是本土性之基。

第四，社会工作在本质上是一种人道实践和价值实践。这种实践在更高层次上和社会政策及社会福利密切相关，所以进一步突出社会工作中的社会政策研究和福利体制研究变得尤为重要。全球化背景下社会福利的变迁和改革对当今社会工作的发展产生了极其重要的影响，值得我们深思。

第五，以证据为本的专业实践在社会工作教育和专业实践中扮演着重要角色，而且对推动专业研究有着重要的影响。

第六，专业化和职业化始终是目前中国社会工作教育发展的两个瓶颈问题，如何进一步推动专业资格认证制度直接关系到职业化的进程和社会工作教育发展的最终出路。

第七，社会工作及相关的社会政策作为一个制度设计在构建和谐社会中的作用不可忽视。我国开展的社会工作领域中很多涉及弱势人群和特殊人群，建立对他们的普遍关怀和福利分配体系在构建和谐社会中具有重要作用。

第二章 社会工作的职业特质

专业社会工作在20世纪50年代以前就已经传入中国，只是在1952年国家对高等院校院系进行调整时被取消，直到1987年北京大学社会学系设立社会工作与管理专业，全国许多高校才开始陆续重新招收社会工作专业的学生。2004年，劳动和社会保障部正式将社会工作确定为国家新职业。2008年，社会工作职业资格认证制度开始实行。于是，中国社会工作走向了职业化与专业化道路。社会工作的职业化与专业化，一方面将社会工作与民政工作区分开来，另一方面进一步促进了社会工作的学科建设、学术研究以及功能的发挥。社会工作是一种特殊的职业，有一套与人类社会理想相关的理念和规范。这套理念和规范对指导社会工作者开展服务工作具有举足轻重的作用。

第一节 社会工作的专业化

社会工作专业化不仅是社会发展所需要的，也是社会工作发展的必由之路，但是中国的社会工作不能盲目地直接借用西方的理论和实践经验，必须根据我国的国情选择一条本土化的专业道路，即在本土化基础上的专业化。

一 社会工作专业化的含义

社会工作在中国发展的历史较短，是在社会发展总体失调、社会问题大量产生的背景下出现的。之前由政府负责的社会保障和社会福利有时难以覆盖到社会中的特殊群体，而社会工作可以有效地对政府工作进行补充。这对一直以来实行的自上而下的行政性工作模式以及这种工作模式下的工作人员提出了挑战，年龄结构的失衡和专业知识的缺乏在很大程度上影响了社会工作的发展，所以如何构建社会工作的专业化体系就成为中国社会工作发展的重要内容。

对于判断一个专业成熟的标准，大多数学者还是认同格林伍德的五条标准，即有系统的理论体系、专业的尊严和权威、广泛的社区认同、共同信守的工作伦理道德准则和一套专业文化。

狭义的社会工作专业化，是指从事社会工作的专业人员是经过社会工作专业系统训练，并取得相关领域社会工作的执业资格的过程。取得资格就代表社会工作者可以合法地开展社会工作，并运用自己所学的理论知识指导自己的工作。广义的社会工作专业化包含两方面的内容：一方面，在社会工作发展初期，社会工作由完全处于经验指导下的助人工作向理论指导下的专业社会工作发展的过程，这是指社会工作的专业学习阶段；另一方面，在社会工作完成了初步的专业化以后，专业的发展仍然存在一个将经验上升为理论的过程，这是指社会工作专业的理论化阶段（王思斌，2003：312）。这样看来，社会工作的专业化实际上就是由经验到理论，再由理论到经验的周而复始的过程。

社会工作的专业化至少体现在以下三个层面。一是专业价值与伦理。作为社会工作的灵魂，社会工作专业价值与伦理不仅规范了社会工作的目标和意义，同时也规范了社会工作的技巧和方法，以及社会工作机构、社会工作者的行为和态度。它对社会工作专业服务具有指向性和规范性作用。二是专业理论与知识。专业理论的建构是一个学科专业化的重要基础。专业理论与知识体系的构建，可以将社会工作与其他学科区分开来，体现出社会工作的优势与独特性，同时可以为从业者提供相关理论支持。三是专业实务技能与方法。社会工作实务技能是社会工作专业价值和独特理论的一种具体化和操作化，是具体实施社会工作的服务方式、程序与步骤。这是最能体现社会工作专业优势的地方。与一般的行政管理工作和社会服务工作不同，社会工作尤其强调其专业技能与方法的运用，强调通过运用个案、小组、社区等专业方法来帮助他人和机构发挥自身潜能，协调社会关系，解决和预防社会问题，促进社会公正（文军，2007）。

因此，专业化是一个专业动态和多面向的发展过程，不仅包括专业价值与伦理、专业理论与知识，也包括专业技能和训练、最低的服务收费或报酬的机制、专业团体的地位以及职业规范与职业守则等不同内容。

二 社会工作专业化的途径

社会工作的专业化发展主要通过专业教育来实现。社会工作有其独特的工作方法和理论，没有经过一段时间的专业训练和学习，不能够成为一名合格的社会工作者。为进一步推动社会工作专业教育在我国的发展，中国社会工作教育协会于1994年12月正式注册成立，这标志着我国社会工作专业化教育进入了一个新的历史阶段。

目前，我国社会工作的专业教育主要有四种方法。第一种是"走出去"，到社会工作发展比较成熟的国家或地区学习社会工作知识，这为我国社会工作教育培养了一批专家和学者。第二种是"请进来"，通过举办社会工作国际合作班，将国内外著名的学者请来讲学。这种方法节省了大量的人力、物力。第三种是通过大学教育，即由国内的大专院校培养社会工作者。第四种是在岗培训，通过考取社会工作相关证书，学习知识并获得社会工作者职业资格。作为一种实践性较强的职业，社会工作岗位实习成为专业教育中必不可少的重要内容。通过岗位实习，社会工作者可以将书本知识转化为实际操作。

三 社会工作专业化和本土化

近些年，我国日益重视民生，随着"以人为本""和谐发展""共享发展"等理念的提出和我国社会主要矛盾的变化，社会工作的发展也迎来了前所未有的机遇。目前，社会工作专业已日趋成熟。社会工作的研究也从简单的照搬模仿逐渐走向本土化。虽然我们在社会工作专业化和本土化方面取得了一些成绩，但是仍有一些问题需要我们反思。

目前我国的社会工作还存在"行政性、半专业化"的状态，虽然随着国家治理体制的改革，社会工作逐渐参与社会治理，但传统的社会管理模式使社会工作在具体实践过程中缺少自主性，行政性明显。此外，很多从事社会工作的人并不具备专业的社会工作知识及技能，相对来说，专业社会工作人才还是比较匮乏，这使具体的社会工作实践缺乏专业性。

当"行政性、半专业化"社会工作和民间互助系统能够发挥作用并较好地回应社会需要时，引入专业社会工作的必要性就比较小了。然而随着改革开放的深入及政府职能的转变，原来产生于旧体制之上的社会工作模式和传统的民间互助系统的功能空间在缩小，新的社会工作制度有了可以进入并发挥作用的空间，社会工作本土化也就有了现实可能性。但现阶段，中国社会工作的发展在很大程度上依赖于政府购买服务，很难独立生存，所以中国社会工作的专业化主要建立在本土社会体制与文化传统的基础之上，采取合作主义的发展思路，即政府、社会组织、社会工作者与社会工作教育机构等各方力量有机配合，共同构建具有中国特色的社会工作理论与实务模式。

如果社会工作的发展和全面铺开有赖于政府的政策和扶持，那么社会工作本土化的责任就在于社会工作的研究者、教育者和实践者。因此，就我国目前的情况而言，加快社会工作专业教育对社会工作专业化的发展起到了最主要的推动作用。现在的首要任务就是要在社会工作实践者和社会工作理论研究、教育者之间建立起一座沟通的桥梁。在学术层面，要加大对国际社会工作经验及理论的引入力度，并在实践层面使其与本土性社会工作进行比较和碰撞，通过实践的检验与反思，构建出与中国制度和文化相契合的本土社会工作的教育体系和实践体系。

第二节 社会工作的职业化

作为一种职业，社会工作逐渐为大家所熟知，但是长期以来，社会工作并没有得到人们的认可，甚至有人认为，社会工作是本职工作以外的其他工作。实际上，社会工作是由专门的服务机构提供的、使用专业的工作技巧帮助有需要的个人或群体的专业活动。

一　专业化的社会工作需要职业的社会工作者

社会工作的专业性和规范性决定了从事这项工作的人员必须经过专门训练，要有理论知识和较长时间的实务操作经验。这就在社会工作专业化的基础上对职业化也提出了要求。

随着改革开放的日益深入和市场经济的快速发展，我国社会也出现了西方国家经历过的问题，如贫富差距扩大、失业、吸毒、青少年犯罪、人口老龄化等，随之各种社会矛盾逐步凸显。这是在社会转型过程中，市场体制与社会体制脱节的结果，同时也反映了国家总体性社会管理模式已经不能适应目前市场和社会的发展变化。于是，国家社会管理模式开始寻求转型。自党的十八届三中全会以来，国家先后提出要实现"国家治理体系的现代化""创新社会治理体制"等治理理念。从"管理"变成"治理"说明政府逐渐从社会治理的主管者变成合作者，为社会的发展逐渐释放空间。因此，传统行政化的社会福利模式，变成了"政社合作"的社会福利模式，这就需要大量职业化的社会工作者。在提供社会服务时，社会工作者需有爱心及同理心，因此，专业价值观、职业操守对于社会工作人才来说尤为重要。

此外，社会工作人才还必须具备专业理论知识和方法技巧，这是社会工作人才区别于传统助人者的重要方面。在具备专业理论知识和方法技巧的前提下，社会工作人才要把理论与实践结合起来，对社会福利等政策有深入全面的了解并具备社会调研能力，这样才能在工作中发现社会问题、找出问题成因，从而更好地解决问题。同时，社会工作的职业化也促进了专业化的发展。只有专门、长期从事这项工作的人才能把社会工作做好，而且专业的社会工作者能够将实践中的经验进行总结、概括，与社会工作研究者共同提出符合中国实际的、本土化的社会工作规范和方法。

社会工作专业化和职业化，是我国社会工作发展的趋势，原因在于：第一，国际上社会工作的发展史就是一个逐步专业化和职业化的过程；第二，经济的发展对社会工作提出了专业化和职业化的要求，经济的快速发展使人们的生活水平显著提高，人们的需求也变得多样化与多元化，单靠政府很难提供多样化与多元化的服务，于是就需要具有专业知识与技能的社会工作者对其提供服务和帮助；第三，从事社会工作的人员逐渐增多，需要建立明确的行业标准和技术标准，以使社会工作的服务更加规范；第四，只有专业化和职业化才能吸引更多的人才加入社会工作的队伍中来，完善的薪酬体制和职业发展规划能够帮助他们为自己未来的发展制定目标。

二 社会工作职业化的条件

现代人对物质和精神内涵的追求正是专业社会工作产生和发展的根源。专业化和职业化程度的高低，实际上反映了一个国家、民族或地区的经济与社会发展水平。我国香港地区在20世纪五六十年代执行的是救济型的社会福利政策，从20世纪70年代起，随着经济的发展和社会矛盾的激化，香港开始大力推行专业化和职业化的社会工作，把前期的救济型社会福利转变为综合型社会服务。这正是香港根据社会经济发展所做出的选择。

社会工作的职业化是社会发展的趋势，实现社会工作的专业化和职业化，要从建立社会工作者职业资格认定制度、设置社会工作者职业岗位、构建完善的社会工作职业和薪酬体系以及建立社会工作者培训制度和管理机构等方面入手（叶兴华，2003），具体条件如下。

第一，社会工作职业地位的建立，即这份职业要被社会认可。而社会认可往往与社会工作行政部门的政策性引导与推动措施有关。例如，2003年6月1日起《上海市社会工作者职业资格认证暂行办法》开始正式施行。同年11月，我国第一批专业化和职业化的社会工作者在上海产生。2004年6月15日，国家劳动保障部也正式颁布了《社会工作者国家职业标准》，为我国社会工作者划定了从业标准，确立了社会工作的职业地位。毫无疑问，这种职业资格认证制度的设立需要得到国家的承认和支持，一方面，国家的扶持影响了社会的认可；另一方面，制度的设立提高了职业准入的门槛，也增加了职业的声望。除此之外，国家的政策和措施还包括对从业人员的基本要求、培训考试制度、福利待遇、职业职称认可制度等。

第二，社会工作职业岗位的设置是社会工作职业化发展的保障。根据西方社会工作发展的经验，社会工作可以触及社会生活的各个领域。也就是说，只要有需要帮助的人存在，就会有社会工作者，在社区、养老院、医院、学校、教堂甚至社会机构、监狱、企业、政府机关都会有他们的身影。岗位的设置能够对具备不同专业背景的社会工作者起到政策导向作用，因为在不同的工作领域，社会工作者所接触的人群的特质是不同的，所以对社会工作的工作方法和知识也有不同的要求，同时这也能更好地提高整体服务质量。

第三，社会工作的职业和薪酬体系的建立。社会工作的职业体系包括专职和非专职两大类。其中专职的社会工作者是拿薪酬的，并对其采取职业资格准入制度。根据《社会工作者国家职业标准》，社会工作的岗位有一级、二级、三级和四级四个层次，每个层次都有一定的专业能力、专业工作年限和学历的要求。目前，上海市浦东新区社会工作协会还在积极制定《社会工作职业工资指导标准》。我国香港和澳门地区社会工作者的薪酬和福利标准都高于社会平均水平。例如，在香港，社会工作者的收入稳定,一般初级社会工作者的月薪在1.2万~1.8万港元,高级社会工作者的年薪则能达到40万港元以上。在香港,社会工作者是一个受人尊重的职业,它较高的收入提高了它的职业声望,因此也就有较高素质的人员加入。

第四,建立社会工作者培训制度。从广义上看,我国早已有了社会工作者,但是他们大多缺乏专业的社会工作教育背景,在工作过程中也没有得到相关的培训,工作质量难以提高。因此,广泛开展社会工作在职培训是推进社会工作职业化的基础。

第五,建立社会工作者管理机构。社会工作者管理机构既是对社会工作行业内的服务质量和水平进行监督、制定行业标准、拟定行业发展计划等工作者的主体,也是承认社会工作作为一份职业的标志,因为它需要处理、审核社会工作者的申请、等级评定等职业认定工作。例如,上海市民政局专门设置了一个职业社会工作处来负责管理全市的社会工作事务以及社会工作者的注册工作。

第三节 社会工作的专业价值

如果说社会工作的专业化和职业化是社会工作的基础和前提,那么社会工作的专业价值就是它的灵魂。社会工作本身就是一个以价值为本的专业,社会工作的理论和实践都离不开价值。它为社会工作的发展指明了方向,为社会工作者提供了行为准则,即使是社会工作的实施技巧和方法也要与之相一致。

一 社会工作的价值

社会科学各个领域,如经济学、哲学、社会学、心理学等都对"价值"这个词有所涉及,无论它根据学科的要求被如何定义,其核心概念都不会发生改变,即对事物的判断标准。

作为社会工作的灵魂,社会工作价值不仅规定了社会工作的目标和意义,而且也规范了社会工作的技巧和方法,以及社会工作机构、社会工作者的行为和态度。国外学者在这方面有大量论述。高登斯坦(H. Goldstein)指出,"价值被认为是社会工作定义的基础,它们同时被看作它的唯一基础或不可缺少的基础之一。它们还被认为是社会工作技术的源泉,是对某些人进入某种职业的动机和社会工作者与服务对象关系互动的特征、关系的解释。总之,在社会工作的结构中,价值被置于重要的战略地位"(参见王思斌,2003:41)。

列维(Levi,1976:238)将社会工作价值归为三类:如何看待人,如个人的价值和尊严,人有进行结构性改变的能力和动力,人需要归属,人具有独特性和共同需要等;如何看待人们偏好的结果,如社会有责任为个人成长和发展提供机会,社会有责任提供资源和服务帮助个人满足需要和避免问题,社会有责任提供平等机会参与社会生活等;如何看待对待人的倾向性手段,如人应该被视为有价值和尊严,人有权自决,人应被鼓励参与社会变迁,人应被视为独特个体等。

庞芙瑞(Pumphrey)认为,"社会工作的价值目标分三类:其一表现在文化层面的社会公正、社会变迁和基本人类需要的关系,其二体现于专业人员的内部关系,其三显示为社会工作者理解和回应服务对象需要"(参见 Reamer,1995:110)。

综上所述,社会工作的价值不是别的,是社会工作专业或者社会工作者基于社会公平价值,平等、和谐、公正的理想,以及人类基本需求的满足等,而奉行的一套理念、态度及行为准则的总称(李迎生,2004:62)。

二 社会工作的专业价值

可以说,社会价值对社会工作的存在和发展具有特别重要的意义,对社会工作的目标、理念、工作态度和工作方法有着指向性的作用。社会工作的发展与社会工作价值观是密切联系在一起的,但是社会工作的价值观是一个众说纷纭且不断发展的领域。社会工作最初所秉持的价值理念是怜悯,并没有将帮助弱者视为社会应尽的责任,而是将其看作富人对穷人的施舍。这时候的社会工作是与慈善联系在一起的,而且对穷人多施与物质上的帮助,所以还不是现代意义上的社会工作。现代意义上的社会工作的价值理念发生了根本变化,对社会弱者的支持和帮助被视为社会和政府应尽的责任。随着社会工作的不断发展,社会工作的对象范围也更加广泛,除了社会弱者外,还包括那些需要自我发展和自我完善的群体。社会工作的宗旨就是促进社会和谐和公正。

社会工作的价值结构有不同的划分,但大体上有四个层次:第一个层次是社会价值,这是整个社会所崇尚的基本价值,对社会工作价值体系起着决定和导向作用,如社会主义国家的人道主义精神、社会主义核心价值观思想、"和谐社会"的思想等;第二个层次是目标价值,这是社会工作为了实现社会价值,根据自身的特性所提出的要求和所要达到的目标,如我国社会工作中个人价值和社会价值协调统一的目标等;第三个层次是社会工作的手段价值,即社会工作的专业价值;第四个层次是社会工作的职业道德,即职业守则(夏学銮,1991:90)。

我们可以把社会工作的专业价值界定为五个方面,包括社会工作者对工作的投入、服务对象的自决、对服务对象的尊重、对服务对象的接纳和对周边社会关系与资源的有效利用。具体包括以下内容。

①社会工作者应该热爱社会工作,忠于职守,具有高度的社会责任感和敬业精神。他们应该把社会工作当成是一份奋斗终生的事业,并通过社会工作的实践活动实现个人的人生价值。

②社会工作者应该相信每位服务对象都有发展的潜质,本着助人自助的工作理念,鼓励并协助服务对象自决,实现自我提升与发展,通过自己的努力战胜自我、克服困难。

③社会工作者应该尊重人、关心人,在任何情况下都应该保护服务对象的隐私,保护服务对象的利益不受到损害,避免其在身体或精神上产生不安和有任何危险。

④社会工作者应该全心全意为服务对象服务,尽力满足服务对象对自我发展、自我实现所提出的要求,不能因为服务对象的出身、民族、性别、年龄、信仰、身体状况、社会地位而区别对待。这就意味着社会工作者必须不断地更新有关群体和个人的知识,以增进敏感性和服务的有效性。

⑤社会工作者应该努力发掘和利用一切可以利用的社会资源,尽一切可能帮助服务对象,促进服务对象与环境的协调发展。社会工作者常常要承担"中间人"的角色,把人和资源(如家庭咨询机构、法律服务中心、健康管理机构、儿童福利机构、老龄中心等)有效链接起来。当服务对象所需要的资源缺乏时,社会工作者还应充当开发者的角色去创建和开发新的资源系统。

第四节　社会工作职业守则

社会工作职业守则，又称社会工作的职业道德，是由社会价值和专业价值决定的，也是这两种价值的具体表现，同时还是社会工作者在实践中的具体要求和实务操作的准则。相比于社会价值、目标价值和手段价值，职业守则更加具体。在专业的社会工作中，它可以规范社会工作者的服务过程，同时为社会工作者提供专业服务时的根本依据，并通过其来评判服务实施的效果。

一　美国社会工作专业伦理守则

早在19世纪20年代，美国的里士满就试图建立社会工作专业伦理守则。直到1947年，美国当时最大的社会工作者组织——美国社会工作者协会——才建立了正式的守则。1960年美国社会工作者协会第一次开始使用守则。美国的社会工作专业伦理守则包括六个层面的内容：①社会工作者的行为举止；②社会工作者对当事人的伦理责任；③社会工作者对同事的伦理责任；④社会工作者对雇主和雇佣组织的伦理责任；⑤社会工作者对社会工作专业的伦理责任；⑥社会工作者对社会的伦理责任。

二　中国社会工作者职业道德指引[①]

2012年12月28日，民政部制定的《社会工作者职业道德指引》正式向社会发布，它为社会工作者在日常工作中所应遵循的职业道德守则提供了指引。同时，该指引在推动中国社会工作者职业道德建设，引导社会工作者积极践行专业价值理念、规范专业服务行为、履行专业服务职责等方面发挥了重要作用。该指引包括以下七个方面。

（一）总则

第一条　为加强社会工作者职业道德建设，保证社会工作者正确履行专业社会工作服务职责，根据国家有关规定，制定本指引。

---

① 《社会工作者职业道德指引》，中华人民共和国中央人民政府，http://www.gov.cn/gzdt/2013-01/08/content_2307399.htm。

第二条 本指引所指的社会工作者是通过全国社会工作者职业水平评价，提供专业社会工作服务的人员。

第三条 社会工作者应热爱祖国、热爱人民、拥护中国共产党领导，遵守宪法和法律法规，贯彻落实党和国家有关方针政策。

第四条 社会工作者应践行社会主义核心价值观，遵循以人为本、助人自助专业理念，热爱本职工作，以高度的责任心，正确处理与服务对象、同事、机构、专业及社会的关系。

（二）尊重服务对象 全心全意服务

第五条 社会工作者应以服务对象的正当需求为出发点，全心全意为服务对象提供专业服务，最大程度地维护服务对象的合法权益。

第六条 社会工作者应平等对待和接纳服务对象，不因民族、种族、性别、户籍、职业、宗教信仰、社会地位、教育程度、身体状况、财产状况、居住期限等因素而区别对待。

第七条 社会工作者应尊重服务对象知情权，确保服务对象在接受服务过程中，了解自身和机构的权利、责任和义务，以及获得服务的情况和可能由此产生的结果。

第八条 社会工作者应在不违反法律、不妨碍他人正当权益的前提下，保护服务对象的隐私，对在服务过程中获取的信息资料予以保密。

第九条 社会工作者应培养服务对象自我决定的能力，尊重和保障服务对象对与自身利益相关的决定进行表达和选择的权利。

第十条 社会工作者不得利用与服务对象的专业关系，谋取私人利益或其他不当利益，损害服务对象的合法权益。

（三）信任支持同事 促进共同成长

第十一条 社会工作者应与同事建立平等互信的工作关系。

第十二条 社会工作者应主动与同事分享知识、经验、技能，互相促进，共同成长。有责任在必要时协助同事为服务对象提供服务，接受转介的工作。

第十三条 社会工作者应尊重其他社会工作者、专业人士和志愿者不同的意见及工作方法。任何建议、批评及冲突都应以负责任、建设性的态度沟通和解决。

第十四条 社会工作者应相互督促支持，对同事违反专业要求的言行予以提醒，对同事受到与事实不符的投诉予以澄清。

（四）践行专业使命 促进机构发展

第十五条 社会工作者应认同机构使命和发展目标，遵守机构规章制度，按照机构赋予的职责开展专业服务。

第十六条 社会工作者应积极维护机构的形象和声誉，在发表公开言论或进行公开活动时，应表明自己代表的是个人还是机构。

第十七条 社会工作者应致力于推动机构遵循社会工作专业使命和价值观，促进机构成长、参与机构管理，增强服务能力、提高服务质量。

（五）提升专业能力 维护专业形象

第十八条 社会工作者在提供专业服务时，应诚实、守信、尽责，积极维护专业形象。社会工作者应在自身专业能力和服务范围内提供服务。

第十九条 社会工作者应不断内化和践行专业理念，持续充实专业知识和技能，提升专业能力，促进专业功能的发挥和专业地位的提升。

第二十条 社会工作者应继承中华民族优良传统，借鉴国际社会工作发展优秀成果，总结中国社会工作经验，推动中国特色社会工作发展。

（六）勇担社会责任 增进社会福祉

第二十一条 社会工作者应运用专业视角，发挥专业特长，参与相关政策法规的制定和完善，维护社会公平正义，增进社会福祉。

第二十二条 社会工作者应正确鼓励、引导社会大众参与社会公共事务，推动社会建设。

第二十三条 社会工作者应推广专业服务，促进社会资源合理分配，使社会服务惠及社会大众。

（七）附则

第二十四条 本指引自发布之日起施行。

第五节 社会工作者资格认证

社会工作的发展需要专业化和职业化，而专业化的人才需要一套完备的标准来评价，需要有相应的职业地位的建立。这样不但可以划定社会工作者的从业标准，而且可以推动社会工作向专业化和职业化方向发展。

一 资格认证

所谓认证，也就是行业准入制度，即根据该行业的从业者所应具备的资质、水平、经验对希望进入该行业的申请者进行的测试和考核。它是从业者不可缺少的条件。每个行业都有一套相当严格的标准和条件。社会工作职业地位得到社会认可的前提条件是社会工作者职业资格认证制度的建立，即社会工作者的资格认证。

各个国家对社会工作者都设定了较为完善的资格认证标准。严格规范的资格认证标准有力地促进了社会工作者队伍整体素质和服务质量的提高，同时有效地提高了社会工作者的社会地位。在全国率先实施的《上海市社会工作者职业资格认证暂行办法》规定社会工作者职业资格包括社会工作师助理资格和社会工作师资格，并指出"取得社会工作师助理资格，表明已掌握社会工作基础知识和基本理论，具备从事社会工作的基本能力和基本条件""取得社会工作师资格，表明已具备较丰富的社会工作经验和较高的理论水平，能承担和履行社会工作的专业职责；具备社会工作的组织和管理能力，并能指导其他社会工作者开展工作"。2008年，全国范围内的社会工作者职业资格认证制度开始实行。

二 香港社会工作者的资格认证

为了提高社会工作专业人员的素质，增强专业对其成员的约束力，提高社会工作专业在香港的地位及影响力，香港社会工作人员协会、香港社会工作者总工会和香港社会服务联会从20世纪80年代开始发起推动社会工作者登记的行动，并于1991年实行社会工作者登记制度，于1997年立法规定所有聘用于社会工作职位的工作人员必须正式登记，成为注册社会工作者。这些机构推行现时香港政府近90%的社会福利计划，其余由政府（社会福利署）负责直接推行。

香港的社会工作者注册制度开始于1990年4月。1991年，香港社会福利专业人员注册局（简称"社专局"）正式成立，负责香港社会工作者的注册工作。当时社专局接受三类社会福利从业人员的注册，包括注册社会工作者（RSW，持有人可获得社会工作学士学位或社会工作文凭）、登记社会工作者（ESW，受聘人可获得社会工作职位，但不同于注册社工资格的社会工作者）及登记福利工作人员（EWW，受聘于福利工作员的职位者）。《香港社会工作者注册条例》（香港法例第五零五章）于1997年4月23日通过以后，社专局开始实施强制性的注册制度。1998年3月，社专局辖下成立了三个委员会，全面执行有关法例的规定。这三个委员会是行政事务委员会、注册资格及学历评审委员会和工作守则委员会。与此前的职员注册制度不同的是，强制性的注册制度只接受两类人为注册社会工作者。

第一类是持有社专局认可的社会工作学位或文凭的，或者在1982年3月31日或该日之前已经担任任何社会工作职位的，以及在该日期之后已经担任一个或多个社会工作职位至少10年，无论是否连续担任该职位的。

第二类是现在正担任任何社会工作职位或已经接纳担任该职位的。如果是这种情况，那么他应该在一定时间内获得认可的社会工作学位或文凭。

截至2021年9月9日，香港总人口740余万人，拥有注册社会工作者的有26653人[①]，全港现有提供津助服务及设有自己网站的非政府机构160余家[②]，为全港人民提供家庭及儿童福利服务、临床心理服务、医务社会服务、康复服务、安老服务等十余种不同类型的社会服务。

三　中国内陆社会工作者的资格认证

国家劳动保障部于2004年6月15日颁布了《社会工作者国家职业标准》，并在上海首先进行试点。此次颁布的职业标准将社会工作者分为四个等级，包括社会工作者四级（国家职业资格四级）、社会工作者三级（国家职业资格三级）、社会工作者二级（国家职业资格二级）和社会工作者一级（国家职业资格一级）。2006年7月20日，人事部、民政部正式印发了《社会工作者职业水平评价暂行规定》和《助理社会工作师、社会工作师职业水平考试实施办法》，标志着社会工作者在我国被纳入专业技术人员行列进行管理。目前，社会工作者职业水平评价分为助理社会工作师、社会工作师和高级社会工作师三个级别。以前社会工作者的四级划分

---

① 《注册社工名单》，社会工作者注册局，https://www.swrb.org.hk/tc/Search.asp，最后访问日期：2021年8月19日。
② 《提供津助服务及设有网站的非政府机构》，香港特别行政区政府社会福利署，https://www.swd.gov.hk/tc/index/site_links/page_ngowebsite/，最后访问日期：2021年8月19日。

已被取代。

《社会工作者职业水平评价暂行规定》共分为5章、27条，主要从适用范围、职业水平级别、考试组织实施、义务和职业能力、登记管理、继续教育、职责分工等方面对我国社会工作者职业水平评价制度进行了规定。《助理社会工作师、社会工作师职业水平考试实施办法》共11条，主要从社会工作考试组织实施机构、考试科目、考试报名程序、考试时间地点、考前培训、考试考务纪律等方面对助理社会工作师、社会工作师职业水平考试考务做了进一步规定。

目前，助理社会工作师、社会工作师职业水平评价实行全国统一大纲、统一命题、统一时间、统一组织的考试制度，每年举行一次。考试合格后，颁发人事部统一印制、人事部和民政部共同用印的《中华人民共和国社会工作者职业水平证书》，该证书在全国范围有效。[1] 高级社会工作师职业资格水平的获得除了取得高级社会工作师考试合格证明外还需要参加评审。

近年来，我国社会工作资格考试的报考人数逐年增加，截至2019年底，全国持证社会工作者共计53.4万人，其中社会工作师12.8万人，助理社会工作师40.5万人。[2] 未来，我国社会工作者队伍将进一步扩大，我国的社会工作也将更加职业化与规范化，逐渐走出一条具有中国特色的社会工作发展之路。

第六节 社会工作者的角色

"角色"原是戏剧中的名词，指演员扮演的剧中人物。20世纪20~30年代，米德（G. H. Mead）将"角色"一词引入社会心理学，后在林顿、戈夫曼等学者的努力下，角色理论逐渐成熟，并成为社会学的基本理论之一。社会角色是与人的社会地位、身份相一致的一整套权利、义务和行为模式。它是对处在特定地位上的人们的行为期待，也是社会群

---

[1] 《社会工作者职业水平评价制度解读》，中华人民共和国民政部，http://www.mca.gov.cn/article/gk/jd/shgzyzyfw/200712/20071215005158.shtml，最后访问日期：2021年8月15日。
[2] 《2019年民政事业发展统计公报》，中华人民共和国民政部，http://images3.mca.gov.cn/www2017/file/202009/1601261242921.pdf，最后访问日期：2021年8月19日。

体或组织的基础。社会工作者的角色，即社会工作者的社会角色，是指社会工作者在整个社会中应当发挥的功能和作用，以及规范他们的一整套行为模式。

一直以来，社会工作者被认为是慈善救济者和爱心者的代名词，这狭隘地限定了社会工作的职能范围。还有的人把社会工作者与志愿者混淆在一起，认为他们是在义务性地提供帮助，当然前者与后者一样是在奉献社会，但这样的说法无法肯定社会工作者在各种社会活动中的专业地位，忽视了他们所拥有的知识和技能。事实上，社会工作者的工作领域涉及各种不同的人群，社会工作者在为他们提供帮助的同时，还能为其提供发展。也就是说，他们除了能够"雪中送炭"外，还能"锦上添花"。因此，社会工作者承担了以下多重角色。

1. 服务提供者

服务提供者是社会工作者的首要角色。作为专业的工作者，社会工作者具备各方面的文化知识和技能，可以为服务对象提供专业的咨询和辅导，通过链接社会资源为他们提供解决问题的多种信息。许多服务对象获得求助的资源或方式较为单一，大多数人主要向政府机构或职能部门求助，但是行政性机构往往不能满足他们的需求，在许多问题上它们也表现得无能为力。

2. 支持者

社会工作者为服务对象提供服务最终要达到"助人自助"的目的，即让服务对象通过自己的努力来战胜自己，体验成功，恢复自信。因此，社会工作者应该成为支持者和鼓励者，在服务对象自我发展的过程中施以辅助性的帮助。

3. 教育者

社会工作者一直在开展各种形式的教育活动。通过这些教育活动，社会工作者不仅可以直接向服务对象传授相关知识，提供各种信息和情感支持，而且可以教给他们自我完善和自我发展的技巧，以提高他们应对和处理各种问题的能力。这些教育活动主要涉及两个方面：一是发展性的教育，即在人们的正常发展进程中进行教育活动，如因为某种特殊情况需要介入家庭教育系统和学校教育系统中；二是再社会化教育，即帮助改变适应不良或社会化不成功的人，并为他们重新适应社会提供新的社会化机会，如到监狱和精神病院进行教育活动等。

4. 调控者

在为服务对象提供服务的过程中，社会工作者应该学会对服务过程进行有效的调控，对各种可能出现的情况和突发事件提前做好准备，以便能够进行协调、安排和管理，从而提高社会工作的效率。但需要注意的是，社会工作者调控的目标主要是维持整个社会工作服务过程的秩序和平衡，而不是针对具体的社会工作服务对象而言的。因此，社会工作者要保持清醒的自我意识，时刻警惕自己的行为会对服务对象或他人产生影响，防止侵犯服务对象权利的事情发生。

5. 资源链接者

社会工作者在助人过程中不可避免地要利用各种社会资源，这就需要他们能够灵活运用周围一切可以利用的环境、机构和人，有时候要求助于其他社会工作者甚至政府机关和广大社会。对被帮助对象而言，有些资源的获取存在一定的壁垒，这与他们的文化程度、社会资本和主观意愿密切相关，社会工作者要帮助他们消除障碍，获取资源。

6. 中间人

社会工作者不仅要为服务对象提供必要的帮助，有时还要代表服务对象的利益，作为他们的代言人与政府、机构或者其他人进行协调。另外，社会工作者具有较强的社会调研能力，他们可以根据自己在社区中的工作经验和社会实地的调查研究结果，为有关政府部门提供政策建议，协助政府部门制定合适的政策法规。

当然，社会工作者能够承担的社会角色还远远不止上述内容。社会工作者的角色是根据社会工作所应发挥的功能来界定的，而且其角色内涵也会随着时代的不同和人们对社会工作的认识而发生变化。随着经济的发展，人们因为物质的缺乏而生活窘迫的情况逐渐减少，但同时也出现了大量精神匮乏者。他们对自己没有信心，生活没有目标，同样是社会工作者需要帮助的对象。因此，目前社会工作的目标除了协助个人和社会解决问题外，还要发挥个人和社会的潜能。社会工作者的角色与此相适应，越来越多地承担着增进个人和社会福祉、促进人的发展和社会进步的责任。

第三章　社会工作实务通用过程

　　社会工作是注重实务取向的应用型学科。社会工作者不仅要通晓社会工作的理论知识与方法，更要在实践中把所学知识转化为适切的服务传递给大众。社会工作实务就是以社会工作的目标和价值观为指导，运用社会工作的专业知识、方法和技巧来帮助有需要的人群解决各种社会问题。社会工作者服务于不同的人群，在广阔的实践领域从事助人的工作，因此需要具备丰富的知识和专业的技能来应对纷繁复杂的社会问题。社会工作者是按通才模式（the generalist model）的标准进行培养的，以使其具备扎实的知识基础和丰富的专业技能，并逐步达到学有所长和融会贯通地运用所学知识的能力，以有效地处理个人、家庭、小组、组织和社区所面临的问题。

　　社会工作实务可分为三个层次：微观层次——个人、中观层次——家庭和小组、宏观层次——组织和社区。社会工作者无论是在老人院、社区青少年活动中心、精神健康中心、社会救助站、家庭咨询服务中心、社区矫正服务中心等机构工作，还是涉及微观层面、中观层面和宏观层面的介入，都是通过与服务对象共同努力来解决问题的。正如扎斯特罗（2005：11）所指出的，"在个案、家庭、小组、组织和社区工作中，社工使用问题解决方法。该方法可用多种方式加以描述，但是总会包括下述步骤：①尽可能清晰地界定问题或者问题范围；②提出全部解决方案；③评价各种方案；④选择一种或者几种方案并制定目标；⑤实施解决方案；⑥跟踪评价解决方案的效果"。也就是说，社会工作的助人过程有一些基本的程序，或称社会工作实务通用过程，即接案、预估、计划、介入、评估、结案。本章将重点探讨社会工作实务的通用过程及每个阶段的不同特点。

第一节 接案

接案（engagement）是指社会工作者和潜在的服务对象开始沟通，并初步达成协议一起来解决问题的过程（朱眉华，2003：73）。接案作为正式助人过程的开始，对于社会工作者而言，是和服务对象建立信任和合作关系的重要阶段，也是成功进行预估和介入的必要前提。社会工作者和服务对象能否通过有效的沟通来达成一起努力解决问题的初步共识，是这一过程的关键。当然，遇到紧急情况（如自杀、暴力等）时，社会工作者会直接进入介入环节，而非按部就班地从接案开始。

接案过程的长短因人而异。对于自愿求助的服务对象而言，他们解决问题的意愿比较强烈，比较容易和社会工作者通过沟通达成初步共识，也就可以很快完成接案的程序，进入预估阶段。而对于非自愿求助的服务对象而言，如家庭暴力的施暴者、社区矫正对象、学校转介过来的"问题学生"等，他们大多是被迫来见社会工作者的，一开始往往带有敌意或抵触情绪，较强的防御心和戒备心使他们不会和社会工作者很快建立信任关系，所以，这样的接案过程相对就比较困难，耗时也较长。当然，这些潜在服务对象并非都能顺利完成接案并正式进入助人的过程，包括有些自愿求助者，也可能在初次接触后，由于种种原因，决定退出助人过程。另外，社会工作者还常常通过入户家访一类的外展工作，发现有需要的服务对象，并通过和这些潜在服务对象进行交流，使他们逐渐变成正式的服务对象。因此，社会工作者在和潜在服务对象进行正式面谈前，须做好充分的准备工作，为顺利接案奠定基础。

一 接案前的准备

一般情况下，社会工作者在接案前需要做好两个方面的准备工作：事务性准备和心理准备。

1. 事务性准备

许女士，40岁，工人，育有一儿一女。儿子小民15岁，生下后不久被诊断患有先天性脑瘫，一直在家由婆婆帮着照顾，但婆婆年纪大了，体弱多病，已经力不从心。女儿小欣11岁，聪明健康，正在读小学。可是，最近丈夫李某又查出患了癌症，马上要进医院做手术。全家人陷入了混乱和痛苦之中。许女士听朋友说"有困难，找社工呀"，于是打电话向社区服务中心求助。接待人员告诉许女士社区服务中心将安排社会工作者小真负责跟她联系，并请她留下了联系方式。

社会工作者在接案前的事务性准备主要包括三个方面：其一，收集服务对象的相关信息；其二，对于初次面谈的时间、地点、环境方面的安排；其三，草拟面谈提纲。

针对上述案例，负责接案的社会工作者小真首先要考虑的是，对接待人员交给她的电话记录认真加以分析，对电话记录中不明白的地方要向接待人员询问，并把这些重要的信息熟记在心，以便在初次面谈中把握谈话的重点。另外，小真还要查看机构的相关记录，如许女士一家是否已经接受过本机构的服务？如有，是哪位社会工作者提供的服务？主要解决的是哪些方面的问题？等等。因为社工服务机构在其所辖地区往往有些经常来求助的服务对象，新接案的社会工作者如能事先了解服务对象在机构接受服务的情况，就可以避免出现因在一些原有的问题上耗费太多时间而引起服务对象反感的情况。另外，如果有些服务对象曾有精神方面的问题（如严重自杀倾向等），社会工作者也可以对服务对象的情绪状态给予特别关注，不至于因自己的疏忽而发生一些意外事件。有时社会工作者在与服务对象正式面谈前会先和其家人、老师、司法人员、医务工作者、居委会工作人员等接触，通过他们来了解服务对象的情况。这样做是为了较为全面地了解服务对象面临的问题和所处的情境，更好地为服务对象提供帮助，但社会工作者不可因此先入为主，产生偏见，对服务对象的所思所想不予关注，更不能受所收集资料的影响，戴着有色眼镜看待服务对象。

其次，小真要主动与许女士联系，确定初次面谈的时间和地点。在时间和地点的选择上，要充分考虑服务对象的需要，征询服务对象的意见，以体现对服务对象的尊重。如有的服务对象在上班时间无法安排面谈，因此面谈的时间要安排在下班后或周末。在选择地点方面，除了社工服务机构的办公室和接待室外，还可以在服务对象家中、医院、监狱、社区服务中心等。总之，社会工作者选择的地点是方便服务对象到达的地方。对于行动不便者，社会工作者还要考虑面谈地点是否有无障碍设施，方便轮椅进出。在环境布置方面，社会工作者要考虑面谈环境的私密性、安全感和舒适感，包括房间的隔音效果、家具的布置、座位的安排等，如有儿童来访，还要有一些适合儿童的玩具、图书等。因此，社会工作者在和不同的服务对象会面之前，要充分考虑服务对象的情况。

同时，社会工作者在接待服务对象时穿着要大方得体，要遵守时间，对机构中可能会影响到助人关系的各种因素应该全面考虑，如机构的接待人员对来访者是否热情？态度是否和蔼？有没有设置等待区域让服务对象在进入面谈室前可以稍事休息？如果服务对象带来了年幼的孩子，有没有安排工作人员照顾孩子，以使服务对象安心和社会工作者会谈？这些细节问题反映了机构"以人为本""服务至上"的理念，会在无形中赢得服务对象的信任。

最后，社会工作者要在面谈前草拟面谈提纲，以明确面谈的目的和进行面谈的方式。初次面谈时，不仅服务对象面对陌生的人和环境容易产生不安，社会工作者有时也会因准备不足而紧张。因此，草拟一份面谈提纲可以帮助社会工作者事先对谈话的内容有基本的了解，在面谈时可以更有条理地与服务对象探讨问题，以便收集更全面的信息。

针对上述案例，小真与许女士面谈的提纲是这样的：

① 自我介绍，本人专长、机构的特点。
② 简要说明本次面谈的目的和彼此的角色。目的是了解许女士的家庭情况和需要帮助解决的问题，以便以后能提供适切的帮助。
③ 向许女士说明机构的相关政策和基本规则。如机构的服务内容、保密原则、工作过程等。
④ 征求许女士的反馈。即对上述内容是否理解、是否有疑问。
⑤ 详细询问许女士家庭成员的基本情况。
⑥ 了解许女士的期望：希望帮助解决的问题和想要达成的目标。
⑦ 总结本次面谈的要点，讨论下次面谈的时间、地点和内容。

2. 心理准备

除了做好专业方面的准备外，社会工作者最重要的是做好充分的心理准备，要根据已有的信息，运用同理心来感受服务对象的处境和想法。尽管这是一种猜测和推理，只是想象服务对象在面谈时可能会产生的想法和感觉，但经过设身处地为服务对象思考的过程，社会工作者即使未能亲历服务对象的生活，也能加深对服务对象的理解，以便在正式面谈中更容易进入服务对象的世界。例如，在上述案例中，社会工作者小真也许是独生女，一帆风顺的她无法理解许女士在困难的处境中辛苦工作和持家的烦恼，事先进行同理的过程，也许能够帮助小真避免以己度人，更能从服务对象的角度去思考问题。

小真也许会这样思考：假如我是许女士，我一定非常难过，为什么不幸的事全发生在我身上？儿子已经成了包袱，婆婆年老多病，无法再像过去那样帮着照料了，而身为一家之主的丈夫又突然查出患了癌症，这病到底有救吗？做手术需要一大笔钱，做完手术还要化疗，去哪里弄这么多钱呢？谁来照顾丈夫呢？如果我不上班，家里开销也成问题，真不知道该怎么办才好。

许女士也许会认为我这么年轻，不可能理解她的处境和感受，觉得我帮不了什么忙。

当然，社会工作者在初次面谈前运用同理心技巧来分析服务对象，只是一种心理上的准备，不应该被这种思考所束缚，而应该更加自信地以一种开放的心态去面对服务对象，接受更多的可能性。

另外，心理准备还包括社会工作者对自身的思考和反省。当面对某些服务对象时是否会有特别的感觉？自己的成长经历和服务对象是否有相似之处？自己希望和服务对象产生怎样的互动？自己的性格、情绪、思维方式和行为模式可能对服务对象产生怎样的影响？

社会工作者也是普通人，他人生活中的点点滴滴会引起自己的共鸣和感慨，抑或是愤怒和伤痛。有时处于生理的低潮期，情绪上会有波动；有时家人生病或其他琐事会影响工作状态。因此，社会工作者首先要清醒地认识自己，要反思自己是否准备好与服务对象见面，是否能及时调整状态和进行有效的自我控制，以避免对服务对象产生移情（反移情）的状况，确保为服务对象提供高品质的服务。如果社会工作者暂时无法做到，那么最好转案给其他同事。

二 初次面谈

社会工作者和服务对象的初次面谈意味着实质性接触的开始，对建立良好的工作关系起着重要作用。第一次面谈其实也像一场无形的"较量"，双方都通过第一印象来揣摩和掂量对方。服务对象也许会通过社会工作者的言行来判断：他会怎样对待我呢？他会看不起我吗？他会认真听我讲吗？我讲的东西他真的能理解吗？他真的有能力帮助我吗？而社会工作者除了真诚地展示自己对服务对象的关切和理解外，努力营造一种友善的氛围来邀请和鼓励服务对象参与，其实也在探询服务对象究竟是怎样的人、他面临的问题和真实的需求到底是什么。因此，初次面谈要有一个好的开端。社会工作者掌握一些基本的程序和技巧是十分有用的。

面谈是社会工作者最基本的工具，也是一门艺术和一种技术。当然，每个社会工作者都有自己的风格，而且每次和服务对象的面谈都是大不相同的。因此，社会工作者既要掌握面谈的基本规则，又要有充分的灵活性来把握好每一次面谈。接案过程中主要有以下几方面的活动（Kirst-Ashman & Hull, 1999：163）。

① 热情地招呼案主并鼓励他跟你交谈。
② 有效地展示自己对案主的情况非常感兴趣的倾听技巧。
③ 和案主一起讨论机构的服务以及案主的期望。
④ 决定本机构和社会工作者能否对案主有所帮助。
⑤ 为案主提供相关的服务。
⑥ 让案主了解并适应这种助人的关系。
⑦ 完成所需的文案工作。

一般来说，面谈的基本程序是：自我介绍、明确初次面谈的目的和角色、介绍机构的相关政策和伦理原则、引导服务对象谈求助的期望或需要社会工作者帮助的地方、探讨问题或需要的来龙去脉、小结谈话的内容并说明下次面谈可能涉及的主题。

1. 自我介绍

初次与服务对象见面，社会工作者要热情地招呼服务对象，并主动介绍自己，如"你好！许女士，我是王真，彩虹家庭服务中心的社工，主要帮助大家处理一些家庭方面的问题，你可以叫我小真，好吗？"如果服务对象是与家人同来的，那么社会工作者也可以让他们坐定后一一进行自我介绍。对服务对象的称呼最好能征询其本人的意见，一般用较为正式的称呼，这样服务对象更有被尊重的感觉。当然，重要的是让服务对象感觉舒服，而不是让其更加不安和紧张。在进入正题前，社会工作者可以稍稍寒暄，以缓解服务对象的紧张和不安，给人以温和可亲近的感觉。社会工作者还要留意服务对象的语言表达方式，运用他们所能理解和接受的语言进行交谈，但应避免模仿他们的口音或说话习惯，否则他们可能会觉得自己受到了严重的冒犯。除了注意自己的语言外，社会工作者还要十分注意自己的肢体语言，无论是举手投足还是面部表情都应向服务对象展示出其尊重、接纳、关怀和专业的素质。例如，某医院社会工作者周雪来到病房，第一次见患者秦老太。

秦老太今年83岁，因突发心脏病住院。老人的大儿子在国外工作，二儿子和女儿住在外地，老人独居家中，此次发病幸好邻居发现后送来医院。二儿子和女儿赶到医院后，商量着等母亲出院后送她去福利院，听说那里有很好的设施和医疗条件，可老人很不乐意。护士将此事告诉了社工周雪，请她做做秦老太的思想工作。于是，周雪来到秦老太的床边，弯下腰亲切地跟她打招呼："阿婆，您好！我是这个医院的社工周雪，您可以叫我小雪，医生说您很快可以出院了，可听说您不太开心，我的工作是专门帮助大家解决各种困难的，阿婆，如果您有什么难处的话，能跟我聊聊吗？看看我能否帮得上忙？"

社会工作者和秦老太的初次面谈发生在病房，不像在办公室那样正式，也不是老人主动求助。在这种情况下，热情真诚的开场白可能会帮助服务对象打消顾虑，愿意跟社会工作者聊一聊。

2. 明确初次面谈的目的和角色

在初次面谈中，社会工作者不仅自己要十分清楚面谈的目的和角色，而且也要向服务对象进行简要的说明。因为只有明确面谈目的，谈话才有共同的方向；了解彼此的角色，才更有利于双方合作关系的构建。其实，有些服务对象常常对专业人士有较多的依赖，对自己在面谈中要怎样说、怎样做不甚了解，因此，这样的说明可以帮助服务对象从一开始就能明了谈话的主题和方向，避免漫无目的的闲聊，同时也可以使服务对象知道怎样和社会工作者建立合作关系。

初次面谈的目的一般来说都比较相似，即了解服务对象的问题和需要，同时也让服务对象了解机构的服务是否能够满足其需要，并探讨是否能够建立正式的专业服务关系。例如，在前面提到的案例中，社会工作者小真和许女士的谈话可以这样说："你前几天打电话来说了你家最近发生的一些困难，今天约你来，就是想跟你详细谈谈家里的情况和事情的来龙去脉，当我们弄清楚后，看看我们机构和我本人是否可以帮到你，我们可以一起讨论怎样去解决这些困难。你看如何？"

3. 介绍机构的相关政策和伦理原则

有的服务对象来寻求帮助时，对机构和社会工作者可能会抱有不切实际的幻想，其实他们并不清楚机构和社会工作者究竟会怎样帮助他们。因此，在面谈之初，社会工作者就有必要给他们介绍机构的主要服务内容，基本规则（如预约、服务时间和是否收费等），以及相关的伦理原则，以便明确社会工作者、机构和服务对象之间的权利义务关系，同时也可以进一步确认机构所提供的服务和服务对象的期望是否吻合，如果机构无法为服务对象提供合适的服务，那么社会工作者应该对服务对象实行转介。当然，最终决定权在服务对象手里，除了有些非自愿的服务对象可能没有自由选择的余地。社会工作者首先要向服务对象提供准确的信息，而不是等服务了一段时间后才告知服务对象，避免让服务对象产生"受骗"的感觉，同时这也是社会工作职业伦理的重要部分。

至于伦理原则的告知，并不是把伦理守则的条款向服务对象照本宣科，而是要针对服务对象的情况，选择相关的原则进行说明，如保密原则和服务对象自决原则等。社会工作者可以这样向服务对象说明："许女士，我们的谈话是保密的，如果有其他人想了解你的情况，我们也会事先征求你的意见。另外，如果你对我们的服务不太满意的话，请随时告诉我，或者也可以向我们的主管蔡某反映，他的电话是××。对于我刚才谈的这几点，你还有什么问题或想法吗？"此外，社会工作者还可以这样说："在我们正式开始前，我想确定你了解这一点，法庭要求把我们谈话的内容进行报告，因此，你所谈到的可能会出现在给法官的报告中，明白吗？"

需要注意的是，对于保密原则的解释，社会工作者永远不要承诺是绝对保密。因为社会工作者在工作中也许会咨询督导的意见，也许要进行机构内部的案例研讨活动。尽管社会工作者不可能在初次面谈中向服务对象详细解释很多细节问题，但重要的信息都应该告知服务对象。

4. 引导服务对象谈求助的期望或需要社会工作者帮助的地方

引导服务对象谈求助的期望，这是社会工作者探索问题的前奏。社会工作者可以通过了解服务对象的期望来判断机构是否具备满足其需要的条件。同时，通过探讨服务对象的期望，社会工作者可以顺此线索导向服务对象所面临问题的来龙去脉。例如，社会工作者也许会这样问许女士："许女士，刚才我们聊了机构能提供的一些服务内容，我也很想知道您希望得到哪些帮助呢？或者说，您希望我们一起来解决哪些困难和问题呢？"当然，有的服务对象也可能会提出一些不切实际的期望，如"我告诉你我存在的困难，你就得帮我解决困难""我希望找一份薪水高又不辛苦的工作，你一定得帮忙""我告诉你我最近常做的梦，你得给我解释清楚这究竟意味着什么"。对此，社会工作者应与服务对象交流彼此的角色和责任，澄清原来模糊的或错误的理解，并探讨有哪些具体的问题是服务对象想要社会工作者提供帮助的。

5. 探讨问题或需要的来龙去脉

有关服务对象关注的问题或需要，社会工作者在初次面谈中应有大致的了解。有些情况也许受时间的限制不能探讨得很详细，可以在下次面谈中再加以深入讨论。因此，社会工作者要把握重点进行引导，对服务对象关注的问题及其成因进行讨论。有的服务对象在初次和社会工作者的面谈中，由于信任关系尚未建立，不会开门见山地道出其真正焦虑或困惑所在，往往以一些表面的东西来试探社会工作者。因此，社会工作者要学会察言观色、循循善诱，以自己的真诚和积极倾听、同理回应来逐渐取得服务对象的信任。当然，随着关系的建立，对问题的探讨会有所发展和深入，成为预估阶段的中心内容之一。

6. 总结面谈内容

当面谈临近结束时，社会工作者要对本次面谈进行总结，以帮助服务对象理清思路。另外，社会工作者也可以进一步确定和服务对象的工作关系是否要建立，包括下次面谈的时间和可能涉及的主题。此外，社会工作者还可以布置一些家庭作业，让服务对象完成一定的任务，并在下次见面时首先回顾任务的执行情况。

在面谈结束时，社会工作者应避免由于时间问题而匆忙收场的情况，给人以虎头蛇尾之感，也容易让服务对象产生不被尊重的感觉。但如果服务对象已表现出不耐烦的样子，那么社会工作者应掌握好时间，避免拖沓，可以简洁明快地总结谈话的内容并询问服务对象是否还有其他想法。如果服务对象决定不再延续服务，那么社会工作者也要礼貌地感谢其对机构的信任或和自己的合作，希望其以后有需要的时候可以随时前来求助。结束面谈时，社会工作者应让服务对象愉悦地感受到自己对他的尊重和理解，以期待下次面谈。

三　接案过程中的挑战

社会工作是一个充满挑战的职业。社会工作者每天应对的是不同的人、不同的问题、不同的情境。它不是年复一年地重复单调的程序，而是在充满变化的世界里驰骋，无法预测明天会遇到什么样的服务对象，要帮助解决什么样的问题，这种挑战无时不在、无处不在（朱眉华，2003：92）。在接案的过程中，社会工作者会面临很多挑战，如怎样有技巧地进行提问？如何接近非自愿的服务对象？怎样处理面谈中的沉默？

1. 怎样有技巧地进行提问？

熟练掌握面谈的提问技巧，有助于社会工作者了解服务对象的情况并很好地把握谈话的方向。提问看似简单，其实非常有策略和技巧。提问的问题一般可分为两类：封闭式问题和开放式问题。封闭式问题如"你孩子的名字叫什么？是男孩还是女孩？"它的答案是简单而有限的，有时就是"是"与"否"的区别。这样的提问方式通常可以较快地收集社会工作者所需要的特别信息，但会限制自由和充分地探讨服务对象的问题。开放式问题如"请谈谈你孩子的情况，好吗？"这样的问题没有固定的答案，鼓励服务对象自由地表达他们自己的想法，但这种开放式问题的开放程度也是有差异的。如"请说说家里最近的情况吧""刚刚您提到的和先生在教育孩子的问题上经常发生分歧，具体情况是怎样的呢？""最近一次发生争吵是怎样的情形呢？"

在面谈过程中，针对需要进行深入探讨的问题，社会工作者可以用系列问题来导引，就像漏斗一样，先从讨论一般层面开始，然后逐渐进入更具体的层面。而且社会工作者要善于从服务对象的言语中寻找新的线索，然后追踪下去。例如：

服务对象：唉，家里现在一团糟！

社会工作者：你说家里一团糟到底指的是什么呢？究竟家里发生了什么？

服务对象：那天我爸下班回家已经很晚了，他在外面喝了酒，醉醺醺的，后来跟我妈吵起来了，还动手打了我妈。

社会工作者：当时是什么情况下起了冲突？那时候你在干什么呢？

服务对象：我那时在房间做作业。我妈和我爸也经常吵，我说什么他们也不会听的，所以我就关上房门耳根清净。可那天我觉得不太对劲，我爸说话的声音很大，明显就是喝了酒，接着我妈就大叫，我冲出去，看见我爸正打我妈，还用脚踢，我冲到他面前警告他再动手我就报警。他把我推到一边，出门走了……

社会工作者：当你冲到你爸爸面前威胁他要报警时，你是怎么想的？你当时的感觉是什么？

在提问中，社会工作者要避免出现一些常见的错误，如过多地使用封闭式问题，或者同时提问很多问题，令服务对象难以理清思路，不知究竟应先回答哪些问题，或者提出的问题带有明显的引导性，如"你不认为那是错误的吗？"这样的反问更容易让服务对象不敢真实地说出和社会工作者不同的想法。另外，"为什么"的问题比较容易引起服务对象的抵触和防御心理，不利于进一步了解服务对象真实的想法和做法。

2. 如何接近非自愿的服务对象？

社会工作者除了接待自愿来机构求助的服务对象外，还要接待非自愿的服务对象。其中，有的是根据法律要求必须接受机构服务的，如在服刑的犯人，社区矫正的对象（假释、缓刑、保外就医等），虐待儿童者，家庭暴力施暴者，失足青少年等；有的是单位要求酗酒的员工接受辅导，或者夫妻一方因婚姻危机而要求另一方共同参加家庭治疗的。

社会工作者面对非自愿的服务对象时，确实面临许多挑战。这些服务对象往往带着敌对情绪而来，因此，社会工作者要和他们形成良好的合作关系，促使他们积极发生转变。对此，社会工作者可以借鉴以下工作策略。

首先，社会工作者要充分理解服务对象的想法和处境。也许服务对象曾在社会服务机构有不太愉快的经历，有的服务对象不想改变现状，有的服务对象根本不知道社会工作者是干什么的，在被司法机关规定必须接受辅导的情况下更容易产生反感和抵触心理。除了理解外，社会工作者还要尊重服务对象，可以先说明自己知道的有关服务对象必须来机构接受服务的理由，然后请服务对象进行更正或者澄清。

其次，社会工作者应真诚而清楚地向服务对象解释自己的角色和责任，以及机构和社会工作者对服务对象的期望。

再次，社会工作者应允许服务对象发泄对被迫来见社会工作者的不满。有时社会工作者可以这样告诉服务对象："你现在的心情我可以理解，如果换了我，也不会愿意来这儿的，也许我们可以先谈谈你关心的事情或者为什么会让你来这儿，这样是否觉得好受一些？"让服务对象适当地发泄负面情绪，有时可以起到逐渐平静下来的效果。另外，社会工作者可以和服务对象讨论合作与否的后果，并由服务对象做出选择，如"我希望你能够和我合作，我们都知道，在这个问题上你别无选择，要么接受辅导，要么进监狱，我想你不会选择进监狱吧"。除了告知负面结果外，社会工作者还可以告诉服务对象配合开展工作的结果。有些社会工作者甚至会策略性地说："好，那让我们做个'交易'吧，如果你在这 6 个月内达到我们制定的这些目标，那么我可以介绍你去那家商场上班。"当然，这里的"交易"并非金钱买卖或采用不合法的手段，而是要激发服务对象的改变动机，如果他积极合作、努力完成特定的任务，就可以得到他想要的东西（当然在合法范围内）。对于非自愿的服务对象，社会工作者开展工作的重心在于找到对其有意义的目标，使强制性目标和个人目标很好地结合起来。

最后，社会工作者既要注意调动服务对象身上的积极因素，消除他的敌意，又要避免一味退让，屈从于服务对象的压力。如果服务对象言辞过于激烈，甚至辱骂社会工作者，那么社会工作者可以暂时终止会谈，并警告服务对象："听着，我对你是尊重的，同样，我的人格尊严也不能随意践踏，我认为今天我们已经不可能心平气和地谈下去了，我明天再给你打电话约见面的时间，只有平静下来我们才能解决问题。"当然，如果服务对象确实不愿意合作，那么社会工作者应尊重服务对象的选择，但是服务对象要为自己的选择产生的后果负责。

有学者提出了对付有敌意的案主的十条建议（Kirst-Ashman & Hull, 1999: 82）。

①不要生气或持防卫性的态度，要清醒地认识自己的反应，要记住：

这是工作上的问题，而不是个人的问题。

②专注于案主的敌对性行为，而不是给案主贴上敌人的标签，要分析这些敌对性的行为及其发生的原因。

③允许案主在短时间内发泄自己的愤怒。有同理心，能从案主的角度去理解其处境。

④强调案主自身的力量，不要攻击案主。你要在沟通中弥合你们之间的裂口而不是拉得更开。

⑤了解案主的真实情形，帮助案主面对现实，因此你必须首先知道这个现实是什么。

⑥关注现在和未来，避免让案主沉湎于过去。应从正面强调能做些什么，而不是从负面来说已经发生了什么和什么不能改变。

⑦把各种不同的选择呈现给案主，告诉他们不同的结果，帮助案主评估每种选择的优与劣。

⑧不要说教（回想别人在教训你该如何去做时你是何等的厌烦，将是十分有帮助的）。

⑨小结在面谈中已经发生的事情，以及你有一些什么建议。有时这样做能帮助案主不偏离正道，因为你试图帮助案主解决其现实生活中的问题，而不是转移到情感爆发的岔道上来。

⑩建立一个短期的初始目标，这也许包括使案主平静下来，对讨论特定的问题和案主达成意见上的一致。这些短期的目标和介入过程中强调的主要问题还是有很大的差别的。

总之，对待非自愿的服务对象，如何真正履行社会工作的尊重、平等原则，真心接纳和帮助服务对象发生积极的改变，是一个非常艰巨的任务。社会工作者是一个"用生命影响生命"的职业，这种影响绝非轻而易举能够完成的，挑战性越强就越能彰显其职业的魅力。

3. 怎样处理面谈中的沉默？

当面谈陷入寂静状态时，社会工作者和服务对象相对无言，这样的沉默令人焦虑和不安，特别是新入职的社会工作者，会不知如何是好，担心这样持续下去面谈会失败。其实，面谈中的沉默有不同的情形和含义，对人际互动有深刻的影响。学会区分不同含义的沉默，善于运用治疗性的沉默，是社会工作者应该学习的技巧。

面谈中的沉默大致包括两种情况：一种是由服务对象引起的，另一种是由社会工作者引起的。由服务对象引起的沉默可能因服务对象的思绪太乱，需要停顿片刻以理清思路；也可能服务对象本身不是自愿前来接受辅导的，所以一开始就以沉默来表示自己拒绝合作。还有的服务对象保持沉默是想给社会工作者施加压力，迫使社会工作者顺着他的思路工作。沉默变为一种武器后会有不小的威慑力。社会工作者首先要弄清楚服务对象沉默的原因，特别是最后一种情形，设法在较短的时间内打破沉默，否则持续的冷场会使面谈难以继续下去。另外，社会工作者可以用一些比较容易回答的问题来打破僵局，减轻服务对象的焦虑和敌对情绪，也可以用转移注意力的方法，先缓和气氛。

由社会工作者引起的沉默也有不同的情形。有的和社会工作者本身的性格有关，比如内向的人平时话就不多，加上气氛紧张，就更加不知道如何表达；有的是缺乏专业训练和实战经验，加上工作也不太投入，所以谈话中可能会出现因沉默而谈不下去的情况。这种沉默具有负面影响，一般应加强对社会工作者的专业培训与督导，避免类似情况的发生。

有的沉默是具有治疗意义的。海克尼和考米尔（Hackney & Cormier）曾列举了四种有益的或治疗性的沉默方法（参见 Kirst-Ashman & Hull, 1999：78），即调节谈话速度、沉默的聚焦、对防御的反应和沉默的关心。每种类型的沉默都由社会工作者发起并控制沉默的时间。

调节谈话速度，是指在谈话过程中，有时交谈和信息交换的速度太快，服务对象跟不上或不能完全吸收和理解谈话的内容，这时社会工作者要运用短暂的沉默，使服务对象有时间来思考和消化谈话的内容。

沉默的聚焦，沉默的时间比调节谈话速度的时间长一些，而且往往发生在有一些重要的新发现的时候。沉默的聚焦就是让服务对象有时间将注意力集中到某一问题上进行深入思考，避免匆匆忙忙地进入下一个议题。

对防御的反应，这种沉默发生在服务对象直接对社会工作者大发脾气的情况下，通常这样的服务对象对其他人（如配偶、孩子、老板、同事、朋友等）也是如此。尽管服务对象冲着社会工作者发脾气是因为当时只有社会工作者在场，社会工作者也许会试图做出防卫的反应或指出对方行为的失控，但是用一段时间的沉默并伴之以适当的非语言行为（如用眼睛正视对方，并带着十分严肃的表情）可以给服务对象提供时间去思考自己的所作所为及这样做的原因。

沉默的关心，是指在谈话过程中，服务对象有时会出现比较激烈的情绪反应，如难过、悲伤和悔恨等，很多时候服务对象会放声大哭。一般人们认为哭是软弱和不好的象征，这是一种误解，因为哭是表达真实情感的一种方式，同时也可以借此宣泄痛苦。只有通过适当的方式来发泄种种痛苦的情感，人们才得以克服它们并继续生活下去。这时社会工作者使用沉默恰恰最好地表达了自己的理解和关切，可以递上纸巾或轻轻拍一拍服务对象的肩膀，无声地表达自己的关心。

因此，社会工作者在谈话中要针对不同的情况善于运用有益的沉默。灵活地处理由服务对象引起的沉默，同样也会有助于谈话的深入。

第二节 预估

预估（assessment）是社会工作实务过程中的关键环节。预估为设定解决问题的目标和相应的介入策略奠定了基础。因此，预估也是社会工作者需要掌握的重要专业技巧之一。

一 预估的定义、特点与基础

1. 预估的定义

美国《社会工作词典》指出，"预估是一个决定问题的性质、原因、程度及牵涉于其中的个性和情形的过程，社会工作的功能在于获得对问题及其成因的了解，并能够找出解决问题或把问题减到最小的办法"（参见Barker，1999：32）。

赫普沃思和拉尔森（Hepworth & Larsen，1986）对预估的定义是，预估是收集、分析和综合数据进入系统阐述的过程。这种系统阐述包含了以下重要的方面：①案主问题的性质，包括特别关注案主和其他人在困难中的角色；②案主和其他人的功能（优点、局限、人格、财富和缺陷）；③案主解决问题的动机；④形成问题的相关环境因素；⑤有用的或者改善案主困难的重要资源（扎斯特罗，2005：81）。

预估的概念是从诊断发展而来的，因诊断比较接近医学的模式，用此术语更容易让人联想起疾病、功能失调或缺陷，带有消极的含义，所以社会工作者后来普遍使用预估来代替诊断。预估不仅仅是探究服务对象的问题，也注重服务对象的优势和有利于解决问题的资源。因此，预估是在介入之前进行的评估，是指在收集服务对象资料的基础上，社会工作者对服务对象存在的问题，以及服务对象与环境互动等方面的情况进行综合分析和判断，形成一个暂时性的评估结论的过程。它为形成介入计划奠定了基础。

2. 预估的特点

无论服务对象系统是个人、家庭、团体还是社区，都需要运用科学的方法进行预估，进而为介入计划的制订和实施打下基础。总的来说，预估具有以下几个重要的特点。

(1) 预估是一个持续性的动态过程

预估贯穿于助人过程的始终。因为它不仅是社会工作者接案后要做的重要工作，而且在进入计划和实施阶段后，社会工作者同样要因为服务对象的新信息和新情况而进行新的评估。有时服务对象在开始阶段因尚未和社会工作者建立信任关系而对自己的问题和需求遮遮掩掩，甚至故意隐瞒，直到真正感受到社会工作者对他们的真诚接纳和帮助时，才开始袒露某些秘密。在这种情况下，最初的预估结论可能会被打破，进而被新的结论所替代。由此看来，预估不仅仅是开始阶段的关注点，同时也是一个持续性的过程，是不断发展的动态过程。

(2) 预估是社会工作者和服务对象互动的过程

无论是在初期面谈过程中收集服务对象各方面的信息，还是在此基础上对服务对象的问题进行分析和判断，都是社会工作者和服务对象共同参与和互动的过程。如果没有服务对象的参与和配合，那么社会工作者不可能获取真实的信息，也无法对服务对象的问题做出准确的判断，更谈不上与服务对象达成对问题的共识。因此，从某种意义上讲，预估这种双向的互动过程具有提升服务对象自我价值的作用，让服务对象感觉到自己的所思所想也是十分重要的，帮助他们意识到自己不是被动的服务对象，而是与社会工作者一起来解决问题的。同时，社会工作者和服务对象的互动也体现在预估并不是单方面的，除了社会工作者对服务对象问题需求的评估外，还有服务对象对社会工作者及机构的评估，判断其能否提供相应的服务以满足自己的需求。如果服务对象在预估过程中已经缺乏对社会工作者能力的信任，那么他们就会选择退出或寻求转介。

(3) 预估是个性化和多样化的

人类问题的多样化和复杂性，决定了不可能出现完全相同的预估结论。每个预估结论都是独一无二的，是与服务对象特殊的环境和个性相联系的。因此，社会工作者在预估中要对服务对象进行个别化的分析，特别对于那些和社会工作者的成长背景和文化有较大差异的服务对象，社会工作者要从服务对象的角度去理解环境因素及其影响，这显得尤为重要。

(4) 预估是一个综合分析的过程

预估所涉及的不是某些局部的问题，它首先是一种全方位的基本探索，在探索服务对象生态系统的过程中，再逐步缩小范围，对重点的内容进行深入探究。因此，预估是一个较为全面的综合分析的过程。例如，一位母亲因孩子的问题而求助于社会工作者，在预估中，我们涉及的内容可能不仅仅是孩子本身的问题，还会探索家庭结构、家庭关系、沟通模式、个人成长经历、社区环境、交友状况等各方面的情况，并从中找出有利于解决服务对象问题的积极因素。预估分析不仅对服务对象的生理、心理和社会各种因素进行综合分析，而且从人和环境的互动中分析服务对象的优势、劣势与可利用的资源。可见，预估是一个对服务对象的信息进行综合分析的过程。

3. 预估的基础——收集资料

收集资料是预估的基础，从接案阶段开始一直延续到预估阶段。当然，面谈的过程本身就是不断接收新的信息的过程。社会工作者在面谈和访问中，只有收集到足够的与服务对象相关的信息，并经过对信息的组织和处理，才能进行较为准确的预估。

信息资料的收集并非无的放矢，否则会浪费很多宝贵的时间。社会工作者通过采用提问的方式可以直接地、有针对性地获取必要的信息，同时也可以通过阅读文件、记录及使用问卷、心理测试量表等获得需要的信息。另外，家庭成员及其他相关人员（如教师、医生、朋友、邻居等）也是信息的重要来源。

收集资料是为预估做准备的，所以从"人在环境中"的视角出发，我们收集的资料主要围绕服务对象的生理、心理、社会、环境等方面展开，如生理方面，主要了解服务对象的外表和生理特征、健康状况、营养状况、既往病史、用药情况等；心理方面，了解服务对象的认知功能（智力水平、判断能力、自我概念、认知灵活性等）、个性特点，情感功能，行为方式等；社会方面，主要涉及服务对象的人际关系（和家人、同辈群体之间的关系），特殊的兴趣和娱乐活动等；环境方面，主要了解服务对象的成长背景、工作学习生活的环境及文化、社会支持系统、宗教等对其的影响。在收集资料的过程中,服务对象是资料的主要来源。而且,社会工作者收集的资料应和服务对象的问题密切相关,在获取资料的同时要注意和服务对象分享讨论,并遵守保密原则。

二 预估的目标与内容

预估是社会工作者和服务对象一起来收集资料、进行分析和整合的过程。预估的目标在于:①社会工作者对服务对象的问题有清晰的陈述,要明确是谁有什么样的问题,以及为什么会存在这样的问题,因此社会工作者应有足够的资料来描述问题的性质、范围和程度;②社会工作者要对服务对象所处的系统有清楚的界定,服务对象存在的问题和哪些系统有关,是家庭、朋友、学校、工作单位还是社区;③社会工作者要清楚地阐述服务对象和其周围的系统是如何互动的;④社会工作者要整合所有的信息,为形成介入计划做好准备(Kirst-Ashman & Hull, 1999: 171)。

预估的内容相应地围绕以下三个方面进行。

第一,了解服务对象存在的问题,问题的性质、成因、程度,以及对服务对象的影响。

第二,了解服务对象个人的生活经历及行为特征,其中包括服务对象的人格特征、优点与弱点。了解服务对象与周围环境的互动状况,以及服务对象对自身问题的认识和实现改变的动力和能力。

第三,了解服务对象所处的环境,包括家庭、朋友、工作单位、社区等系统对其的影响,并从这些系统中找出对服务对象有利和不利的因素。

1. 对服务对象需求和问题的界定

在面谈初期,社会工作者就会邀请服务对象描述他们需要或者关心的事情,这种最初的需求陈述往往是服务对象当时所缺乏的东西,如医疗照顾、收入和住房、朋友、和谐的家庭关系、自尊等,或者是他们不想要的一些东西,如恐惧、罪恶感、乱发脾气、婚姻或亲子冲突、上瘾行为等。在这两种情况下,服务对象一般都处于一种不平衡的状态或正经历着紧张和困惑的情绪,因此,情绪也是问题的一个重要部分,是同理心运用之所以重要的原因。这些表达出的问题可以说是服务对象当时对问题的认知,也是他们向社会工作者求助的主要动机(Hepworth et al., 1999: 338)。

对服务对象需求和问题的界定主要围绕问题的性质、成因、程度、后果及对服务对象的影响等方面。在预估中，我们可以从以下几个方面着手探讨服务对象的需求和问题：①服务对象最初的需要和关注是什么？②服务对象如何看待自己的问题？③问题的原因是什么？④问题行为发生在什么地方？⑤问题行为发生在什么时间？⑥问题行为的频率、强度和持续时间如何？⑦问题产生的后果是什么？⑧服务对象是如何应对问题的？⑨有没有其他相关的问题存在？

社会工作者在梳理这些信息后，对问题的界定就应该有一个比较清晰的轮廓了，同时也要把对服务对象需求和问题的分析与服务对象分享，并获得认同。如果没有得到服务对象的认同，那么服务对象可能会缺乏改变的动机。很多有关个案工作有效性的研究都显示，服务对象的动机和结果的有效性呈正相关关系。因此，社会工作者应避免只关注自己的主观分析，而忽略和服务对象沟通并获得其认同。

2. 对服务对象系统的分析

有关对服务对象系统的分析，主要包括服务对象的生理、认知、情绪、行为和动机等方面，以及服务对象的长处与弱点。例如，社会工作者经常会遇到一些服务对象对自我的认识有偏差，自尊水平较低，认为自己很无能。对于这样的服务对象，社会工作者首先要了解服务对象的自我概念（self-concept），即服务对象对自己是怎样的人的看法。当然，这样的探索往往比较敏感，不像要求服务对象讲一些个人经历或生活中的故事那么简单，对自我的探索可能触及内心深处的伤痛，也可能有的服务对象没有想过这样的问题。我们想探索服务对象对自己的感觉，也许可以从以下几个方面考虑（Sheafer et al., 2000: 335-336）。

（1）家庭成员

家庭有哪些成员组成？你感觉对谁负有责任？应该去照顾或帮助的是谁？你和谁住在一起？你多久会和这些家庭成员聊一次？在家中谁和你靠得最近？你对成为这个家庭的一员感到满意吗？

（2）身体想象

你最注意自己身体的哪个部分？其他人看你时会看哪个部分？你对自己的身体满意吗？你对自己健康的担心程度如何？什么是你特别担心的？

（3）自我接受

你对下列问题之答案的满意程度如何？如：我是谁？你享受独处的时

刻吗？当你独处时，你对自己的思想和情感感觉很舒服吗？当你和你认识的人在一起时你常常是很放松的还是紧张的？如果你能改变你自己的话，你最想改变什么？

（4）自我价值

当你判断其他人的价值时你会用什么样的标准？你是如何用这些相同的标准来衡量自己的？你喜欢自己吗？你最大的优势、天赋和能力是什么？从什么角度来说你是独一无二的？

（5）理想的自我

你对自己的期望已经实现了多少？你的希望和梦想实现了吗？你怎样定义个人的成功？在哪些地方（领域或方面）你成功了？哪些地方离你的期望还有距离？在你的生命中你想要完成什么或达到什么目标？你想对其他人、你的家庭或社区做点什么贡献？你是否想让别人在你死后依然记得你？

（6）自我满足

你觉得能够掌控自己的生活吗？哪个在你的生活中有更大的影响：你做的决定还是别人的决定？你是否常常对变化充满期待？热情？还是恐惧？你对未来充满希望吗？什么是你希望发生的最好的事或者最坏的事？

（7）过去的自我和将来的自我

跟以前的你相比是一样的还是有些不同了？一年前？五年前？十年前？你对过去有遗憾和负罪的感觉吗？这些情感对你的生活产生了重大的影响吗？你期望在五年后你的生活情境有很大的不同吗？这将是可喜的还是讨厌的变化？

在对服务对象系统的分析中，很重要的一点是了解并强调服务对象的长处，不能只看服务对象的问题和弱点，而要看服务对象能做什么和想做什么。社会工作者应清楚地看到，任何介入的成功都和服务对象自身的作用是分不开的，探索服务对象的长处或优势，有助于发现服务对象的潜能，并利用其自身的力量来解决问题。

赫普沃斯（Hepworth et al.，2017：195）曾罗列了案主所显示的下列长处，以此来提醒社会工作者要注意培养自己对案主长处的敏感度。

①面对问题寻求帮助而不是逃避。

②能冒险把自己的问题与社会工作者这样的陌生人分享。

③在困难的情况下依然坚持。

④在有限的资源情况下有创造性地用到极限。
⑤寻求进一步的知识、教育和技能。
⑥表达对家人和朋友的关怀之情。
⑦坚持自己的权利而不是屈服于不公正。
⑧在工作和财务上有责任心。
⑨试图理解他人的需求和感受。
⑩有内省能力或从不同角度思考问题的能力。
⑪有自我控制的能力。
⑫在有压力的情况下有效地发挥作用。
⑬在解决问题时，能考虑不同的行动方案和他人的需求。

社会工作者在和服务对象探讨他们的长处时，也许可以问这样一些问题：你是怎样做到这一点的？你是从哪里找到力量来对付这些问题的？是什么力量在支撑你这样走下去？除了这些问题，谈谈你生活中进展得不错的方面，好吗？其他人是怎样喜欢你的？其他人认为你的优点和长处是什么？在你的生活里，哪些东西是你不想改变的？

社会工作者只有相信服务对象，相信服务对象才是他们自己生活的"行家"，认真倾听服务对象的心声，理解其所思所想，才能真正看到并欣赏服务对象自身的力量；反过来，也越能为服务对象所接受。

3. 环境因素分析

服务对象处在特定的社会生活环境中，受到社会阶级、民族、文化传统、宗教信仰等社会文化因素的影响。服务对象的问题是和其所处的环境紧密相联的。这些环境包括家庭、学校、工作单位、同辈群体、社会机构、社区等，了解环境对服务对象的影响，以及服务对象的社会支持系统，有利于社会工作者全面了解服务对象的问题及其成因，并找到环境因素中解决问题的有利因素和不利因素。

社会工作者通过家庭结构图、生态图和社会网络表等方式来帮助我们了解服务对象所处的环境。此外，尤为值得关注的是服务对象的家庭系统。家庭不仅承担着养育孩子和最初社会化的重任，而且给人以亲密感与归属感。它提供情感上的支持，同时也是经济上的共同体。现代的家庭结构已随着社会的发展呈现多样化的态势，家庭系统的复杂性也给社会工作者预估其互动方式带来了挑战。社会工作者了解以下方面有助于其了解家庭的功能：①家庭成员的基本情况；②家庭的基本功能（经济、情感、保护等）实现的情况；③家庭内有哪些主宰家庭互动的次系统（夫妻、父母、母子等）、家庭规则和家庭角色？④家庭内部是怎样做出重要决定的？⑤家庭成员是如何解决他们之间的分歧的？⑥家庭的沟通方式是怎样的？⑦家庭成员会怎样安排他们的时间（工作时间、闲暇时间）？⑧家庭中谁支持改变？谁反对改变？

服务对象的社会支持系统，除了家庭以外，还有朋友、亲戚、邻居、同事、工作单位、各种社会组织、社团、政府机构等。社会支持系统对人的社会功能的实现起着重要作用，人们由此产生信赖和归属感、能否分享和彼此照顾、证明自己在群体中的价值，并且在困难时获得帮助。社会支持系统对人的健康成长创造了良好的环境。但对于那些缺乏足够的社会支持系统的服务对象来说，其社会功能也可能很弱，甚至自己处于崩溃的边缘，如有的服务对象在经历了痛失亲人、离婚、失业、孩子出走等事件后，因难以寻求他人的支持和排解情绪而精神彻底崩溃。斯来特和迪泼优（Slater and Depue, 1981：275）发现，失去重要社会支持是引起自杀企图的主因。当然，社会支持系统除了有正向作用外，有时也存在负面作用。例如，在有的独生子女家庭，父母过分溺爱孩子，凡事大包大揽，其实这样不利于培养孩子的独立性和责任感。这种情况下，孩子往往无法发展正常的人际交往能力和问题解决能力，导致孩子对他人有过高的期望和过分的依赖。因此，社会工作者在评估服务对象现有的社会支持系统时要全面地进行了解和分析，包括个人和社会支持系统之间是怎样互动的。

此外，社会工作者还应关注：服务对象的支持系统中有无关键性人物？如果有人在服务对象的生命历程中有着举足轻重的作用，那么要了解其是如何影响服务对象的，是双向支持还是单向支持？亲密程度如何？关系的长久性如何？

探索服务对象的社会支持系统可以帮助社会工作者找到有利于服务对象改变的因素和资源，如果目前服务对象缺乏有力的社会支持系统，那么社会工作者便要研究如何通过建立社会支持系统来帮助服务对象解决问题。

三 预估的方法

社会工作在实践过程中已经形成了独特的预估方法与技巧。根据服务对象系统的目标和特征的差异，社会工作者可以采取不同的预估方法，如问卷调查、心理测试、可视性图表、行为检测表、角色扮演、游戏、社区需求预测等。下面简单介绍几种常用的预估方法：家庭结构图、生态图、社会网络表、社会预估报告。

1. 家庭结构图

家庭结构图又称家庭树，是预估中常用的方法之一，一般用于分析服务对象生活的历史以及各种社会关系和重大事件。家庭结构图是用图形来表示家庭的树状结构，可以提供有关家庭历史、婚姻、死亡等家庭重要事件，以及家庭沟通和互动方式的概要信息，通常至少包括三代人。家庭结构图最早被鲍文（Bowen，1966）应用于家庭治疗中，后来被家庭治疗师和社会工作者等专业人士广泛运用。这种把家庭作为一个系统来研究的方法，不仅可以帮助服务对象看到他在家庭中所处的位置，而且可以看到自己是怎样被家庭所影响的。

家庭结构图中所使用的符号有特定的含义，一般男性用方块来表示，女性用圆来表示。配偶关系用连线，实线（——）代表已婚关系，虚线（------）代表未婚关系，从线段衍生下来的符号，表示由此关系而来的孩子。分居和离婚分别用一条反斜线（/）和两条反斜线（//）表示。孩子的排列以出生时间的先后从左到右排，在方块或圆内打"×"表示死亡。如果可能的话，还可以在图上标注每个人的名字和年龄，有关结婚、分居、离婚、死亡等情况都可以用简单的符号来表示，如 M'82 表示是 1982 年结婚的。同时，还可以用一些简单的符号来记录生活中的某些重大事件，如出生、死亡、结婚、离婚、分居、毕业、参军、住院、搬家、工作变动、意外事故等，并在家庭结构图的下方记录这些信息的来源和日期。通常，家庭结构图还可以反映家庭人员之间的关系（见图 3-1、图 3-2）。

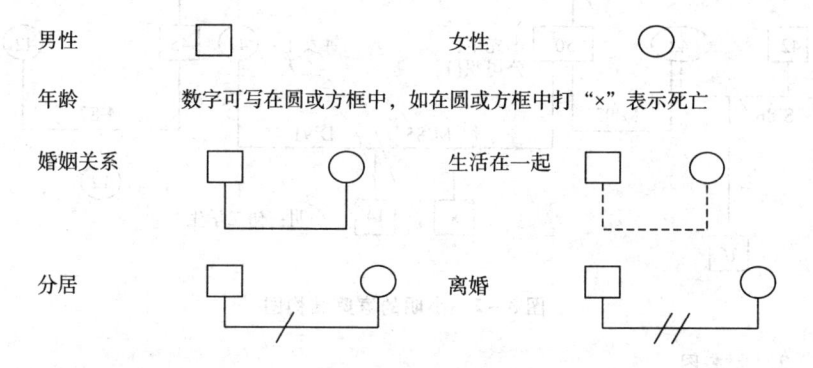

图 3-1　家庭结构图

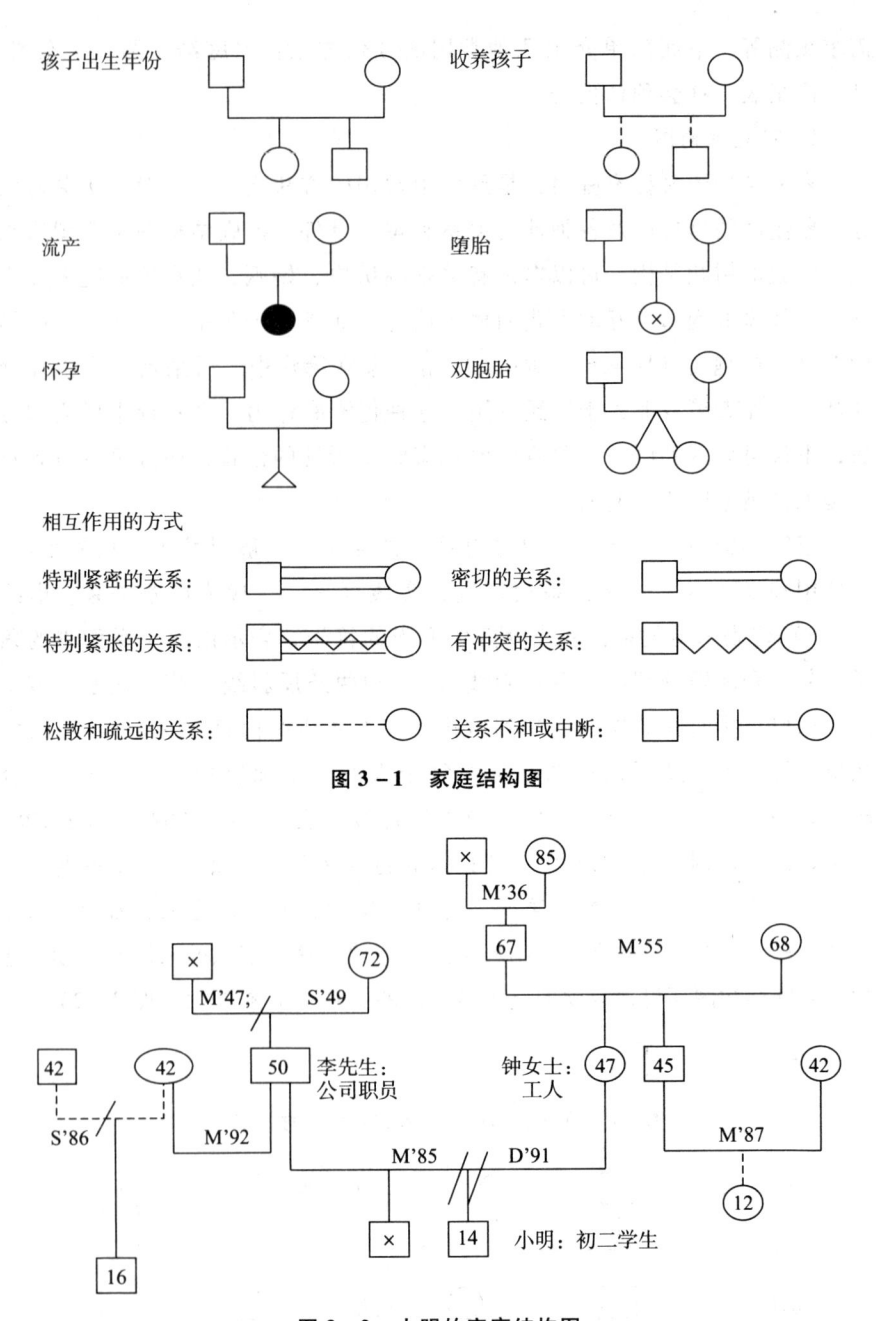

图 3-2　小明的家庭结构图

2. 生态图

生态图是用图示法来展示服务对象的生态系统，即服务对象的社会生活全貌。生态图不仅可以清楚地呈现个人和家庭的内部关联，而且可以呈现个人的社会系统与外在世界之间关系的消长。它可以帮助社会工作者了解服务对象和其他系统之间的互动情况，包括资源的交换、系统关系的本质、系统界限的渗透性和社会服务系统及其他支持系统的关联等，找到解决服务对象问题的助力与阻力。哈特曼（Hartman, 1994）建议把服务对象放在生态图的中间，在图中和服务对象互动的那些系统还是个变数，连接这些系统的线反映出服务对象和那些系统之间关系的本质，以及系统间资源和能量的流向。从这个意义上来说，生态图提供了有关可得到的资源、存在的限制和潜在的新的关联等信息。

在生态图中，服务对象的家庭系统在中间的圆圈中，其他有意义且与服务对象有关的社会系统也用圆圈表示，各社会系统之间的关系特征都用线条来表示，实线（———）代表强的（一般的、正向的）关系，虚线（┈┈┈）代表薄弱的关系，曲线（〜〜〜）代表有压力的或较紧张的关系，直线箭头（→）表示系统间资源和能量的流向（见图3－3）。

社会工作者和服务对象共同来描绘生态图，可以让服务对象以全新的视角去认识自己以及所处的环境，在预估服务对象的环境因素方面是非常好的工具。

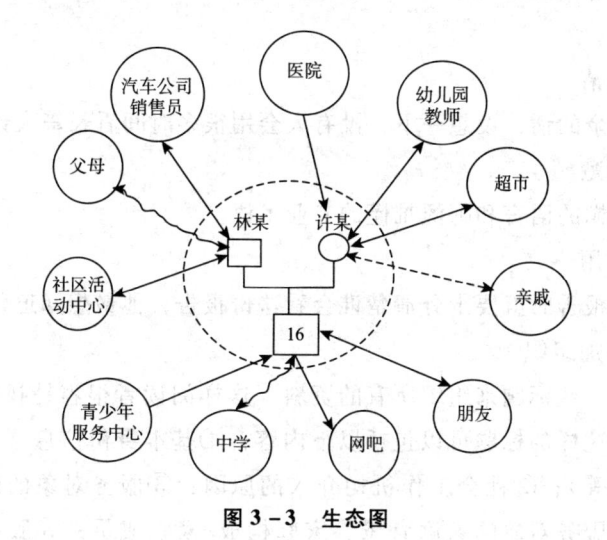

图3－3　生态图

3. 社会网络表

社会网络表是用来评估服务对象的社会支持系统的工具，由华盛顿大学的崔西（Tracy）首先运用在家庭支持项目中。社会网络表可以把和服务对象有密切关联的人——列在表上，然后在相应的格子中写上相关数字（1、2、3、……），这些数字代表不同方面的社会支持系统对服务对象的支持程度或亲密程度（见表3-1）。社会工作者通过和服务对象一起完成社会网络表，可以对服务对象的社会支持系统有一定的了解，但需要注意的是，这张表并不能完全客观地反映服务对象的真实情况。有时服务对象会夸张或低估了某个人对自己的影响，有时甚至会忘记某个人的名字。完成此表后，社会工作者应与服务对象一起讨论和分析，以帮助服务对象更好地利用有益的资源（Sheafer et al.，2000：317）。

4. 社会预估报告

社会预估报告又称社会历史，是有关服务对象个人和家庭的社会功能的各种信息的综合报告。社会工作者准备的报告会特别关注服务对象的需要和现有资源（正式和非正式的）能否匹配或满足。在格式和内容的组织方面，根据不同机构的要求，社会预估报告会有所不同，但主要包括两个方面的内容：一是社会资料，二是社会工作者通过对这些资料的思考做出的预估。社会资料是一些基本事实的描述，而社会工作者的预估则是在分析资料的基础上所做的总结陈述。这份报告应为社会工作者接下来如何帮助服务对象解决问题奠定良好的基础。一份好的社会预估报告应该具备以下几个特点。

（1）简洁

没有多余的话，设想一下，没有人会用很多时间看长篇大论。

（2）清楚

勿用含糊的语言和晦涩难懂的专业术语。

（3）有用

在准备报告时就要十分清楚谁会看这份报告，他最想知道什么。

（4）善加组织

可以用一些标题来组织所有的资料，这样阅读者很容易找到他需要的部分信息。这样的标题可以包括以下内容：①基本身份信息（姓名、出生日期、地址等）；②社会工作机构介入的原因；③服务对象的问题或需要的陈述；④服务对象的家庭背景、家庭构成/家庭成员；⑤服务对象和重要他人的关系；⑥民族、宗教和灵性；⑦生理功能、健康问题、营养、疾病、残疾、药物；⑧教育背景、学校表现、智力功能；⑨心理和情感方面的功能；⑩优点、解决问题的能力和方式；⑪工作情况、收入、工作经历

第三章　社会工作实务通用过程

表3-1　社会网络表

服务对象：薛某某

姓名	序号	生活方面 1. 家庭 2. 其他家庭 3. 工作/学校 4. 组织 5. 朋友 6. 邻居 7. 专业人员 8. 其他	具体支持 1. 几乎没有 2. 有时有 3. 总是有	情感支持 1. 几乎没有 2. 有时有 3. 总是有	信息/建议 1. 几乎没有 2. 有时有 3. 总是有	帮助方向 1. 双向的 2. 你对他们 3. 他们对你	接近程度 1. 从不接近 2. 有限接近 3. 非常接近	多久相见 1. 不见面 2. 每年几次 3. 每月 4. 每周 5. 每天	认识多久 1. 少于1年 2. 1~5年 3. 5年及以上
张某	1	5	2	3	2	1	3	4	3
	2								
	3								
	4								
	5								
	6								
	7								
	8								
	9								
	10								
	11								
	12								
	13								
	14								
	15								

和技能；⑫住宅、邻居和交通；⑬目前和近期使用社区和专业服务的情况；⑭社会工作者的预估分析；⑮介入和服务计划。

第三节　计划

计划（planning）是预估和实施介入行动之间的桥梁。社会工作者完成预估后，自然就转入计划阶段。计划是在预估的基础上为解决服务对象的问题而进行的一系列解决方案的思考和决策过程。计划阶段的重点在于设定介入的目标、制定实现目标的可行性方案、选择最合适和最有效的方案、和服务对象达成协议共同努力去实现目标。因此，计划是一个十分复杂且重要的过程。只有社会工作者和服务对象在不断磋商中明确了努力的方向和具体任务，以及各自应该承担的责任，才能在实施行动中真正出现成效。从某种意义上讲，好的计划是成功介入的必要前提。

一　介入计划的构成

介入计划通常由总目标和具体目标及实施方案两个部分组成。

1. 总目标和具体目标

在计划中，目标的重要性是显而易见的。正如雷德（Reid）所指出的，如果社会工作者订立寻常一般的目标，则会导致"不合理的期待及方向的经常变换"。伍德（Wood）有同样的结论：如果订立模糊或不合理的高目标，则"会使案主较容易经历残酷及破坏性的体验，如失望、挫折及对自己能力自信的受损"。伍德也发现了许多订立目标时没有事先与案主协商的情况，在这些情况里，负向的结果可能源自社会工作者与案主各自有不同的目的（参见 Hepworth et al.，1999：541）。因此，在构思行动计划之前，首先要设定目标。设定目标的意义在于：澄清问题所在；促进案主的参与，引导解决问题的行动方向；作为评估的指标（林万亿，1999：260）。

目标其实就是一种期望达到的境界。介入计划中涉及两种目标：总目标和具体目标。莫雷等（Miley et al.，1998：273）这样来界定总目标和具体目标之间的不同含义。总目标是案主想要达到的境界的宽泛的、总体的陈述，表达的是一种想得到的结果，是一种理想的境界，或者是一种助人关系的长期目标。它并不一定是可测量的。而具体目标则是指案主在其行为和情境方面希望发生的具体变化的清楚表述，是可以观察到的，并且是可测量的。具体目标是要达到总目标的那些较小的、增量的成果，社会工作者和案主可以通过设定很多具体目标来实现一个单一的总目标。

因此，总目标和具体目标是既紧密联系又相互区别的。总目标是社会工作者和服务对象通过共同努力最终期望达到的目标，而具体目标则是为实现总目标服务的，是具体明确、切实可行、可测量的目标。

服务对象小浩从小和爷爷奶奶在乡下生活，到小学三年级才回到城里父母的身边。小浩比较顽皮，不太喜欢读书和城里太多的规矩，因此在学校经常犯错挨批，老师也觉得这孩子问题太多，所以经常找小浩父母到学校谈话。小浩为此没少挨训斥和打骂。加上小浩的妹妹一直在父母身边长大，乖巧听话，相比之下，小浩觉得父母偏心，变得越来越不听话。为此，小浩母亲在听了社区的一次家庭教育讲座后向主持活动的社会工作者晓慧求助，希望晓慧能帮助她解决家庭的难题。晓慧经过和小浩家人多次的交流，确定本次个案服务的总目标为改善亲子关系，促进小浩的学业进步。具体目标为：①父母和孩子每天至少一次在一起交谈半小时；②每周举行一次家庭聚会，内容可以是郊游、外出吃饭、逛书城、一起打球或锻炼；③每周末小浩参加机构举办的课余辅导小组，解决学习中的问题；④4～6月，每两周小浩或父母与晓慧会谈一次，讨论成长中的烦恼或学习提升亲子沟通的知识和技巧；⑤5～6月，小浩父母参加"帮助你的孩子走向成功"的家长小组活动，以更好地了解儿童成长的特点，学习新的亲子沟通的知识和技巧。

设定目标时，社会工作者要掌握以下几个要点（朱眉华，2003：153～157）。

第一，目标的设定是建立在预估的基础之上的，要与服务对象的问题紧密相联。离开服务对象的问题而设定的目标是不切实际和无效的，因此，社会工作者应明确从问题到目标乃至最后的评估是环环相扣的，要注意前后的一致性。

第二，设定目标的过程是社会工作者和服务对象在协商中达成共识的过程。有的服务对象来机构求助时，很清楚他们需要什么，而有的服务对象可能并不清楚自己真正需要的是什么。同样，社会工作者提供服务时，知道自己要帮助服务对象发生改变，但也有可能不太清楚到底要改变什么。因此，社会工作者要和服务对象一起探讨和确定目标，达成共识，这样才能避免由社会工作者来确定目标，或者社会工作者将自己设想的目标强加在服务对象身上。只有服务对象认可的目标，才有可能成为其改变行为的动机与动力。而且，社会工作者和服务对象讨论和确定目标的过程，也是鼓励服务对象思考自己未来如何发展的过程。这个探索的过程，就是使服务对象增强力量的过程，服务对象感觉自己有能力、更主动地去实现目标。因此，当服务对象对问题描述得一般、模糊时，社会工作者可以让服务对象进一步描述"你怎么知道这个特定的问题已经被解决了？""当目前困扰你的问题不存在了，生活究竟是怎么样的？"

当然，社会工作者也应坚持一定的原则，对自己不赞成的某些目标不能轻易迁就服务对象，如有时服务对象提出的一些目标和社会工作者个人的价值观是相背离的。虽然价值观是很个人化的，但人与人之间存在差异，有的社会工作者和在人生哲学、伦理道德观、性观念方面与自己大不相同的服务对象一起工作时，会产生强烈的价值冲突。因此，当社会工作者因价值观而对服务对象提出的目标非常不认同且难以很好地进行沟通时，最好把个案转介给合适的同事，但必须向服务对象解释转介的理由，如"我很抱歉无法跟你一起朝着这个目标努力，我们的价值观在这个问题上差异太大，我的价值观可能会妨碍你获得帮助。所以，如果你同意的话，我会让我的同事继续为你提供服务"。如果无法转介给他人，那么社会工作者要清楚地告诉服务对象自己的不同看法，表示只能为其提供力所能及的帮助。

第三，目标的设定应该有优先的顺序。有时服务对象可能有一系列的问题或需求，会同时提出若干个想要实现的目标。这种情况下，正如西蒙斯和艾哥讷（Simons & Aigner, 1985：71）所说，"要开始同时对付几个目标就可能陷入困惑和失败"。如果服务对象真的需要解决很多问题或实现多个目标，那么社会工作者应该帮助他们排出这些问题或目标的优先顺序。很多研究和实践经验表明，为了有效地解决问题，我们必须集中时间和精力在一个或两个问题上，如果多头并进，急于求成，效果恰恰适得其反。社会工作者要鼓励服务对象开拓思维去思考未来，但也要引导他们在某个时间段只朝着一个方向努力。至于对问题或目标优先顺序的排列，可以考虑服务对象的哪个问题或需求最迫切需要解决，例如，性命攸关的事必须先处置，最容易做的、服务对象最关心的或者社会工作者和服务对象已达成共识的放在前面等。不管哪种逻辑顺序，都要在服务对象认同的情况下才可进行，服务对象有选择适当目标的最后决定权。

第四，具体目标的描述应是明确且可测量的。为了在助人过程中指明方向，目标要能明确地指向产出的结果，而不是过程或手段。例如，"小浩父母将得到社会工作者的辅导"是对过程或手段的描述，而非产出的结果。那么什么是辅导所预期的结果呢？社会工作者的辅导将完成什么目标？一种更好的表述是：从4月份到6月份，小浩父母将得到亲子沟通知识和技巧方面的辅导，社会工作者晓慧将帮助他们用正面的、积极的沟通方式来取代训斥和打骂。具体目标的叙述中应包括几个要素：谁、将做什么、什么程度、在什么条件下、到何时为止。

此外，目标还应是可测量的。例如，"让服务对象感觉更好"就很难去测量，如改为"让服务对象感觉更好，即一周内至少有五天晚上睡眠时间在六小时以上，正常饮食，而且在贝克抑郁自评量表（Beck Depression Inventory）中的得分至少提高15%"。这样的目标表述会更有可测性，在评估时也易于评价介入的成效。

第五，设定的目标应是切实可行的。目标达成的难易程度也是关键因素。设定的目标太高，太难达到，会使服务对象遭受失败，增加其挫败感；设定的目标太简单，极易完成，服务对象会认为社会工作者的帮助缺乏诚意和专业水准。因此，社会工作者设定目标时要考虑服务对象达成目标的能力以及环境中可能对目标达成造成不利影响的因素。大多数情况下，服务对象有能力达到其预定的目标，所以要肯定目标的有效性并表达相信他们一定能实现目标，但有些服务对象喜欢夸大自己的能力，在此情况下，社会工作者要有技巧地帮助他们将目标降低至现实可行的程度。至于环境的限制，主要是服务对象在改变过程中要受环境因素的影响。例如，一位还在服刑的服务对象希望出狱后能和妻女团聚，可他的家人不能原谅他过去的行为，妻子坚决要和他离婚，并且不愿让其再打扰自己和女儿的生活。在这种情况下，社会工作者只能帮助服务对象与家人进行沟通，并不能向服务对象承诺一定帮助他说服妻子接纳自己。如果妻子态度坚决，不肯接纳他，那么社会工作者依然同意服务对象的想法并设定这样的目标是不妥的。此外，目标是否切实可行还和机构所拥有的资源有关，若订立的目标远远超出了机构的资源或能力所及，那么这类目标也是不可能实现的。

第六，宜用正面的语言表述目标并强调成长。赫普沃斯等（Hepworth et al.，2017：329-330）曾提到，在定义目标时，可强调案主有利的改变或生命中累积的收获，以当事人的成长作为目标达成的指标；在叙述目标时，所要消除的负面行为是把焦点放在案主要放弃的部分。虽然案主通常想要放弃不良的功能行为（如谴责自己、打架、过度吃喝等），但要做出改变也是比较困难的，因为那些行为已变成了一种生活习惯。在心理上，若定义目标时是用收获而不是丧失来进行描述，则比较能增强动机并减少对改变的反抗。例如，"要控制自己的脾气，不对孩子大吼大叫，不打骂孩子"改为正面的语言，则可以是：学习新的教育孩子的方法，用正面教育方法与孩子进行沟通。用正面的语言表述目标，不仅体现了社会工作者对服务对象的尊重，而且也强调了从服务对象的力量或积极的角度来帮助其成长，从心理上更容易为服务对象所接受，并成为其转变的动力。

2. 实施方案

实施方案是一种对介入（改变）过程的整体性考虑。它是为了实现总目标和具体目标而精心设计的一系列行动，包括社会工作者和服务对象等相关人员在介入过程中的角色，以及各自承担的任务和运用的方法和技巧等。

目标确定后，关键在于如何实现目标。尽管解决问题有很多不同的方法与途径，但社会工作者要和服务对象一起探讨怎样才能达成设定的目标。商量的过程中，社会工作者可以采用头脑风暴法，讨论各种有助于问题解决的方案，尽管每种方法或途径付出的努力和得到的结果不同，也并非要在现实中一一进行尝试，但这种讨论是鼓励服务对象自己思考更多方案来解决问题的过程，为服务对象提供了思考和解决问题的途径，同时也是提升服务对象能力的过程。最后服务对象可以对多个方案进行比较，选择最合适和最有效的实施方案。

社工小萍正在负责一个家庭暴力施暴者的小组，帮助他们认识实施家庭暴力的后果，并重新学习控制愤怒和解决家庭矛盾的新方法。社会工作者和小组成员商讨后，订立了以下行动方案。

7月12日，社工小萍负责放映《案件聚焦》中有关家庭暴力的纪实片，并组织小组成员分享观后的感受和自我反省。

7月19日，社工小萍组织小组成员讨论家庭暴力的原因、性质和后果，并学习相关的法律知识。

7月26日，社工小萍邀请专家为大家介绍控制愤怒的方法与技巧，并进行半小时的讨论。

8月3日，社工小萍组织大家学习和讨论解决家庭矛盾的新方法。

8月10日，小组成员邀请部分家人参加小组总结会，分享感受和体会。

上述是小组的具体实施方案，下面通过一个个案来说明计划中的目标和实施方案如何设定。

个案背景：小明，今年11岁，父母4年前来上海打工，1年前被接到父母身边，在一所公办小学借读，被留了一级，安排在小学二年级学习。因为在学校受到歧视，小明的表现不好，几乎每周老师都要向家长告状，小明为此屡屡挨打。班主任老师警告他，如果在学校再不交作业、不守纪律、打骂同学，就请他回家了。小明母亲求助新希望工作室（一家专为外来务工人员提供服务的非营利组织），社工小燕负责此案，她经过预估，发现主要存在的问题是：小明的学习成绩和在校表现不好，学校有歧视外来务工人员子女的现象。

（1）行动计划

总目标：小明和学校通过正向互动，在学习上取得较大进步。

具体目标：

①截至11月30日，小明在行为上有进步，基本做到遵守学校的规章制度。

②到次年1月20日期末考试结束，小明的学习成绩将有较明显的提高，语文、数学、外语三门主课都能及格。

③截至次年1月20日，小明能与同学友善相处，在班中结交两位朋友。

④截至次年1月20日，学校能改变对外来务工人员子女的态度，在教师和学生中形成尊重他人的良好氛围。

（2）行动方案

①10月15日，社工小燕去小明学校与主管校长、年级组长及相关教师进行座谈，探讨外来务工人员在子女教育方面存在的问题及其解决办

法，并讨论如何形成团队来帮助小明取得学业上的进步。

②10月25日，社工小燕和小明父母面谈，讨论如何用正面教育的方法帮助小明发生改变。

③10月25日前，小明在家长的监督下能够完整地背出有关课堂纪律方面的四项条款。

④在10月至次年1月期间，社工小燕每两周和小明见一次面，进行个别辅导。

⑤在10月至次年1月期间，社工小燕每月和小明的班主任联系一次，询问小明的在校表现、作业完成情况及家长联系手册等情况。

⑥在10月至次年1月期间，小明的父母每天检查小明的作业和家长联系手册，主动和老师沟通。每周末对记录册上好的表现进行奖励。

以上案例是一个非常简单的介入计划。其实，在倡导学校尊重外来务工人员子女、尊重每个学生的独特性上，社会工作者还有很多工作可做。每个社会工作者的侧重点虽然会有所不同，但重要的是尊重服务对象的意见。介入计划的关键在于明确每个相关人员的任务与责任，并共同努力，实现计划。当然，计划不是一成不变的，社会工作者可以在实施计划的过程中根据实际情况做出适当调整。

二 服务协议的签订

签订服务协议是在形成介入计划的基础上进行的，是社会工作者和服务对象协商的产物。双方同意在服务协议上签字，表明各自对自己将要承担的任务与责任的知晓，并同意通过合作来实现订立的目标。同时，签订服务协议也意味着社会工作者对服务品质的承诺，社会工作者由此承担起认真履行协议和适时调整协议内容的职责。

1. 服务协议的含义

福克斯（Fox，1987：494）认为服务协议是"顾客和服务提供者之间的一种契约"。而康普顿和盖勒卫（Compton & Galaway，1999：313）则提出，服务协议是工作者和申请人协商的结果。它界定需要工作的问题，细化具体目标，并设计从问题转向目标的行动计划。服务协议是社会工作者和申请人对实施计划的承诺。当然，它是可以改变的，只要建立在双方共同协商的基础上即可。

从这里可以看出，服务协议是服务对象和社会工作者之间经过磋商达成的结果。它主要包括需要工作的问题、工作目标、工作途径与方法等内容，以及每个参与者的角色和任务，有以下几个主要特点（朱眉华，2003：171~172）。

①服务协议是社会工作者和服务对象共同协商的结果，而不是单方面提供的一种服务契约。因为计划的过程自始至终都是社会工作者和服务对象共同参与和商量的过程，所以无论是在问题和目标的确定方面还是在方案和方法的选择方面，双方都通过不断协商后达成共识。

②服务协议是社会工作者对服务品质的承诺。服务协议中涉及的服务对象的问题、目标及介入的途径也许范围很广，改变的目标系统也可能不只是服务对象本身，有时是服务对象的家庭及其他环境因素，甚至是它们之间的互动。对此，社会工作者应该清醒地认识到工作的复杂性及难度。没有人可以掌握所有的改变策略与方法，而一旦写入服务协议，就意味着社会工作者要有把握实施这样的方案。如果没有把握提供这样的服务，社会工作者就需慎重地做出选择，不要写进协议或不要做过多的承诺。

③形成服务协议的过程是一种认知过程。它从思考、推理到最后做出决定都应建立在理性的基础之上。当然，情感是非常重要的，我们在计划的过程中也必然要涉及，而且在介入计划中可能就要处理服务对象的情感问题，但服务协议本身应该是理性的，要经得起推敲和考验。

④服务协议不是一成不变的。在助人过程中，随着情况的变化，它可以被不断地修改和完善。因此，社会工作者应该让服务对象了解当出现新问题、新情况时，双方可以重新协商，改变原协议的内容。

⑤签订服务协议的过程是提升服务对象能力的过程。社会工作者和服务对象共同订约，不仅澄清了现在的问题和未来的工作方向，还增强了服务对象的参与、沟通与投入的程度，加强了服务对象的自决权意识。正如戈曼和杰特曼（Germain & Gitterman, 1980：53）指出的，"当案主处于压力之下，以及无力操控或误用机构和职业的权威时，它降低了案主和社工之间权力的差异。订约渗透了案主在设定目标和任务时的动机和认识，以及为此而承担的责任。而且，它为界定问题、预估、计划和介入发展了双向的责任，同时也为结案时评估其成绩和服务结果、计划未来方向提供了基础。更直接的是，订约提供了一种架构，并能聚焦于工作，可以减少对

未知将来的恐惧,并激发工作的能量"。

2. 服务协议的形式

服务协议的形式是多样化的,通常使用的是口头的、默认的或正式的书面协议。具体选择何种形式,要根据社会工作者和服务对象的选择、机构的政策以及工作的正式程度来决定。

(1) 正式的书面协议

正式的书面协议是比较常用的一种形式。它清晰地反映了社会工作者和服务对象经过讨论协商后确定的问题、目标以及实现这些目标的方法。

使用正式书面协议具有三个优点。第一,比较正式。它意味着社会工作者提供的是专业化的服务,在非常规范地执行一定的程序。第二,时刻起提醒作用。它是前期工作的结果和对未来工作的计划,随时可以进行回顾,提醒社会工作者和服务对象切实地按照计划推进。第三,它是一种承诺。无论是对社会工作者还是对服务对象来说,签名都意味着双方是自愿按照这样的协议去做的,无论后来碰到怎样的问题和困难,都不能随意否认。但是它也有两个缺点:第一,正式书面协议比较费时、费力,特别是社会工作者有时手头的个案较多、工作特别忙时,也要花时间来撰写书面协议;第二,社会工作者也会担心在实施方案过程中因复杂因素而导致无法履行协议时,自己面临违约或被投诉的风险。

对此,社会工作者应事先向服务对象解释清楚签署服务协议的目的及特殊性,并用服务对象能够理解的语言加以叙述,如果服务对象不识字,那么除了正式的书面协议外,社会工作者最好还要用录音的方式保存这份协议。

此外,和服务对象签署的服务协议应复制一份放入服务对象的档案中,以备在介入过程中需要时时查阅。

(2) 口头协议

口头协议是另一种重要的形式。尽管是口头达成的协议,但和书面协议一样,社会工作者和服务对象都要对计划过程中商定的具体目标和各自的任务与责任非常明确。

口头协议也有其优点和缺点。优点在于:第一,简洁明快,不需要花太多的精力去咬文嚼字,有利于提高效率;第二,口头协议无须签字,在服务对象是非自愿的或尚未建立信任关系的情况下,也没有勉强服务对象的意思,有利于工作的开展和深入。缺点在于:口头协议容易遗忘细节,常常出现回顾时社会工作者和服务对象各执一词的情况。所以建议当时保留简短的记录，这样的非正式记录有助于需要时翻出来看看，不至于毫无凭据。

因此，口头协议可以写成一个简短的摘要，把谁参与了决策，做出了什么决定，有哪些可供选择的方案，以及为什么有的被否定了等情况写入摘要，放入服务对象档案中以备查阅。

（3）默认的协议

默认的协议大多用在团体活动中。因为团体的互动过程有时很复杂，要受到默认的某些准则、规则和协议的约束，所以团体领袖必须清楚地认识和预估这些准则、规则和协议对团体互动过程的影响与作用，但是要让团体中的每个成员都在服务协议上签字是比较困难的，而默认的协议可能使团体成员都按照这些准则、规则和协议来互动。例如，在一个戒酒治疗团体中有两条默认的协议：一条是不准鼓动其他成员喝酒，另一条是不要当众抠鼻挖耳或满嘴脏话、出口伤人。

在上述三种形式的协议中，正式的书面协议有一定的格式，所涉及的内容包括服务对象的信息、具体的目标、社工和服务对象同意承担的任务和责任、预计完成日期及双方的签名、签署协议的日期等。请看下面的例子：

表3-2是正式的书面服务协议的基本格式，在具体目标及行动计划部分应在每条具体目标之下列出实现这一目标的任务、步骤和预计完成的时间。

表3-3是某社会服务机构的具体服务协议，案例背景是：小陈和妻子两年前来沪打工，暂借居于一临时性住房，他们9岁的儿子在附近的小学读书。近期，小陈被原来的老板辞退，常常在家喝酒打牌，有时还耍酒疯，甚至屡屡殴打妻子。一周前，儿子发烧生病，因为经济困难，他们也没有带孩子去看病，造成病情加剧，孩子已两周没有到校上课了。

社会工作者经过和小陈夫妇进行面谈，了解了小陈家庭面临的问题和需要，在预估的基础上制订了介入计划，并和小陈一家签署了书面服务协议。

表 3-2　正式书面协议的基本格式

彩虹社区青少年服务中心
服务协议

服务对象姓名：　　　　　　性别：　　　　　　出生年月：

接案日期：

1. 问题的描述

2. 总目标

3. 具体目标及行动计划

(1)

(2)

(3)

(4)

服务对象签名：　　　　　社工签名：　　　　　机构负责人签名：
日期：　　　　　　　　　日期：　　　　　　　日期：

表 3-3　某社会服务机构的具体服务协议

日期	问题/需要	目标	任务	责任人	预计完成日期	完成日期
3/8	孩子的疾病	孩子疾病的康复	带孩子去医院看病	小陈夫妇	3/9	
3/8	小陈失业	找到较稳定的工作	第一节 和小陈进行面谈和商讨	社工	3/15	
			第二节 和有关招工单位接触	小陈	3/16	
			第三节 寻找有关的技能培训项目	社工	3/16	
			第四节 为小陈安排参加技能培训项目	社工、小陈	3/24	
			第五节 找到一份合适的工作	小陈	4/16	

续表

日期	问题/需要	目标	任务	责任人	预计完成日期	完成日期
3/8	夫妻之间缺乏沟通	增进夫妻之间的沟通，用交流取代争吵	和小陈谈论这个问题	社工	4/22	
			和小陈夫妇面谈	社工	4/25	
			转介小陈夫妇到家庭婚姻咨询中心	社工	4/26	
			和家庭婚姻咨询中心联系	小陈妻子	4/27	
			进行家庭婚姻咨询	小陈夫妇	5/6	
3/8	住房条件简陋	搬出简易房，租一间稍大一点的房子	和小陈夫妇讨论这个问题	社工、小陈夫妇	5/7	
			寻找和联系房屋资源	社工	5/8	
			找到合适房子，办理手续	小陈夫妇	6/12	
			搬家	小陈夫妇	6/15	

服务对象签名：　　　　　社工签名：　　　　　机构负责人签名：
日期：　　　　　　　　　日期：　　　　　　　日期：

第四节　介入

计划之后的实施是助人过程的关键环节，实施阶段又称介入（intervention）。能否完成预设的目标，解决服务对象的问题，取决于社会工作者和服务对象在此阶段能否通过有效的合作来采取一系列行动，完成相应的任务，同时也取决于社会工作者能否有效地利用所有可用的资源。社会工作者在介入过程中要熟练地运用社会工作的方法和技巧，注重增强服务对象自身的力量，并着力于改善环境和拓展资源，为服务对象的成功转变创造条件。

一　介入计划的实施

在这一阶段，社会工作者的主要责任在于运用专业的介入方法和技巧帮助和支持服务对象采取必要的行动以实现想要的改变，同时要及时了解服务对象在此过程中的反应，并定期对实施的进展进行评估。社会工作者不仅要激活服务对象及其环境系统的各种资源，不断提高服务对象的能力，而且要融会贯通地运用专业的知识、方法和技巧来有序推进计划的实施，以帮助服务对象朝着既定的目标稳步前进。

1. 介入的一般方式

在介入过程中，社会工作者主要为服务对象提供三个方面的帮助：具体服务、提供信息、指引方向。

（1）具体服务

具体服务是指社会工作者在很多情况下要帮助服务对象解决一些实际困难，如帮助寻找工作、进行工作培训、协助联系医院看病、生活方面的救助等。这种帮助是否提供主要看服务对象是否有需求，当社会工作者进行预估时确认服务对象有实际困难，在介入过程中就会提供相应的帮助，而且提供具体的帮助也有利于其他问题的解决。当然，有时也要看服务对象是否愿意接受这样的帮助。

刘某，70多岁，独居老人，身患多种慢性疾病，平时很少和邻居交往，也不太出门，家里堆满杂物。社工站的小张主动上门了解刘老伯的情况，可老伯脾气古怪，他觉得自己生活得很好，不需要社工的帮助。小张第二次上门时，刘老伯根本就不开门，甚至也不接她的电话，小张觉得特别沮丧。

这样的情况虽然不多，但社会工作者要注意：应提供服务对象需要的帮助，但不能强迫其一定要接受帮助，更不能把自己的感觉当成服务对象的需要强加于人，这种过分的"热情"有时令人难以接受。

在提供具体服务的同时，社会工作者还要关注服务对象的心理需求，为其提供心理方面的辅导，不能把提供具体服务作为社会工作者的首要任务。有的社会工作者在帮助服务对象时，介入的内容大多集中在具体服务的提供上，忽视了服务对象的能力提升。例如，当面对某些失业在家的服务对象时，除了帮助其找到一份工作外，社会工作者要关注如何帮助服务对象提升其自身的能力。

（2）提供信息

在介入过程中，对服务对象提供的帮助是因人而异的。有人需要提供相关的信息以便他们选择自己需要的服务，有人需要一些劝告和建议，还有人需要别人帮助他们做决定。尽管社会工作者通常认为提供劝告和建议会影响服务对象自决能力的发挥，但有研究显示，有些服务对象不仅真的想要听到劝告，而且他们还能从中获益（Middleman & Wood, 1990）。当然，整个助人过程的宗旨是提升服务对象的能力以使他们更好地适应生活并提高生活品质。

社会工作者向服务对象提供信息时应只提供一种解决问题的方法，不应带有影响服务对象做决定的主观意图。但从客观效果上讲，向服务对象提出劝告和建议，本身就带有影响其做决定的倾向，即使决定是服务对象自己做出的。在某些特殊情况（如危机情况）下，社会工作者也许会替服务对象做决定，但这仅限于在服务对象无能力或不能做出适当决定的情况下。例如，年幼的孩子或者精神失常的服务对象很难为自己做出正确的决定，这时可以征求家长或亲人的意见，也可以由社会工作者替他们做出决定。

社会工作者为服务对象提供信息时应注意：信息应该是通俗易懂和善加组织的，不能随意地、没有条理地为服务对象提供一些内容混乱、无法理解的信息，使其陷于困惑的境地。此外，在提供信息时，社会工作者要给服务对象时间来考虑和理解，并鼓励他们大胆地把不明白的地方提出来，不能假设他们肯定能明白这些信息。特别是在服务对象处于极大压力下时，他们可能不太会用语言来表示其困惑，社会工作者应注意服务对象的一些非语言信号（身体语言）。社会工作者也可以通过要求服务对象重复刚说过的重点内容来看其是否真的明白信息的内容。如果是特别复杂的信息，社会工作者还可以将其写下来，让服务对象带回去以备不时之需。当然，服务对象可能更喜欢社会工作者亲口告诉他们这些信息，而不是塞一张早已准备好的宣传资料给他，这会使人产生敷衍了事的感觉。

（3）指引方向

在介入过程中，服务对象常常需要社会工作者给予自己方向性的指引，特别是有些服务对象依赖性较强，希望社会工作者为其提出建议。一般来说，社会工作者可以适当地向服务对象提供劝告，但首先要考虑这样的问题：你自己喜欢别人给你提出劝告吗？当别人向你提出劝告时自己的感觉如何？生活中常有这样的现象，为什么有的人苦口婆心地劝说却没有效果？因为大多数人并不喜欢听从他人的劝告，即使是来自亲人或自己信任的朋友的劝告，他们也只是听听而已，并不会真的按照那样去做。

因此，除非服务对象主动、真诚地提出要听取社会工作者的建议或劝告，否则不要动辄以专家自居给人以劝告。社会工作者不是全才，不可能在每个方面都是专家,当遇到自己没有把握的事情时,最好建议服务对象咨询专家或进行转介。而且,在提出劝告和建议时,社会工作者可以说"这是××做过的……要是我,也许会这样做……",然后让服务对象自己决定是否要按照社会工作者说的去做。当然,在特殊情况下,社会工作者可以用非常明确和坚定的话进行劝告,如"小波妈妈,你每天晚上让13岁的儿子和你一起睡,而把丈夫赶到小房间,我认为你是在犯一个大错误"。有的问题可能更复杂,甚至涉及法律。比如,有的服务对象可能会问社会工作者他们是不是应该离婚或者辞去现在的工作,社会工作者最好不要给予任何劝告。因为社会工作者没有生活在他们的环境中,不能为他们做出决定,也不能为产生的后果负责。所以,社会工作者提供建议或劝告时宜慎重,不要给予太多的说教。而且太多的建议或劝告也会使服务对象产生依赖性,这不仅违背了社会工作助人自助的原则,而且不利于专业关系的良性发展。

总之,提供具体服务、提供信息和指引方向都不能代替服务对象自身的活动和责任,社会工作的目标在于增强服务对象的社会功能,提升其解决问题的能力。因此,在助人过程中,提出问题并由此引起服务对象思考问题和做出决定比仅仅给予劝告或建议更为有效。例如,当一位女士提出要离开她的丈夫时,社会工作者可以这样问:"你认为要解决你们之间的问题,除了离婚还有没有其他途径?""你觉得离婚后会是什么样的情形?是否考虑过孩子的问题、财产问题?""如果寻求家庭婚姻咨询是不是会有帮助呢?"尽管这些问题没有直接提出劝告和建议,但可以引发服务对象的思考,更谨慎地做出决定。因此,在介入过程中,社会工作者一定要针对服务对象的情况和需求来提供合适的信息、劝告和建议,推动计划有序进行。

2. 介入的通用技巧

社会工作通才训练的取向,使每位社会工作者都能够胜任不同社会工作领域和社会服务机构的工作。面对不同层次的服务对象,无论是个人、家庭、团体、组织、邻里还是社区,社会工作者都有能力运用其所学知识和技巧对特定的对象提供合适的服务。

在介入阶段,尽管服务的对象和问题各不相同,但介入知识和技巧是相同或相似的。社会工作者在实施计划的过程中能够善于运用各种介入技巧,不仅能够帮助服务对象实现目标,而且能够增强服务对象的力量,改变他们的思考和行为方式，学会运用各种资源，提升解决问题的能力。介入的技巧有很多种，为了避免重复，我们只选择部分技巧进行介绍。

(1) 鼓励、再保证与普遍化

鼓励是社会工作者在面谈过程中常用的方法，尤其是对孩子和缺乏自信的服务对象来说非常有用。它可以提高服务对象解决问题的能力。社会工作者往往需要通过一些正向的、积极的方法来挖掘服务对象的潜能，鼓励就是最常用的一种支持方式。它通常以表扬和赞许来表达对服务对象所取得的进步和成绩的肯定和认同，有时尽管进步很小，但也要对其加以肯定和鼓励，而且社会工作者在运用这种技巧时一定是真诚的。例如，社会工作者看到服务对象有进步时可以说："你这个月的家庭作业有很大进步，每次都得'良'，我想你是个聪明的孩子，照这样做，你的学习会不断进步的，我为你骄傲！"或者"今天你看起来很精神，说话也很有条理，我相信这几个月你的努力会有结果的，要对明天的面试有信心，加油！"值得注意的是，鼓励服务对象时要避免说一些含糊的、笼统的话，如"你真的很好！""你表现很好！"等。这样的泛泛而谈，即使是鼓励的话，有时也会让服务对象不明所以，反而有些敷衍或夸张的意思。所以，鼓励一定要针对某些具体行为的改善或进步进行表扬和赞许。

再保证通常用在服务对象对自己的想法和决定感到怀疑或没有把握之时。社会工作者如能把握适当时机，就可以帮助服务对象找到信心和希望。但是有些缺乏经验的社会工作者经常会过多或过早地使用这一技巧，如不够真诚地、随便地向服务对象保证"这些事情会很快过去的""事情不像你想象得那么糟糕"。这样的说法不仅不能让服务对象感到安心，还会令人怀疑社会工作者是否真的了解自己的处境和心情。因此，在运用时切记要十分谨慎和小心。正如霍利斯和伍德（Hollis & Woods, 1981）所提醒的："再保证应该有区别地、非常敏感地去使用。工作者如果过多地使用，可能传递给案主的感觉是并不舒服的，或者是不能完全理解案主内疚和焦虑的原因，也可能工作者是缺乏道德标准和判断事物能力的那种人。"

再保证的另一种表现形式是把事情普遍化，即对服务对象的思想、感情和行为进行解释或宽慰。例如，一个服务对象因出差后回家去看望父母，结果使父母相继感染了新冠肺炎，而且年迈的母亲因此过世，服务对象感到非常内疚，处于深深的自责之中难以自拔。这时社会工作者宽慰服务对象说："你谈到的这些如果发生在其他人身上，他们也会有同样的情绪和想法，这样的情况是比较多的。"这样说的目的是打消服务对象有别于常人、违背常理的想法和情感。使用普遍化这一技巧可以使服务对象负疚的心理得到一些宽慰，不再循着原来的思路去看待事情。但社会工作者在说这些话的时候应该是针对特定的事情或情感而言的，是现实的，同时也要考虑服务对象是否能接受这种说法。

(2) 角色扮演

行为预演是从行为治疗中衍生出来的技巧。它可以帮助服务对象处理自己尚未准备好的人际交往，通过练习可以减少服务对象的焦虑，增强其自信。特别是在计划实施的初期，虽然服务对象承诺会按照制订的计划去做，但常常会缺乏动力或信心，原地踏步。因此，社会工作者有必要运用预演或练习的方式来帮助服务对象进入状态，其中角色扮演就是很好的示范方式，对个人和小组都非常适用。服务对象从这样的模拟练习中可以学习新的行为，并且成功的经验同样有助于增强服务对象有效地完成任务的信心，从而在社会工作情境和现实生活环境之间架起桥梁。

角色扮演的基本方法如下 (Sheafer et al., 2000: 449-450)。

第一，案主首先确认问题的情形，并描述出通常他在这种情况下是如何做的。

第二，社会工作者（或小组成员）提出建议，怎样可以更有效地处理这种情况。

第三，给案主机会以补充相关信息，并要求工作者（或小组成员）解释自己的建议。

第四，通过角色扮演来展示行为的改变，工作者（或小组成员）通常先扮演案主的角色，不过，如果案主感觉已经准备好了，也可由他自己担当。

第五，角色扮演完毕，工作者首先要指出表演中好的方面，然后提出值得改善和提高的地方，如果需要的话，可以重复角色扮演，以表现出期望的行为方式。

第六，当案主已经理解应该如何去做后，他要练习到自己满意为止。

第七，辅导结束后要布置家庭作业，以巩固案主对新行为的学习。

角色扮演后，重要的是分享彼此的体会与经验，社会工作者和服务对象一定要讨论在此过程中自己的所思所想，并把焦点集中在服务对象的反应、问题和所关心的事上。社会工作者要向服务对象解释自己有特别反应的原因及在其他方面的经验。另外，社会工作者通过扮演服务对象的角色，也可以更深刻地认识和了解其所面临的困境。当然，角色扮演的结果有时也不尽如人意，如果在角色扮演中社会工作者所塑造的角色行为并不理想，也无须太过自责。事实上，有时这比一个完美的榜样更为有效。因为无论社会工作者在角色扮演中表现出焦虑、犹豫还是出现差错，都使情形变得更加真实、可信，反而令服务对象感到不再那么自卑和胆怯。社会工作者如果能够及时地和服务对象探讨这样的反应，并寻求新的努力，那么也许会得到更好的效果。

行为预演可以帮助服务对象增强自信，面对困难不再逃避或望而生畏，可以有勇气去面对挑战，完成已设定的任务。当然，有些服务对象和社会工作者进行行为预演时表现得很好，但一回到现实生活中就恢复原样。例如，服务对象佳佳在家里经常逆来顺受，她对自己非常没有信心，小时候经常被母亲打骂，觉得自己永远达不到母亲的要求。结婚后，她对丈夫虽然百般迁就，但丈夫还是常常冲着自己大喊大叫，有时还要用难听的话骂她。为了提高佳佳的自信心，社会工作者和她探讨如何进行自我肯定，并一起进行角色扮演。佳佳在经过几次角色扮演后就有了很大改变，可是只要一回到家她就恢复到老样子。社会工作者建议她在家多对着镜子进行练习，经过一段时间的练习后，佳佳才感觉稍微有所好转。事实上，这样的事情常常发生。

(3) 修正自我对话

自我对话是我们给自己的信息，每个人对真实的世界都有自己的解释，不管这种解释是否符合客观现实。而许多服务对象在生活中的自我对话可能会曲解现实的东西，戴着有色眼镜去看，看到的东西必然会失去其本来的面目。因此，社会工作者要帮助服务对象通过纠正对现实的认识来改变自己的情感反应。

自我对话是帮助唤醒情感及改善其导致的行为的一种认知方法。例如，如果你认为自己失去了某些东西，就会很伤感；如果你认为自己正处于危险之中，就会变得十分焦虑。

有关认知方面的研究显示，如果一个人的情感失调，那么可能会影响他对所经历事情的看法。同样，如果一个人习惯性地以歪曲和非理性的方式来思考自己的经历，那么他也可能产生较多的内在混乱和人际关系问题。下面是一些常见的曲解的类型（Sheafer et al.，2000：453）。

①非此即彼。在评价中常走极端，非黑即白，非对即错，根本没有中间地带。例如，用一个简单的错误证明我们彻底失败了。

②跳跃到结论。一种建立在没有任何证据基础上的无支持、不现实的结论。例如，我们在没有收集任何信息的情况下就下结论：某件事是不可取的或不可行的。

③选择性注意。仅把注意力放在支持我们想法的事实上，而忽略了那些可能导致不同结论的事实。

④灾难化。我们期待着可能的最坏结果，总是希望坏的事情发生。

⑤夸大失败。对挫折、失败或错误的意义和重要性加以夸大。例如，我们成功了10次，失败了1次，但我们只想着这唯一的失败。

⑥成功的最小化。把成功或正面的经验看得非常不重要或看得很轻。如把成功归于运气。

⑦对自我、他人和世界的负面信念。奉行一种对万事万物包括我们自己都是坏的、不可改变的、无望的和越来越坏的信念。

⑧控制的外在化。我们无法控制自己的生活，我们坚信是其他人控制着我们的生活或者相信任何事情的发生都是命运而已。

因此，社会工作者在面对这些服务对象时，重要的是帮助他们更加理性地思考问题，学会有效地控制负面的情感反应。当然，这样做有一定的难度，因为人们的思维方式已经形成，要改变也并非一日之功。下面的案例可以给我们一些启发。

服务对象：我简直不敢相信我怎么这样笨，这次又没有通过英语四级考试，还差3分。这是大学里最后一次机会，简直糟透了，学位也拿不了，工作也找不到，我真的很没用，还让父母这么辛苦地养着我，真的不配！

社会工作者：等一下，你说了那么多，一直在骂自己。记住，你不能再那样做了，让我们说点别的吧，为什么你不告诉我你现在在想什么、感觉怎么样呢？

服务对象：我就是觉得我英语太差了，从来没取得过好成绩，我就是笨，没有语言天赋，天天都在读单词、背单词，比谁都卖力，可是考了3次都没及格。如果拿不到文凭毕不了业，我父母会被活活气死的。我现在心里难过极了，真恨不得死掉算了。

社会工作者：小旭，你好好想想刚才你是怎么说你自己的？你有没有想清楚要怎么说你自己？用什么话来说？让我们来看看事实，是不是真的跟你说的一样？你的其他课程学得如何？

服务对象：其他课程还可以，就是高数和英语最差，最近重修了高数，及格应该是可以的。本来以为这次能通过英语四级考试呢。

社会工作者：另外，你刚才说你的父母会被你气死，真的吗？

服务对象：当然不是真的气死，但他们知道后一定很失望、很伤心。

社会工作者：那么，没通过英语四级考试对你来说是不是世界上最坏的事发生了？

服务对象：那倒也不是，不过现在对我打击太大了。

社会工作者：就算英语四级考试暂时没通过，拿不到学位证书，是不是意味着你没有将来？

服务对象：没有吧？我知道你在说什么了，我是有点过头了，我应聘的一家单位对我印象不错，但我就是不知道怎样摆脱这种糟透了的心情。

社会工作者：好吧，我现在要你大声地重复我的话："我现在的真实情况是：我没有通过这次的英语四级考试，我的心情很糟，我的父母会对我有些失望。但我其他的课程学得还不错，即使毕业时暂时拿不到学位证书，也应该可以找到一份工作，我还可以继续努力，下次再考。我的未来并不会因为这次考试的失败而改变。"

服务对象：（跟着重复了一遍）

社会工作者：那现在你觉得怎么样？

服务对象：我觉得自己好像并不像我前面想得那么糟了，我也不那么难过了。

社会工作者：我们的情绪源自我们对自己怎么说我们的经历，如果你开始用一种消极的、否定的口气来说自己，那么你的情绪就开始失去控制了，变得越来越负面。其实你的情形并没那么糟糕，下次有什么事情不对劲时，你可以使用刚才那种方法。你也看到了，事情其实并不像前面你所说的那样。现在，让我们来看看如何为下次的英语考试做准备，好吗？

从上述例子可以看出，要帮助服务对象修正其错误的自我对话方式，社会工作者应掌握以下几点。第一，应该识别服务对象在谈论问题时的情绪和想法。第二，帮助服务对象检查他们的自我对话，并且将它大声地说出来。要特别关注服务对象的想法，发现他们所说的一些常用词，如"不再""不能""总是""每个人""完全"等。第三，帮助服务对象审视自己所处情形的客观真实性，把事实和曲解区分开来，然后放松，深呼吸，接着大声地说出每个事实，至少说3遍。例如，我有一份好工作，我的家人非常爱我。第四，当服务对象开始强调事实而避免用一些不准确的词汇时，表示服务对象的情形已经开始改变了，不像他们原来认为的那么糟糕。第五，社会工作者必须对服务对象的真实情况了然于胸，并且知道怎样帮助他们。

当服务对象能够认识自己的不良自我对话方式后，社会工作者可以运用认知重建中的自我建构技巧来帮助服务对象。自我建构技巧就像上面提到的那样，把一些话每天至少重复3遍，尤其是在自己倍感压力的情况下。通常，社会工作者可以要求服务对象对着镜子大声地说，这是针对服务对象平日的负面自我对话而言的，这样做可以提高服务对象的自我接受度和自信心。但这一技巧应和盲目乐观的"正面思考"相区别，自我建构技巧要求服务对象陈述的信息是真实的，并尽可能贴近服务对象的关注点，而且自我建构技巧产生的效果并不是立竿见影的，它需要长时间的实践才能有所改变。例如，某服务对象对工作方面的自我对话是："如果我工作中犯错误的话，其他人一定会认为我很蠢，而且他们会批评我的。"对此，社会工作者可以让服务对象重复这样的话："每次我工作上犯错误，我都有机会学习一些重要的东西，如果某些人批评我，他也许是对的也许是错的，如果是对的，我就可以学到一些东西，如果是错的，我可以不必介意。"

另外，社会工作者还可以采用写日记的方式，要求服务对象把自己每天的所思所感记录下来。这对那些喜欢写东西的人特别合适，有助于服务对象辨识自己的思考方式和内容。在这样的家庭作业中，社会工作者通常会让服务对象在日记中回应这样一些问题：今天我从自己身上学到了什么？今天我的心情和感觉如何？在这样的感觉中我产生了什么想法？今天有哪两件最重要的事情？今天我从自己身上看到了什么优点？什么样的麻烦是我需要或打算解决的？我的计划如何建立在发挥自己长处的基础上？

(4) 空椅子

"空椅子"是家庭治疗中运用的重要技巧，有时也称"双椅"技巧，主要用于需要澄清人与人之间或个人内心的冲突之时。运用"空椅子"技巧，可以使服务对象从另一个角度来看待冲突，并且明白了他们会用那样的方式来感觉和行为的原因。

当服务对象的问题属于人际冲突或家庭矛盾时，通常需要这些人同时到场，便于我们深入了解问题的全貌。但在需要出席的人由于种种原因（路远、已经亡故、不愿出席等）没有到场的情况下，社会工作者就可以拉过一把椅子放在服务对象的对面。这张椅子就代表了困扰服务对象的那个人或那种情境，社会工作者要求服务对象把那张空椅子作为倾诉对象，对着空椅子来诉说自己的想法和情感，然后再让服务对象坐到空椅子上（假装就是那个人或那种情境），来回应刚才所说的话。服务对象扮演着两种角色，在不断换位中，完成了一段"对话"。在扮演不同角色的过程中，服务对象可以发泄其内心深藏已久的怨恨和痛苦，同时也试着去理解对方的想法。

张太太是一个50多岁的寡妇，丈夫18年前因车祸突然去世了。张太太独自抚养两个年幼的儿子，一直没有再婚。十几年来，张太太含辛茹苦地拉扯两个孩子，把所有的希望都寄托在孩子身上。她除了上班挣钱养家，还要照顾孩子的生活起居和学习。孩子一天天长大，先后恋爱、成家。现在他们都搬到离她很远的公寓居住，很少回来看她。张太太退休后独自在家，家里冷冷清清，她感到前所未有的孤独和寂寞。

社会工作者了解了张太太的情况后，在一次面谈中就用了"空椅子"的技巧，用空椅子来代替她已故的丈夫，让张太太和空椅子进行对话。当她坐在"丈夫"的位置时，"他"说孩子们怎么样？你们生活得都好吗？想念我吗？说这些话的时候，"他"的语调还比较轻快，但当张太太回到自己的座位上时，她的声音马上就变得有些生气和痛苦了。她用带着讥讽的口吻说："还好吧，孩子们都长大了，成家了，我也老啦！想你有什么用，你帮得了我吗？"在继续探索的过程中，社会工作者发现，张太太觉得丈夫的突然去世，让她感到好像天要塌了，丈夫真的是不负责任，怎么能撒手离她而去，留下这份沉重的家庭负担让她独自承受？尽管她表面上很坚强，忙里忙外，但每次在家里陷入困境或遇到重大事情需要商量时，她常常暗自落泪。18年来，她为了孩子，不再考虑嫁人，可现在孩子结婚成家了，只围着媳妇转，也不太关心她了，她觉得生气和懊恼，也怨恨丈夫。因为他不打招呼就离开了自己，使自己年纪轻轻就守寡，承受了他人没有承受的痛苦和磨难。社会工作者让张太太继续和她的丈夫"对话"，要她向他倾诉自己的感情。她刚开始还小心翼翼，但"对话"接近结束时，她就像火山爆发一样，把自己的愤怒、受伤和痛苦一股脑儿全倒了出来。她说她真的恨他，她不会再为他哭了，说完这些她就大声痛哭起来。很明显，张太太通过这次"对话"倾诉了她郁积多年的悲伤、苦恼和愤怒，她曾把它们深深地掩藏起来，努力地想当一个好母亲。

这个案例成功地使用了"空椅子"的技巧，使服务对象积压在心底的情感得以宣泄。这种技巧适用于不同的情况，而且社会工作者运用得越熟练，其效果也越好。它有时还可以和角色扮演等技巧灵活地结合起来运用。

（5）再构

再构的技巧可以帮助服务对象用一种全新的、肯定的眼光去看待别人的行为，常常用于家庭和团体工作。当社会工作者帮助服务对象看到坏事情"光明的一面"时，他们对他人的行为就有了全新的解释。服务对象逐渐改变了原来困扰自己的想法，走出思想的怪圈。正如古希腊先哲亚里士多德所说的，困扰我们的并不是事情本身，而是我们对这些事情的想法。从这种意义上讲，使用再构的技巧可以帮助服务对象打破原有的思维方式，从其他角度重新审视原有的问题，找到新的、积极的意义。这对服务对象的改变和问题的解决都会有很大的帮助。

案例1

服务对象：我老婆真的很讨厌，她总是唠唠叨叨，我不理她，她就冲着我大喊大叫，真的受不了。

社会工作者：听起来你对妻子常常唠叨和喊叫很生气，也很困扰。我在想，也许她也很生气和受伤，是否她觉得你在冷淡她、忽视她？如果她不在乎你，那么可能也不需要花那么大的力气冲你喊叫，也许她是想引起你的注意。

案例2

服务对象：我爸妈总是想办法控制我，他们把我管得死死的，每次我出去玩的时候都要问东问西，跟谁一起去？要去哪里玩？而且规定我一定要在晚上十点前回家。我都15岁了，他们还把我当小孩子看待，要是晚了几分钟到家，他们就会到处找我，还打电话去问我的同学，每次都刨根问底的，他们简直要把我逼疯了！

社会工作者：听上去你的感觉是被你父母管得透不过气来了。而从我这个角度看，他们非常关心你，如果他们不是真的在乎你，就不会对你干什么感兴趣。也许他们并不把自己的行为看成是对你的控制，他们觉得要当一个好家长就应该尽量让你远离麻烦。你觉得呢？

再构的技巧可以起到重新定义问题的作用，不再从问题行为的角度去考虑，而是从行为本身所具有的优点或长处的角度去思考。案例 2 将本来是父母管教孩子的方法问题引向了父母对孩子的关心呵护，更容易被家长接受。如果此时再去跟家庭成员一起探讨如何了解青少年的心理，如何加强亲子沟通，如何改善教育孩子的方法等，就会有更好的基础。

二 服务对象方面的介入

在实施的过程中，社会工作者主要从服务对象和环境两个方面进行介入。服务对象方面的介入重在增强服务对象的力量，发挥其潜能，提升其解决问题的能力。

1. 情感方面的介入

社会工作者在介入过程中要处理服务对象情感方面的问题，要了解他们的信仰、态度及价值观，并帮助他们提高自尊，更好地接受自己和学会感恩，提升处理情感问题的能力。

首先，对情感问题的处理，必须有宣泄之处，也就是让服务对象倾诉他们的所思所感所想和个人经历，这样的宣泄有助于服务对象的心理健康。社会工作者应该营造一种安全的、开放的氛围来倾听服务对象的心声。如果服务对象是不轻易表达内心深处的情感但又希望解除自己心头负累的人，那么社会工作者可以用引导宣泄的方式来帮助服务对象释放郁积已久的情感，打开他们的心门。多乐（Doyle）把"引导宣泄"称为一种清净的行动，它可以释放焦虑，开启封锁的情感。它是建立在这样的理念基础上，即一个人的情感能够控制他的思维和行动。有的人因某些情感长期郁积于心而可能使自己的功能无法有效实现，他们会出现退缩、逃避乃至对自己很重要的人在情感上疏远的情况。尽管这些情况是现在才发生的，但往往源于过去某些创痛的经历。与这样的经历相伴随的那些深藏的感觉尽管没被表达出来，但需要有机会宣泄，能释放积压的紧张和焦虑，使人回到更适应的行为上（Pillari，2002：342－343）。

引导宣泄时，一般鼓励服务对象诉说他们经历的悲伤、恐惧、羞愧、愤怒和紧张。根据多乐的说法，引导宣泄可分为两个阶段：第一个阶段是鼓励服务对象吐露过去的经历；第二个阶段，除了帮助释放情感外，社会工作者要把重点放在帮助服务对象如何处理这些情感上（Pillari，2002：342－343）。

小温，32岁，看上去很瘦弱，因为被丈夫毒打而逃到妇女救助中心。社会工作者在和小温的谈话中，了解到她有过很多创痛经历。她3岁时母亲去世，父亲离家出走，抛下她和妹妹，至今音信全无。她从此在大伯家生活，忍受白眼和打骂，熬到初中毕业后，她就出来打工，希望可以靠自己的双手养活自己。可是在工厂她屡屡受到别人的欺负，22岁那年匆忙嫁给了一个推销员，结婚第二年，生下了女儿。她的丈夫不仅好吃懒做，而且喜欢到外面寻花问柳，回到家对妻子和女儿经常不是骂就是打，有时还把外面的女人带回家。小温总是逆来顺受，每次都以泪洗面，不忍心再让女儿过自己童年没有父母的日子。随着谈话的深入，小温道出了自己童年时的悲惨经历。她惨遭大伯毒打，并常常被罚站在猪圈里，有时一天都没饭吃。她恨爸爸的无情，抛下她和妹妹不管，也惧怕大伯把她们赶出家门，所以从来不敢反抗，只能偷偷躲在被窝里哭。童年时期的经历使她承受了身体和心灵的创痛，而这样的经历一直延续到她的婚姻生活中，对自我始终有一种无力感和无助感。社会工作者了解了小温的情感经历后，将与她一起探讨如何看待过去的经历、如何掌握自己未来的命运。

2. 认知方面的介入

认知理论学家认为，大多数行为的功能不良直接起因于人们对自己、对他人及不同生活情境的错误认知。因此，社会工作者可以从服务对象的认知方面进行介入，或者通过认知重建来改善服务对象的情绪和行为，提升其解决问题的能力。认知重建比较适用于那些低自尊，人际关系中扭曲的知觉，对自我、他人和一般生活存在不切实际的期待，缺乏主见，对愤怒和冲动控制力差的情况。

认知是人们的一种认识和想法，通常表现为自我对话。社会工作者首先要协助服务对象区别他们的感觉和认知。例如，有的服务对象会说"我感觉没人真正关心过我""我觉得他不会原谅我的"等。尽管这些话都用了"感觉"这个词,但其实这不是真正的感觉,只是服务对象的想法和观点。想法和感觉是不同的,虽然它们常常相伴而行,但感觉是由想法产生的,感觉会进一步演化为情绪,如喜悦、愤怒、悲哀、愉快、生气、失望、紧张、无助、怨恨、罪恶感等。因此,社会工作者只有澄清二者之间的差异,才能对服务对象认知上的偏差进行纠正。

社会工作者在帮助服务对象进行认知重建时,有以下步骤(朱眉华,2003:207~211)。

第一,让服务对象了解他们的自我对话、假设和信念对他们的生活所起的作用与影响,即认知对行为结果产生的影响。只有接受了这样的观点,才有可能去探讨真实生活中造成他们困惑与问题的想法和信念,进而为改变这样的想法和信念做出努力。要让服务对象明白认知与其生活情境密切相关的道理,社会工作者最好以自己的经验为例,这样比较容易让人信服。比如,中学时,我常常不会做物理习题,妈妈看了考卷直摇头,还骂我"真笨",如果当时我承认自己真的很笨,也许就放弃努力了,任何事做不好了都归因于自己笨;如果我认为妈妈骂我笨伤了我的自尊,可能会因此而生气、伤心,也许就此和母亲生分起来。但我认为自己并不笨,物理学得不够好,我可以努力赶上去,况且文科是我的强项啊!类似这样的例子在我们的生活中可以找出很多,举例子的目的是启发服务对象更开放地表达自己,把自己生活中感到害怕的事情都说出来,以便进一步探讨事情的细节,特别是那些令人烦恼的情绪及其背后的想法和信念。比如,有些服务对象常常把他们的问题归因于命运、个人的能力不够或不讨人喜欢以及他们无法控制的力量等。

第二,协助服务对象辨别影响其问题解决和功能发挥的信念和思维方式。比如,有位患抑郁症的服务对象因离婚和失业的双重打击而极度沮丧,他认为自己一无是处,对自己的评价全是负面的,平时除了和姐姐一家有来往外,很少外出,他觉得自己有时连事情都想不清楚。对于这样的服务对象,了解他的这些非理性的信念和思维方式后,社会工作者要准备去挑战或和他辨别这种非理性的信念和思维方式,要让服务对象知道,目前这种状态是他负面的想法和思维方式导致的。如果他不放弃这些想法,不改变自己的思维方式,那么可能会付出更大的代价。以下对话能反映服务对象对自己的负面评价。

服务对象：我开始觉得好一点了，我还想过要重新出去工作，但我好像还是很担心和害怕。

社会工作者：担心和害怕，当你有这种感觉时，有什么特别的想法吗？

服务对象：是，就好像我常常做的噩梦那样，去大海游泳，可是狂风和巨浪把我推回岸边，让我看到自己是这样的弱小和无力，浪潮在支配着我。

社会工作者：做这样的梦，跟你的担心也有关吧？那会让你联想到什么呢？

服务对象：是的，我会想七想八，想到工作时总有很多其他的念头。

社会工作者：什么念头呢？

服务对象：就像"我永远也不会像别人那样有份称心如意的工作""那些招聘的人看我的简历就会拒绝我的""我肯定找不到工作了"。

社会工作者：有这样的念头，你又会怎样呢？

服务对象：我真是觉得没办法，我连工作都找不到。

社会工作者：那对你又意味着什么呢？

服务对象：意味着我这个人一点用都没有，如果我连一份工作都没有，那我对其他人来说还有什么价值呢？

社会工作者：如果我不能证明我是有能力的，那么就等于我没有价值。

服务对象：是的。

对于服务对象的负面思考，社会工作者可以挑战服务对象的信念和想法的合理性，有以下一些方法：请他们说出他们是如何产生这样的想法的；挑战他们，让他们说出支持这些观点或信念的证据；服务对象可能非常害怕某些行为产生的后果，挑战他们所持有的这些信念的逻辑。

有些服务对象因为早年生活中的创伤经历，可能会导致其认知的偏差，其中认知中还包括想象。如服务对象遭受强暴的痛苦经历，也许会影响她对性行为的看法，以致在正常的夫妻生活中也会发生困难，早年的创伤经历会不时地闪现在脑海中。因此，社会工作者在帮助服务对象辨识其错误的信念和思维方式时，还应该了解引发这些认知的情境，在何种特定的情况下，或与何人在一起时会出现这些想法。

第三，帮助服务对象用良好的自我对话代替自我挫败的认知。学习新的自我对话的方式是认知重建的关键，但相当有难度，因为人们不能一下子抛弃长久以来的习惯或根深蒂固的思维模式。社会工作者要和服务对象不断地进行练习，才能有持续的进步，逐渐建立起新的思维模式。前文我们探讨过的很多方法中都涉及这方面的内容，如改善自我对话、再构、行为预演的方法都可以帮助服务对象改善认知。再如，有位服务对象对自己的人际交往能力十分不自信，在与同事相处过程中时常担心别人会觉得他老土，或说些无趣的话，惹人笑话，因此不敢参与大家的聊天或聚会，内心十分痛苦。服务对象希望改变原来的想法。在与社会工作者的模拟训练中，她的自我对话为"我知道，我是在逃避，我感到与大家在一起时，有点不自在，但退缩对我的情形不会有任何改善""我在大家聚会时，其实不需要说很多话，如果我专心听别人谈论，我也能融入他们""我不期望他们拉我一起说话，如果他们这样做，那当然很好。但是，如果我想参加他们的聊天，那我自己有责任主动些，即使需要很大的勇气和努力。我是可以做到的，因为主动参与总比退缩和被人忽略要好得多"。在与服务对象进行这样的练习后，社会工作者还应关注服务对象的反应及感觉，及时地给予正面的回馈与鼓励。如果服务对象有明显的焦虑、不舒服和怀疑的表现，那么社会工作者要注意及时处理，不能急于求成，给服务对象施加不必要的压力，认知的改变是循序渐进的，要不断鼓励服务对象继续努力。

第四，协助服务对象为取得的进步而表扬自己。对于那些自尊较差、总是关注自己的失败和缺陷的服务对象来说，只要他们取得了进步，社会工作者就要不失时机地表扬他们，以提高其信心和勇气。如果他们开始用正向的思维方式来取代以前那种自我诋毁、自怨自艾的思维方式，那么社会工作者也要教会他们为自己的进步赞美或表扬自己。例如，可以先做示范，"我其实没有把握，但我还是做到了，我是好样的""尽管一切都很难，但我克服了自己的胆怯，勇敢地迈出了第一步，嘿，这种感觉真好"，让服务对象在训练过程中体验成功的感觉，每天都练习对自己进行肯定的、正向的自我对话，并运用到现实生活中去，这对服务对象的认知重建有很大的帮助。

总之，改善服务对象的认知有助于服务对象行为的改变。因为很多服务对象的问题都和认知方面的偏差有关，所以着力于清除认知方面的障碍，可以培养服务对象开启新的行为的意愿。但同时应明确的是，帮助服务对象进行认知的改变并不意味着就一定能出现新的行为。认知重建只是帮助服务对象实现改变的一种途径而已。社会工作者只有从多方面进行介入，才有利于服务对象的真正转变。

3. 危机介入

危机介入也叫危机干预（crisis intervention），是帮助处在危机中的服务对象更有效地处理或调适紧急情况下的压力的密集性干预实践。危机通常可分两类：一类是内在的情绪变化和压力，如突然失去心爱的人、失去工作、发生车祸、离家出走等；另一类是重大灾难性事件，如地震、水灾、经历恐怖事件等。当一个人遭遇危机时，无论是否有人帮助，其自身也是有潜能去应付的。

危机介入理论家认为，大多数危机只维持4~8周，在这段时间内，人要设法达到平衡，而这个平衡和发生危机前的功能水平相比，可能相等或比较低，也可能比较高。处理危机所需要的时间依据压力的程度而定。例如，癌症手术后的患者可能需要四周到五年的时间去调适，遭到强暴的受害者通常需要六个月到七年的时间来复原。生活的危机可能是已存在的潜在威胁，它可能会长时间地损害个人的功能水平。生活的危机也可能是痛苦的挑战，经过这一挑战，人们有可能增强个人的力量，提高因应能力。危机处遇理论强调立即介入对无法解决危机的人的重要性（Hepworth et al.，2017：34-35）。在危机发生的那段时间里，专业工作者的及时介入，可以避免服务对象功能的急剧下降，能够帮助服务对象顺利渡过难关。

人对危机的典型反应可分为以下几个阶段。第一个阶段是刚开始产生紧张情绪并受到惊吓。在此阶段，人们可能会否认有这样的危机事件发生。为了缓解紧张情绪，一般还是以平常的处理紧急问题的技巧来对付。当这些技巧不能解决问题时，人们会更加紧张，于是进入第二个阶段。第二阶段的特征是严重的紧张情绪让人混乱、不安、无助、生气或沮丧。这个阶段持续时间的长短要看危机事件的性质和个人的因应能力，也要看社会支持系统的回应程度。第三个阶段主要是看在运用了不同的因应策略后，是否有好的效果。如果没有，那么紧张的情绪可能会更加严重，甚至令人心理崩溃，最严重的可能导致自杀；如果这些因应策略有用，那么人们就会恢复平衡，而且可能获得更强的抗逆能力。

危机介入特别强调时间的限制，是一种密集性的介入，有的服务对象可能每天都需要社会工作者的帮助。在介入过程中，社会工作者的角色是积极主动和具有指导性的，运用自己的专业权威来鼓励服务对象充满希望和树立信心。危机介入的焦点应放在此时此刻，主要目标是帮助服务对象减缓压力并再度恢复平衡，对服务对象在危机前的不良功能和个人内部的冲突暂不处理。

社会工作者在进行危机介入中，一般有以下几个步骤（Zastrow, 2003：473）：①通过发泄和创造一个信任和希望的氛围，努力减轻失能的紧张；②工作者努力理解造成危机事件的动力；③工作者给出自己对危机的印象和理解，并同案主一起检查这些感觉；④案主和工作者一起努力寻找能够采取的可恢复平衡的具体补救方法；⑤可能需要介绍一些新的应对方法；⑥当实现了原定的目标，并经过一系列面谈之后，最终进行结案。

三 环境方面的介入

社会工作介入不仅着力于服务对象本身问题的解决，而且关注环境对人的影响。加强对社会环境的介入，整合各种社会资源，将对服务对象社会功能的恢复产生积极的影响。一般而言，在改善环境方面，可考虑将三个因素（空间、时间和关系）作为改变目标（Johnson & Yanca, 2004：283）。

1. 增强服务对象的社会支持系统

社会支持系统在人们的社会功能中起着重要作用。很多研究显示，个人的身心健康和社会支持系统有密切的关系，社会支持系统往往可以减缓个人的压力，为个人提供物质上的帮助。当社会支持系统中的成员面临巨大压力、需要帮助时，其他成员会与之分享他们的知识、经验和技巧，而且在日常生活中为他们提供很多参与社会活动、建立人际关系和促进人际沟通技巧的机会，人们能从中找到自身的价值（Miley et al., 1998：339）。

而对服务对象来讲，其中很多人的问题就是源自他们缺乏有力的社会支持系统，特别是社会弱势群体（如穷人、残疾人、病人、外来务工者、老人、单身母亲等）的社会支持系统相对较弱。例如，患有各种严重的身体或精神方面疾病的人，他们的家人能否给予生活起居方面的照顾，提供精神上和情绪上的支持，以家庭的温暖来帮助他们度过艰难的日子？有些服务对象正是因为在遭受疾病折磨的同时，又失去家庭、亲戚朋友的支持，所以会出现严重的心理危机，有的甚至产生厌世轻生的念头。再如，有些从农村到大城市打工的青年，因为换了一个完全不同于自己生长环境的地方，语言、生活习惯、经济差异、受当地人的排斥等，都为其带来了极大的挑战，而他们身在异乡，除了亲人、老乡外，尚未建立起有力的社会支持系统。

（1）自然支持系统

社会支持系统中人们最倚赖的是自然支持系统。自然支持系统一般指家庭成员、朋友、亲戚、邻居、同事等，他们和服务对象有着最密切的关系。如果服务对象的家庭、亲戚、朋友、邻居等都能对其伸出援手，那么服务对象的改变就有了动力和支撑。但有些服务对象的自然支持系统比较弱，例如，有的人远离父母，没什么朋友，邻里之间不走动，同事之间的关系也很淡漠，所以常常遇到问题时无人相商、无处可求助；有些服务对象的家庭本身就存在矛盾和冲突，关系十分紧张，这种情况也是导致服务对象出现问题的原因。因此，家庭关系问题的解决也有助于服务对象问题的解决。此外，还有些服务对象因虐待孩子而必须接受社会工作者的辅导。对于这样的服务对象，加强其自然支持系统也特别重要。为防止虐待孩子的事件再次发生，做好服务对象的亲戚、朋友、邻居乃至学校老师的工作尤为必要。因为社会工作者和服务对象在一起的时间是极其有限的，而当服务对象需要帮助时，自然支持系统如能及时地提供协助，就能避免危机的发生，或者防止事情恶化。

那么，如何帮助服务对象建立和巩固良好的自然支持系统呢？一般来说，每个人的自然支持系统都是自然形成的，但社会工作者可以有目的地促进自然支持系统的发展，如参与设计并创造一些互动机会，使服务对象有一个良好的环境去和他人交流，结交新的朋友；传授服务对象一些有关人际关系的技巧；联络社区中的志愿者共同帮助有需要的服务对象；等等。

银杏今年21岁，生下来时因双腿残疾而被亲生父母抛弃，是养父老季把她抱回家的。老季那年35岁，因为家里穷，没有姑娘愿意嫁给他，所以他决定不结婚了，自己把银杏养大。可是，两年前，老季身患癌症，自知不久于人世，因此找到社工，请求帮助，他十分担心自己一旦离去，银杏将怎样生活。社工了解情况后，除了给予他们经济方面的帮助外，还致力于帮助银杏建立新的支持系统，介绍银杏参加编织班培训，学习新的谋生手段，同时认识一些新朋友。社工还访问了他们家的邻居，邻居十分同情老季的遭遇，也乐意为他提供力所能及的帮助。社区医院的志愿者还定期去银杏家看望病人，为其提供医疗咨询服务。老季非常感谢社工，觉得自己即使离开也可以安心了。

(2) 自助团体

自助团体是被广泛运用的一种社会支持团体，往往由相同经历或问题的人组成，彼此的关注和支持使团体形成一种互相交流、提供信息和解决方案的氛围，以帮助团体成员面对困难、增强彼此的支持和提升解决问题的能力。在这样的自助团体中，团体成员之间的支持程度甚于专业人员主导的团体，通常他们有共同关注的问题，诸如药物滥用、如何减少失去亲人的痛苦、离婚、如何当好继父母、戒毒、戒酒、身体方面的疾病等。他们在一起分享自己的经验和体会，有时也许是十分痛苦的经历，但因为有相似的经历和命运，所以他们知道还有人能理解他们、在乎他们。这种沟通可以起到情感上的支持作用。例如，上海的"阳光小屋"就是那些失去孩子的家长组织起来的自助团体，他们在相互理解和安慰中，走出了失子之痛，相扶相携开始新的生活。这样的自助团体本身也是增强服务对象自身力量、发掘服务对象潜能的重要途径。所以，社会工作者首先应了解社区中现有的各种自助团体，准备好这些自助团体的相关材料，如领导人物、联系方式、活动内容、具体日程等，并不断更新资料信息，以提供给有需要的服务对象，帮助他们获得新的社会支持。

2. 整合社会资源

在介入过程中，社会工作者对社会资源的整合和利用将产生更大的能量，有助于服务对象问题的解决。整合社会资源，意味着社会工作者并非单枪匹马在工作，而是需要和其他机构及专业人员结成联盟来帮助服务对象。社会工作者有时承担的不只是直接提供辅导或治疗的角色，还扮演着个案管理者的角色，组织和协调各种社会服务机构和专业人员为服务对象提供全方位的服务。整合社会资源，意味着为了有效地回应服务对象的需求，各种机构与专业人士之间要加强合作与互动。关于如何整合资源，第六章第五节影响技巧中有专门的论述，在此略过。

此外，我们应该认识到，现有的资源是经过很多人的努力开发出来的，特别是社会工作还处于初级发展阶段，社会工作者能够整合的资源十分有限，所以还需要不断开拓新的资源来满足服务对象的需求。例如，在一些新开发的小区中，有些青少年除了去网吧、KTV、迪斯科舞厅外，没有合适的休闲娱乐场所，也没有人为他们提供健康且有趣味性的活动；独居老人缺乏生活照顾，也很少参与社区活动；双职工家庭假期照顾孩子成难题；中年妇女由于工作和家庭的双重压力而无暇进行社交和休闲娱乐活动。由于没有足够的资源可以提供给这些有需要的人群，青少年违法犯罪的比例上升；老人的孤独感较强，健康状况令人担忧；家庭的各种矛盾和问题日益凸显；妇女患抑郁症的比例有所上升。如果要预防或减少以上问题，社会工作者有必要进一步拓展资源，发展一些适合青少年的活动项目，为独居老人建立社区支持网络，为妇女提供社会交往的平台，并发展家庭咨询、心理辅导等项目，以帮助社区不断完善社会服务网络。适当情况下，社会工作者也可以发挥社会倡导的功能，向政府提出建议，争取更多资金投入社区公益服务项目。

志愿服务是社会资源的一个重要组成部分。社会工作者如果善于发动和组织志愿者队伍，那么将为社会服务提供助力。志愿服务不仅可以弘扬乐于奉献、守望相助的精神，而且是社会主义精神文明建设的重要内容之一。志愿者可以帮助社会服务机构提供延伸服务，例如，大学生利用节假日帮助社区中贫困家庭的孩子辅导功课；给独居老人打扫房间，陪老人散步、聊天；在医院给长期卧床的病人读书、读报；协助进行亲子教育辅导；等等。当然，社会工作者在招募和组织志愿者时，要注意对志愿者进行培训和督导，要对志愿者服务他人的热忱予以肯定。要善用志愿者资源，社会工作者必须为志愿者提供令他们满意的机会和成长平台，和志愿者建立良好的关系，制定志愿者招募、筛选、培训、督导和激励的详细方案，并有效地管好这支队伍。

3. 社会倡导与行动

社会工作者在帮助服务对象争取他们所需的资源与服务时，还承担着倡导社会的公平与正义，通过社会倡导与行动，努力去修正和完善对服务对象产生负面影响的政策或程序，或促使制定新的政策法规的功能。

倡导一般分为两种：第一种，为服务对象个人及家庭所做的倡导，叫个案倡导；第二种，因代表一个群体的利益而进行的倡导，可以促使影响这一群体的相关政策和法规发生改变，叫群体倡导。例如，为残疾儿童接受教育的权利而进行的倡导，为解决下岗工人的生活保障所做的倡导等。群体倡导一般规模比较大，因此，它本质上属于一种社会行动。

一般适合倡导的情况有以下方面，如服务对象因为机构的某些政策限制而无法获得其所需要的服务，服务对象遭受歧视或不平等的待遇，多数人的需求得不到满足，现有的政策对人们所需要的服务有负面影响，等等。无论倡导是针对个人、社会服务机构、立法机关还是政府部门的，社会工作者首先要全面了解情况。对这些机构的组织、政策及功能有深入的研究，才能决定要倡导什么，以哪种方式进行，避免以自己的假设来推断，在缺乏事实根据的情况下滥用倡导。

无论是社会倡导还是社会行动，社会工作者首先要坚持服务对象自决的原则。如果服务对象不希望坚持他们的权利，那么社会工作者应尊重他们的意愿；如果服务对象希望用社会行动来争取他们的权利，那么社会工作者必须确定自己可以正确地表达出服务对象的原意（Hepworth et al.，2017：436）。社会工作者还必须事先和服务对象探讨倡导行动可能带来的负面影响，如倡导行动可能造成关系的紧张甚至恶化等，但也不必过度渲染消极、负面之处，只需要协助他们权衡其中的利弊得失，然后由他们自己做决定。

社会倡导有很多技巧。社会工作者应从问题的特征、服务对象（个人、家庭、群体）的意愿和需求、倡导行动所针对的机构或体系的特点、社会工作者自身的人格特点、政治气氛以及社会工作者所在机构的支持程度等来决定选用何种技巧。总的原则是，谨慎从事，勿滥用技巧，以最少的技巧达成目标。下面介绍几种主要的倡导技巧。

（1）与机构进行面对面协商

对于那些遭到歧视或受机构原有政策限制无法获得服务的对象，社会工作者为保护和争取其合法权益，可以和机构中的行政领导协商，反映情况。服务对象也可以一同前往，这样更能呈现自己的真实情况，但协商时态度要中肯，要尊重行政领导，不能鲁莽、急躁。如果行政领导不采纳社会工作者提出的意见，那么社会工作者可向上级部门投诉。

（2）向监督机构投诉

如果通过正常途径向机构领导反映的情况得不到妥善解决，或被不公平对待，那么社会工作者可以向监督机构投诉。

（3）联合其他机构

在社会倡导中，一个机构的力量往往是单薄的，可以寻求其他机构的帮助，或与其他机构联合。尽管在与其他机构合作的过程中也要分享资源、妥协等，但联合起来的力量往往更有利于事情得到较好的回应。

（4）采取法律行动

当服务对象的权利受到侵犯，运用其他方式又不见效时，社会工作者可诉诸法律，用法律来保护服务对象的合法权利。

（5）提供专家意见

社会工作者在进行社会倡导时应注意倾听专家的意见，并在公众场合进行宣传，这样会更有说服力，更能赢得公众支持。

（6）广泛收集相关信息

社会工作者要注意收集相关信息，以支持自己的立场，还可以通过运用相关研究成果或文献资料，来回应那些对社会工作者的倡导持质疑态度的对象。

（7）联络社会各界人士

社会工作者要积极联络社会各界人士，如在社会上比较受尊敬和有影响力的名人，以得到他们的支持。邀请他们成为机构的代言人，有利于达成社会倡导的目的。另外，社会工作者还应积极利用媒体（报纸杂志、电视、网络、微信）的力量进行宣传和呼吁，因为它们对大众的影响是广泛而深远的。

（8）游说政府官员和人民代表

社会工作者可以通过组织群众向人民代表或政府官员提出建议或改革方案等来对制定政策、法规施加影响。社会行动往往是为了解决社会问题、促进社会的公平和正义而进行的群体行动，是一些利益相一致的团体共同努力的结果。这对制定或完善政策有较大作用。但在实施过程中，社会工作者应保持清醒的头脑，以理性的态度，有计划、有步骤地进行。赫普沃斯（Hepworth et al.，1999：138）认为社会行动的具体步骤是：①界定问题；②有系统地诊断欲改变的人群、结构或系统；③评估可增进改变的趋力与可能妨碍改变的阻力；④确认特定的目标；⑤很小心地将社会行动的策略与预期的目标相配合；⑥合理地制定出实践行动计划的时间表；⑦在行动计划中融入回馈计划。

总之，社会工作者所进行的社会倡导和社会行动，是社会工作者伦理守则中促进社会公平和正义的具体途径之一。它相对于个人的咨询辅导更为艰巨和困难。社会工作者不仅要有勇气和胆识，更要有丰富的知识和较强的组织协调能力，最为重要的是要有对社会大众的深切关怀之心和强烈的社会责任意识，并在学习过程中善加利用。

第五节 评估

评估（evaluation）是介入之后的又一个重要阶段，是主要评估介入结果的过程。它通常在结案之前进行，在某些情况下也可以放在结案以后进行。评估不仅可以检查社会工作介入的效果，反思介入过程的成败得失，找到未来改善工作的方向，而且对社会工作者自身来讲也是一个总结和提高的过程。下面将重点探讨评估的含义、分类及目的，评估的过程，评估的方法和技术。

一 评估的含义、分类及目的

1. 评估的含义

评估是一个持续的过程，贯穿于从接案到介入的整个过程，从找出问题、收集信息、产生可选择的方案、比较方案、决定最佳解决办法及策略、实施选定的方案到最后评估产出结果。同时，评估作为助人过程的一部分，也是评判是否达到预设目标的一种手段（Pillari, 2002: 379）。

评估可以帮助我们了解：服务对象的期望有没有实现？社会工作者助人的目的最终有没有达到？这是社会工作者对服务对象及自己服务机构的一种职责。因为社会服务机构的资金大多来自政府及基金组织。政府和出资者必然要求社会服务机构向其汇报并证明所做项目的成果，以示其效。从这个意义上说，评估是一种对服务质量、服务效果的客观评判活动，以此检验及证明服务机构及社会工作者的服务品质，为取信于社会大众及以后获得新的资助奠定基础。此外，评估还有助于社会工作者进行科学研究，检验现有的理论与方法，不断总结经验与教训，为以后的实践提供宝贵的知识与经验。

2. 评估的分类

评估可分为两大类：一是实务评估，即评估对特定服务对象进行介入的效果和效率；二是项目评估，即对向大量服务对象提供服务以满足社区需求的项目进行效果及效率的评估（Pillari, 2002: 380）。这里的效果主要是指服务或介入计划是否能实现预设的目标，而效率则是指产出与投入的比值，即介入结果与所花费的时间、精力和资源的比值。

实务评估不仅可以对产出结果进行评估，还可以检验社会工作介入技巧和策略的有效程度，通过介入前后的情况对比就能判断出服务对象是否取得了进步，以及是否达到预设的目标。

项目评估主要是评判项目有没有很好地完成。所谓项目，是指社会服务机构在一定时间内，为了达到特定目标而调集到一起的资源组合，是为了取得特定成果而开展的一系列相关活动。项目评估主要是评估方根据预定的项目目标对项目的适当性、效果、社会影响、效率等进行判定与评价。它可以检视社会服务机构承办这些项目有无能力与水平、效果如何。同时，项目评估的结果也可以作为机构绩效的证明，为争取新项目奠定基础。另外，项目评估还有助于机构找出服务的差距，明确今后努力的方向。

3. 评估的目的

第一，掌握社会工作者介入的结果。社会工作者和服务对象有必要清楚地知道服务对象的认知行为发生了多大的改变，无论是明显的改变还是不易发现的改变。这不仅要看服务对象在认知行为方面的总体变化，对于某些服务对象来说，还要了解他们经过介入后是否发生了改变。

第二，评估助人的整个过程，了解服务的有效性及效率，以更好地提升社会工作者的服务品质。评估作为社会工作通才介入模式的必要环节，不仅体现了社会工作者伦理守则对社会工作者的职业要求（要不断地改进和提高专业知识和技能），而且为社会工作者提供了一个很好的机会，他们可以从服务对象那里得到回馈，了解服务对象和社会工作者在一起工作有怎样的经历和体会。

二 评估的过程

评估的过程和社会工作介入的过程是一致的，可以从接案阶段开始一直延续到结案阶段。当然，就像介入不一定是按顺序进行，可能会在危机情况下打破原有的顺序，需给予及时处理一样，评估也要根据具体情况来决定其顺序。如过程评估就跨越了社会工作者和服务对象共同工作的整个过程，随时在对每一步进行评价，以修正不恰当之处。而总结评估是放在结案之前，有的机构也会在结案后进行评估，以更聚焦介入的结果。因此，我们可以用图3-4来表示评估的过程。

第三章 社会工作实务通用过程

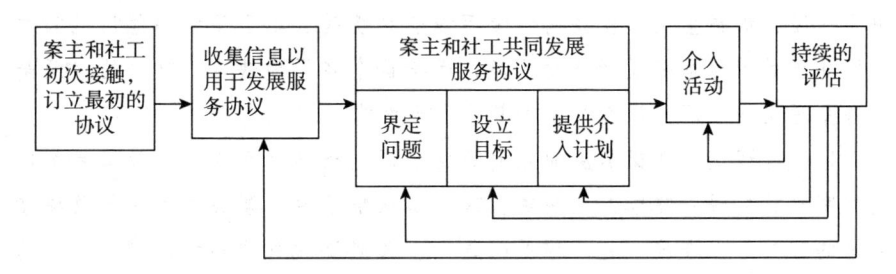

图 3-4 问题解决模式

资料来源：Compton & Galaway, 1999: 462。

从图 3-4 我们可以看出，评估所形成的回馈圈表示服务对象和社会工作者在不间断地进行评估的过程。社会工作者和服务对象在工作过程中不断地重新审视他们一起工作的问题、目标以及介入计划，也许在评估过程中会因发现了新的需要而重新界定问题，于是修正目标及计划。这种持续的评估过程可以减少问题解决的线形模式，使之更能够根据情况的变化而相应地做出调整，取得更好的结果。当然，所有的改变都要和服务对象进行重新商议，都不是单方面的事。

值得关注的是，评估不仅和介入过程密切相关，而且与制订介入计划的目标尤为相关。评估关注的是预定目标是否能够实现与实现的程度，所以在制订计划时会十分强调具体目标必须清晰明确、具有可测量性。这是科学地进行评估的要求，也是评估可以依赖的标准。评估主要有以下两种形式。

1. 过程评估

过程评估是贯穿于整个介入过程的评估活动，从接案开始一直延续到工作关系的结束。它是对整个助人过程的评估。因此，从某种意义上讲，评估也可称为实施行动计划的过程评估。我们可以从概念和操作两个层面来看待过程评估，概念层面涉及完成一定目标的书面计划，而操作层面则是介入活动本身。

社工小于最近在城郊接合部负责帮助外来务工人员的项目，因为都是临时搭建的简易房屋或当地农民盖的旧房，那里的环境条件很差，到处都是垃圾和蚊蝇，对居民的健康卫生造成了不良影响。社工小于的工作就是全面了解他们的需求，并尽力帮助他们解决面临的问题。为此，她进行了大量调查研究，并在调查研究的基础上决定首先关注外来务工人员的健康卫生问题，如寄生虫、皮肤病、腹泻等各种疾病。小于了解到他们患病的原因并不是因为贫穷或者不爱干净，而是这个聚居地缺水，唯一的水源是一条受污染的小河，没有浴室和其他卫生设施。

以上陈述只是在概念层面上的评估，而从操作层面来讲，社工要帮助这些家庭首先解决健康卫生问题。这可以从帮助他们解决用水问题及建立一定的公共卫生设施做起，还可以宣传普及健康教育的知识，培养良好的卫生习惯，包括组织外来务工人员自己动手打扫卫生、整理环境等。这些具体实施的服务评估，才是操作层面上的评估。

过程评估将关注两个主要的方面：服务对象的行为及帮助过程。正如哈切斯和伏特（Hutchins & Vaught, 1997）指出的，关于服务对象的行为有三个问题需要强调（参见 Pillari, 2002：382）：①服务对象呈现的是什么样的问题？②服务对象的目标是什么？③在帮助过程中，服务对象在解决问题时是怎样发挥自己的作用的？

2. 总结评估

总结评估是对产出结果的一种评估，通常在助人过程结束时进行。它关注的是预期的目标或结果是否达成。例如，学校每个学期的期末考试就是一种总结评估，它帮助了解学生有没有掌握该课程要求掌握的内容、有没有达到预期的教学目标。

在进行总结评估时，社会工作者应该关注以下这些问题：①这个助人过程对服务对象是否有效？②服务对象发生了哪些变化？③社会工作者还有哪些事情是可做的？（事实没做）为什么？④所运用的理论与技巧的作用是什么？⑤社会工作者在经历了这一过程后学到了什么？⑥事后来说，这种帮助服务对象的方法是最有效的吗？⑦对将来的工作有什么启示？

三 评估的方法和技术

当社会工作者服务于不同的领域，从事各种直接服务时，必须熟悉评估的方法和技术，我们在此重点探讨以下几种方法和技术。

1. 单个对象设计

单个对象设计（single-subject designs）是旨在了解介入是否成功的一种研究方法。它经常用于单个的案例或服务对象，因而得此名。这里的单个对象可以是一个家庭、团体，也可以是一个系统。在这种评估中，社工作者通常要用基线和其他变量。基线是行为研究中的一个术语，主要用来测量行为的频度、强度和持续时间。它在评估个案的进程中起着非常重要的作用。

使用基线是为了了解介入之前的情况，以便和介入之后的情况进行对比。例如，有一对夫妻因关系紧张而找社会工作者咨询。夫妻俩经常为一些琐事发生争执，因而家无宁日，关系日渐恶化。经过三个月的辅导，社会工作者对介入结果进行评估。首先要了解这对夫妻原来每周吵架的次数，以此作为基线，然后跟介入之后的情况对比，看看他们每周吵架的次数是否减少了，这样结果就很明显了。

西佛等（Sheafor et al.，2017）提出了单个对象设计中的不同样式。最常用的就是单个对象的 AB 设计，A 代表没有介入前的基线状态，B 代表介入后的情况。图 3-5 给我们展示了上述案例。

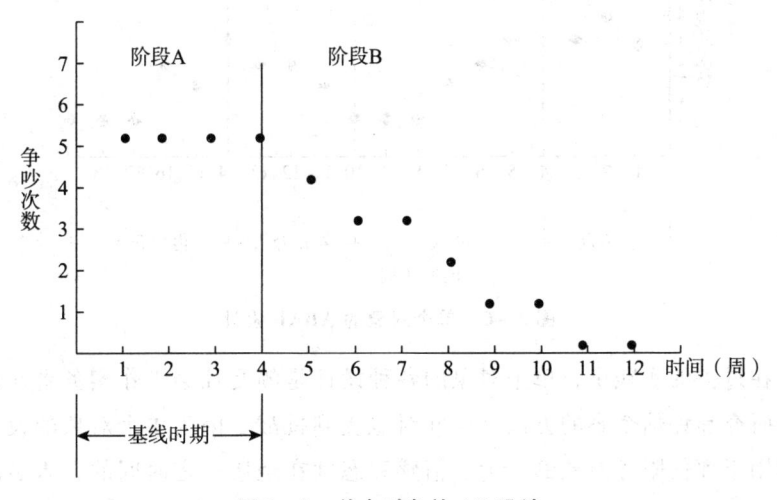

图 3-5 单个对象的 AB 设计

同时，从 AB 设计还可衍生出其他几种设计，例如，没有基线的 B 设计；ABC 设计，这里的 C 是指用药物进行治疗的时期；ABAB 设计，是在 AB 阶段之后，停止介入一段时间（A2），然后再次介入（B2）的情况。在 ABAB 设计中，社会工作者介入一段时间后暂时退出的做法，主要是为了测试出两点：一是服务对象行为的改变是否真的和社会工作者的介入有关？二是离开社会工作者的介入，服务对象能否独立地保持已有的进步？下面的案例及图 3-6 就运用了 ABAB 设计。

小凤，16岁，今年开始迷恋网络游戏，经常放学后就去网吧打游戏，每天很晚回家，严重时彻夜不归，有时还偷偷拿了家里的钱去网吧疯玩，到了废寝忘食的地步。父母为此伤透了脑筋，打骂和规劝都不起作用。有一段时间小凤已经和父母没话可说了。学校老师也反映小凤经常不做功课，有时上课打瞌睡，成绩直线下滑。父母无奈找到社工求助，希望能帮助小凤从游戏中解脱出来。社工小韩在和这个家庭面谈数次后，终于，小凤和父母达成协议：如果他能够每天在晚上7点前回家，那么他就可以通过积分得到父母的奖励，如溜冰、看电影、吃麦当劳、暑期旅行等；如果小凤打破了这条规定，那么他就拿不到分值，甚至连每月的零用钱也要被扣除。

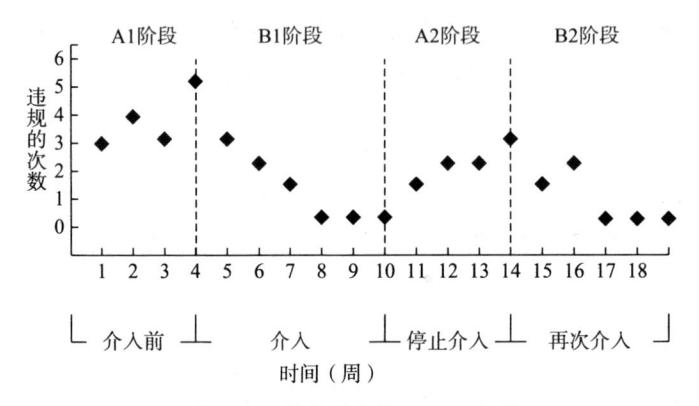

图 3-6　单个对象的 ABAB 设计

在过去的实践中，单个对象的各种设计是颇受社会工作实务者欢迎的一种研究和评估个案的方法，但同时也受到挑战。因为单个对象的设计比较适用于评估服务对象的行为、情感和态度在经历一定时间的介入后所发生的改变，而且随着实践的发展，它的形式也更加灵活多样。这种方法有很大的限制，必须要有可测量的指标，但并非所有的社会工作者都用以行为或任务为中心的模式来界定问题，或有必要按这样的方法进行单个对象设计。因此，正如金杰雷奇（Gingerich, 1990）所建议的，"社会工作职业要继续发展对单个对象的评估技术，以更自然地与实践相吻合。把评估看作促进实务的过程，而不是仅仅去履行一种职责。要采用多种形式来适应不同的案主、介入的目标及实践的方法"。

2. 目标实现程度的测量

目标实现程度的测量（goal attainment scaling）是评估服务对象进步水

平的一种方法，主要用于评估服务对象是否已经达到了预设的目标及达到的程度如何。这种方法从内涵上更强调正向的、希望达到的境界（如找到工作），而不是关注问题层面（如失业）。而且这种方法适合运用于不同层次（如个人、家庭、团体、组织、社区）的服务对象系统，已经在精神健康领域、药物滥用项目、矫治机构和其他社会福利机构中广为使用。

在目标实现程度的测量中，评估测量的标准就是服务对象在计划阶段对目标的陈述。为了准确地评估这些目标实现的程度，我们常用表来表示，表的每列代表不同类型的目标，每行代表目标实现的不同水平，通常从"最喜欢的结果"到"最不喜欢的结果"分别代表五个层次。下面我们用一个例子来加以说明。

小花，38岁，两个孩子的母亲，屡遭丈夫殴打，因不堪忍受丈夫的暴力虐待而离家出走，现暂住在反家庭暴力中心的临时庇护所里。个案计划中设定的三个目标为：①从法庭取得暂时禁止令，以防止其丈夫找他们麻烦；②找一份稳定的工作，经济上更加独立，以抚养两个孩子；③重新建立社会支持网络（包括亲戚、朋友）。尽管小花可能不能完全达到这三个目标，但她可以在提高自尊、获得经济独立方面不断进步。这种进步也可以体现在目标实现程度的量表（见表3-4）中。表中打钩的地方代表服务对象的目标实现程度。其中，由目标2达到目标3是最理想的效果，小花得以独立，但目标3并不尽如人意。

表3-4　目标实现程度量表

预期结果的水平	目标1	目标2	目标3
不喜欢的结果	小花回到施暴的丈夫身边，放弃目标	小花根本没有找工作	小花没有结识新朋友，和他人无来往
比预期结果差	小花和法庭联系，希望得到暂时禁止令	小花申请了一份工作	小花给一个老朋友打了电话√
预期中成功的水平	小花从法庭得到暂时禁止令√	小花申请了好几份工作	小花和朋友见了面
比预期结果好	小花的丈夫对暂时禁止令并无异议	小花得到了一份工作，但她推辞了	小花和一些朋友共度时光
最令人高兴的结果	丈夫离开家，小花和孩子可以搬回家里居住	小花接受了一份好的工作√	小花结识了新的朋友

资料来源：Kirst-Ashman & Hull, 1999：313。

3. 服务对象满意度调查

服务对象满意度调查（client satisfaction questionnaire）是评估服务对象满意程度的方法，有助于社会工作者了解介入后服务对象的反馈，也是机构了解社会工作者服务品质的重要途径。

服务对象满意度调查既可以用来评估直接服务，也可以用来评估整个项目。它要求服务对象对助人过程的主要方面进行打分，例如，机构的氛围、介入是否成功、工作者是否胜任等。服务对象满意度调查问卷的设计应简便易行，不必问细节性问题，如有必要，可以通过深度访谈来听取个别服务对象的反馈。最后把服务对象填写的问卷数据进行汇总，从中我们可以了解服务对象对机构服务的满意程度，也可以知道现有服务中存在的不足、问题及空白点。

服务对象满意度调查一般在介入结束时进行，特别是一些教育性的团体，经常在团体活动每个部分结束后请团体成员填写调查表，以了解成员的收获和对团体活动的意见和建议。下面是某社会服务机构的一份服务对象满意度调查问卷。

彩虹社会服务中心调查问卷

感谢您花几分钟的时间来评估我们机构所提供的服务，您的答案将帮助我们进一步改进和提高服务的品质，谢谢！

请在下面您认为合适的答案上画圈。

1. 您的年龄：
   (1) 16 岁及以下　　(2) 17～24 岁　　(3) 25～35 岁
   (4) 36～45 岁　　　(5) 46～55 岁　　(6) 56～65 岁
   (7) 66～75 岁　　　(8) 76 岁及以上

2. 您的性别：(1) 男　　(2) 女

3. 您对在本中心接受的服务项目的总体评价是：
   (1) 非常好　　(2) 好
   (3) 一般　　　(4) 差

   具体意见：

4. 您认为本机构提供的服务对您有帮助吗？

(1) 完全没有　　　　(2) 几乎没有
(3) 有一点　　　　　(4) 肯定有

具体意见：

最有帮助的是：

最没有帮助的是：

5. 社工提供的服务能在多大程度上满足您的需要？
(1) 几乎满足所有的需要　　　(2) 满足大部分需要
(3) 只有小部分需要得到满足　(4) 完全没有满足我的需要

6. 如果您的朋友需要帮助的话，您会向他推荐我们的服务吗？
(1) 肯定不会　　　　(2) 大概不会
(3) 也许会的　　　　(4) 肯定会的

您对本机构服务的意见和建议：

再次感谢您的反馈！

日期：

第六节　结案

结案是社会工作助人过程的最后阶段，当评估结果显示服务对象已经实现了所设定的目标时，社会工作者的任务就是妥善地处理和服务对象终结服务关系的各种事项。这一阶段关系到服务对象能否在结案后继续成长和进步。

一　结案的含义、目的及类型

1. 结案的含义

结案是社会工作介入过程的结束阶段，指社会工作者和服务对象将一起计划结束他们之间的工作关系的过程。它通常发生在服务对象的目标已经实现，或者双方中的任何一方单方面中断了介入过程之后。理想的结案是当社会工作者和服务对象遵循服务协议的指引时，不仅完成了预定的目标，而且能一起回顾取得的进步，澄清结案的理由，并有计划地把这种专业的助人过程推向成功的终点。

结案不仅仅意味着助人关系进入结束阶段，从成功介入的角度而言，也标志着服务对象从此可以在没有专业人员的帮助下独立地开始新生活。这是社会工作助人目标的真正内涵。

结案是一个非常重要的阶段。当服务对象和社会工作者将要结束这段合作关系时，除了感到欣喜之外，还有一些复杂的情感反应，有时甚至是困难和痛苦的，对社会工作者和服务对象双方都有挑战。特别是对有些服务对象来说，服务结束带来的悲伤和失落感会更加强烈。他们在接近结案期时，可能对社会工作者的好感和依恋会日益加深。他们已经把社会工作者当作自己生命中最亲近和信赖的人，而一旦社会工作者告知他们将要结束这段工作关系时，他们可能在情绪上会经历较大的波动，有时会唤起他们在以往生活中因所爱之人离开自己而产生的无望和无助的感受，甚至会感到再次被抛弃和拒绝而十分生气。在结案阶段，探索这些反应也是结束过程的一部分，社会工作者要和服务对象一起对整个助人过程中的感受、想法、行为的改变进行总结和反思，善加处理服务对象的某些情绪反应。这不仅有利于巩固已有的进步，而且有利于服务对象的个人成长。

2. 结案的目的

结案的目的是适时地结束一种有责任的助人关系。因此，在结束阶段，首先要让服务对象在离开社会工作者或者团体之前有充分的思想准备，并能独立地应对生活。社会工作者和服务对象在此阶段主要有下列任务：①决定结案的时间；②检查目标完成的程度；③保持已有的进步并促进服务对象不断成长；④与服务对象共同解决结案过程中可能体验到的情绪反应；⑤邀请服务对象对社会工作者进行评估；⑥进行适当的转介。

3. 结案的类型

社会工作者和服务对象结束关系，并非都是意料之中的事。结束关系的情况一般有以下四种：目标达成的结案；按机构规定的服务期结案；因社会工作者离职而结案；服务对象单方提前结案。

（1）目标达成的结案

目标达成的结案是指，经过评估，服务对象的问题基本解决、目标已经实现的情况下，按照服务协议，社会工作者提议结案，服务对象也接受，由此进入结案阶段。这种结案通常是有计划、按程序进行的。当然其中也有两种不同的情况。

一是短期处遇的结案，即服务对象接受服务时就商定了服务的时限，一般时间比较短。服务对象完成特定目标后，就可以结案了。如果服务对象还需要其他服务，则需和社会工作者进行讨论，看是否有必要建立新的服务关系。这种短期处遇的结案，从一开始服务对象就知道结案的大致时间，所以他们对社会工作者的情感依恋通常会少一些。这和无固定期限的、长期接受服务的服务对象是有区别的。

二是长期处遇的结案，即服务对象经历了很长一段时间（1~3年，甚至更长时间）的社会工作服务后，问题大部分得到解决，目标基本实现，就可以进入结案过程。这种长期处遇的模式大多是无固定期限的、开放性的，一般服务对象有较多问题，而且这些问题也比较复杂。服务对象通常不会主动要求结案，所以社会工作者在发现服务对象有了明显的进步时，就可以和服务对象商讨他的目标实现程度及结案的计划。通常，对于这样的结案，社会工作者和服务对象都会有较强的矛盾心理，有时需要花很多时间来处理可能出现的情绪反应。

（2）按机构规定的服务期结案

很多社会服务机构提供有时限的服务，如医院的社会工作者只能在服务对象住院期间提供服务；学校社会工作者一般在学期结束时必须先结案；军队有服役期限，军人退伍前必须结案；有些政府购买服务的项目有项目设定的期限等。这种结案的方式比较不会引起服务对象的猜疑或者产生被抛弃的感觉。同时，这种结案是按计划进行的，双方都有时间处理分离可能引起的感受或反应。

值得注意的是，因为时间限制，服务对象的问题可能没有得到充分的解决，服务对象认为自己还需要继续接受帮助，这种情况下，社会工作者要考虑是否转介服务对象去其他的社会服务机构继续接受服务。

（3）因社会工作者离职而结案

这种情况在社会服务机构是很常见的。如果社会工作者只是在同一个机构的不同职位的变动，从伦理责任上讲，那么社会工作者应继续完成自己的服务；如果社会工作者要离开这个机构，那么有责任事先计划好如何安排服务对象，以尽量把对服务对象造成的伤害降到最低。因为，一般来讲，服务对象仍需要继续接受服务，他们对突然的结案可能会有强烈的情绪反应。特别是过去有被父母或他人抛弃经历的服务对象，会觉得更加难以接受。这种经历也许会使其自尊心再次受创。而社会工作者也可能因为服务对象的不良情绪反应而产生负罪感。因此在工作中常会出现这样的情况：有的社会工作者拖延向服务对象提出结案的事，或因负疚感而过度补偿；有的社会工作者经常道歉或者热心过度，使服务对象无法表达或者处理负面情绪。

较好的解决办法是，社会工作者要在有限的时间里，协助服务对象处理情绪反应，无论服务对象出现愤怒、怨恨还是拒绝等反应，社会工作者都应坦然接受，设身处地地理解服务对象经历的痛苦。除了适度的解释外，社会工作者还应和服务对象讨论新的解决办法。社会工作者如果把服务对象转给机构中的其他同事，也应该征得其同意，然后安排一次三方会谈，介绍接替的社会工作者给服务对象，并一起简要地讨论服务对象的问题、工作的进展及将来工作的可能方向。接替的社会工作者和服务对象进入正常工作状态后，社会工作者也应经常关心事情的进展，确保服务对象已经建立了新的联系且情况良好。而转介的情况和转案基本相似，不同的是，转介是将服务对象转入其他的社会服务机构，故在此不再赘述。

（4）服务对象单方提前结案

服务对象单方提前结案是指，服务对象因为生病、死亡、搬家、意外事故、拒绝接受服务、离家出走、中途退出等理由，不再来机构赴约，在催促无效的情况下，社会工作者只好就此结案。

在服务过程中，有的服务对象来了几次就觉得自己的问题已经解决，不再需要接受帮助了。有的服务对象感觉自己已经没有问题，也可能是否认问题或一厢情愿的想法，如果社会工作者经过详细观察后没有发现服务对象有明显的进步，也可以坦言相告，这并不是对服务对象施加压力，迫使其接受服务，而是要告诉服务对象，只要他决定回来，同样会受到欢迎。有的服务对象在和社会工作者合作的过程中屡屡表现出对社会工作者的不满或其他的负面情绪。社会工作者可以向对方表示自己的关切，询问服务对象是否可以分享他所关心的事。如果服务对象愿意的话，那么双方可以开诚布公地讨论问题；如果服务对象不再露面了，不告而终，尽管结局有些遗憾，但对于社会工作者来说，除了反思之外，也可以和督导进行交流，寻找问题的原因或工作中有待改善的地方。无论是何种原因导致服务对象单方提前结案的，如果有可能的话，社会工作者都应该电话联系服务对象以取得确切的结论，或以书面形式写信给服务对象，告知此案的终止，并随时欢迎他有问题时前来求助。

二 结案带来的情绪反应及处理

对于结案带来的情绪反应，我们可以分以下几种情况讨论：对结案的正面反应、对结案的负面反应、社会工作者对结案可能出现的反应。

1. 对结案的反应

（1）对结案的正面反应

服务对象经历关系结束的感受是因人而异的，服务对象的性格特点、接受服务时间的长短、问题和目标、角色、社会工作者提供帮助的过程和程度等，都可能产生影响。

一般情况下，多数服务对象在结案时产生的是正面反应。因为他们在与社会工作者的合作过程中获益良多，通常会认为，由于社会工作者的帮助，他们增强了自强、自立的信心，提高了能力，学会了很多处理问题的方法，对人生有了新的认识。所以他们往往对自身获得的成功和成长表现出积极的态度、对整个社会工作者介入过程有正面的感受、对社会工作者提供帮助表达出真诚的感激、对将来参加更多具有建设性意义的活动充满信心等。

（2）对结案的负面反应

结案的负面反应主要表现为悲伤、失落、矛盾、痛苦、愤怒和拒绝等。那些长期接受服务的服务对象往往会较多出现这些反应，他们对社会工作者的依赖性较强，对结案的意愿程度不高，甚至将结案看成是一种创痛的经历，进而加以抗拒。具体表现为以下几个方面。

第一，对社会工作者过度依赖。有些服务对象可能把求助作为解决问题的替代品，并不追求自身的成长。因此，社会工作者应避免造成服务对象对自己的过分依赖，最好在介入之初就不断强调服务对象实现自立的目标。如果社会工作者在工作过程中注重服务对象能力的培养，为其提供更多成长的机会，那么在结案时就不会出现过度依赖的情况，反之则可能导致服务对象不愿终止专业关系。

第二，老问题再次出现。有些服务对象在临近结案时会变得惶恐不安，他们告诉社会工作者原先已经得到控制的老问题又出现了，以此来提醒社会工作者不能结案。虽然这样的服务对象并不多见，但如果服务对象的问题在结案阶段有重现的现象，那么社会工作者不必对此特别关注，而应该着重和服务对象探讨其对结案之后的生活的恐惧感和前途的不确定感，要用同理心来回应，和服务对象共同回顾已有的进步与成长，增强其独立面对生活的勇气和信心。

第三，出现新问题。为了阻止结案，有些服务对象会在结案期提出自己又出现了新的问题与压力。这些服务对象往往会一反常态，开始大谈自己的问题，甚至包括过去不愿吐露的秘密。此时，社会工作者既不能忽视服务对象提出的问题，又不能急于去探讨这些新的问题，可以先探讨服务对象对结案的感受。如果服务对象提出的问题确实很重要，除了延续服务之外，还有重新接案的可能。

第四，寻找替身。有些服务对象常常希望找到一个可以替代社会工作者来继续给他支持和安慰的人。这种寻找替身的做法本身就带有强烈的依赖性。这种做法会强化服务对象长期依赖他人的习惯，有碍个人成长。因此，社会工作者可以和服务对象讨论对方依赖的倾向及可能造成的后果，使服务对象反思其行为，增强自立意识。

(3) 社会工作者对结案可能出现的反应

社会工作者作为普通人，面临结案同样可能产生各种心理反应。有的社会工作者可能会有失望、失落和负疚感。特别是那些中途离开的社会工作者，甚至会认为自己背叛或伤害了服务对象。这种情况下，社会工作者可以向服务对象做出适度的自我表露，与其分享自己对结案的感受，以此引导服务对象释放情绪。同时，社会工作者可以运用同理心表达对服务对象受伤害、愤怒或遭到拒绝的感受的理解。但值得注意的是，其一，不可过分地认同服务对象的创痛经历，否则可能会导致其处理负面情绪和有建设性策划未来的能力的缺失；其二，社会工作者应坚守专业职责，不能随意地表达自己对所有经历的感受，必须考虑对服务对象的潜在影响。

假如社会工作者感到难以处理结案时的个人情绪，最好找自己信赖的督导或同事加以疏导，对不适合与服务对象分享的感受也不能压抑在心里，可以通过督导，帮助自己走出困境。

2. 结案的处理方法

顺利地进行结案，是一门艺术。社会工作者需要充分展示其价值理念、知识和技巧的整合和运用。例如，个别化、接纳、服务对象自决、非评判式的态度、控制感情的投入及有目的地表达情感等价值原则都可能被用到。而且社会工作者还要运用一些方法和技巧来帮助服务对象减少对结案的负面反应，成功结案。

(1) 过程的回顾

社会工作者和服务对象一起回顾合作过程中发生的重要片段，分享彼此的感受。回顾的重点包括：服务对象是怎样来求助的？求助的目的何在？社会工作者和服务对象一起做了哪些努力？哪些地方已经明显得到改善？哪些地方还没有得到改善？最适合服务对象改善的解决问题的策略和技巧是什么？影响问题解决的限制性因素有哪些？有哪些工作方法需要调整和改善？

回顾不只是对过去经历的一种再现或整理，更重要的在于分析和反省，社会工作者以一种批判的眼光来审视走过的历程，包括对不愉快经验的接纳、释怀和面对。从这种意义上讲，回顾是对经验的提炼和总结。同时，这一过程可以帮助服务对象理清思路，看到自己的转变，有助于进一步提高其分析问题和解决问题的能力，增强面对未来的信心。

(2) 巩固服务对象的改变

在回顾过程中，社会工作者须十分关注服务对象在介入过程中发生的重要改变，并使之得以巩固，让服务对象在结案后仍能保持下去。例如，服务对象参加戒毒治疗团体后，已经成功戒去毒瘾，但很难说，当他回到原来的生活环境后，是否能够远离毒品的诱惑。

在帮助服务对象巩固改变的过程中，社会工作者还要确认服务对象的社会支持系统和环境方面的因素，帮助服务对象整理出自己可利用的资源，让其在结案后可以向更多的人求助，特别是服务对象的自然支持网络，它是支持服务对象的最主要、最稳定的力量。另外，要促进服务对象的持续成长，还要提高其自我管理、自我监控的能力，把在介入过程中学到的处理、解决问题的方法运用到现实生活中去。社会工作者要让服务对象知道，社会服务机构的大门是永远敞开的，当他们需要帮助的时候，社会工作者会毫不犹豫地伸出双手。

案主小苗因丈夫的婚外情而提出离婚。但她一开始很难走出这个阴影，在对社会工作者的倾诉中，她不断悲叹命运对自己的不公，因为她除了家庭之外一无所有，婚姻的破裂使她根本看不到自己的长处。经过社会工作者一年多的帮助，她意识到自己不应该把男人作为她的整个世界，她需要为自己而活。其实，在小苗年轻的时候，她曾有不少追求者，但她不顾父母的反对，毅然选择了那个挺有魅力的"前夫"，并很快结了婚，婚后生下了女儿，从此她一心一意当一个家庭主妇，辞去了原有的工作，整天为家庭孩子忙得不亦乐乎。当发现丈夫对自己的背叛时，小苗所有的希望和信心都崩塌了。通过社会工作者的帮助，小苗重新看到了自己的能力，开始对离开社会工作者帮助后的生活充满了信心，她甚至告诉社会工作者在此期间自己的点滴进步。社会工作者还和小苗讨论了她今后生活里会选择怎样的伴侣，小苗表示她已经知道在以后的生活中怎样去处理感情方面的问题。而且，她觉得自己已经拥有了一些资源，不会再像以前那样无助了。结案后，小苗愉快地开始了新的生活。

（3）讨论以后的成长目标

社会工作者应与服务对象一起讨论结案后的成长目标，主要包括未来可能发生的有关个人、家庭、工作、社区环境等的变化，以及如何来适应并处理生活中可能出现的新变化。例如，服务对象即将从监狱释放回家，和他探讨的未来目标，可能是重新适应正常的家庭生活和社会生活，找到一份工作。而且，他将会面临很多问题，例如，如何对待他人的歧视、挑衅和嘲讽？如何与从未见过面的孩子培养感情？如何学习一技之长，应聘到一份工作？等等。这样的探讨既可以帮助服务对象规划未来的生活，有新的努力方向，也可以鼓励服务对象正确地面对各种可能遭遇的困难和问题，做好思想准备，更加有信心去应对未来的挑战。

（4）做好结案记录

在结案工作接近尾声时，社会工作者有必要撰写书面的结案摘要。这份结案记录比平时的过程记录更有意义。因为它不仅包含了对过程的回顾，而且记录了彼此分享的结案感受、对社会工作者的评估及对未来的计划和目标。结案记录的内容包括最后见面的日期、服务对象和社会工作者的姓名及职称、服务开始的时间、问题与过程、过程评估、持续目标、现状评估、结束过程评述等。下面是一份结案的摘要报告。

西街社会服务中心
结案摘要报告   No.

服务对象姓名：桑某   性别：女   出生年月：1960年5月

联系地址：×××　　　　邮编：
联系电话：
接案日期：2003年2月19日
最后面谈日期：2003年6月5日
社工姓名：姜晓雨　　　　职称：社工师

过程与问题：

桑女士于2003年2月19日前来机构求助，至今已经会谈了八次。当时，经共同讨论，认为主要存在下列问题：①因时常和丈夫及儿子争吵而感到生气；②工作压力大，情绪紧张，时常感到焦虑；③处于母亲、妻子、管家婆、中学教师等角色矛盾中；④经常失眠。基于以上问题，和桑女士共同制定了几个相关目标，并制订了每两周进行一次会谈，服务期内共进行八次会谈的介入计划。

过程评估：

在回顾工作过程和评估方案时，桑女士表示从第一次会谈后，压力和生气的感受都有明显改善。同时，由于家务劳动一部分由钟点工承担，其余的事经过重新公平分派，家务负担大大减轻。自己也有时间从事体育锻炼和社交活动，对家里的事不再大包大揽。现在她和丈夫、儿子的关系大有改善。桑女士表示工作虽有压力，但心情好，所以和同事、学生相处得也比以前融洽。失眠的问题已基本解决，不用再靠安眠药度日了。

桑女士表示，在我们的工作中，社会工作者对她最大的帮助是改变了她对家庭责任的看法，并调整了她在家庭中的角色，取得了较好的效果。

持续目标：

桑女士表示她在结案后仍会按原计划继续努力，并表示要和丈夫一起参加"如何帮助孩子成功"的团体活动，使家庭生活更加和谐。

现状评估：

已有信息表明，桑女士已能和丈夫、儿子进行较为有效的沟通，他们共同分担家庭责任并分享家务劳动，她对家庭关系的改善比较满意。桑女士的过度责任感和对家庭的控制情况也有了明显改善，她的家人对她相当支持，这使他们生活得更好。我预期桑女士因学习和反思能力较强，未来会继续取得进步，在家庭、工作和个人生活方面找到更好的定位。

结束的过程：

我和桑女士以愉快、积极的方式结束了我们的合作。她表达了心中的感激，而我也分享了在合作过程中的感受和快乐。由此，本个案如期结束。

社工签名：　　　　　　　督导或负责人签名：
日期：　　　　　　　　　日期：

三　跟进服务

跟进服务是社会工作者在结案一段时间后，对服务对象的情况进行回访的服务。它是完整的助人过程的一部分，可以针对服务对象的不同情况，安排相应的跟进服务。

1. 跟进服务的含义与意义

跟进服务是助人过程的后援性部分，是在结案后对服务对象情况的一种后续追踪。它可以了解服务对象在结案后情况是否良好，以评估介入的真正效果，并适时地向服务对象提供必要的咨询。

在为服务对象提供跟进服务时发现，很多服务对象在结案后不能保持他们在介入时期已经发生的正向改变。原因之一是恢复到以前的状态比坚持新的行为更加容易。而且，环境往往对他们的改变起着负面作用，朋辈群体乃至家人都对其新的行为施加了消极影响，有时可能因新的行为发生时间太短而没有得到真正的巩固，因此非常有必要对服务对象进行跟进服务，以巩固其已有的进步，使社会工作者的介入真正有好的效果。跟进服务不仅可以对社会工作者的介入效果进行结案后的再评估，考察在没有介入的情况下，服务对象能否保持原有的进步，也可以为处于困难中的服务对象提供他们所需要的帮助。

正如威尔斯（Wells, 1994）所指出的，跟进服务是整个工作过程中不可分割的一部分，这种原则适用于任何类型的案主。许多案主在结案之后继续有所成长，社会工作者可以赞赏和鼓励，以增强案主正面的行为；在跟进服务的会谈中，不只可以提供额外协助，也可以评估案主改变和成长的持久度，更可以舒缓由结案所带来的负面影响（Hepworth et al., 2017: 581）。

2. 跟进服务的实施方法

要实施跟进服务，首先，社会工作者应和服务对象在介入阶段就探讨关于将来结案后的跟进服务问题，向服务对象解释进行跟进的原因，使它自然地成为整个过程的一部分，让服务对象早做心理准备，不至于产生抗拒心理。其次，在结案时，社会工作者要向服务对象再次说明，过一段时间会与其联系进行跟进服务中的面谈，并告诉服务对象，这段时间是检验和巩固介入效果的最好机会，可以将这段时间看成是评估成果的良机，但此时还不必约定具体的面谈时间。再次，结案一段时间后，社会工作者应通过电话或书信的方式询问服务对象是否有时间来机构面谈，并说明跟进中的面谈不是正式的会谈，目的在于检查结案后服务对象是否巩固了已取得的进步，是否需要通过其他服务来帮助他们解决遗留的问题或新出现的问题。如果服务对象有需要，那么机构可以安排原来的社会工作者继续提供帮助，也可以转介到合适的其他机构。最后，跟进服务的面谈气氛应比较宽松，和服务对象交流的话题可以围绕其现在的状况和进展进行，也可以回顾过去介入时的情况。

总之，跟进服务的实施体现了社会工作者对服务对象的至诚关怀和社会工作者的专业责任，尽管增加了工作量，在现实操作中也有不少困难，但相信今后机构的服务会更加规范，真正使跟进服务成为社会工作实务过程中不可或缺的组成部分。

第四章　社会工作实务具体方法

　　社会工作虽然是一门实务性很强的专业，但非常注重方法的指导。正是因方法的确立与发展，社会工作的专业性才得到认可。同时，从某种意义上说，社会工作的发展就是专业方法的发展。西方社会工作在两百多年的发展历程中，先后形成了个案工作、小组工作、社区工作、社会工作督导、社会工作行政、社会工作研究等不同的方法。其中，个案工作、小组工作与社区工作方法是社会工作传统的三大方法，被称为直接的社会工作方法，主要运用于直接面对服务对象的实务工作中。社会工作行政、社会工作督导与社会工作研究是后来出现的专业方法，它们间接作用于社会工作服务对象，被视为间接的社会工作方法。有学者以一种整合的社会工作实施方法来指称当代社会工作的方法。在实务过程中，社会工作者应根据服务对象的需要对不同的方法加以取舍、整合，但鉴于中国社会工作还处于初步发展阶段，我们应先对诸种方法加以区分、认识，在此基础上再考虑整合与发展。所以，下面就发展历史与概念、工作过程与实施原则等方面对上述方法加以介绍，以充实社会工作者的专业知识，使其更好地开展实务工作。

第一节　个案工作方法

　　个案工作是最早形成的专业方法，1930年以前的社会工作方法基本上等同于个案工作方法，至今它仍是一个极为重要的方法，可视为其他方法的基础，是社会工作者必备的专业技能。个案工作最典型的特征是一对一，是一个社会工作者辅导一位服务对象或一个家庭时采用的方法。

一 个案工作的含义与历史发展

"个案工作"一词早在1909年就已被提出,但被指称为专业的社会工作方法则归功于玛丽·里士满。里士满于1917年发表了《社会诊断》一书,标志着个案工作向专业化、科学化迈进。1922年,她又发表了《什么是社会个案工作》一书。在书中,她对个案工作做了较系统的阐述与定义。她认为"个案工作包括一连串的协助过程,以一对一的方式,有计划地协调个人与其社会关系的适应,从而促进个人人格的发展"(林胜义,2008:43)。这个定义以个人为出发点,看到了人与社会环境的因素,为个案工作的发展指明了方向。

20世纪30年代,个案工作深受弗洛伊德精神分析学的影响,遭遇所谓"精神医学的洪流",发展方向转向心理学的分析。此时期存在"诊断-功能"的争议,"诊断"派把社会工作者视为医生,认为其责任是诊断与治疗。在个案辅导中,"诊断"派注重服务对象自身对问题的看法和解释,认为个人行为往往受情感与心理因素的支配,强调社会工作者的主导作用与服务对象自决原则。这种过于强调内在心理因素的观点引起"功能"派的争议,"功能"派注重外在社会工作服务机构的功能,认为机构的政策和功能会影响个案工作的服务效果与助人过程。因而,机构被视为改变的目标甚至改变的工具。

20世纪40年代以后,受经济大萧条与二战的影响,个案工作再次转而注重社会环境,使精神分析学与社会科学彼此逐渐融合,强调个人心理与社会环境对服务对象问题的综合影响,形成了心理社会学派。此后,伴随着行为科学等学科的迅速发展,个案工作呈现多元化、综合发展的趋势,如二战后受行为心理学发展的影响形成行为修正派。行为修正派重视外在环境对个人行为的制约效果,强调通过学习的过程来改变行为。20世纪70年代出现了任务中心派。任务中心派以问题为取向,强调时限与效率,整合各派个案工作的技巧,帮助服务对象履行其自身约定的任务,进而解决其问题。这三个流派在当代都颇具影响,而心理社会学派一直是个案工作的主流思潮,其"人与环境"互动的理念成为个案工作的基本假设。

在20世纪八九十年代,后现代主义对个案工作流派产生了影响,叙事疗法在后现代思潮中产生。女性主义疗法和焦点解决疗法逐步成熟。同时，随着个案工作的多元化发展，机构提供的服务也日益专门化，以至有多重问题的服务对象，如受虐儿童、未成年怀孕少女、少年犯罪者、艾滋病患者等，面临向不同机构寻求服务的境况。为了更好地服务于这类服务对象，20世纪90年代，一种综合性的个案管理工作出现了。它是提供给那些正面临多重问题且需要多种助人者介入的服务对象的协助过程（Ballew & Mink，1998：316）。个案管理者与社会工作者非常相似，他们为服务对象寻求资源、协调服务，充当协调者、联络人、调解人和请愿人的角色。

综观个案工作的发展可以看到，不同的时代，个案工作面对的情境不同，产生的学派也不同。不同的学派对个案工作的定义与理解各有特色。如功能派学者斯梅丽（R. E. Smalley）认为，"个案工作是一种一对一的方法，经由专业关系，促使案主使用社会服务，以增进其个人和一般社会福利"（转引自徐震、林万亿，1999：113）。而心理社会学派的代表人物霍丽斯（Hollis）则认为，"个案工作是一种心理和社会治疗方法，它认为个人社会功能的丧失或不良同时受到案主本身内在心理因素和外在社会环境因素的影响。因此，个案工作的目标在于促使个人内在需要的更充分满足和个人社会关系有更充分的功能表现"（张雄，1999：3）。海伦·波曼（Helen Harris Perlman）则综合了不同学派的观点，提出个案工作是一个"问题解决"的过程。她认为个案工作是一个由人群福利机构来帮助人们更有效地应付他们社会功能上的问题的过程。

上述定义各有侧重，体现了不同的理论背景。综合这些定义，可以看到一个丰富而多元的个案工作概念：它是一种一对一的方法，采取心理与社会的视角，是一个"问题解决"的过程，最终致力于帮助服务对象解决其所面临的困境，并增进其福利。在前人的基础上，当代社会工作学者给出了更加综合、细致的定义。法利、史密斯和博伊尔在2003年出版的《社会工作概论》中提出，个案工作是帮助人们解决问题的方法。它是个人化的、科学的、艺术的工作，帮助个人处理个人事务以及外在的环境事务。它的助人方式是通过建立关系来调动个人和其他资源以应对问题。面谈和评估是个案工作的主要工具。它通过个案工作关系的动力促使服务对象改变态度、想法和行为。在个案工作过程中，社会工作者会对服务对象可能需要获得的一个或多个社区服务进行解读。它既不是操纵环境，也不是主观的定夺，而是包含了对生理、心理和社会因素对个人行为的潜在影响的了解和运用。所以，它是生理、心理和社会并重的（Farley et al.,

2003：60)。王思斌（2014：16）主编的《社会工作概论》一书则做了如下界定："个案工作是由专业社会工作者运用有关人与社会的专业知识和技巧为个人和家庭提供物质或情感方面的支持与服务，目的在于帮助个人和家庭减低压力、解决问题，达到个人和社会的良好福利状态。在个案工作中，社会工作者在与案主彼此信任合作的和谐关系中，充分调动案主本身的潜能与积极性，共同探讨、研究案主的问题，他的家庭及社会环境，运用案主本身及外部资源，增进案主解决问题的能力，达到帮助案主成长的目的。"

可见，个案工作是以个人或家庭为工作对象，通过社会工作者与服务对象面对面的交流，运用专业的知识和技巧，帮助服务对象提升潜能，并整合自身与外部资源，来解决服务对象的问题，以努力实现其个人与社会福利的最大化。在此，首先，我们界定了个案工作的实施主体是专业的社会工作者，这些专业的社会工作者需要具备一定的有关人与社会的专业知识和技巧，受聘于专业的社会工作机构。其次，我们界定了服务对象是个人或家庭，这些个人或家庭在社会适应中面临一定的问题，需要求助于社会工作者帮助解决。再次，我们界定了个案工作过程以信任协作的专业关系为基础，运用相关的专业知识和技巧，对服务对象的问题加以研究和分析，并进行适当干预，以帮助服务对象解决问题。在此过程中，要注意服务对象的积极参与，并整合各方面资源，以更有效地帮助服务对象。最后，个案工作的最终目标是增进服务对象能力以促进其成长，从而达到服务对象个人、家庭和社会的良好福利状态。

在个案工作中，由于是一对一的关系，社会工作者对服务对象的影响不可避免，但要注意不能简单地代替服务对象做决定，直接替他解决问题。因为直接替服务对象解决问题虽然有一定的成效，但因未注意提升服务对象的能力，让他自身去面对所处的境遇与问题，而使服务对象难以获得真正的成长，遇到类似问题或更大挑战时，他仍然不能面对。而且社会工作者代替服务对象做决定也容易使服务对象产生依赖心理，从而弱化服务对象的能力，使之缺乏自信。所以个案工作要注意调动服务对象的积极性，使其参与到解决问题的过程中，通过社会工作者的示范、教育、引导，逐步培养自身处理问题的能力，从而获得真正的成长与收益。里士满曾说个案工作是"运用心灵的直接影响以增进人们的人际适应的能力"（参见张天乐，2003：102），在此，社会工作者要注意体会服务对象的心理感受，努力提升服务对象的潜能，使其具有良好的社会适应能力，并将其运用到生活中去。

个案工作的对象由于是个人与家庭，往往被视为微观层面的社会工作实施方法。与其他社会工作方法不同，一方面，这种方法直接与服务对象进行一对一的面谈，有助于专业关系的建立与问题的深入。可见，个案工作有其独特的优势，能专门化、个别化地回应服务对象的需求。一些问题较复杂、情况较特殊的服务对象，适合作为个案工作的对象。小组工作与社区工作中往往也会有些服务对象需要进行个案辅导。可见，个案工作是社会工作基本的、不可或缺的方法。另一方面，个案工作需耗费较多的人力资源，可动用的资源相对较少，若处理一些涉及社会情境的问题，则收效不大。所以，社会工作者在实务过程中要根据这一方法的特点，适当地加以运用，以发挥最佳的助人效果。

二　个案工作的过程

对于个案工作的过程，不同的学者有不同的定义，有的将其分为接触阶段、合约阶段、行动阶段，有的将其分为申请和接案、资料收集和研制、诊断和服务的计划、服务与治疗、结案与评价及持续服务六个过程，还有的将其分为五个阶段、七个阶段。我们在此对个案工作的过程采取五个阶段的分法，将其分为申请和接案、收集资料与预估、制订服务计划、落实和执行计划、结案与评估。需要进一步说明的是，划分这些阶段并不意味着各个阶段之间是截然分开的，而是希望展现各个阶段的主要特点和突出作用。每个阶段之间都有逻辑关联，上一个阶段的任务完成得不好，就会影响下一个阶段任务的完成。同时要注意，在各个阶段，社会工作者都必须自始至终地贯彻和落实社会工作的价值观以及与服务对象建立良好的关系（隋玉杰、杨静，2019：105）。

1. 申请和接案

申请，顾名思义，指服务对象前来求助，期望获得专业的辅导以帮助其解决所面临的问题。接案是指社会工作者通过一定的接触，初步了解服务对象的问题与需求，依据机构的服务宗旨与自身的判断，与服务对象达成服务协议，正式确立工作关系。在社会工作发展较成熟的国家与地区，接案往往意味着签订口头或书面协议。这有利于明确双方的职责与职业的规范，但在社会工作职业尚未普及的中国则较难施行，因为不易获得服务对象的理解。那么，我们如何来确立接案的达成呢？社会工作者首先应让服务对象了解机构的相关原则与制度，再就服务对象的问题达成服务共识，可视为接案的达成。

这个阶段重要的工作是与服务对象建立良好的专业关系。专业关系在个案工作中具有举足轻重的地位，它是一种建立在相互信任基础上的平等协作关系。因为个案工作以一对一的面谈方式为主，良好的专业关系为社会工作者运用知识与技巧去帮助服务对象奠定了基础，缺乏良好的专业关系，社会工作者纵有专业的训练与良好的技术也难施加影响。其中，第一次见面对专业关系的建立具有重要影响。社会工作者要注意事先做好充分准备，面谈时注意以尊重、真诚、热情的态度对待服务对象，多运用同理心技巧获得服务对象的认同，并适时展现自身的专业技能，让服务对象在被接纳、理解的同时，感受到社会工作者的专业能力，从而有利于专业关系的建立。

此外，社会工作者在接案过程中还要完成以下任务：了解服务对象的基本资料与大致情况，形成对服务对象及其问题的初步预估，与服务对象一起进行探讨，对工作目标与工作重点达成共识后，再界定双方的责任与义务，正式建立工作关系。在这个过程中，社会工作者始终在进行不断的研究与评估，只有在服务对象有服务需求、服务对象的需求与机构功能相符、社会工作者有相应能力的情况下，接案才能最终得以实现。

2. 收集资料与预估

正式接案后，社会工作者要进一步收集与服务对象问题相关的资料，以更全面、细致地了解服务对象的情况与问题。收集资料一般有三种途径。一是通过与服务对象的面谈获取直接资料。这种资料通常为社会工作者所看重，因为服务对象对问题的看法与感受更能揭示其自身的困扰及问题的本质。二是通过访视，向服务对象的家人、朋友、同事、邻居收集与服务对象问题有关的间接资料。这种资料有助于社会工作者形成全面认识，但要注意保持中立、客观的立场，以免因旁人的影响而造成对服务对象的偏见。三是从相关机构获得服务对象的书面资料。例如，从医院获得服务对象的就医记录，从工作场所获得服务对象的缺勤记录，从学校获得服务对象在学习成绩及操行方面的记录等（林胜义，2008：50）。

在收集资料的过程中，我们要注意收集以下几个方面的资料。一是生理功能方面的资料，主要是一些关于服务对象个人身份及生理健康等方面的信息，如籍贯、年龄、性别、受教育程度、婚姻状况、职业、疾病史等。二是心理功能方面的资料，如服务对象的自我概念、心理感受、态度反应、行为方式及学习能力等。这些资料有助于评定服务对象的个性与能力。三是社会功能方面的资料，如服务对象与家族成员、同辈群体关系怎样？在其中通常扮演什么角色？是否存在角色冲突？服务对象与他人沟通的方式如何？有无较亲密的朋友等？这些资料有助于了解服务对象的社会适应能力。四是环境体系方面的资料，如服务对象所属阶层是什么？其所属阶层的文化传统如何？服务对象的宗教信仰状况等。这些比较宏观的信息有助于了解服务对象所处的社会环境与所面临的压力。

在收集资料的同时，社会工作者实际一直在进行相应的分析和评估，但只有在收集了比较充分的资料的基础上，初步的评估即预估才能形成。与结案后的评估不同，这种评估是一种对服务对象实施全面干预前的评估，主要任务在于透过对问题的了解，发现协助和治疗的方向。它一般包含以下几个方面问题的界定：①问题描述，主要是服务对象方面提供的情况；②有关生理、心理、社会功能和环境等方面资料的摘要；③评估资料，社会工作者要依据事实对服务对象的问题加以评说；④目前的建议。通过上述分析，社会工作者可以对前期的工作加以总结，确定解决服务对象问题的方向，从而为制订服务计划做准备。

3. 制订服务计划

服务计划的制订是非常关键的一步，一份好的服务计划是详细而完备的，我们可以参照以下步骤去着手：第一步，确立总目标；第二步，把总目标细化为若干子目标，即具体目标；第三步，按照主次关系、时间的紧迫程度与境遇的适切性，对具体目标加以合理排序；第四步，依据调整好的具体目标序列，制定相应的可行步骤，尽可能明确时间、场地、人员、经费等问题；第五步，检查并调整方案，做好突发事件的预案，最终形成完整的计划。

其中，总目标的确立是第一步，也是首要的。目标一般可分为总目标与具体目标两种。总目标是服务的最终目标，在接案期的初步评估中，已涉及此问题，但唯有经过进一步资料的收集与评估，这个总目标才能明确下来。在制定总目标时，要注意总目标的可操作性与针对性，即社会工作者要根据服务对象的能力与情境，与服务对象一起设定适度的总目标：不能把总目标定得过高，超过服务对象的承受能力，使目标无法达成，以至挫伤服务对象的信心；也不能把总目标定得过低，从而阻碍服务对象潜能的发挥与培养。所以，社会工作者不能单方面设定目标，最终确定的目标必须是服务对象认同的。

具体目标就是总目标的细化。在把具体目标落实为行动方案的过程中，我们要注意以下几个问题。首先，行动方案是多元的，社会工作者要尽可能发掘最有利于服务对象成长的可行方案。其次，方案一经落实并不意味着就是最终的，尚须在实践中加以检验，并不断做出相应的调整，以使方案更完善。最后，方案应明确社会工作者与服务对象各自的任务与责任，从而约束双方共同付诸努力，以最终实现既定目标。

4. 落实和执行计划

落实和执行计划是个案工作中最关键的一环。在这个阶段，社会工作者要注意以下工作。

首先，落实服务计划时，要密切注意计划的进展情况，并随时根据事态的发展予以适当的干预。如社会工作者可提供信息与建议，进行行为预演，在服务对象有退缩行为时，予以鼓励与安慰，从而保证计划的顺利进行。

其次，检查服务计划中各自角色的扮演情况，服务对象是否需要社会工作者给予心理支持才能继续合作，或服务对象是否过于依赖社会工作者而需要社会工作者给予适当的提醒？社会工作者自身的工作是否按计划完成，有没有失职之处？其中，关键在于社会工作者要通过适当的角色功能引导服务对象增进潜能，以更好地帮助服务对象完成角色扮演。

再次，社会工作者在实施计划时要注意环境对人的影响，加强对社会环境的介入，帮助服务对象修正环境中的不利因素，激活未使用的环境资源，并尽可能帮助服务对象拓展现有资源，从而对服务对象的改变产生积极影响。因为很多服务对象问题的产生源于缺乏适当的社会支持系统，社会工作者尤其应注意强化服务对象环境中的自然支持系统等重要资源，同时注意整合服务对象社会环境中的资源，以有效帮助服务对象解决困难。

最后，如果计划实施得不顺利，那么社会工作者要与服务对象共同探讨原因，决定是拟定新的服务计划，还是对原计划加以修改。这是一个不断调整的过程，社会工作者要注意灵活把控。

5. 结案与评估

结案意味着个案工作的结束。当社会工作者与服务对象一起实施计划，收到一定成效，达到原定的工作目标时，个案工作便可以结束。社会工作者要注意提前告诉服务对象结案的时间与安排，让服务对象有所准备。因为经过一段时间的工作，服务对象与社会工作者建立了一定的信任关系，可能不愿接受分离的事实，或害怕独立面对今后的处境与问题，这时服务对象容易出现情绪上的波动，若处理不好，则可能使前期的努力付诸流水。

结案时，社会工作者可与服务对象一起回顾个案工作的过程，对服务对象取得的成绩做出肯定，并适时加以鼓励，增强服务对象独立面对问题的信心。这样的回顾可以让服务对象看到自己的转变，然后社会工作者再加以总结，重点指出服务对象每次的努力与转变，让服务对象与社会工作者沉浸于这段时期的努力与收获中，而非关注分离与内在的负面感受。当然，社会工作者也不要回避问题，应注意处理好遗留问题，并与服务对象一起分析今后可能面临的困难，探讨处理的方案，消除服务对象心中的顾虑。

结案阶段的评估是事后评估，即在个案结束后对整个个案过程中方法的运用、社会工作者的表现、服务对象的改变、目标的达成等方面做出评估，以检测工作成效，总结经验与教训，从而有利于今后工作的开展与完善。社会工作者可先行设计问卷，针对服务对象接受服务前后的心理与行为反应、服务对象对个案工作的满意度和意见等方面收集资料，或者对服务对象及相关人士进行访谈收集资料，并以这些资料为基础，撰写评估报告。评估报告的撰写是对工作的交代，既利于社会工作者反思，也利于检验工作成效，以获取公众对个案工作的支持。

三　个案工作的基本原则与技巧

个案工作中常用到的技术是会谈、访视与记录。其中，会谈是最重要的一种技术，贯穿于服务的整个过程，是一种运用语言与非语言方式进行的直接交流。良好的会谈需要有安静、舒适的环境。社会工作者要把握好时间，一般以45分钟到1小时为宜。每次会谈前社会工作者都要做好准备，在开始阶段以一些开放式的提问做引导，并不时对服务对象做出积极的反馈与鼓励，帮助服务对象放松并逐步释放信息。在中间阶段，社会工作者要做好引导，让话题围绕中心深入下去，并运用一些技巧影响服务对象发生转变。在最后阶段，社会工作者要对会谈加以适当总结，交代相关事项与下次会谈的主题、时间、地点等。

会谈与访视都需要进行谈话交流,但会谈的对象主要是服务对象,且会谈大多在机构进行。访视则是社会工作者走出机构去探访,其对象主要是与服务对象相关的人士或机构。访视有利于社会工作者全面、清楚地了解服务对象的问题与情境,所得资料较鲜活、真实。但社会工作者要注意,访视所得资料只能作为辅助或补充资料,服务对象本人的表达与感受才是最需要关注与尊重的。现在社会工作者主要在机构办公,较少到服务对象家里或相关机构访视,导致服务机构化,缺乏灵活性与人性的温暖。这也是我们要关注的问题。

记录是社会工作者对与服务对象接触的整个过程及问题的全过程予以记载。它提供了服务的证明,有助于社会工作者事后反思、评估,也为相关研究提供了资料。在转案时,记录可以帮助新的社会工作者了解服务对象的情况,以更好地提供后续服务。完整的个案记录应包括服务对象本身的资料,服务对象的问题产生的原因及性质,服务对象的期望及会谈时的感受、反应,社会工作者的分析与反思及进一步的处理意见等。一般根据目标可以把记录分为过程记录、摘要记录与问题取向记录三种。社会工作者可根据需要、情境采取合宜的记录方式,但都要注意会谈后及时进行记录,并力求做到准确。

除了掌握一定的知识和技巧外,社会工作者还要注意了解并遵守一些公认的原则。对此,不同的学者有不同的界定。林胜义(2002:295~304)提出个案工作的实施原则分别是个别化、有目的的感受表达、有控制的情绪介入、接纳、不品评的态度、尊重案主的自我决定、保密。李迎生(2018:196~197)则将其概括为六项,即个别化、接纳、有效沟通、尊重案主自决、社会工作者自我控制及保密原则。本书采用贝斯提克(Biestek)的观点,因其观点在社会工作界被广泛采纳。贝斯提克提出了七大原则,分别是个别化原则、有目的的情感表达原则、适度的情感介入原则、接纳原则、非批评原则、案主自决原则、保密原则。下面一一加以介绍(参见顾东辉,2011:112~113)。

个别化原则基于"每个人都是独特的个体"这一理念,因为每个人都有其自身的人格特点与所处环境,即便面临相似的问题,不同的人也会有不同的感受与看法。此外,个人能力及其所能运用的资源也不尽相同。所以,社会工作者在服务过程中,不能依循过往的经验,公式化地对待服务对象，而应具体情况具体分析，充分重视并致力于了解每个服务对象的具体情境与独特感受，以灵活地运用不同方法与原则去帮助服务对象。

有目的的情感表达原则基于对服务对象有自由表达情感（即便是负面情感）之权利的认可。无论服务对象是陈述其个人经历与所面临的困难，还是表达内心的苦恼与各种想法，社会工作者都要积极、投入地倾听，适时地给予回应，以尊重、温暖及关怀的态度帮助服务对象将内在的情绪抒发出来，使服务对象在宣泄的过程获得一定程度的抚慰，同时注意查找服务对象问题的症结。在此过程中，社会工作者要适时地加以引导，使谈话向有利于服务对象问题解决的方向发展。

适度的情感介入原则是指社会工作者在服务对象表达情绪与内心感受时，要予以真诚的关怀与同理的表达，使服务对象感到温暖与支持，从而有动力改变现状。服务对象常常希望自身所感受到和表达出的情感能获得社会工作者的了解、谅解或支持，社会工作者可以通过接纳、倾听和真诚的关怀，给予服务对象心理上的支持，增强其安全感与信任感。必要时，社会工作者可以做适度的自我表露，以利于服务对象接纳转变。

接纳原则是指社会工作者以一种中立的立场，对服务对象的优点和缺点、正面和负面的情绪、建设性和破坏性的态度及行为无条件地表示包容与理解。这种接纳不是无原则地认可服务对象的一切作为，而是基于对服务对象有自由表达情感的权利及人格尊严与独立性的认可。在面谈过程中，这种接纳有助于营造一种自由开放的情境，使服务对象尽情地倾诉内心积压的种种情绪，释放心中的苦闷，从而得到一定程度的抚慰，同时有助于社会工作者了解服务对象的感受与问题，以便更有针对性地开展工作。

非批评原则意味着对服务对象的观点、态度等持客观中立的立场，不加以是非对错的评判。社会工作的对象常常是社会适应不良的人，他们在过往经历中有较多受批评与指责的负面经历，从而导致他们有较低的自尊，也容易在面对批评、指责时持回避、对抗的态度。社会工作者的角色是了解和帮助服务对象，所以应尽力去理解服务对象行为背后的动机和原因，而不是评判或责备他。在适当的时候，社会工作者可以向服务对象说明自己并无批评和指责之意，让服务对象不致因害怕受到伤害而退缩，从而促使服务对象客观地正视自己的问题，以利于服务对象问题的解决。

案主自决原则要求社会工作者鼓励服务对象积极参与服务的过程，相信服务对象有自己判断和决定的潜能，不包办代替。这个原则基于对服务对象有自己选择和决定的权利与需要的承认，它确定了社会工作实务过程中服务对象需要拥有的自由决定的空间，有助于服务对象提升自己的潜能，依靠自身的力量去解决问题，从而避免服务对象产生依赖心理。但是案主自觉并不意味着社会工作者不能提建议。相反，社会工作者应利用自身的专业知识与技巧，帮助服务对象分析问题所在，进而与服务对象共同探讨解决方案及其利弊，让服务对象从多种方案中妥善选择。

保密原则即保守服务对象在专业关系中透露的信息，尊重服务对象的隐私权。为了寻求帮助，服务对象会把自己的资料、面临的问题及与之相关的私人信息告诉社会工作者，从而有助于社会工作者了解其问题所在及解决问题时可利用的各种资源。社会工作者应只在工作需要时才探寻服务对象的私人信息，并对已获取的私人信息严加保密。保密的方式包括：不向他人透露服务对象的姓名和资料；不向他人提及会谈的过程及内容；会谈时不让他人旁观；注意避免让不同的服务对象在等待约谈时相互碰面等。保密是社会工作者的一项基本操守，有助于社会工作者与服务对象建立良好的专业关系。

以上原则基于长期个案实践的积淀，是社会工作者与服务对象建立专业关系时所应遵守的基本行为准则，对社会工作者开展个案工作具有重要的指导意义。但源于中国特殊的文化与情境，有些原则（如案主自决等）在实践中有待斟酌与反思。根据刘梦对热线咨询的研究，中国妇女求助的动机是寻求指导，而西方妇女求助的动机则是将咨询看作寻求更多的自己能够解决问题的途径和方法。因而她认为，指导性原则在中国女性案主身上具有更大的适用性。从某种程度上说，这种指导性原则与西方的自决原则恰恰是相反的。所以，某些原则（如个人自决和非指导性等）应该按照中国案主的实际需求考虑其适用范围与适用性（曾家达，2001：72）。

第二节　小组工作方法

小组工作也称社会团体工作或团体工作。其特点是强调通过小组经验帮助服务对象解决问题。人的本质决定了每个个体都必须生活在不同的社会关系中，其中各种小组是一个人社会生活经验的核心，如家庭、邻居、同学、同事、朋友等。不同的小组生活为人们提供不同的生活经验，也使人的不同需求得到满足。良好的小组生活经历是一个人获得人格正常发展的基础。所以，小组工作是社会工作实务的一种重要方法。

一 小组工作的含义与历史发展

小组工作是社会工作三大基本方法之一，最早可追溯到19世纪中期在欧美普遍建立的社团及娱乐组织，其中较早和较典型的是青年会。1844年英国创立世界第一个青年会，组织青年定期集会，开展宗教、社会及有益于会员身心发展的小组活动。19世纪末期在欧美兴起的睦邻组织运动号召知识青年为贫民提供专访服务，借助小组的形式，通过教育活动、娱乐活动的开展和经验的提供，提高贫民的社会生活适应能力，以改善其生活环境与问题。

但在20世纪20年代以前，小组工作并不被认为是社会工作方法之一。1923年，查德希（Mildred Chadsey）首先于美国西方储备大学开始讲授有关小组工作的课程。而真正的小组工作则始于1927年纽斯泰特（Wilbur Newsteter）正式以"小组工作"命名这门课程。1930年美国经济萧条，出现了许多新的社会问题，社会工作者开始怀疑个案工作协助人们适应社会环境的有效性，重视小组工作对社会环境的影响。1946年，柯义尔（Grace Coyle）在全美社会工作会议上发表了"迈向专业化"一文，指出小组工作是社会工作方法之一，小组工作的专业地位获得正式认可。

二战后，受社会局势及教育学、社会学、心理学等社会科学发展的影响，小组工作的研究更加丰富，并拓展出新的工作领域，即小组工作不再局限于为人们提供教育及娱乐活动，而是为不幸的人们提供小组治疗，使他们在小组经验中得到改善。这一时期，小组工作转向了治疗性，小组工作的理论及技巧有了较快发展，并出现了大量的有关小组工作的文献。到20世纪60年代，小组工作开始服务于一些有越轨倾向而难于接触的青年人。与此同时，小组工作也进入多元化发展阶段，形成了许多理论流派。近年来，受系统论及生态观点等的影响，小组工作呈现融合发展趋势。

伴随着小组工作的起源、形成与发展，它的定义也在不断发生变化，徐震和林万亿（1999：168）在《当代社会工作》一书中，对较有代表性的定义做了归纳。

一是发展的观点。柯义尔认为小组工作是一个教育的过程，通常由各种志愿结合的人员，在小组工作员的协助下，于闲暇时间实施。其目的是在小组中通过个人人格的互动,以促进个人成长,以及通过小组组员互助合作的集体行动,以创造小组的情境。

二是治疗的观点。克诺普卡认为小组工作是社会工作的方法之一,它通过有目的的小组经验,协助个人增强其社会功能,更有效地处理个人、小组或社区的问题。服务对象包括由健康的个人组成的小组、由疾病的个人组成的小组等。当社会工作者运用专业技巧去帮助一群在功能上有困扰的个人所组成的小组时,他便是在进行小组治疗工作。

三是运作的观点。特雷克提出小组工作是一种通过个人在各种社区机构的小组中,凭借社会工作者的协助,引导成员在小组活动中互动,以使他们彼此建立关系,并以个人能力与需求为基础,获得成长经验,目的在于实现个人、小组和社区发展的目标的社会工作方法。

综上,我们可以看出,小组工作以小组中的个人为对象,强调小组经验与社会工作者的协助,使小组成员经由小组过程,获得行为的改变及社会功能的恢复与发展。

"小组"是小组工作方法的核心概念,是指两个或两个以上的人定期或不定期在一起,他们之间至少会有直接的语言或非语言的交流,有相同的兴趣和目的,有身份认同感,可以互相依赖、互相接纳。小组中的个人是小组工作的对象。小组工作从睦邻组织运动发展起来,基本取向是以小组内的人际关系为主,重视小组内的互动作用和小组所具有的力量。而社会工作者则在整个小组中引导小组的互动,根据小组及其成员的需要扮演改变者、控制者、使能者、引导者等角色,在小组中注入治疗元素,如希望、改变的诚意、意愿及建立自信、关怀、接受、密切关系、宣泄、理性成分、学习人际关系等,以协助个人成长与社区发展。

当然,在不同的小组中,小组及其成员的性质不同,社会工作者扮演的角色也不同。一般而言,根据小组组成的目的可以把小组区分为休闲小组、技艺小组、教育小组、病人自治小组、会心小组、治疗小组、社会化小组、自助小组等。与之相应,小组工作的模式也有区分,如社会目标模式、治疗模式、交互模式、生命周期模式、个人成长模式、小组中心模式、成熟阶段模式、目标规划模式、任务中心模式、行为修正模式等。其中,最有影响的是社会目标模式、治疗模式和交互模式。

社会目标模式旨在帮助成员解决社会问题,促进社会行动,实现社会变迁。这个模式强调"社会意识"和"社会责任",关心如何增加个人和团体的社会权利。在这个模式中，社会工作者是一个富有影响力的人，他凭着自身的社会意识和社会责任感积极鼓励每个小组成员都承担起公民的责任，进而建立更美好的社会。其主要工作是设计程序和策划行动，工作方式接近于社区组织工作，较多地依托社区开展工作。

治疗模式认为，小组工作的目标在于通过小组经验来解决个人心理、社会与文化的适应不良问题，是一个针对个人和社会关系问题的临床模式。其核心概念是每个成员的治疗目标，改变的中介是社会工作者，而非小组成员的互助或小组过程。在这个模式中，社会工作者扮演专家角色，其主要工作是评估小组成员的需要，形成并实施治疗计划。这一模式被广泛应用于精神病治疗、心理治疗、青少年不良行为矫正等领域。

交互模式关注组员之间为满足共同需要而产生的互动过程，重点在于建立一个互助系统。交互模式认为小组互动有助于个人人格的健康发展，也能满足人们的情感交流需求，使组员获得心理支持与个人成长，从而解决个人的危机和问题。这种模式不预先设定目标或结果，社会工作者与组员共同承担推动小组发展的责任，社会工作者在其中更多扮演协调者与引导者的角色。

通过比较三种模式可以看出，社会目标模式强调小组过程的民主性，治疗模式是临床与个别取向的，交互模式则以团体为导向，注重中介协调。其中，社会工作者的影响在治疗模式中是最大的，所面对的组员的能力可能相对较弱；而在交互模式中，社会工作者的影响是最小的，组员的参与性、自主性较强。在实际工作中，一个小组可以从治疗模式转向交互模式，再向以社会目标为取向的模式过渡，而小组成员的能力也在其中不断得到提升。所以，对三者的划分不是界限分明的，应根据小组的性质与需要来取舍。

整合模式是由托普金斯和盖洛在总结小组三大模式的基础上提出来的。由于小组工作理论未能解决个体、群体与社会之间的关系及适当均衡问题，小组工作的三大经典模式往往只侧重于三个因素中的一个，而忽略了其余两个因素的影响。因此，整合模式试图将三个因素联结成一个总的系统，而其中的每个因素自然构成一个子系统，每个子系统都依赖于一些变量因素的变化（范克斯、肖萍，2001：207）。

不过，无论是哪种模式，在小组工作中，社会工作者总是以小组作为协助个人人格成长变化与发展的主要手段。小组是一种力量，是解决小组成员所面对问题的一个十分有效的途径。因而，与个案工作相比，小组工作有其独到之处。首先，小组工作能运用小组的情境弥补个人社会化的不足，让成员在小组这个相对安全的环境中学习新的交往模式、技巧与观点，获取新的成长经验。其次，小组工作可以运用集体的力量来解决问题，因为小组经验本身可以提高小组成员与他人配合解决问题的能力，在此基础上，小组还可以运用团队的力量来解决共同的问题，以使服务取得更大的成效。最后，小组工作能更有效地利用资源，因为社会工作者往往是一两个人去面对一个群体，通过自身与小组成员共同的力量解决一群人的问题，比个案工作节省人力和时间。

二　小组工作的发展阶段

不同类型的小组采用的工作模式不同、制定的小组目标不同，因而各自的发展步调与路径也不一样。但是一般小组的发展有大致的脉络可依循，有一个从开始形成到彼此适应，到成熟、转折并结束的过程，这个过程便称为小组的生命周期。不同的学者对小组发展阶段的划分有所不同，较有代表性的是加兰德（James A. Garland）等人提出的前属期、权力和控制期、亲密期、分辨期、分离期五阶段模式，还有的学者提出三阶段、六阶段、七阶段模式。本书在加兰德等人提出的五阶段模式的基础上，增加了小组工作开始前的准备期，形成六阶段模式。

1. 第一阶段——准备期

准备期是小组工作正式开始前的阶段，这个阶段可分为私下期与公开期。私下期主要存在于小组组织发起人的心中。此时，社会工作者正考虑小组的工作目标与意向人群，并寻求机构的认可，同时复习、巩固相应的专业知识和技巧，思考与拟定小组的基本内容，如人选、时间、方案与技巧等。当这些私下的构思逐渐成熟后，社会工作者会把它公开，随即进入小组前的公开期。需公开的事务包括小组目标、小组规模、活动时间、活动期限、地点、注意事项等。这时社会工作者开始招募小组成员，接受潜在组员的咨询，对报名者进行个别会谈。

小组前的会谈是社会工作者与未来组员相互了解并建立初步关系的好机会。社会工作者在会谈中要完成多重任务：首先，了解与收集未来组员的信息，特别是个人能力、偏好等，以利于日后有针对性地开展工作；其次，澄清来访对象的疑惑，消除其顾虑，并与其沟通小组目标、契约、角色行为等,为小组活动的开展做好准备;最后,综合估量来访对象的情况,确定合适的组员。社会工作者在会谈中要友善、耐心地回答来访者的问题,并做好相关的记录与资料整理工作。

2. 第二阶段——前属期

前属期是组员相互熟悉、了解之前的阶段,这时小组工作刚刚开始,组员们大多互不认识,对小组的功能与社会工作者的能力都持观望、怀疑态度。这时组员之间、组员与社会工作者之间的交流是探索性的,不交心,组员对小组活动没有太多的参与。针对这种情况,社会工作者要帮助组员较快地相互认识熟悉,向组员进一步澄清小组目标,消除其焦虑不安的情绪。此外,社会工作者还可以与组员一起探讨小组规范,因为良好的规范是小组工作得以顺利开展的保证,有助于小组成员之间相互认同及小组凝聚力的形成。

在这个阶段,社会工作者要注意安排好小组成员的第一次见面,努力消除小组成员的紧张感。社会工作者要注意以下几点:第一,精心设计初次见面的场景,为组员创造良好的人文环境;第二,根据组员的特点与能力,设计一些有趣的破冰游戏,以营造轻松的小组氛围;第三,随时观察组员的反应,避免给小组成员造成压力,并允许组员之间有一定的疏远和距离;第四,如果组员较沉默,社会工作者可以进行适度的自我表露,如与主题相关的自我介绍等,为小组成员做一些示范,带动组员逐步参与并融入小组活动。

3. 第三阶段——权力和控制期

经过初期的接触,小组成员间有了初步的认识和了解,对小组活动参与的积极性有了较明显的提高。小组成员开始留意自己在小组中的地位,因而试探别人对其权力的认同程度,以认识和确立自己在小组中扮演的角色,并在小组中寻求安全感和回报。这时,有的小组成员会展现出自身的能力以增强其在小组中的影响,有的小组成员会挑战社会工作者的权力,如不守规则、扮小丑等,而小组成员间也会出现矛盾和冲突。对此,社会工作者可以把矛盾和冲突公开,让组员进行民主讨论,以使矛盾和冲突得以妥善解决。

这个阶段小组成员相互影响的力度加大,会形成小组成员在小组中不同的角色、地位、关系,并初步形成小组的组织结构。不过,如果个别组员不能从小组中获得安全感和满足感,那么他就会在这个阶段退出小组。

比如，有的组员在小组中处于相对弱势的地位，可能会以沉默、退避的方式对抗。这种负面情绪如处理不当，则会有意或无意间伤害他人或被他人伤害，从而难以在小组中获得安全感和满足感。面对这种情况，社会工作者应注意协调组员之间的利益，鼓励沉默的小组成员参与小组活动，帮助他们产生归属感。

在整个过程中，社会工作者要敏锐地把握各种矛盾和冲突的实质，但应避免成为问题的唯一解答者，避免成为小组的中心。相反，社会工作者要鼓励组员积极参与小组活动与小组讨论，引导讨论向健康的方向发展，并协助组员建立彼此的认同与相互依赖关系。如果这一阶段的矛盾和冲突处理得好，那么小组成员就会彼此接纳，逐步放弃早期自我中心的态度和行为以及对社会工作者的过分依赖，接受有实践意义的、灵活的小组规范，从而转向一种小组成员间彼此依赖、相互协作的关系。

4. 第四阶段——亲密期

这一阶段的特点是小组的凝聚力大大增强，组员们更加开放、亲密，关心小组与其他成员，接纳彼此的不同，对小组的投入增多，小组像一个家庭。这个阶段小组成员间的情绪交流较多，会出现竞争，也会发生从家庭成员到小组成员的移情。这容易导致组员迷失自我，对自身的真正需要缺乏深入探索与客观立场。此时，小组成员也开始意识到并承认小组经验在其成长过程中的重要性，开始思考小组的目标。

在此阶段，社会工作者要注意协助组员梳理情绪，通过小组情境减少组员过去成长中的负面情绪，帮助组员从移情中走出来，并运用小组情境给组员带来新的经验与成长。同时，社会工作者要协助组员理性地看待各自的需要，从而确定小组的具体目标，并发现实现目标的方法，促进小组的团结和目标的达成。

5. 第五阶段——分辨期（差异期）

这个阶段的小组是成熟的：家庭情感减弱，能够比较理性地看待问题，懂得处理不同意见；能够求同存异，接纳其他小组成员的个性、实力、态度和需要，互相尊重；对小组有较高的认同感，小组形成良好的发展趋势。这时小组成员间的权力竞争和情感波动大大减少，小组规范和标准成为行为的参考，大家能相互支持、自由沟通。在此阶段，小组组员间的合作更加紧密，看待问题更加客观，能够提出更符合现实的建议，并实施大型的方案、项目。

社会工作者在这一阶段的主要任务有两个。一是推进小组活动的开展。在分辨期，小组成员已经能为实现目标而共同努力，社会工作者要协助组员开展有针对性的具体活动，并对组员取得的成绩加以适时肯定。同时，社会工作者要适时地总结小组活动，以帮助组员清楚地意识到自己学到的东西和有进步的地方。二是社会工作者要提高组员承担社会角色的能力。因为小组是人为环境，组员们最终要面对的是各自成长的社会环境，社会工作者要注意提高小组成员承担社会角色所需要的人际交往能力、决策能力等，使小组经验被运用到组员的现实生活中，帮助小组成员扮演好各自的社会角色，为他们离开小组做准备。

6. 第六阶段——结束期

结束期也称分离期。一般情况下，小组实现既定目标后将走向终点，小组成员面临分离。在这个过程中，小组成员会出现分离焦虑，如情绪波动、逃避现实、反对解散等。社会工作者可以适时提醒组员做好分离的准备，与小组成员分享、回顾小组经验带来的成就，处理个别组员的负面情绪，鼓励小组成员把在小组中获得的经验运用到今后的生活中。社会工作者还可以设计一些有纪念意义的活动，让小组在温馨的氛围中结束，有需要的话，也可以容许或引导组员形成自助小组，以充分利用小组的现有资源，缓解组员的分离情绪。

在结束期，社会工作者还应做好评估与后续的服务工作。社会工作者可以让小组成员做评估问卷或接受访谈，以了解组员对小组活动的总体感受。小组结束后，社会工作者可以把每次小组活动的记录加以整理，并结合组员的评估，撰写总结报告，总结小组工作的经验教训，以利于今后工作的开展。此外，根据组员的需要与机构的情况，社会工作者也可以在小组结束一段时间后提供跟进服务。

成功的小组经验不仅可以满足组员追求的自我实现的需要，提升组员的社会适应能力，而且能够解决小组面临的问题。但有时小组可能会因为严重的分裂、小组成员太少、缺乏领导或社会工作者的离去等而被迫结束。这种负面的经历可能会对小组成员造成较大影响，因此，社会工作者要努力提高自身的专业知识与技能，事先做好充分的准备，当因某些情况必须离开时，妥善地处理交接与引导工作。

三 小组工作的基本原则与技巧

在运用小组工作方法开展实务活动的过程中,社会工作者可以根据小组成员的不同需要与目标选择不同的工作模式。在不同的工作模式中,社会工作者的地位、作用和工作方法也会有所不同。但是作为社会工作专业的一种方法,小组工作有需要遵守的一般原则。这种原则与个案工作的原则不同,比较注重组员间的交互影响,强调小组力量与环境资源的影响。这里我们采取崔克尔提出的13条用于指导小组工作实务的基本原则(李迎生,2018:224),其因较为全面而被社会工作者广泛采用。

1. 社会工作的价值原则

小组工作要遵守社会工作的专业价值。社会工作的专业价值的核心概念是强调人类的尊严和价值。所以,社会工作者要尊重每个组员的独立人格,承认个人拥有自由表达的权利,相信组员有参与跟自身相关事物的选择和决策的权利,并通过小组工作的实施,协助个人发展其潜能,进而实现自我价值。

2. 人类需要的原则

小组工作相信人类有参与社会生活与交往的需要,同时个体有在小组中发挥作用、取得地位、获得他人承认的需要。社会工作者正是根据人类需要的原则创设并指导小组活动,以满足小组成员的各种需要。

3. 文化背景的原则

人们的行为方式与需求的表达深受文化背景的影响,为了有效地开展小组工作,提供适切的服务,社会工作者需要不断地了解服务对象的文化背景方面的信息。在工作中,社会工作者要尊重服务对象独特的文化背景,如宗教、观点、价值、经验和偏见等。当然,社会工作者也可以设计小组方案,通过小组活动的开展,积极地促进服务对象所在社区文化背景的改变。

4. 小组组成的计划原则

小组的组成有两种:一种是社会工作者根据服务需求主动创设的小组,另一种是本身存在的小组。在前一种情况下,社会工作者要有目的地设计小组的组成;在后一种情况下,社会工作者往往是受机构委托带领已经组成的小组。社会工作者应极力协助小组组员与机构之间建立联系,使二者的需要都获得满足。

5. 目标明确化的原则

每个小组成员都有其个别的目标，但这些目标往往与小组目标存在一定的差异。社会工作者要采用民主的方式，激发组员逐步认识与制定小组的共同目标，并使之明确化，以获得小组成员的共同认可。如此，小组工作才能真正有成效。

6. 专业关系建立的原则

这里的专业关系是指社会工作者与组员建立的有目的的助人关系。小组专业关系的品质与强度，关系到小组潜能完全实现的程度及水平。良好的专业关系具有建设意义，它使社会工作者与组员之间相互认同，共同推动小组的发展，从而有利于小组功能的最终实现。

7. 运用小组的个别化原则

社会工作者要认可每个人的独特个性及相伴而来的行为的多样性，也要看到每个小组有不同的目标、组成因素与环境安排，其发展速度与互动的内涵有所不同。所以社会工作者应随时了解小组处在哪个发展阶段、每个小组成员有什么不同特性与需求等，运用个别化原则，协助小组与组员满足其特殊的需要。

8. 引导小组互动的原则

促使小组及组员发生变化的主要动力来自组员相互之间的反应与互动。社会工作者要鼓励小组成员根据自身能力参与小组活动，促使小组成员之间实现有益的交流与沟通，使他们彼此间的互动更有成效，具体的方法有激励、刺激、示范、提供资讯、质疑与开放式的讨论等。社会工作者可以灵活运用，以提高小组互动的质量与频率，从而更好地达成小组的目标。

9. 小组民主自决的原则

在小组工作中，小组有最大的权力来决定小组活动。社会工作者是指导者而不是独裁者，他不能否决小组通过程序做出的决定，而应尊重小组的决定。社会工作者可以采用说服、劝说、澄清、讨论等方式引导组员展开民主讨论，协助小组形成和发展一种自决的责任意识，从而发挥小组的潜能，使小组成熟起来，以有效地实施活动。

10. 功能组织的弹性原则

每个小组都能产生正式与非正式的组织以维系小组的生存与发展，进而发挥其满足组员需求的功能。这种功能组织的弹性原则是指小组作为一个正式组织能够适用而且能够随着小组的变迁适时调整。其中，社会工作者要注意小组的自我管理，使小组能满足组员的需要。

11. 小组活动经验成长的原则

社会工作者要注意为小组成员提供各种机会，根据小组组员的兴趣、需求、经验、能力以及小组的成长设计由易到难的活动。这样小组初期设计的简单易行的活动才能较好地给组员提供成就感，从而激发组员的兴趣与参与意识。其后，复杂而较有深度的主题则有助于激发组员的潜能。在此过程中，小组要注意对个人和小组的进步不断进行评估，从而对小组活动的内容加以调整。

12. 运用社会资源的原则

在小组工作过程中，社会工作者承担着协调小组与机构、社区之间关系的角色。社会工作者应运用自身对机构的认识和了解，以及社区丰富的资源，协助小组充分利用社会资源，以更有效地实现小组目标。

13. 评估的原则

社会工作者对小组过程、小组方案与活动结果进行持续的评估非常重要，有助于总结小组工作中的经验，适时地修正小组目标，确立小组发展的阶段，看到小组活动的成效，增进社会工作者的自我了解，建构小组发展的一般模式，印证小组工作原则与方法的可行性等。这种评估需要社会工作者、小组成员与机构共同完成。

为了有效地提供服务，社会工作者在开展小组工作中除了要遵循上述工作原则外，还要掌握一定的技巧，以引导小组顺利地向前发展，实现预先设定的目标。这些技巧大致可以分为四类，即一般性技巧、促进沟通的技巧、讨论的技巧和程序设计的技巧。

一般性技巧贯穿于整个小组工作的过程，是社会工作者必须掌握的基本技巧。它主要包括建立关系的技巧、诊断的技巧、系统观察的技巧、组织和介入小组的技巧、领导小组的技巧、沟通的技巧、参与小组活动的技巧、专业判断的技巧、运用社会资源的技巧、过程记录的技巧、评估小组过程的技巧等。

促进沟通的技巧之所以要单列出来，是因为互动是小组及组员改变的动力，而沟通则是小组中互动的基础，只有通过沟通，组员才能互相了解，建立信任，从而一起合作达成目标。社会工作者在此要注意信息传递的外部环境与语言的选择，要给组员提供合作性的目标，并始终关注小组中的互动模式，适时加以调整。如减少小组中的"替罪羊"，妥善地处理次团体问题，对问题沉默的组员要加以鼓励，对说得太多的组员要加以拦阻，以给他人更多的表达机会等。

小组目标与活动的方案及小组中的问题都有待小组成员共同讨论，小组讨论能鼓励小组成员参与小组事务，激发小组成员对小组活动的兴趣，进而运用小组的力量来满足小组成员的需求。为了保证小组讨论的顺利开展，社会工作者在讨论前要做好充分的准备，如选择合适的主题、注意措辞、选择合适的讨论形式、安排好活动的环境、挑选合适的参与者、准备好讨论草案等。在讨论中，社会工作者需掌握了解的技巧、中立的技巧、提问的技巧、摘述的技巧、导引的技巧、激励的技巧、沉默的技巧、限制的技巧等。

程序设计也是一种重要的技巧。良好的设计符合参与者的需要，能较好地运用资源，使工作的执行更有系统、更有层次，有利于提高工作效率。社会工作者设计程序时应注意考虑小组目标、小组发展阶段、小组规模、时间、工具准备、环境安排、过程导向、弹性原则、角色定位、活动评估等方面的问题。社会工作者可依循以下步骤去操作：①认定社区需要；②了解对象；③订立目标；④自我能力评估；⑤工作大纲；⑥程序编辑；⑦财务及赞助；⑧宣传；⑨实践；⑩检讨；⑪工作延续。

上述技巧源于长期的小组工作实践，是通过对小组工作基本理论的不断积累和丰富而逐步形成的，对小组工作的有效实施具有积极的、重要的作用。但是这些技巧不是教条，社会工作者要注意在实务工作中灵活地加以运用。

第三节　社区工作方法

社区工作是与个案工作、小组工作并列的三大社会工作方法之一，也是一种推动社会变迁的重要途径。与个案工作和小组工作不同，社区工作不直接解决个人与家庭的社会问题，而是以整个社区为工作对象，通过社区组织与社区发展来解决社会问题。与前两种工作方法相比，社区工作更宏观、涉及面更广、更侧重于社会环境与制度的变迁。

一 社区工作的含义与历史发展

社区工作被认为是一种社会工作专业方法要比个案工作和团体工作晚得多。早在19世纪后期,欧美慈善组织会社便以社区为单位,注意协调社区内不同机构的服务并加以评估。同时期的社区睦邻运动也组织和教育社区居民争取环境的改善,并为社区内的贫民提供服务。后来,这种社区组织的工作方法被加以总结,运用到一战时期的公益金协会中。如1918年成立的全美社区组织协会把属于地方社区社会服务计划与基金筹募中的各个团体与组织联结起来,对社区进行评估,以确定如何使用所提供的资金。

这一时期的社区工作通常被称为社区组织工作,社区内的主要工作由社区服务组织承担,但他们的社会救助与社会服务工作还不被视为社会工作。1929年,受世界性的经济危机影响,美国政府开始承担起公共福利的主要责任,介入社区组织,并采用社区组织的服务方式实施公共福利服务,在一定程度上促进了社区组织理论与实践的发展。1939年,罗伯特·兰尼在美国社会工作会议上提交了一份报告,使社区组织的理论和哲学为大家所了解并接受。从此,社区组织工作与个案工作和小组工作一起被列为社会工作的三大方法。

但是,在20世纪初期和中期,个案工作始终在社会工作中占主流地位,社区组织工作只是社会工作中一种协调机构、发展服务和管理的间接服务方法,以支持占主流地位的个案工作。直到20世纪60年代,社区工作在欧美的黄金时期才真正出现。20世纪60年代的社会工作者和其他帮助社区解决问题的工作人员开始明确地自视为"专业人员"。他们自视为"社会工程师",试图以专业知识和社会计划理论解决社会问题,并以果断的策略影响政府的各项社会政策。1962年,美国社会工作教育委员会正式认可社区工作为社会工作专业的第三种基本方法。

社区组织工作产生于城市,主要任务是为西方发达国家解决由工业化导致的一系列社会问题。二战后,一些前殖民地、半殖民地国家获得了独立,但同时面临着贫穷、失业、疾病、教育落后、人口压力、经济发展缓慢等一系列问题。联合国于是倡导在发展中国家经济落后地区建立社区福利中心,以推动这些地区的经济和社会发展。1955年,联合国社会局出版了《通过社区发展促进社会进步》一书,并将其作为社会发展的一致准则。1957年开始在发达国家推行社区发展计划。

我们现在使用的"社区工作"概念与"社区组织"和"社区发展"概念有很深的渊源,在美国至今还沿用"社区组织"概念指称这种以社区为对象的社会工作介入方法。如美国学者布雷格·斯佩奇和托齐纳便界定"社区组织是个人、小组及机构通过有计划的行动去影响社会问题的一种干预方法。它关注的是社会制度的完善、发展或变动。它包括两个相关的过程:策划(找出问题、诊断成因及制定解决办法)及组织(策动群众和设计行动策略)"(参见 Brager et al., 1987:77)。他们强调社区组织是一种从社区层面对社会问题进行干预的方法。

联合国社会局在1955年出版的《通过社区发展促进社会进步》一书中,对社区发展做了如下定义:社区发展可以说是一种经由全区人民积极参与并充分发挥创造力,以促进社区的经济、社会进步的过程。在1960年出版的《社区发展与经济发展》一书中,联合国又指出"社区发展为一种过程,即由人民以自己的努力与政府的配合,协力去改善社区的经济、社会、文化等环境。在此过程中,包括两个基本要素:一是由人民自己参加、自己创造,以努力改进其生活水准。二是由政府以技术协助或其他服务,帮助其更有效的自觉、自发与自治"。(转引自王思斌,1999:115~116)

近二十年来,人们逐渐使用"社区工作"概念,它包括社区组织和社区发展。社区工作被接受为一种专业工作方法,同时人们对其介入层面做了扩展。徐永祥(2004:20)从广义和狭义两个层面界定社区工作。广义的社区工作是指在社区内开展的以提高社区福利、促进社区和社会协调发展的社会服务或管理。狭义的社区工作则是社区社会工作的简称,特指专业社会工作机构及社会工作者关于社区工作的理论、方法、技能及其应用过程。

作为社会工作专业的一种基本方法,社区工作以社区和社区居民为服务对象,在由专业人士发动和组织社区居民参与社区问题的解决过程中,培养社区领袖,提升居民的民主参与意识、互助精神和解决问题的能力,发掘和利用社区内外资源,共同解决社区问题,推动社区乃至整个社会的发展。

在发展过程中,社区工作不仅存在概念的演绎,还发展出不同的工作模式,每种模式在认识问题的角度和解决问题的方法上都存在很大差异。罗斯曼在总结美国社区社会工作经验的基础上于1979年提出了社区组织的三种操作模式，包括地区发展模式、社会计划模式和社会行动模式。

地区发展模式的重点是提高居民的民主参与意识与挖掘、培养本地人才，认为社区问题的解决主要依赖于社区内部资源的挖掘与利用。社会工作者在其中扮演促成者、协调者、教导者的角色，鼓励并发动居民思考问题的根源，寻找解决问题的方法，以提升居民的参与意识、合作精神与解决问题的能力。这种模式适用于比较简单的社区：居民背景划一、关系良好、冲突不明显，社区政治情况比较稳定，居民信任政府，社区变迁比较缓慢。

社会计划模式适用于问题比较复杂的社区，只有专业人员运用专业技术知识才能制订合理的社会变迁计划，为社区居民提供合适的服务。社会工作者在其中扮演方案的制定者与实施者的角色，需要依靠专家的意见，通过专家的调研、论证、计划，然后落实、执行，以解决社区内的问题。社区居民在这种模式中是被动参与的，他们被看成是"服务的消费者"。所以，这是一种自上而下的方法。

社会行动模式在西方比较常用。该模式针对社会不公平、不平等的现象，认为社区问题的解决主要在于积极争取社区外部资源。社会行动模式的主要方法有讨论、公开辩论、通过大众传播媒介呼吁来引起社会各界和政府的关注与同情。社会工作者发动社区居民，以自下而上的方式，求得问题的解决。该模式适用于那些社会矛盾比较多、政府部门官僚化、居民利益缺乏保障的社区。这种模式在中国较少使用。

除社区组织的三大模式外，创新改革模式、改变习俗模式、行为改变模式以及过程取向模式也逐步得到重视。特别是"社区营造"作为整合的社区社会工作模式在中国社区工作中形成了新的工作思路和内涵。

虽然不同的模式有不同的特点，但社区工作是社会工作的专业方法之一，所以不同的模式还是有共同的特点。这些特点使社区工作与个案工作和小组工作不同。甘炳光等曾总结了社区工作的7个特点：①以社区为对象；②制度导向的角度分析问题；③介入层面较广；④强调居民的集体参与；⑤社区发展与人的发展并重；⑥运用社区资源；⑦社区工作具有政治性。因此，与个案工作和小组工作相比，社区工作有独特的优势。首先，社区工作强调社区成员的合作，设法充分调动社区内部资源，以最大限度地帮助服务对象，这是社区工作难以替代的优势。其次，社区工作鼓励社区成员关心社区问题，积极参与社区活动，增强社区的凝聚力，共同争取更多的外部资源，以影响政府决策。最后，如果服务对象遇到的是具有普遍意义的社会问题，那么社区工作可以从外部社会环境入手，更有利于解决服务对象的问题。

在社区工作中运用社会组织和社区发展的方法解决社区问题，需要个案工作和小组工作的支持，针对群体中的个人问题、社区中典型的或突出的问题，采取个别化的方案加以解决。同样，利用小组群体的力量来解决个人问题，可以建立不同目标的小组，使社区工作的目标具体化，也可以利用不同的方法解决社区发展过程中的各种问题（钱宁，2002：66）。

二 社区工作的过程

社区工作和个案工作、小组工作一样，也有一个从开始、发展到结束的过程，但由于看待问题的角度不同，学者们的意见也不一致，有的将其工作过程分为四阶段，有的分为五阶段，还有的分为六阶段。一般而言，五阶段的观点最为普遍，即建立专业关系、收集与分析资料、制订社区发展计划、采取社区行动及评估成效。当然，在实务环节中，这些步骤的先后划分未必是明晰的，可能会有重叠，也可能因理论模式的不同或工作需要而调整先后顺序与侧重点。所以，这五个步骤只是一个大致的参照，社会工作者要在工作中灵活地加以运用。

1. 建立专业关系

建立专业关系是社区工作的第一步，意味着社会工作者要融入社区，与社区居民、社区机构与社团，以及社区中各机构、各社团的领导人与各界代表人士和知名人士进行有效沟通，增进彼此的了解，从而对社区中的问题与服务需求达成共识，并建立彼此协作、相互信任的良好工作关系。具体工作如下：①提供满足服务对象需求的服务渠道；②了解与评判社区居民遇到的问题及自助意愿；③决定如何提供进一步的服务计划；④让社区居民了解社区工作机构与社会工作者的能力和职责；⑤明确服务的范围，认定服务对象资格；⑥建立合作关系；⑦协商服务契约的建立；⑧确定社区居民、社区组织与社区领导人才的角色；⑨在接触的初期就要对服务对象提供适当的帮助，以获得其信任（徐震、林万亿，1999：268）。

通常，初步关系的建立多从拜访社区的重要人物与社区机构入手。因为这些重要的人物与社区机构对社区的影响较大，能较全面地提供社区信息，使社会工作者很快掌握社区线索。同时，这些重要人物与社区机构是社区中的重要资源,获取他(它)们的支持对今后工作的开展至关重要。所以,拜访社区的重要人物与社区机构往往是建立专业关系最关键的一步,尤其是在中国的社会文化中,社区领导的力量与影响力较大。此外,社会工作者还可以开展一些有利于社区居民的活动,通过这些活动让社区居民了解社会工作者,并借此宣传机构的宗旨与服务目标,增加社会工作者与社区居民的互动。这就需要社会工作者先对社区有一个大致的了解,以确认什么样的人才是社区的重要人物以及他们到底是谁,什么样的活动会切实可行又有利于居民,能受到居民的欢迎。

良好专业关系的建立对社区工作的顺利开展起着重要的保证作用。在这个阶段,社会工作者最重要的工作是让社区居民知道"我是谁"、我来这里干什么,从而获得社区居民的信任,以尽可能全面地掌握社区的真实情况,了解社区居民的真实想法。同时,社会工作者可以通过初步的交流、沟通,在社区中寻求未来工作的支持者。

2. 收集和分析资料

收集资料的工作其实在建立专业关系的阶段已经进行,但那时只是对服务对象的情况进行初步了解,要切实探索社区及居民的具体需求,还需要进一步运用科学的方法多方面收集专门的资料并加以分析,从而真正深入地了解社区。比如,如果要在开始阶段了解社区存在的贫困问题,就要进一步了解低于贫困线的人口数量,他们的职业结构、年龄结构和性别结构,以及贫困的原因等。

具体来说,收集资料的内容包括社区的基本资料、社区内的资源、社区内的问题、社区评估。社区的基本资料包括社区的外部环境、地理位置、人口数量、年龄结构和性别构成,居民的文化程度与职业构成,居民的生活水平、生活方式和人际关系等。社区内的资源包括社区内的各项设施(如教育、医疗卫生、休闲娱乐、社会福利等)及利用情况,社区内有能力的个人和机构。社区内的问题包括社区居民自身遇到的困难,居民和社区机构认为社区存在的问题。社区评估主要是指对社区需求与资源的分析与判断。收集资料时社会工作者可采取社会调查常用的方法,如文献法、问卷法、访谈法、观察法和咨询法等。

对于收集的资料,社会工作者应该及时分类整理,并运用专业的知识对资料进行初步分析,以了解社区真实的情况与需求。在制订计划前,全面且细致地收集和分析社区资料是十分必要的,可避免社会工作者进入误区，因受先入为主的想法、过去的经验与个人的工作习惯、发表意见的少数人及偶发事件影响，而失去正确的工作方向。

3. 制订社区发展计划

制订社区发展计划是社区工作中的关键一环。作为一种社会干预的方法，计划是一个通过理性思考的过程，要通过系统的分析来探索解决社区问题和引导社区变迁的目标与方案。社区发展计划一般可分为两类：一类是整体规划，即针对社区工作的现在与将来进行统一规划，这种规划涉及社区组织与发展的全局，按时间的长短可将这种规划分为近期规划与长远规划；另一类是具体规划，即针对社区中亟待解决的问题制定工作方案，它只涉及一时之事，是整体规划的一部分。社会工作者应先制定好社区的整体规划，为今后工作提供总的方向，然后在此基础上制定具体规划，以指导工作的实施。

社会工作者在制订社区发展计划时，应注意以下几个原则：第一，计划必须符合全体居民的愿望与需要，诚邀各方代表共同参与制订；第二，计划的产生过程应是集思广益的民主决策，而非社会工作者单方面的决定；第三，计划应有明确的目标，如此才能为行动方案提供有效指导；第四，计划要具有适用性、可行性与可接受性等特征，要联系社区的实际情况，根据居民的相应能力来制订；第五，计划必须要有整体性，即与社区的整体规划是衔接的、配合的、一脉相承的；第六，计划及与计划相关的文件、会议记录及评估报告等资料，必须妥善保存，以备总结、评估之用。

4. 采取社区行动

简单地说，社区行动就是实施社区发展计划的过程。在这个过程中，社会工作者要注意激发社区居民的改变意愿和参与意识，并把他们组织起来，协调各方的利益与行动步骤，以保障原定计划的有效实施。其具体方法如下。

（1）召开会议

召开会议是社区工作最常用的方法。这种会议一般由社会工作者组织，鼓励社区居民、社区机构及社团一起参与、沟通，以就社区问题达成共识，并获取各方面参与合作的承诺。为了会议的顺利进行，社会工作者要事先做好充分的准备工作，如落实好会议主题、参与人员、时间、地点、会议议程、资金、通知、礼仪及会议记录等工作，对可能出现的问题做好预测与相应的准备。一个优秀的社会工作者还要注意做到"会而议，议而决，决而行，行而果"。

(2) 教育与宣传

教育主要是指群众教育，使社区居民了解社区工作及其作用，了解他们应该参加社区工作的原因等，以鼓励居民积极参与。宣传的目的除了让社区居民了解有关事宜外，还希望引起人们的关注，以扩大服务效果。教育与宣传的方式除借鉴大众传播媒介外，还可采用海报、黑板报、宣传栏、公告、通知、会议记录、家访等形式。适当的教育与宣传有助于争取外界的理解、同情与支持，也能进一步调动社区居民的积极性，使其积极参与社区工作。所以，要使特定的行动方案顺利实施，社会工作者有必要对社区居民进行相关的教育与宣传。

(3) 人事

人事也是采取社区行动中的重要一环。它主要包括两方面内容：一是社会工作者与社区居民及社区内各机构、社团建立起融洽关系，共同组建开展社区工作的组织，如理事会、委员会、工作小组等；二是社会工作者发展与培养当地的领导人才，以带领社区行动。

(4) 财务

财务往往是社区行动的瓶颈，所以社会工作者要注意多方筹措资金，编制预算，支付各种费用，管好财务工作。

(5) 协调

协调是指使社区内人与人之间、机构社团之间与各方之间协同合作，以减少冲突，避免不必要的重复和浪费。社会工作者在这方面扮演着"牵线搭桥"的角色，交换信息、沟通意见、协助明确分工与相互支持，以争取在资源投入最小的情况下，获取最大的工作成效。

5. 成效评估

评估是检验社区工作成效的一种重要方法。它不仅可用于社区工作结束后，也可用于社区发展计划实施的中间阶段。评估主要用于考察社区发展计划的实施和预期工作目标的实现情况。此外，评估还可以考察居民的能力是否有所提高，及社会工作者本身的工作过程完成得如何等。评估对社区工作的发展有重要意义：①评估可以总结已有的成绩，并加以肯定，从而获取社区居民更大程度的信任和支持，同时使社会工作者有成就感；②评估是一个动态的过程，有助于我们对社区发生的变化有更确切的了解；③评估可以客观地检测工作成效与不足，以随时修正方案，使未来的工作方案更合理。

评估可由社会工作者来做，也可由社区各界代表来做或向专家咨询，但评估的过程应该是社会工作者、社区居民、社区相关机构共同参与的过程。我们一般把做了什么、目标的实现程度、成本与效益的比例作为评估的具体标准。在方法的选用上，我们可用定量评估，也可用定性评估。前者注重客观数据，后者注重服务的品质。

三　社区工作的基本原则与技巧

社区工作的基本原则是指社会工作者在进入社区开展工作时所应遵循的规则，这些规则经由社区工作的价值、理论与方法在长期实践过程中整合而成。学者们因采取的角度、观点不同而提出了不同的工作原则。其中，我国台湾学者徐震的观点较被广泛接受，联合国在《通过社区发展促进社会进步》一书提出的十项原则影响较大。下面我们主要介绍这两种情况，供社会工作者借鉴。

徐震提出的社区工作的基本原则有八项（参见王思斌，1999：121），归纳如下。一是组织原则。社区工作本身就是一个组织的过程，即通过组织使社区居民产生一致的行动，以解决社区共同的问题，满足共同需要。二是教育原则。社区工作也是一个教育的过程，通过教育使居民改变价值与态度，克服有碍社会进步的风俗习惯。三是全面利益原则。社区工作要以社区全体居民的需要与利益为依归，坚持社会公平与正义，以实现社会与经济的协调发展和人的全面发展。四是协调发展原则。社区工作认为物质文明与精神文明、经济发展与社会发展同等需要，不可偏废，要注意协调发展。五是自助原则。社区工作强调充分发挥社区居民的潜能，充分利用社区内部资源，强调社区成员的自觉参与，社区可以接受但决不能依赖外来的经济与技术援助。六是工作生根原则。社区工作是社区居民的民主自治过程，所以要积极地发掘和培养当地的领导人才，充分发挥居民自动、自发、自助、自治的精神与能力，使社区工作能"向下扎根，向上结果"，确保工作的持续与成果的巩固。七是整体性原则。社区工作是地方性的发展计划，但必须与国家整体性发展计划、国家的区域性计划相配合，使每个社区的发展汇集成为国家的整体发展。八是预防性原则。从狭隘的补救型向预防型拓展使社区工作有了更好的深度与广度。在制订计划时，社会工作者要有前瞻性，以更有效地满足社区需求。

联合国提出的工作原则因为是从发展中国家的社区工作中总结出来的，更适用于我国的国情。其主要内容为：①依照社区居民的根本愿望及需要，来拟订开始的工作计划；②建立多目标的计划及各方面的配合行动，以求全面、均衡地开展社区发展工作；③在推行社区发展的初期，社区居民自信心的加强及自动自发精神的培养，与物质建设同样重要；④社区各种计划的拟订、执行，均应由社区居民共同参加；⑤注重地方领导人才的选拔和训练；⑥发动并组织妇女青年参加各种社区发展工作；⑦对于社区所提出的"自助"计划，政府应当给予重点及全面的积极协助；⑧全国性社区发展计划的建立，应有完整的政策及完善的行政组织，并应同时注重社会工作者的选拔和训练，地方与国家资源的利用及研究、实验、考核等工作；⑨在社区发展计划中，应充分利用地方性、全国性及国际性的民间组织，因为这些力量，对于社区发展工作的推行，是不可缺少的资源；⑩对地区性与全国性的社区发展计划，应给予密切的配合，协调发展（王思斌，1999：121）。

社会工作者在实务工作中除了注意贯彻这些工作原则外，还要掌握一些基本的实务工作技巧，才能提供有效的服务。我们大致将这些技巧分为五类：一是社区分析技巧，二是建立与维系关系的技巧，三是动员与组织技巧，四是活动程序设计技巧，五是行政管理技巧。下面将具体介绍这些技巧的内涵与特点。

社区分析技巧是社区工作中较早使用的技巧，在进入社区前，社会工作者就已经开始进行社区分析的工作。这些技巧分为八类：①了解社区结构、过程、资源、问题、需要；②分析社会政策及社会问题；③社区观察；④街头访问；⑤文献分析；⑥家庭访问；⑦访问社区领袖；⑧社区调查。前面两种技巧有助于对社区需求与社区资源的整体把握，是一种综合分析能力。后面六种技巧实际上也是社会工作者介入社区、获取资料的方法，同时提供了了解社区、分析社区的视角。想要有效地对社区加以分析，社会工作者应提升自己的综合能力，熟练运用这八类技巧。

建立与维系关系的技巧贯穿社区工作的始终。社会工作者首先要掌握与社区居民初步接触的一般沟通技巧，其次要善于对社区居民展开街头谈话、家访、电话访谈，再次要具备社区关系联络及建立自身形象的技巧，最后要具备处理与政府部门、社会团体、政治团体关系的技巧。

召开社区会议与开展社区活动时常常要运用动员与组织技巧。首先，在居民层面，社会工作者要具备动员、组织社区居民的技巧，进而可使用发掘和培训社区领袖的技巧。其次，在组织居民的过程中，往往会形成居民组织，社会工作者要掌握建立与运作居民组织的技巧，并善于主持会议、组织行政事务。最后，在通过居民组织开展对外的社会行动时，社会工作者要掌握召开记者招待会、群众大会，进行游说、请愿、谈判的相关技巧。

活动程序设计技巧是操作性较强的技巧，在开展小组工作时也会使用，但由于工作对象不同，社区工作中的活动程序设计技巧有其独到之处。这体现在社区活动的程序设计比较突出宏观的策划活动、制定目标、宣传策略的技巧，及行政层面的调动社区内外资源和评估指标的技巧。而小组工作的技巧则针对小群体，涉及面窄，实务性更强。

最后是行政管理技巧。因为社区工作是比较宏观层面的实务工作，所以，行政管理技巧的运用较个案工作与小组工作更多。行政管理技巧主要有处理文件资料的技巧、处理财务的技巧及进行计划与评估工作的技巧。

第四节 社会工作行政

社会工作行政简称社会行政，由于其内容主要涉及社会福利，又称社会福利行政。它既是现代福利国家公共行政的组成部分，也是现代社会工作的专业方法之一。与个案工作、小组工作、社区工作等直接的社会工作方法不同，社会工作行政是一种间接的社会工作方法，它通过行政程序来实现社会服务的目标，而非直接向服务对象提供服务。在现代社会，由于国家与政府在社会福利实施中发挥的作用越来越大，社会工作行政在社会工作中的地位也越来越重要。

一 社会工作行政的含义与发展

其实，在早期社会工作机构的实践中，人们便已认识到社会工作行政与机构管理的重要性，并形成了主管人员、督导、一线社会工作者与志愿者的责任分工。但是，直到1914年，社会工作行政才被纳入社会工作学院的课程。之后，受一战、经济大萧条与二战的影响，人们对社会工作行政的兴趣逐渐增加。同时，美国的行政协调委员会开始运行。随着《调查》

杂志的创立、基督教青年会及美国家庭福利协会等机构的领导人为规范其行政而开展的各项工作，人们对社会工作行政的兴趣更加浓厚。最终，美国社会工作学院课程委员会于1944年把社会工作行政作为训练学生的八门基本课程之一，社会工作行政在专业体系中的地位开始得以确立。

不过，社会工作行政直至20世纪50年代才成为社会工作的一部分。其间，社会福利制度的建立与发展对社会工作行政方法的产生起到了至关重要的作用。二战后，欧美等发达国家大都依据凯恩斯及贝弗里奇的理念制定社会福利制度，确立了福利国家的形貌。20世纪50年代以后，西方以美国、英国为代表的福利国家更是进入了一个社会福利的扩张期。社会福利的范畴扩大至各种福利服务、社区发展、就业计划、消费者保护和环境保护等。这给社会工作提供了良好的发展机遇，社会工作向规范化、制度化方向发展，同时服务领域也得以拓展，成为一种由政府或私人社团举办的广泛性的社会服务工作。这时，社会工作与行政和立法的关系越来越密切，引起国际社会工作界的重视。

1958年，伯恩斯在国际社会工作会议上所做的"社会工作是我们的承诺"讲演中指出，有三个障碍使社会工作难以实现有关社会福利的承诺：一是社会工作的技巧与知识（指直接社会工作的方法）很少能够影响福利服务的结构；二是社会工作缺乏公共政策的影响力与政治权力；三是社会工作没有提出明确的社会福利的观念。伯恩斯的讲演使人们认识到社会工作的目标若仅仅停留在对个别服务对象的救治上，而忽视通过立法、设置特定组织与机构、争取政府预算等方式从社会政策层面去解决问题，那么其效果与影响是微弱的。

美国随后的发展证明了这一点。1960年以后，由于高度工业化、都市化及科技的飞速发展，美国的宗教信仰与传统家庭观念遭受冲击，导致家庭社会结构发生改变，出现许多严重的社会问题，如青少年的堕落、吸毒、失业、酗酒、离婚、自杀、同性恋等。传统的以直接服务为主的社会工作已无法应对日益严重的社会问题，于是以间接服务为主的社会工作行政得以发展，成为具有整体性、综合性的社会工作。同时，人们也开始注重预防工作，强调整个国家的社会规范、社会政策与立法及社会保障制度的作用。

20世纪80年代，英国保守党撒切尔政府实行社会福利政策的改革，大幅削减社会福利开支。欧美其他国家也纷纷进行相应的改革。在经费紧缩的情况下，把行政学与管理学的原理运用于社会服务机构的管理，以提高社会服务机构的效率与服务品质，维护整个社会工作行政体系的正常高效运行显得至关重要，对社会工作行政的强调因而也被置于重要的位置。

1982年，美国社会工作学院课程委员会在社会福利行政课程的声明中确认，社会工作行政是社会工作专业的重点之一。它在课程声明中写道，实务角色与介入模式包括同个人、家庭及小组的工作，辅导，训练，社区组织，社会计划，方案计划与发展，行政，政策的制定执行和分析，研究。目前，社会工作行政已被广泛接纳为社会工作专业的重要方法之一，并成为一些学院的重点研究方向。近年来，西方各国政府的社会工作行政管理职能不断得以强化，社会工作管理更加法制化和规范化，手段也日益科技化和信息化。社会工作行政在社会工作中的地位得到普遍认可，对现今社会与政府的影响也越来越大。

从社会工作行政的发展来看，它既受社会工作专业发展的影响，又受政府公共行政的制约。

李迎生（2018：270～271）提出社会工作行政的构成要素是社会政策、社会福利、服务机构、行政人员和服务人员。

综上所述，社会工作行政是推行社会工作的专业方法之一，也是专为解决和预防各种社会问题而产生的一种新的公共行政。与所执行的社会政策的层次相关，社会工作行政可以分为宏观社会工作行政和微观社会工作行政两个层次。执行宏观社会政策的活动是宏观社会工作行政，而执行具体社会政策的活动则是微观社会工作行政。

具体而言，宏观社会工作行政在较大范围内推行社会政策，常常与政府行为有关，表现为政府的职能行为，是政府官员在一定范围内推行社会政策，指导、帮助、监督、检查、评估政策落实情况的活动。例如，全国妇联和省、市妇联监督和检查妇女权益保护情况等。微观社会工作行政是将社会政策转化为具体社会服务的行政活动，常常表现为社会福利机构的管理活动。

当然，在许多情况下，宏观社会工作行政和微观社会工作行政的区分具有某种程度的相对性。实际推动社会福利的部门有高层、中层、基层行政管理之分，中层相对于高层行政管理来说是微观的，但相对于基层行政管理来说又是宏观的。这样，从政府部门到具体实施福利服务的机构和单位，就构成了一个社会福利行政的层次序列。但是，宏观社会工作行政和微观社会工作行政之间又有紧密的联系。一般来说，宏观社会工作行政对微观社会工作行政有直接影响，而微观社会工作行政也会反作用于宏观社会工作行政。因为政策是逐步落实的，任何下一级的行政行为都会对整个政策的执行产生影响。

社会工作行政在增进社会福利方面发挥着重要功能，主要表现为以下三个方面。

1. 把社会政策转化为社会服务行动

社会政策是国家机关根据社会进步的要求，为解决社会问题、增进人民福利而制定的一系列原则和措施。社会工作行政在将社会政策转变为具体的福利活动的过程中，发挥着重要的规划和实施功能，其中包括解释社会政策、策划社会政策落实的具体方案、推动方案的实施、提供优质服务。例如，对受助者的咨询、辅导及人力和财力的支持，确定政策落实的评估标准，并对服务的效果进行持续的评估等。

2. 合理利用和配置资源，提高社会服务的功效

社会工作行政虽然不是直接的社会服务，但对这些社会服务发挥着统筹、组织、协调和监督等功能，如配置各种社会资源、构建良好的社会环境、督促社会服务的进程等。因此，社会工作行政的优劣直接影响着社会服务的开展效果。

3. 总结经验，制定和修改社会政策

政策制定者对实际情况的了解不够，或实际情况发生变化，或政府本身在执行过程中难以贯彻落实社会政策，使社会政策和实际情况产生偏离。而社会工作行政人员在执行社会政策、开展社会服务的过程中，对实际情况有深入了解，也能认识社会政策在执行过程中面临的各种问题。所以，他们可以通过总结经验、向上层决策者提供意见，来修订和完善社会政策，使之更具有现实合理性。

在我国，社会工作是新兴专业，专业人才普遍缺乏，社会福利的立法不够完善，社会福利机构严重不足。所以，我国社会工作专业教育培养的目标更应侧重于宏观方面，而不是治疗性的个人辅导方面。宏观社会工作包括政策分析与策划，政策与计划的制定（订），社会问题的研究、服务及机构的管理，基层人员的督导工作等，这些大多属于社会工作行政的范畴。所以，我国社会工作的实务工作更要注意社会工作行政方法的学习与运用。

二 社会工作行政的基本程序

社会工作行政的实施就是把行政学和管理学的原理和方法运用于社会工作机构和社会服务组织，以使组织与机构提高效率。社会工作行政在实施的过程中，有一定的程序可以依循。这些程序与公共行政的实施程序基本一致。对于这些程序，学者们给出了不同的界定。法约尔认为，行政是一种管理活动，包括计划、组织、指挥、协调和控制五个方面。而古立克（Luther H. Gulick）则提出著名的"七环节"理论，认为行政管理主要包括计划、组织、人事、指挥、协调、报告、预算七个环节。古立克为此还创造了一个新的英文单词POSDCORB，这在当时颇有影响（参见王思斌，2006：32）。我国台湾学者李增禄的观点则更为细致。他把社会工作行政的实施程序分为9个方面，即计划、组织、人员布置、领导、沟通与协调、决策、公共关系与报告、预算、评估（参见李迎生，2018：280）。实际上，上述一些概念是相近的，比如，沟通与协调、决策本身是领导的工作，我们可以把它们整合到管理中。按照这样的区分，社会工作行政可整合为计划、组织、管理和评估四个环节。

1. 计划

计划是社会工作行政程序中重要的一环。一个社会或机构的福利目标和政策，必须经过全面、综合的分析研究，制订出行政计划才能得以实施和最后实现。社会工作行政计划是社会政策选择与实现的过程，是社会工作机构为达成行政决策目标而进行的筹划活动以及制定的实施步骤和方法。合理的计划有助于行政工作有条不紊地开展，也能对所发生的事情、存在的问题、社区或社会的发展进程加以有效掌控，是一种积极的干预方式。

一项完整的计划应对目标、机构、人、财、物、步骤、时间等要素加以说明。具体而言，我们需要考虑以下几项事宜：①确定所要完成的工作目标和范围；②制定工作执行的步骤，并说明其先后或优先次序；③决定工作所需的经费、工具与设备，需要的数量以及保管、使用的方法；④工作所需要的场所与使用的方法和规定；⑤决定由谁负责主持、督导和指挥；⑥详列工作进度表。在充分考虑上述问题的基础上，社会工作者依照一定的程序来制订计划，大致流程为：确定目标；收集和分析相关资料；考察现状与可供使用的资源；研究业已收集的资料，拟定若干可行方案；

评估各种方案的利弊，预测相应的后果；确定最适当可行的方案，并最终拟定具体的计划项目。

计划制订中较为关键的一环是编制预算。编制预算应在机构可运用的资源条件下，尽可能有效、经济地运用资源。编制预算的方法主要有三种：第一种是科目预算，即按照开支项目逐项进行的预算；第二种是成果预算，即根据服务效果进行的预算；第三种是方案预算，即以一个方案为单位进行的预算。具体的编制过程，一般可按照以下步骤进行：首先，详细列出推行各项方案与服务活动时所需的经费；其次，复查计划内的各项要求是否合理以及每项预算所需的经费；再次，修改预算草案，以求制定合乎情理又切实可行的方案；最后，完成经费预算方案的最终拟定。预算是行政计划中的重要项目，不但能保证经费的使用不违反机构的目标和政策，还可以对机构各部门在经费上做合理的分配，使各部门有效地开展工作。

2. 组织

社会服务的有效提供需要一定的组织作为基础。按照结构功能主义的理解，组织是为了实现某一特定目标而有意组成的社会群体。从行动或过程的角度看，组织是人们有意识地协调相互之间行动的体系。确定社会服务计划（工作目标）之后，如何将各种资源统筹配合去实现目标和选择怎样的组织形式以更有效地实现目标，都是非常重要的。

社会工作行政组织是国家为了推行社会福利事务，对工作人员在工作过程中职权分配所形成的管辖体系，目的在于分工与合作，以有效地发挥专业服务的实际功效，并为人民提供所需要的服务。因此，有效的组织系统与工作调配关系社会福利目标与政策的实现。常用的组织结构有直线型、职能型和直线－职能型、事业型和矩阵型。社会工作行政组织常用直线型和矩阵型的组织结构。直线型组织结构的外形像一个金字塔，是一种自上而下的、通过严格分工和权力分层形成的组织形式。我们可以以目标或任务及过程为导向设计这种组织，在社会服务的任务比较单一的情况下，较适于用直线型组织结构。矩阵型组织结构是兼顾功能与目标的一种组织设计，是根据工作任务的需要来配置组织成员，从而形成多种工作任务并存的、较为灵活的团队式组织形式。这种形式较适用于社会服务任务多元且变动的机构。

在组织的形成与构成中，人员布置是必不可少的一环。人员布置是指社会福利机构中有关人员的聘任、培训、职业分工等人事政策的实施，以期人尽其才、事尽其功。它包括人员的选择、培训和工作设计三个部分。社会福利机构的工作人员大致可分为直接服务的社会工作人员、支持工作的事务人员、研究设计与教育训练的研究人员，以及指导、督导的行政人员。机构的主管人员在人员布置的过程中，应力求做到每个位置上都有一个最适合的人员负责该项工作，以通过人员的合理布置使机构发挥最高的效率。

3. 管理

社会工作行政管理就是把科学管理的方法应用于社会工作机构中，以使机构能寻求、获得与维持资源的既定水准，并提供行政者与外在资源间的联系等。管理中核心的概念是领导，没有领导，管理便无从谈起。领导的一大特色是对机构事务做出关键性的决定，但是，在决策前要有充分的沟通与密切的协调，并督导执行决策的行政工作。此外，社会工作行政管理体系还包括督导与咨询、激励与控制、资讯管理等方面。

社会工作行政领导就是领导者依法行使社会工作行政权力，全面履行策划、组织、领导、控制以及人员配备等功能，并积极有效地激励下属员工实现机构所定目标的过程。领导者可以被任命，也可以在群体中产生，他可以不用正式权力来影响他人活动。领导不仅仅是一种行政权力，还可以是一种能力或影响力。所以，如一个机构的管理者缺乏能力与影响力，那么机构的实际领导权可能落入机构较有管理能力与影响力的资深职员手中。可见，"领导"与"管理者"可以是两个分离的概念。社会工作行政机构的管理者要不断提升自己的水平，做一个名副其实的领导。

社会工作行政沟通是指在社会工作行政体系中，社会工作机构内的成员之间、社会工作机构之间或社会工作机构与各有关方面之间所做的信息上的传递、交流与联系。沟通的目的是使机构内不同的单位及人员，在思想上及对事情的理解上联系起来，使其对工作的本质及职权分配都有一致的认识。从形式上看，沟通分为领导者与所属人员的垂直沟通、工作人员之间的水平沟通以及社会工作机构之间的横向沟通三种形式。社会工作行政领导通常使用双边交流的沟通方式，允许下属工作人员表达他们的看法，他们的建议与批评有助于机构内信息的真实传递。

社会工作行政协调是社会工作行政主体为了有效地实现特定社会工作行政目标而引导社会工作机构、部门、人员之间建立良好的分工合作，协同一致地达成机构目标和任务的行为。社会工作行政协调既与社会工作行政沟通紧密相关，又与其存在一定的差异。简单地说，后者是前者的前奏，前者是后者的结果。并且，社会工作行政沟通主要是在思想上、认识上取得一致，而社会工作协调则是在行动上取得一致。在良好沟通与协调的基础上，机构领导才能做出正确的决策。社会工作行政决策应该由机构内的各级工作人员及各种专家，就客观事实和主观认识及所面对的问题做出诊断分析，提供各种可行的方案与意见，再由行政主管就所提的方案与意见做出最佳的选择。所以，最后的决策权始终在行政主管手中，但是，每个工作人员都参与了决策过程。

社会工作行政督导与咨询在下文还会涉及，在此不再详述。社会工作行政激励与控制是一物的两面。激励是激发机构人员的积极性与创造性，使其发挥内在潜能，为实现所追求的目标而努力的过程。控制是指社会工作机构在动态变化的环境中，为确保实现既定目标而进行的检查、监督、纠偏等活动。机构领导唯有在二者之间把握动态平衡，才能使机构成员既积极参与、充满活力，又减少内部冲突，使工作朝着既定的目标稳步地前进。

4. 评估

社会工作行政机构的评估是对整个机构的各项行政计划的实行、组织结构的运作以及所产生的服务效果加以评定和审查，检查社会工作行政的实际效果和原有行政计划目标吻合的程度，并发现在社会政策转变为社会服务的过程中所出现的困难和问题，以明确下一阶段的努力方向。评估的目的是对福利机构及活动方案的实施进行评审，总结过去服务的实际效果与原有计划的目标，以及机构的政策落实程度，并发现其在实施过程中遇到的困难，以研究下一个阶段应改善及努力的方向。

社会工作行政评估可分为对机构的评估和对活动方案的评估。对机构的评估应就机构的目标、立法授权、经费来源、行政结构、人员的资格、服务对象、工作的适宜性、平等性及有关人员的参与程度等进行评估。对活动方案的评估要考虑某一服务方案的合理性、可行性、技术恰当性等。此外，还可以从努力、成果、效率、影响四个角度对社会工作机构的服务方案加以评估。

为了增加对公众的影响，行政社会工作者还应该在合理评估的基础上撰写评估报告，即将社会工作机构所做的工作向有关部门、会员、工作人员、立法机构或社会大众做出说明。评估报告是阐释机构工作和做好公共关系最有效的方法。人们通过评估报告可以充分了解机构的价值，从而取得社会各方面的支持。

三 社会工作行政的基本原则与实施

要实施有效的社会工作行政，遵守一些基本原则是必要的。崔克尔曾总结出社会工作行政的18项基本原则（参见廖荣利，1985：199）。

①社会工作价值原则：专业的价值是专业服务追求的理念，也是规范社会工作行政队伍以维护服务对象利益的保障。

②社区与服务对象需要原则：社会工作行政的目的是尽可能满足社区和社区内个人的需求，并以此作为社会工作机构和服务方案存在的基础。

③机构目标原则：每个社会工作机构都有其服务目标，应该清楚地阐述，并在行政工作中贯彻出来。

④文化环境原则：文化环境会影响需求表达的方式及需求者对服务的认定、支持和使用方式，所以要注意文化环境的因素。

⑤目的关系原则：机构管理人员、工作人员和服务对象之间要建立起一致的以服务需求为目的的关系。

⑥机构整体性原则：社会工作机构各部门及其人员必须在合理分工的基础上进行有效的密切协作，形成一个相互促进的网络结构，协调一致地实现社会工作整体目标。

⑦专业责任原则：社会工作机构的管理者负有督促、指导全体员工向服务对象提供高品质的专业服务的责任。

⑧参与原则：社会工作机构的管理者要通过持续的动态参与过程来取得政府、工作人员和服务对象的支持。

⑨沟通原则：管理者要通过有效的行政措施保持沟通渠道的开放与畅通，使各方面的信息传递得到及时反馈。

⑩领导原则：就目标的达成和专业服务的提供而言，管理者必须能担负起领导机构的主要责任。

⑪规划原则：良好的规划是服务成功的保证，管理者应重视对机构整体与服务的规划。

⑫组织原则：管理者要合理地把机构成员组织起来，为每个人设计相应的工作岗位，并清楚地界定责任与关系。

⑬授权原则：管理者要根据工作人员的相应能力赋予一定的授权，从而帮助他们发挥自己的专业潜能。

⑭协调原则：授予众人的工作必须能妥善地协调，以使众人的工作互相配合，一起致力于目标的达成。

⑮运用资源原则：必须能小心地促进、保存和使用金钱、设备和人力资源，以维持社会对机构的信赖与支持。

⑯变迁原则：管理者应适时地对机构部署与社区介入进行调整，以因应社会与环境的变化，并不断地加以完善。

⑰评估原则：持续对服务过程和方案进行评估，有助于把握动态的变化，促进机构目标的达成。

⑱成长原则：管理者应将具有挑战性的工作分配给参与者，并为之提供审慎的督导和学习的机会，以促进所有参与者的成长与发展。

上述原则与社会工作的理念、价值、原则和特质相符合，对社会工作行政人员的工作有很好的指导意义。基于中国的国情，我们还要注意贯彻法治原则，把一些行之有效的社会工作行政制度、规范，以法的形式加以规范化、条例化。这不仅可以增强行政管理的稳定性和严肃性，而且有利于社会工作行政的开展。此外，还要强调群众的参与，重视服务对象的满意度，接受群众的监督，以使社会工作行政更具效能。

社会工作行政作为现代社会工作的专业方法之一，可以应用于各级社会行政部门和各种社会福利机构之中。在我国，实施社会工作行政的机构可分为全国性机构、地方性机构及单一性机构三大类。在每类机构中，由于工作对象、目标、资源等的差异，各类社会工作行政机构可能有不同的工作重点或者采用不同的工作方式，下面将分别介绍这些机构的行政实施及特点。

全国性机构是一个国家社会工作行政的最高决策机构和行政机构。它们是负责社会福利的立法，制定各种政策与法规，全国性社会工作的进程、监督与考核下属的社会工作行政机构。全国性社会行政部门在社会福利政策的决策与制定过程中居于主导地位。它们要通晓各类社会问题，并为减少社会问题的危害提出相应的对策；要研究国家的社会发展目标，并努力把社会福利和社会工作纳入宏观的发展目标之中；要通过检查、评估等手段确保各项社会福利政策的贯彻执行；要得到下级机构和人民群众方方面面的支持和帮助。

地方性机构有责任和义务贯彻执行有关社会福利的方针和政策，同时根据主管社会行政的上级机构的指示和当地的实际情况拟订各种地方性的政策、法规和计划，推动当地的社会工作和各种社会福利事业的发展。在我国，地方性社会行政机构包括省、县、乡镇三级社会行政单位。地方性机构的主要职责是执行主管单位的指示。它们虽然有制定地方性社会福利政策的任务，但在政策与立法方面的任务相对轻，而在行政领导与管理方法的任务则较为重要。地方性机构一般不提供直接的专业服务，而是对专业服务机构与组织进行领导、管理与监督，在行政与业务上较多采用领导、沟通、协调、督导、咨询等技术。

单一性机构包括政府主办的与民间性质的各种社会服务机构。它们通常只从事某项专业性的服务活动，如就业服务、福利服务等特殊的专项服务等。单一性机构有许多一线社会工作者，向服务对象提供直接的服务。而机构主管的工作则与直接服务不同，其行政工作的主要目标是提高机构运作效率以提供尽可能优质的专业服务。社会行政人员须采用行政上的领导、协调、沟通、督导、咨询、公共关系等间接服务技术。

虽然全国性机构、地方性机构和单一性机构在社会工作行政方面实施的重点有所不同，但是作为统一的社会福利行政体系，其应该协调彼此间的工作关系，共同促进社会工作行政功能的充分发挥，实现行政职责与专业服务的双重目标，推动社会福利事业的发展。

第五节 社会工作督导、咨询与研究

除了社会工作行政外，社会工作督导、咨询与研究也被视为社会工作的间接方法，但作为专业的服务方法，这三者显然没有像个案工作、小组工作、社区工作、社会工作行政一样受重视。有的学者把社会工作督导与咨询并入社会工作行政中，采取五种专业方法的观点，即个案工作、小组工作、社区工作、社会工作行政、社会工作研究。实际上，社会工作督导与社会工作咨询都具有一定的行政功能，是社会工作行政实施中的有机组成部分，但专业的督导与咨询和公共行政中的督导、管理还是有区别的，在社会工作中的作用也是独特且重要的。所以，我们先分别介绍它们，以使实务社会工作者清楚地掌握这三种间接方法。

一　社会工作督导

与纯粹的理论研究不同，社会工作是一个强调实务的应用性、操作性学科，其专业技能的掌握与熟练应用仅靠课堂教学与书本知识的积累显然是不够的。同时，社会工作是一个充满价值关怀的专业，其服务对象以弱势群体为首要，这类群体前来求助时往往是服务需求大而迫切，但承受挫折与失败的能力较弱。所以，尽可能保障服务对象的权益，使其获得一定水准的服务便显得尤为重要。它既是社会工作机构与社会工作者追求的目标，也是社会工作职业伦理的一大要求。因此，社会工作专业一向重视督导工作，以确保社会工作者能适当、灵活地运用社会工作的理论、方法与技术，从而使服务对象可以从机构获得有效帮助。

美国社会工作者协会出版的《社会工作百科全书》认为，督导是社会工作专业的传统方法，通过这种方法可以把社会工作的知识和技术，由训练有素的社会工作者传授给新的社会工作者或实习生（张乐天，1997：172）。莫里森（Morrison）结合"四功能模式"重新定义了"督导"的概念，认为"督导是一个过程，它是由机构授权一位员工和另外一位员工一起工作的职责，目的是满足机构的、专业的和个性化的目标，以实现最佳服务"（参见Wonnacott，2015）。这些目的或者功能包括合格的、负责的执行（行政或规范功能）、职业继续发展（发展/形成功能）、个人支持（支持/恢复功能）和个人融入组织（调解）（Wonnacott，2015：12）。我国台湾学者莫藜藜（2002：28）认为，"督导是社会工作专业训练的一种方法，它是由机构内资深社会工作者对机构内资浅的社会工作者或学生，透过一种定期和持续的指导程序，传授专业服务的知识与技术，以增进专业技巧，并确保对服务对象服务的品质"。英国的社会工作改革委员会发展了社会工作督导的概念框架，提出了督导的四个基本要素：督导应提升决策和干预的质量，督导应促进各级管理（线性管理）品质和机构责任，督导应识别并提出有关服务质量和工作负荷的议题，督导应识别和获取个人学习、职业生涯发展的机会。

这种方法因不直接作用于服务对象而被视为一种间接的社会工作方法。它是一个渗透了社会工作价值观、工作技能、人际关系、工作规范等的综合性活动。

从上述定义中，我们可以看出，社会工作的督导者必须受过充分的专业教育，必须具备相应的实际工作经验，尤其是要对督导的知识和技术有深入的认识。在国外，督导者除了有一定的学历与经验要求外，还需要接受专门的督导培训。受督导者在指定的督导者定期持续的指导下，为服务对象提供初步的具有专业服务素质的服务或治疗。受督导者包括已接受过专业教育的新的社会工作者、正在接受专业教育的社会工作实习学生、未接受过专业教育的社会工作从业人员和非专业的志愿工作人员。社会工作专业对各类人员的督导是有所区别的，其中，对专业社会工作者和实习学生的督导是社会工作督导的重点。

一般来说，社会工作督导具有三重功能，即行政功能、教育功能和支持功能。行政功能的目标主要在于保证受督导者能适宜地实施服务机构的政策及程序。它本身不是行政工作，而是社会工作者在提供服务时，面临着行政问题上必需的督导工作。比如，指导新入职的社会工作者填表、写报告等。督导者要让受督导者明了他的职责及机构对他的期待，并视其能力、特长、兴趣而分配适当的工作。从某方面看，社会工作督导的行政功能有利于机构宗旨与工作方案的贯彻，能沟通和协调各种工作关系，是社会工作行政机构中的一项职能。

教育功能是社会工作督导最重要的功能，旨在向受督导者传授工作中需要的知识、态度及技巧，以提高受督导者的能力，使其服务具备一定的品质。在此过程中，督导者对受督导者进行具体的指导和帮助，而受督导者则通过自己的亲身实践更深刻地理解社会工作的伦理、价值和各种社会工作政策，以更好地掌握专业知识与技巧，整合理论与实践，提高解决问题的能力，并进一步懂得如何利用机构和社区中的资源达到社会工作的目标。社会工作督导可以使刚刚进入社会工作领域的人学到许多书本上学不到的知识，帮助他们实现专业自我的成长和发展。

支持功能主要是指督导者为受督导者提供情绪上的支持与指导，以帮助其舒缓压力，并获得工作满足感。新的社会工作者往往满怀热情与理想，要将学校所学知识发挥出来，但在实际工作中遭遇挫折或阻力时，容易产生焦虑不安、过分依赖和不切实际的自我期望等心理。督导者的支持与指导有助于社会工作者克服困难和挫折，加强对社会工作的认识与了解，逐渐成为成熟的社会工作者。

比较而言，行政功能可协调社会工作者在机构中与他人的合作，教育功能可使社会工作者提升专业技能，而支持功能则有助于增强社会工作者的工作动机。一般而言，督导者会根据受督导者的情况而有不同的侧重点，对于正在接受社会工作专业教育的实习生来说，教育功能是主要的；对于已接受过社会工作专业教育的从业人员来说，行政功能是主要的，教育功能只起辅助作用。在一个提供直接服务的机构中，督导主要属于行政管理的范围，是社会行政的辅助部分。而支持功能则适用于各种类型的受督导者，是一种基础功能。在实际工作中，社会工作者要注意三种功能的整合与灵活运用，以保证新进社会工作者的整体服务效率和效果，达成质与量的平衡。

理查德（Richards）在1990年给督导定义了第四种功能：调解。调解功能要求社会工作者具备高品质管理、相关服务谈判协调的能力，以及向外澄清工作团队角色的能力（Wonnacott, 2015: 12）。

作为社会工作机构人力发展和人才培养的传统方法，在早期，社会工作督导主要采用个别督导的方法，后来发展出集体督导的模式，近年来又出现同辈互动督导、个案咨询与部门整合督导等不同方法。其中常用的方法有三种，即个别督导法、集体督导法与同辈互动督导法。

个别督导法是以一对一的模式，由督导者对受督导者通过面对面的会谈，定期进行讨论、交流。这种督导往往每周进行一次，每次1~2个小时，持续较长一段时间。它负有行政、教育、支持等多重功能。其中，教育功能是最重要的。这种方法较适用于新的或资历较浅的社会工作者，是机构培养成熟合格的社会工作者的主要方法。

集体督导法是由一位督导者与数位受督导者组成小组，定期举行小组讨论会。这种方法适合督导者少而受督导者较多的机构。集体督导法易于宣传机构的政策和功能，较能产生集体意识和行动，促进社会工作者之间的互相学习和相互合作，提高督导者的专业影响力，通过群体互动达到提高社会工作者的自我认识的效果等。但是，集体督导不能替代个人督导，因为后者关注社会工作者个体的实践、支持和发展需求，而在集体督导中，善于言辞的社会工作者更能主导讨论的过程和方向。

同辈互动督导法没有固定的督导者，一个工作团体中的成员都以同等地位参与督导。同辈互动督导的主要方式是定期举行会议，每次会议都有一个主持人，他可以是工作团体的成员，也可以是一个行政人员。同辈互动督导要求团体成员中必须有成熟的、有经验的社会工作者。他们有能力讨论与分析个案，解决各种困难和问题，并对他们的个案担负主要责任。

在这里，团体的决定仅供成员参考。

一般来说，社会工作督导的开展大致有一个程序，主要包括：第一，招聘有经验的督导者，并进行相关培训；第二，设计督导工作程序和评估指标体系，以便有计划地开展督导工作，并评估督导的绩效；第三，实施督导工作程序，建立和维持督导之间的沟通和反馈，以随时对受督导者的行为进行指导与调控，同时督导者要加强和受督导者相关机构工作人员的联系，给受督导者提供更多的发展机会；第四，与受督导一起回顾、总结督导过程，评估与检讨督导工作的效果。在此过程中，要保证督导工作有效实施，需要注意两点：首先，要建立明确的督导制度与计划，对督导需要、督导目标要有相应的分析，督导模式与方法一经确立，要如实地贯彻下去，对工作角色、任务和具体的督导安排要细化，并有相应的要求等；其次，对受督导者与督导者要建立绩效评估体系，如明确评估督导的标准，对督导工作目标的完成情况、素质提升情况、士气是否建立等加以评估检讨。

在整个督导过程中，督导者要注意遵循一定的原则。督导者应该了解受督导者对新知识的反应可能受个人特征、家庭环境、学历、道德及宗教观念的影响；应该观测受督导者的学习反应、学习速度、人际交往方式及在新情况下的反应；不可把自己的方法强加于人；在与受督导者建立关系时应该确定社会工作的需求类型和首要目标，注重独立精神的培养，关注与服务对象建立良好关系的技术；不可简单由督导者提供答案，而应该分享彼此的看法；督导者应与受督导者互相了解和信赖（顾东辉，2011：189）。

二 社会工作咨询

社会工作是一门综合性的专业，涉及心理学、社会学、精神病学、法学、行政学等知识，加上其服务的对象与实施的领域非常广泛，所以，社会工作者会向相关领域的专家咨询。同时，社会工作实务领域本身的分工日益细化、专门化，使个体难以掌握全方位的知识，加上有的社会工作者自身的资历、水平有限，使咨询与受咨询成为社会工作者之间的常态。在当今社会，社会工作的影响力越来越大，其专业地位与工作效果也越来越被大众认可，社会工作者往往充当咨询者的角色，向学校、医院、福利院、民间社团、司法机关、劳动部门等机构工作人员提供自己的意见和建议。可见，咨询在社会工作专业中是一项十分必要且非常有意义的工作。

在早期的社会工作咨询活动中，社会工作者经常扮演受咨询者的角色，而咨询者则是其他专业人员，主要是精神病学家，也有一些心理学家和律师。随着社会工作服务领域的扩展，社会工作者接受咨询的范围日益广泛。后来，一些资深的社会工作者以其专业地位与社会影响力，被政府相关部门与社会福利机构聘请，为它们提供有关社会工作方案、计划方面的意见，为推动社会与专业的发展发挥了积极作用。当然，在社会工作机构内部，这些资深的社会工作者也常向新入职或基层的工作人员、接受帮助的人提供其所需要的辅助资料，以期提高受咨询者的知识与技能，帮助他们更好地开展工作或解决相应问题。所以，咨询在社会工作中逐渐被视为一种专业的间接服务方法，但学者们对其的定义与解释各有不同。

利迪亚（Lidia）认为，咨询是一种解决问题的社会工作专业方法，包含时间短、有目的和咨询者与受咨询者之间的契约关系等要素。咨询的目的是提高受咨询者在专业角色上的能力，提高其专业知识和技能，修正其在解决工作上的问题时的态度与行为（参见李迎生，2004：244）。廖荣利认为，咨询在社会工作专业活动中是一种问题发现的程序。它是由一位或数位专业知识和经验深厚的咨询者或专家，向一位或数位新入职或基层的社会工作者提供所需资料，以增强受咨询者的专业职责（参见李迎生，2004：244）。有的学者认为，社会工作咨询是一种解决问题的专业方法，这种专业方法包括在一种有限的时间内对于某些达成的目标，通过知识较深的咨询者与知识较浅的受咨询者之间的契约关系，对于专业活动中的特殊问题性质的确定，解决问题途径的发现，以及有效行动的采取，以增进专业知识和技术，修正其专业态度与行为，提高社会工作服务的功效（王刚义，1990：175）。

从上述定义中，我们可以看出，社会工作咨询是一种解决问题的专业方法，一般由专业知识与经验较丰富的咨询者向资历较浅或专业知识缺乏的受咨询者提供专业的知识与技术，使受咨询者能有效地解决工作中面临的问题，更好地开展社会服务。这种咨询的关键是特定专业知识与技术的给予和获得，首要目的在于促使受咨询者增进、发展或修正其知识、技术、态度和行为，以解决其在工作中遇到的问题，而最终目的则在于保证专业服务的品质。

在社会工作咨询中，有经验的社会工作者常常扮演咨询师的角色，向其他社会工作者提供专业的知识与建议，使其更好地服务于服务对象。所以，社会工作咨询是一种间接的社会工作方法，它有别于个案工作或小组工作中使用的直接服务。在直接服务中，受助的对象是一般人员，需要解决的是其生活中的问题，而受咨询者则往往是专业人员，其所咨询的问题往往是在专业服务过程中遇到的问题。

作为间接的社会工作方法，我们有必要把社会工作咨询与社会工作督导做出区分。社会工作咨询与社会工作督导都是社会工作专业的间接服务方法，都有助于促进机构工作人员的成长与转变，都以维护受助者的尊严、提高服务质量为最终目标。同时，二者都可以作为社会工作行政机构本身的职能，强化社会工作行政的效果。但是，二者在许多方面也存在差异。首先，咨询者与受咨询者的关系比较松散，是自愿和同等地位的工作关系，没有行政上的权威。咨询者只能向受咨询者提供建议与意见，不能约束受咨询者的行为，受咨询者可以采纳咨询者的建议，也可以拒绝，其行为后果、工作责任完全由受咨询者承担。在督导关系中，督导者与受督导者的关系比较固定，是义务和强制的上下级关系，督导者对受督导者常有一定的权威，受督导者必须接受督导者的一些建议，工作责任也由二者共同承担。其次，督导的范围一般局限于同一机构内上级对下级、资深人员对新进人员、教师对学生；而咨询的范围则宽泛得多，涉及不同的专业和部门。最后，咨询的内容以受助者或机构的问题为主，如个案问题、政策发展、方案计划或行政问题等；而督导工作则以受督导者及受助者的问题为焦点，侧重于社会工作理论与原则实施的情况、受督导者在服务过程中发生的工作问题或个人人格及情绪上的问题。

具体的社会工作实务中，主要存在以下三种类型的咨询活动。

①以受咨询者为中心的个案咨询。有些社会工作者由于自身经验不足，或遇到的问题过于棘手，而向有经验的社会工作者咨询。其咨询的内容与解决服务对象的问题有关，目的主要有两个：一是向接受帮助的人提供良好的建议，提高他们解决问题的能力；二是提高接受帮助的人的知识与技能，弥补某些知识与技术缺陷。例如，一位中学教师向学校社会工作者咨询如何教育调皮的学生。

②以方案为中心的行政咨询。这类咨询是指受咨询者在从事工作计划与行政工作中遇到问题时进行的咨询，咨询的目的在于探讨如何发展一个新的方案或改进原有方案，要改变的对象是机构的功能、体制等。例如，

社会工作者向某街道社区发展部门提出设立家庭儿童服务中心的咨询建议。

③以受咨询者为中心的行政咨询。这类受咨询者往往是机构的领导者，在处理机构内部的沟通、效率、人际关系等方面面临一定的阻力与难题。其咨询的内容属于机构方案与行政的范畴，但改变的目标则是受咨询者本人。咨询的目的在于协助受咨询者畅通沟通渠道，恰当地调节机构内部的人际关系，以激发员工的工作效率，从而达成既定的工作目标。例如，某社会组织的部门管理人员向一位资深社会工作者咨询，以协助他解决随着预算减少和人员精简所带来的士气问题。

总之，通过社会工作咨询方法的运用，社会工作专业的知识、技术和理念得以广泛传播，有助于社会工作机构或相关机构提高专业服务品质，从而使服务对象得到更有效的帮助。所以，社会工作咨询已逐渐成为社会工作方法中的重要组成部分，它的提供与获得是社会工作实务的重要方面之一，社会工作者应善于运用社会工作咨询方法。

三 社会工作研究

社会工作研究是发展较晚的一种社会工作间接服务方法。西方早期的社会工作先从实务开始，继而再开展社会工作专业教育，重视社会工作理论的建构，此后才逐步强调社会工作研究。社会工作理论的建构与社会工作研究是彼此相关的，二者的影响使社会工作如同心理学、社会学、人类学一样，成为行为科学的一种。社会工作研究在此过程中由以往描述性的报告迈向数量化与经验性的实证研究。现在，许多科研院所的社会工作课程，已从以前以"补救与治疗"为重点转变为以"预防与发展"为重点，并将社会工作教育从"技术训练"的层面提升为"理论研究"的层面。

1992年美国社会工作教育协会指出，研究课程必须帮助学生理解和掌握科学的分析方法，以为实务以及评估所有实务领域的服务输送创建知识。其认识到社会工作研究在专业课程中的重要性，也强调了研究与实务的相关性。从某种意义上说，社会工作者或社会工作机构的实务研究都可称为社会工作研究，它可以帮助社会工作者发展知识，使实务更有效。所以，社会工作研究既是一种间接方法，也是一种实务方法。它与一般理论研究不同，强调应用性与实务性。

不过，对社会工作研究的理解存在两种不同的观点：一种是把社会工作当作一种社会现象和对象进行研究,既可以从其他学科角度也可以从社会工作学科角度进行探索(王思斌,1999:340);另一种是为了发展社会工作理论、方法和知识而从事的研究。我们通常指的社会工作研究往往是后者。这种研究是社会研究的有机组成部分,是社会研究的理论与方法在社会工作领域的应用。波兰斯基(Polanskt)对社会工作研究的界定较具代表性,他认为社会工作研究是"将社会福利工作计划、组织或机构之功能与方法之效力,加以精密的探索与科学的检定,寻求一般原理与法则以发展社会工作学识、技能、观念与理论,它是一种实用技术,能针对社会问题,及解决问题的目的而使社会工作知识及技术更为有效与更为科学化"(参见徐震、林万亿,1999:346)。

一般而言,社会工作研究可以分为两个层次:一个是基础研究,侧重于社会工作专业理论体系的建构与发展;另一个是应用研究,侧重于具体问题的解决或方法的改进。周月清认为,社会工作研究的三个重要部分是需求预估、方案开发和影响评估。需求预估即了解服务对象的需要、问题及个人与社会环境原因机制,在此基础上对服务对象的需求做初步的预测性分析。方案开发是利用专业知识发展有效的服务方法、模式或政策。影响评估是了解所执行工作方案对解决服务对象问题的效果。这三个方面与社会工作的服务阶段相对应,因此,社会工作的服务过程就是社会工作者的研究过程(参见顾东辉,2008:214)。

社会工作研究作为一种方法虽然不直接服务于服务对象,但是,不管是社会工作专业发展的研究,还是具体服务过程中的研究,最终都要使服务对象获得最好的服务效果。所以,社会工作研究的目的在于增进服务的效果,提高服务的质量。总的来说,社会工作研究有五个方面的意义:第一,基于对实务及需求的调查研究,了解服务需求,提供适时与恰切的服务;第二,分析问题的因果,以探讨解决问题的可靠方案;第三,发展和完善社会工作理论体系,建立新的工作模式,以验证理论;第四,评估社会工作实务的成效,以提高服务素质;第五,发展不同的方案,为改善社会状况做出贡献。

在实际的研究工作中,我们可找到依循的大致程序,主要包括以下几个环节。

1. 确定研究课题

研究课题的确定有的来源于其他机构或组织的委托,有的则是研究者自己选择的结果。一般而言,研究者会根据个人的兴趣、观察或体验来确定研究课题,有时也通过查阅有关文献、参考专家学者的意见提出研究课题。研究课题的确定往往是先确定方向与大致范围,然后不断具体化,最后形成明确的主题。研究者应关注社会变迁,对新需要的出现具有敏感性,从社会工作实践中选择研究课题。

社会工作研究的课题有很多,主要包括关于个人、家庭、群体行为、需要、人格的研究,关于所提供服务的特性、技术以及服务结果的调查研究,关于社会工作专业、社会工作者专业态度、取向以及训练的研究,以及关于行政组织体系、社区与社群以及社会政策的研究等。

2. 进行文献研究

确定研究课题后,为使题目更合理,研究者需要了解已有的研究成果,避免重复研究,同时基于现有研究的基础,进一步做深入的探讨。文献研究主要是对已有相关文献的查阅、分析。这里的文献既包括前人的研究成果或学术论述,也包括各种方案资料、图片资料以及大量的统计调查资料等。文献研究要尽可能充分,注意不遗漏重要的资料。

3. 提出研究假设

研究假设是对研究对象的状况和内部关系所做的推测性判断。这种判断是未经验证的,特点是可证实也可证伪。它对后续研究工作具有重要的指导性,是理论性的推测,用来说明两个或多个社会变量之间的关系。但这种假设只有最后经过经验证实,才能确定其有效性与真实性。比如,研究青少年网络成瘾问题,我们可以通过初步了解,提出"青少年网络成瘾与家庭成员关系的疏离有关"的假设。

4. 研究设计

研究设计是指在开展实际调查研究之前对研究工作进行整体规划,确定证实假设的具体方法及操作过程。这种设计包括明确研究思路、罗列和规范调查研究的问题、选定调查研究方法,以及与调查研究相关的人员、经费、时间、地点、联络方式等方面的安排,此外还包括对资料的整理、分析工作的规划等。其中,确定收集资料的方法与分析资料的方法是研究设计的关键。

5. 收集与整理资料

收集与整理资料是社会工作研究的基础与关键,拥有丰富且有针对性的资料才能有效地支持研究假设、说明问题。收集资料是依研究设计的架构，对调查对象进行调查、访问或观察的过程。收集资料的方法多种多样，有问卷法、访谈法、观察法、文献法、量表法、实验法等。研究者要根据研究的情况确定收集资料的方法，此后还要对收集的资料进行整理，如对数字资料加以核实、编码，对文字资料要辨别其可靠程度，并进行摘要、编整与专题归类等。

6. 解释资料，写出研究报告

研究者要分析、解释调查得来的各种资料，以便为撰写研究报告做准备。对数字资料一般采取统计分析的方法，以找出各变量之间的内在联系，揭示其中蕴含的社会意义。对文字资料要使用比较、归纳、推理、语义分析等方法，以发现其中的内涵。在资料解释的过程中，研究者要注意将资料与原有假设进行对照，以验证假设的真伪。如果资料不能支持假设，则或者修正假设，或者从可能出错的地方重做研究，以证实假设。最后，研究者要把研究的过程和结论写成研究报告，供有关部门参考或者公开出版发行。撰写研究报告或论文要注意主题突出、概念明晰、资料与观点统一、理论判断准确。

想要有效地开展社会工作研究，研究者需掌握相应的研究方法。研究方法包括个案研究法、实验设计法、评估研究法、行动研究法。个案研究法是社会工作最常使用的研究方法，其特点是以单个社会现象（个案）为研究对象，收集与之有关的资料并进行分析，以期对该社会现象的问题有真正的了解，并提出切实可行的解决方案。个案研究的研究对象可能是个人、家庭，也可能是团体、机构或社区。个案研究注重对研究对象进行全面深入的了解，而不注重它的代表性，在强调个别化的社会工作专业中，个案研究占有重要地位。

实验设计法是指在一定的人工设计条件下，按照一定的程序，改变某些因素或控制某些条件，以观测所引起的变化，从而揭示不同变项之间的因果关系。在实务工作中，虽然我们取得了一定的成效，比如所服务的个案、团体或社区有进步，但我们不能完全确定这是自己努力的结果，还是案主环境因素的转变，或其他因素的效果。实验设计法有助于排除干扰因素，了解社会工作干预的效果。不过，对于社会工作者来说，实验设计法是一种比较难的研究方法。

评估研究法是通过对行动方案效果的检测来考评该方案是否达到预期目标。它有助于帮助人们了解社会工作实务的效益，即社会工作实务过程中投入的人力、物力和财力与产生效果的成效对比，也有助于社会工作者对所提供方案和服务担负起责任，并做出计量说明。因此，评估研究一向为社会工作研究所重视，也一直受到政府和有关部门以及社会上支持和关心社会福利事业的人们的高度关注。

行动研究法是20世纪70年代以来发展出的一种研究方法。它反对传统把研究对象与研究者做二元分化的观点，认为在一定活动场域中的所有行动者及他们之间的互动都是研究对象的组成部分。而在这些行动中，传统的研究者与被研究者都可以成为研究者，对彼此间的互动加以解释与自我反省。这种研究方法较多地被一些优秀的社会工作研究者采用，因为其需要进行自我反省和实际推进社会工作实践。

在开展社会工作研究的过程中，研究者要遵循相关的伦理原则。首先是自愿参与和知情同意原则，即研究者要向参与者告知与研究相关的各方面信息，让参与者在没有任何胁迫与利诱的情况下自由选择是否同意参与。其次是参与者无伤害原则，因为任何研究都可能导致伤害，研究者要在选题和设计的开始注意到可能给参与者带来的伤害，并尽量减少对参与者的伤害。最后是保密原则，研究者要注意对参与者在研究过程中向其公开的信息加以保密，在收集资料时注意删除某些个人信息，在发表成果前应征询参与者的同意。此外，研究者还应注意价值中立，在资料的收集与使用过程中做到诚实、公开。

第五章　社会工作实务常用模式

作为一门实践性和操作性非常强的专业，社会工作不仅需要强有力的理论支撑，还需要将这些基本理念真正贯彻到具体的服务过程中。其中，社会工作的实务模式起到了桥梁作用，多种社会工作实务模式的不断涌现，推动了社会工作专业的发展。

第一节　社会工作实务模式概述

一　社会工作实务模式的定义

很多人常常会将"理论"与"模式"两个概念相提并论，其实二者差距甚大。理论相对来说更加宏观、更加抽象、更加具有解释力，而模式则更多具有应用性、实践性和操作性。社会工作本身更加注重实务，就此而言，模式的选择而不是理论的建构对社会工作可能更加重要。

所谓模式，是指从经验中提升出来的、一种相对固定并且具有普适性的工作方式。社会工作实务模式是指在社会工作实务开展过程中逐渐形成的普遍性工作方法。尽管社会工作面对的服务对象多样且复杂，但是渗透其中的专业工作方法具有一定的共同性，这就是社会工作实务必然产生的基础。

社会工作实务模式的定义在一定程度上揭示了社会工作模式的相关特征、主要意义以及可能的类别，这是我们把握社会工作实务的前提，也是我们开展社会工作实务的重要基础。

二　社会工作实务模式的特征

1. 普适性

社会工作实务模式的一个基本特征是源于实践又高于实践。社会工作实务模式的提炼使社会工作超越了感性摸索的主观局限，进一步走向专业化的普遍推广。在实际服务过程中，尽管我们的服务对象可能是老人、青少年或儿童，他们各自面临的问题也大相径庭，但是我们可以采用统一的工作模式，比如，认知行为治疗模式目前在各种偏差人员中应用非常广泛，心理社会治疗模式也曾一度成为社会工作实务的主导模式，广泛应用于各种服务对象之中，并且取得了显著的效果。

2. 中介性

社会工作实务模式是联结理论和实践的桥梁，这决定了它的中介性特征。这种中介性特征使社会工作实务模式具有双重特征：一方面具有强烈的理论特色，另一方面具有鲜明的实践导向。这种中介性特征使社会工作摆脱了感性经验色彩，跨入了专业发展通道。

3. 专业性

社会工作常常被界定为一种助人的专业，相对于普通志愿者的助人行为，社会工作者的助人行为更多具有专业属性。就专业性而言，社会工作注重超越个别化、主观化和经验化，具有普适性、规律性和科学性。社会工作在实践过程中发展出来的各种模式也是社会工作专业性的一个重要表征。

4. 历史性

在发展过程中，社会工作逐渐从个人化慈善性行为上升为制度化专业学科，中间经历了学科的阶段性发展。因此，社会工作实务模式也被打上了历史烙印。在社会工作初步发展阶段，弗洛伊德的精神分析理论占据了主导地位，所以心理社会治疗模式逐渐成了社会工作实务的主导模式。后来，行为主义和人本主义先后成为社会工作实务的主导模式。目前，社会工作的理论视野逐步拓展，多学科的交叉影响日益扩大，社会工作的主导性模式也越来越多样化。社会工作发展的历程表明，社会工作始终是一个不断发展的专业学科，社会工作实务模式也将是一个不断发展的过程。

5. 本土性

社会工作的服务对象是人，而人是具体的、历史和文化语境中的有差异的人。这意味着社会工作的服务模式不可能是单一的，而应该是存在区域性乃至历史性的差异。实际上，社会工作实务模式一直面临着全球化与本土化的矛盾冲突。随着社会工作实践的深入，当今社会工作的发展逐渐在弥合二者之间的差异，在追求理论的统一性的同时，本土化追求始终没有停止。这种追求使社会工作实务模式日益多样化，推动了社会工作专业的进步和发展。

三　社会工作实务模式的意义

1. 专业化的象征

社会工作之所以区别于日常化的经验型助人活动，上升为专业化的学科，工作模式的形成是其中非常重要的一个原因。它使社会工作者在服务于不同的服务对象过程中摆脱经验化和主观化的困扰，提供专业化的服务。同时，社会工作实务模式的不断出现使社会工作进一步走向职业化道路。

2. 专业延续的保障

社会工作实务模式使许多新进社会工作者超越了自我摸索的时期，直接接纳既有的专业成果。同时，这些社会工作实务模式成了社会工作者开展专业活动的路标，引导社会工作者走向专业化。

3. 专业评估的指标

作为一个专业，社会工作在提供日常服务时更多遵循其自身的专业要求，因此，社会工作实务模式作为规范的共识性表达往往成为专业评估的有效尺度，这主要是因为大部分社会工作服务主要是依据特定模式展开的。即使是评估本身，也逐渐发展出自身特有的实务模式，这使模式一方面成为社会工作专业评估的指标，另一方面成为社会工作实务的准则。在具体服务活动开展过程中是否采用专业服务模式，重要的判别标准就是专业化服务模式的发掘和应用。

4. 专业发展的阶梯

除了理论更新外，社会工作专业发展很重要的一个表现是新的社会工作实务模式的出现和发展。具体到每个社会工作者来说，推动社会工作专业发展很重要的一个方面就在于将个人的主观化、经验性实践提升为专业性服务模式。这些具体的社会工作实务模式是社会工作专业发展的基石。社会工作的每次进步最终都体现在特定的社会工作服务模式创立的基础上。

四　社会工作实务模式的选择

社会工作在专业实践过程中产生了许多社会工作实务模式，但我们不可能也没必要把所有的社会工作实务模式一一列举出来，主要原因如下：一是有些曾经非常重要的社会工作实务模式已经逐渐淡出；二是社会工作的实践本质上是一种本土化的具体实践，因此，对社会工作实务模式的选择主要建立在现实需求上；三是社会工作虽然方法众多、模式多样，但是常用的方法和模式还是比较有限的几种。因此，我们对社会工作实务模式的介绍是选择性的：一方面基于社会工作的国际性普适经验，另一方面着眼于本土社会工作实践的结果。

鉴于这个选择性的标准，我们主要从个案社会工作、家庭社会工作、小组社会工作和社区社会工作等具体服务方法中的模式运用出发，同时考虑到社会工作学科既有的历史成果以及最新的探索成就。此外，我们还选取了致力于学科综合应用的综合性实务模式。

五 社会工作实务模式的内容

在个案社会工作、小组社会工作和社区社会工作三大常用的工作方法中，个案社会工作是基础，所以，社会工作实务模式主要集中在个案社会工作中，比较常用的有心理社会治疗模式、任务中心治疗模式、行为治疗模式、人本治疗模式、理性情绪治疗模式、现实治疗模式、认知行为治疗模式、格式塔治疗模式、危机干预模式、存在主义模式、女性主义模式等。我们主要对心理社会治疗模式、行为治疗模式、人本治疗模式、理性情绪治疗模式进行解析。

与个案社会工作相关的还有家庭社会工作，以往的教科书一般将家庭治疗的方法归入个案社会工作。但目前看来，这种归纳已经越来越不合时宜，一方面是因为无论是在治疗方法、治疗对象还是在治疗原则等方面，家庭治疗方法已经逐渐成熟，独特性越来越突出，与传统个案社会工作的差别也越来越明显；另一方面是考虑到中国传统文化中家庭的重要特质和影响等因素。因此，本书不再将家庭治疗的方法归入个案社会工作，而是与个案社会工作、小组社会工作和社区社会工作并列为第四种相对独立的专业社会工作方法。我们选择家庭治疗中最为常用的结构家庭治疗模式和联合家庭治疗模式予以介绍。

小组社会工作尽管发展比较晚，但是在实际应用中的效果越来越突出。小组社会工作中比较常用的三大工作模式是社会目标模式、治疗模式和互动模式，其他的还有过程模式、行为主义模式、任务中心模式等。小组社会工作的模式主要可分为两类：一类是专属于小组社会工作的模式，另一类是个案社会工作模式在小组社会工作中的应用。我们主要介绍两种基本模式：自助小组模式和成长小组模式。

社区社会工作被认为是最具社会效果、最有专业影响的一种社会工作方法，但是目前对社区社会工作的探索依然处于起步阶段。普通教科书一般都采用美国学者罗斯曼于1979年对美国社区的研究成果，主张将社区社会工作的模式分为三大类：地区发展模式、社会计划模式和社会行动模式。考虑到我国社会工作发展的具体情况，从我国本土社区发展出发，我们将社区社会工作的模式区分为社区服务和社区发展两种模式，尽管这几年社区营造等更多新的探索在不断涌现。

目前，对社会工作的理解和运用已经逐渐脱离了三大方法的简单割裂，不再从方法的不同上来区分社会工作，而是转向从服务对象的差异上来区分社会工作。这一变化的深刻意义在于，社会工作不再被不同的工作方法所割裂，而是为相同的服务对象所统一，因此，整体的社会工作观逐渐取代了分裂的社会工作观。单独的社会工作方法被整合的社会工作方法所替代，代表社会工作模式新的发展趋势和探索努力，比如，赋权模式和叙事治疗模式的产生在很大程度上已经超越了简单的社会工作服务方法，而是立足于特定服务对象乃至整个社会工作学科。

第二节 心理社会治疗模式

在社会工作专业的发展过程中，心理社会治疗模式对社会工作的专业性提升和强化起到了不可替代的作用。迄今为止，心理社会治疗模式的发展越来越完善，影响力越来越强大。它不仅一度成为个案社会工作中的主导模式，而且发展出个案社会工作的标准处理流程（张雄，2000：16）。心理社会治疗模式的推进作用"使个案社会工作逐渐与精神医疗工作和临床心理医师等工作开始并驾齐驱"（廖荣利，1988：16）。

一 心理社会治疗模式的产生

从时间上说，心理社会治疗模式的产生最早可以追溯到1928年。美国一个名叫玛丽·杰雷特的精神病理社会工作者重新检省了里士满在《社会诊断》一书中讨论的个案。她的结论是，其中一半以上的服务对象都呈现明显的精神症状。她由此断言，个案社会工作将不可避免地进入心理学导向。事实的确如此，心理学的发展尤其是弗洛伊德的心理分析理论对心理社会治疗理论乃至个案社会工作的专业化发展起到了举足轻重的作用。从专业角度看，心理社会治疗理论应该真正产生于1930年左右。美国史密斯学院的弗兰克·汉金斯首先创造并使用了"心理社会"这个名词。1937年，美国哥伦比亚大学的戈登·汉密尔顿在"社会工作基本概念"一文中首次使用了"心理社会治疗理论"的名称，并系统阐明了心理社会治疗模式的主要理论，这意味着心理社会治疗模式的正式形成。

二 心理社会治疗模式的理论基础

心理社会治疗模式一度被认为是理论内容最丰富、理论涵盖最广泛的社会工作治疗模式，这主要是因为心理社会治疗模式吸收了众多理论流派。心理社会治疗模式最早受到心理分析等心理学流派的影响，后来逐渐拓宽了视野，进一步吸纳了社会学、人类学等众多理论学科，形成了自身丰富的理论内涵。

1. 心理分析理论

弗洛伊德的心理分析理论从基本理论到主要方法都对心理社会治疗理论产生了深远影响，这种影响集中在弗洛伊德的人格"三我"结构、心理防御机制理论和早年生活经验思想上。

关于人格结构的理论是弗洛伊德心理分析的基本构成。在弗洛伊德看来，人格结构可以被划分为三个组成部分：本我、自我和超我。这三重人格分别遵循不同的原则、履行不同的任务，共同构成了完整的人格。

本我类似于弗洛伊德早年所说的"无意识"，代表各种原始的本能。这种本能与生俱来，贯穿在所有的冲动中。它的目标是用来满足性欲和攻击性冲动以及饥饿等即时性欲望。本我遵循的是"快感原则"，相对来说，本我更多地出现在人类早年。随着社会化程度的提高，本我的直接冲动逐渐丧失了主导性地位。

自我处于本我和超我之间，是联结二者的桥梁。随着儿童的逐渐成长，自我慢慢唤醒并产生。尽管自我产生于本我之中，但是，自我更加类似于弗洛伊德早年所说的"意识"。自我遵循的是"现实原则"，它努力追求的是本我的冲动和理想原则下超我的折中。

超我在儿童五六岁时形成，它包括良心和自我理想两个组成部分。超我代表的是社会道德和生活理想以及自我的努力方向，遵循的是"至善原则"。

本我、自我和超我的有机协调构成了一个理想的人格结构，但是，现实之中，本我可能是被压抑的，超我可能无法实现，自我也可能出现冲突。这就导致人格结构的矛盾冲突，由此出现了各种人格偏差问题。

为了解决这种矛盾冲突，弗洛伊德进一步提出了人格中的心理防御机制理论。心理防御机制主要是借用军事用语来表示人格内在矛盾冲突的自我消解机制。心理防御机制的存在和应用，可以直接或间接地消除心中的矛盾冲突。具体来说，弗洛伊德提出了补偿作用、投射、转移、否认、理想化、幻想等多种心理防御机制。

此外，弗洛伊德还认为，人的成长历程主要包括口唇期、肛门期、生殖器期、潜伏期、生殖期五个阶段。其中，每个阶段都分别对应着特定的发展任务。如果某一阶段的发展任务无法完成，那么这种被阻断的欲望就会被压抑下来，并在今后的某个发展阶段重新以另外的形式表现出来，并对该阶段的顺利发展产生不利影响。这使弗洛伊德得出了一个非常重要的结论：童年生活经验将对成年生活产生重大影响。这个结论在社会工作尤其是个案社会工作中影响深远。

尽管弗洛伊德的思想饱受争议，但不可否认的是，弗洛伊德的思想即使在今日看来依然是充满洞见的，这也可以从侧面解释弗洛伊德迄今仍对社会工作产生重要影响的原因。

2. "人在情境中"理论

心理社会治疗模式关于人的假设主要是建立在系统论基础上的。按照心理社会治疗模式的观点，理解一个人不能仅仅从生理因素出发，还必须充分考虑心理和社会这两个重要因素。心理社会治疗模式认为，人的行为是生理、心理和社会三重因素综合作用的结果。因此，对一个人的行为进行分析就应该充分考虑这三重因素的综合作用，不能把人看作孤立的个体，而是要把人放到特定的情境中来理解。

除了心理分析理论和"人在情境中"理论外，心理社会治疗模式还注重社会角色理论、沟通理论、自我发展理论等。很显然，心理社会治疗模式非常关注个体在社会中的成长问题。

三　心理社会治疗模式的理论取向

从心理社会治疗模式的理论构成可以看出，心理社会治疗模式立足于生理、心理和社会三重因素的综合分析，由此协调个人与社会环境的关系，推动个人内在自我需求的真正实现。这其中还包含心理社会治疗模式关于人的基本假设、行为分析具体原则和关于治疗的价值取向。

1. 关于人的基本假设

①人的行为受到生理、心理和社会三重因素的共同影响；②人的行为是可以认知的，也是可以被改变的；③人的早年生活经验会对现在或未来的生活产生重要影响；④人的行为是可以被预测的。

2. 行为分析具体原则

①人的当前行为往往受到早年生活经验的潜在影响；②当前社会环境的不适会引发服务对象的行为问题；③人的行为出现问题是因为人格结构出现了内在问题。

3. 关于治疗的价值取向

①要尊重服务对象、接纳服务对象；②应该承认服务对象的需要，并以服务对象为中心；③应该承认服务对象自决的权利，引导服务对象自我成长；④应该鼓励协助服务对象通过改变环境来改变自我；⑤应该尊重服务对象的差异性，强调个别化治疗。

四　心理社会治疗模式的主要方法

心理社会治疗模式的主要方法可以划分为两大类：直接治疗和间接治疗。所谓直接治疗，是指直接对服务对象开展治疗活动。所谓间接治疗，是指不直接对服务对象进行治疗，而是通过对服务对象生活的环境进行改变，从而达到对服务对象进行治疗的目的。相应地，直接治疗主要是在服务对象和社会工作者之间直接展开；而间接治疗除了涉及服务对象和社会工作者之外，还扩大到服务对象的重要他人。事实上，日常社会工作的开展往往不仅仅是直接治疗，也不是间接治疗，而是表现为直接治疗和间接治疗的综合运用。

1. 直接治疗

直接治疗的方法可以划分为两种：反思性治疗技术和非反思性治疗

技术。

反思性治疗技术对服务对象的要求相对较高，主要是通过评论、发问等方法来鼓励和推动服务对象自我反省、自我解决问题并达到自我的满足和实现。

反思性治疗技术也被称为反思性讨论或反思性沟通动力技术，主要包括三种方法：人在情境中、心理模式动力、人格发展。

人在情境中的反思主要帮助服务对象对特定情境进行反思，最终达到对自我的认知与修正。人在情境中的反思具体发展过程贯穿着服务对象从外在到内在、从被动到主动的变化过程，一般可以将这个过程按照先后顺序划分为六个阶段。

第一个阶段：外在反思，主要是针对他人、健康以及情境等因素。第二个阶段：向内在阶段转化，但介于二者之间，主要引导服务对象对特定行为的决定、后果以及变通可能进行反思。第三个阶段：内在反思，推动服务对象深入进行自我反思，加深自我认知。第四个阶段：反思服务对象对特定情境或环境的反应。第五个阶段：更进一步的内在自我反思，引导服务对象进行自我评估，纠正错误的自我形象，建立良好的自我意象。第六个阶段：补充性反思，主要帮助服务对象对社会工作者以及相关治疗进行认知与反思，从而理解、接受并参与具体的治疗活动。

心理模式动力反思主要致力于帮助服务对象寻找自己错误行为的动力原因。心理社会治疗模式认为，人的当下行为主要受到早年生活经验的影响。因此，心理模式动力反思往往会对服务对象行为背后的原因甚至早年生活经验进行深度反思，最终找到偏差行为产生的内在原因。对心理模式动力的反思是弗洛伊德理论投射到心理社会治疗模式中的一个阴影。

人格发展反思是心理模式动力反思的进一步推进，行为的深层原因其实是人格本身。人格发展反思使服务对象从对行为的认知深化到对行为背后的人格进行反思，这是服务对象的行为问题能够得到真正解决的根本，弗洛伊德的人格结构理论是内在的理论支持。

非反思性治疗技术与反思性治疗技术有明显不同。相较而言，非反思性治疗技术不是服务对象自决的表现，而是通过外在力量推动服务对象内在变化的一种方法。非反思性治疗技术主要是外在的和间接的。一般来说，非反思性治疗技术包括支持、直接介入、探索—描述—宣泄三种。

支持主要是社会工作者对服务对象表达正面强化的一种方式，是社会工作者对服务对象的积极行动。支持主要有物质手段和非物质手段两种。非物质手段包括肯定、接受、同情、信任、接纳、保证等技巧,以此来肯定服务对象,增强服务对象的信心;物质手段则包括各种实物支持。

直接介入的实质是社会工作者对服务对象的问题直接进行干预,从而迫使服务对象修正偏差行为。直接介入有多种方式,主要根据服务对象的不同情形灵活确定采取何种方式。大致来说,根据服务对象问题的严重程度,社会工作者直接干预的强度也会逐渐增强。按照干预强度由小到大的顺序,直接介入的手段依次有强调、提议、忠告、逼迫、实际干预五种。表面看来直接介入可能与尊重服务对象以及服务对象自决有冲突,其实并不冲突,因为服务对象自决的程度不一致,有的服务对象没有足够的自决能力,对社会工作者的依赖性太强,采取直接干预的方式可能相对更好一些。

探索—描述—宣泄主要是社会工作者帮助服务对象进行自我情绪认识和管理的过程。这三种方法更应该说是三个阶段,是指在社会工作者的帮助下服务对象对自己的情绪逐渐有全面的了解,进而能够描述清楚,最后进行彻底宣泄的过程。这个过程其实也是一个服务对象自我认识和自我治疗的过程。大部分人都会受到愤怒、悲伤、内疚、焦虑、绝望等负面情绪的困扰,如何对这些负面情绪进行科学认知,同时彻底把这些负面情绪释放出去,是这个过程的本质所在。

2. 间接治疗

出于种种原因,有的服务对象可能无法或不愿意直接接受社会工作者的治疗。心理社会治疗模式认为,每个人都生活在特定环境之中,人们的行为往往受环境的深刻影响。因此,我们可以暂时避开服务对象,直接对服务对象生活的环境进行改变,通过环境的改变进一步促使服务对象发生改变。

在间接治疗活动中,社会工作者承担的任务和扮演的角色与常规情形有所不同。在环境改变过程中,社会工作者主要充当资源寻找者、资源提供者、资源创造者、信息传译者、服务对象中间人、服务对象保护人等角色。

五 对心理社会治疗模式的反思与评论

心理社会治疗模式的影响非常大,优点也非常突出。

1. 开放性

心理社会治疗模式最大的特征是体系的开放性，它广泛吸收了心理学、社会学、人类学等学科的诸多流派，这使心理社会治疗模式在解释服务对象的问题时显得非常丰富、深刻和具有说服力。

2. 多维性

这种多维性主要表现在对服务对象问题的解释范围的深度和广度上。心理社会治疗模式既避免了纯粹心理学的解释，也抛开了单纯社会学的解释，而是将服务对象放到特定情境中，注重心理和社会的多重解释，强化生理、心理和社会的行为分析的模式。时至今日，社会工作的许多流派依然采用这种三维行为解释策略。

3. 深刻性

心理社会治疗模式接受了弗洛伊德的心理分析理论，强调早年生活经验对当下生活的重要影响，这使服务对象问题的分析突破了时间的限制，深入到过去，拓宽了对服务对象问题的了解范围，有助于问题本质的真正显现。

4. 技术性

心理社会治疗模式非常强调专业技巧的运用，并且挖掘发展了许多专业服务方法。这种丰富的技术和方法确保心理社会治疗模式能够对不同情形之中的不同服务对象做出科学的分析。

5. 标志性

心理社会治疗模式具有诸多优点，所以其一度成为社会工作的主要流派，它所确立的工作原则、开创的工作方法、设计的工作流程常常成为社会工作的参照标准。

尽管心理社会治疗模式广受大家赞誉，但是同样也有批评的声音。批评主要围绕以下几点展开。

1. 专业特质模糊

博采众家之长是心理社会治疗模式的优点，但是众多流派和学科的融合在一定程度上淡化了心理社会治疗模式的独特性，以至于有人将心理社会治疗模式视为"大拼盘"。

2. 过于注重过去经验

心理社会治疗模式比较强调早年生活经验对当下行为的影响，这有一定的道理，但也不尽然。许多行为只是现在发生的即时性行为，不一定受到早年生活的影响,而且,大部分人主要生活在现在和未来,而不是停留于过去和现在。

3. 技术过于烦琐

心理社会治疗模式的治疗技术手段丰富,但是多样的治疗技术手段除了带来良好的治疗效果外,也耗费了大量的治疗时间,而且过于精致的治疗技术手段抬高了心理社会治疗模式的门槛,对社会工作者和服务对象都提出了较高的要求。这一方面阻碍了部分服务对象接受服务,另一方面也阻碍了部分社会工作者开展服务。

尽管如此,心理社会治疗模式依然是值得鼓励和发扬的,它为社会工作留下的遗产相当丰富。时至今日,社会工作依然受惠于它,目前大部分社会工作都或多或少地采用心理社会治疗模式的基本方法进行分析和治疗。

第三节 行为治疗模式

尽管心理社会治疗模式取得了巨大的成功,但是人们对它的质疑一直没有停止。于是,寻找一种更加简便、实用的治疗模式就成了社会工作新的发展任务,行为治疗模式便应运而生。

一 行为治疗模式的理论基础

从表面上看,行为治疗模式是与心理社会治疗模式针锋相对的产物,二者之间应该有本质的区别。其实不然,行为治疗模式和心理社会治疗模式至少有一点本质的相同:二者都是心理学刺激下的产物。心理社会治疗模式与弗洛伊德的心理分析理论是息息相关的,而行为治疗模式则与另一个心理学流派——行为主义——密不可分,因此,对行为治疗模式的探讨首先应该回到行为主义心理学的历史发展中去。

行为主义也被称为行为学习,是一个不同于常规心理学流派的学说。事实上,行为主义的产生既可以说是心理学史上的一次革命,也可以说是心理学史上的一次叛逆。因为行为主义无论是在心理学的研究对象还是在心理学的研究方法上都完全不同于以往的心理学。

在具体的研究对象上,行为主义认为,传统心理学主要以心理为研究对象,但是心理是内在的、不可观察的、难以捉摸的、无法度量的,因此也是难以进行研究的。行为主义认为,心理学的真正研究对象应该界定为行为,因为行为是外在的、可观察的、能够测量的,而且,行为本质上就是外显的心理,心理实质上就是内隐的心理,心理和行为是本质统一的。因此,行为主义对弗洛伊德所津津乐道的"无意识"毫无兴趣,它将人类的外显行为界定为心理学的研究对象。在具体研究方法上,因为研究对象发生了根本变化,相应地,研究方法也产生了必然的改变,传统的心理学研究主导方法——内省法——被彻底摒除,取而代之的是观察法——对外在行为的观察。这种变化进一步导致关于"人"这个主体本身的看法。这个变化深深挑战了传统社会工作对案主的看法。

从历史发展的角度看,行为主义主要有三个重要代表人物。

1. 华生

与巴甫洛夫一样,美国心理学家约翰·华生(1878~1958)被认为是行为主义的创始人。归纳起来,华生的理论贡献主要有以下几点。

(1) 行为是心理学研究的目标

华生非常明确地宣称,传统的心理学是错误的、无意义的,因为它的研究对象是不可观察、不可分析、不可研究的无意识动机和认知过程等抽象的对象,它的研究方法因此也是无法比较、难以把握的内省。而行为主义则主张心理学的研究应该建立在对公开的、外在的、具体的、人类行为的观察研究之上,这才是心理学走向科学化的必然选择。

(2) 环境塑造行为

因为行为主义否定了心理,所以人只是一连串行为的复合体。相应地,人的行为产生的原因就无法从内在心理寻找,只能从外在环境得到解释了。华生认为外在环境的影响是行为发生的唯一因素,因此,只要改变环境就可以相应地改变人的行为。这是一种典型的环境决定论。

(3) 刺激-反映模式

华生否定了弗洛伊德对本能的强调,否定了遗传对行为的影响,否定了心理对行为的改变。他主张外在环境的刺激导致了行为结果的改变,也就是说,人的行为本质上是外在环境刺激的结果。我们可以从外在环境的刺激来预测行为的发生,也可以从行为的改变来推测外在环境的改变。

2. 斯金纳

美国当代心理学家伯尔赫斯·F. 斯金纳(1904~1990)被认为是行为主义的第二代代表人物。斯金纳接受了华生的思想,同时将华生的思想向前推进了一大步。事实上，由于斯金纳的努力，行为主义才真正得以进入社会工作领域，并演化为行为治疗的社会工作模式。

在巴甫洛夫和华生的古典条件反射理论基础上，斯金纳进一步提出了操作性条件反射理论。在斯金纳看来，我们的行为可以操作外在的环境，从而产生一定的结果，这个结果的本质将会决定我们的行为重复出现的可能性。如果最后的结果是积极的奖赏，那么，我们的行为重复出现的可能性就会增加；如果最后的结果是消极的惩罚，那么，我们的行为重复出现的可能性就会减少。

斯金纳的操作性条件反射理论是对华生的理论的具体化。相对来说，斯金纳的理论更加具有操作性，也更加具有解释力。斯金纳的理论对人的行为改变机制具有简洁而清晰的解释，在家庭、学校和社会等众多领域都有广泛应用，在偏差行为矫治方面的应用尤其广泛。此外，斯金纳强调积极的奖赏对行为的改变作用要远远大于消极的惩罚，这个观点在当代社会中被广为接纳。斯金纳简洁明快地揭示了人类行为的发生机理，同时为我们提供了一种简洁明快的行为改变方法，就此而言，斯金纳的贡献是巨大的。

3. 班杜拉

美国心理学家阿尔伯特·班杜拉（1925～2021）被认为是行为主义的第三代代表人物，如果说华生和斯金纳解释了人类行为的客观机制的话，那么班杜拉的杰出贡献则在于进一步强化了人的行为不同于动物行为的本质，并且进一步将行为的直接刺激拓展为间接刺激。由于班杜拉的贡献，行为主义才最终走出了生物学的阴影，真正被人类文明社会广泛接受。班杜拉的理论主要有以下几个观点。

（1）观察学习

传统行为主义对行为的理解是建立在直接的环境刺激基础上的，而班杜拉则发现了人类行为改变的另一种机制：我们可以通过观察学习改变行为选择。即我们不必接受直接的环境刺激，通过观察和模仿他人的行为同样也能达到对自我行为的修正。这个发现进一步丰富了人类行为的改变方法，拓宽了对人类行为规律的认知范围。

（2）替代强化

班杜拉认为，在观察别人的行为时，尽管我们自身没有受到具体的刺激——奖励或惩罚，但是我们同样可以观察到别人同样行为的结果——奖励或惩罚。我们同样会将这种可能性推论到自身的行为上，并因此改变我们的行为。这种强化作用并没有直接作用于我们自身，只是一种替代强化，但所起到的作用与实际强化相同。

（3）认知的重要性

班杜拉认为，传统行为主义过于强调外在环境刺激对人类行为的直接作用，而忽视了人本身的认知和选择的能动性。事实上，在外在环境刺激和人类行为改变之间还有行为主体对这种刺激本身的认知和选择作用。人并非像动物或机器人一样只是机械地、被动地对外在环境刺激做出反应，而是主动地、选择性地做出相应改变。这个发现将人的尊严保存下来，从而使人与动物真正区分开来。

（4）交互决定论

班杜拉的主要思想最终体现在他所提出的交互决定论上。传统行为主义过于强调人是环境的动物，从而蜕变为简单、机械、庸俗的环境决定论。班杜拉则相反，他反对环境决定论，强调人本身的主观能动性。他认为，人是积极的、能动的，不是外在环境的奴隶，也不是外在环境的单纯反映者，而是能对外在环境的刺激进行选择、组织和转化；人与环境相互成为彼此的决定者，人的行为是认知、行为、环境等多重因素连续、相互作用的结果。

二　行为治疗模式的工作流程

因为自身理论的特殊性，行为治疗模式在一般社会工作服务开展的基本流程上形成了独具特色的行为治疗工作主要阶段。托马斯认为，行为治疗模式的实际开展过程可以划分为12个具体步骤（参见廖荣利，1988：108~109）。

（1）列出问题范围

社会工作者将服务对象可能涉及的问题全部开列出来，目的在于使社会工作者和服务对象对即将遇到的问题有一个全面的认识。

（2）选择并确定问题

在诸多问题中经过讨论选择并且确定社会工作服务将要面对的主要问题，目的在于使社会工作者和服务对象明确具体的服务目标和努力方向。

（3）要求合作

当问题明确之后，要求服务对象给予充分的合作，对于已经诊断和矫正过的行为能够有一个充分的认识。

(4) 探究问题

社会工作者帮助服务对象对问题本身进行深入的分析诊断，使服务对象和重要他人对服务对象的问题有一个清晰的认识，明确服务对象的问题发生的真正原因。

(5) 收集基本资料

进一步收集与服务对象问题相关的详细资料，对问题本身进行详细的了解，包括该行为发生的地点、时间、次数、严重性等，为进一步的介入做好充分的准备。

(6) 识别可控制的环境

了解服务对象问题产生的具体环境，明确服务对象问题行为产生的环境刺激因素，以便更好地消除不良的环境刺激，更好地控制行为的发生。

(7) 评估积极的环境资源

详细了解服务对象的环境，区分有利于服务对象行为改变的良性环境资源，并通过这种积极环境资源的利用，推动服务对象行为的矫正。

(8) 确定行为目标

社会工作者和服务对象共同确定行为矫正的目标，为行为矫正打下良好的基础。

(9) 制订矫正计划

为服务对象行为的改变制订切实可行的计划，使服务对象对自己的行为改变有一个明确的计划和步骤。

(10) 介入

社会工作者用专业的社会工作方法对服务对象进行专业介入，展开实际服务过程，使服务对象的偏差行为得到真正的矫正和切实的改变。

(11) 评估

对服务对象行为矫正的结果和专业方法进行全面评估，反省专业介入的实际效果。

(12) 跟进

对服务对象进行持续的跟进服务，必要时需再次对服务对象进行专业介入，以帮助服务对象维持行为矫正的良好结果。

三　行为治疗模式的主要技巧

相对来说，目前被证明比较有效的行为治疗方法主要有反映性技巧、操作性技巧和综合性技巧三种（张雄，2000：175~184）。

1. 反映性技巧

反映性技巧主要针对的是反映性行为，是建立在古典条件反射理论基础上的。具体技巧主要包括反条件反射、循序减敏法、嫌恶疗法、休克疗法四种。

反条件反射主要是建立在行为与环境的刺激反应基础上的，为服务对象重新创造一个积极的条件反射，从而取代原来的消极条件反射，即用积极的行为反应取代消极的行为反应。比如，一个小孩每天都睡得很晚，我们就鼓励小孩早睡，只要睡得早就有奖励，慢慢地，小孩就养成了早睡的习惯，那么晚睡的习惯自然就被早睡的习惯替代了。

循序减敏法主要是将行为矫正的大目标细分为一系列具体目标，通过相互抑制作用，按照一定的顺序，帮助服务对象逐渐改变原来的消极行为。比如，一个人每天都要抽一包烟，为了帮助他戒烟，我们先让他每天只抽半包烟，然后每天只抽八支烟，逐渐递减，直到他最终彻底戒断为止。

嫌恶疗法，顾名思义，就是用一种令服务对象感到嫌恶的不愉快条件反射去替代原来感到快乐的不良条件反射。即用一种令服务对象感到不快乐的行为去抑制服务对象原来感到快乐但属于不良的行为反应。这种方法在戒烟、戒酒、减肥等多个领域应用广泛。国外有的地方为了让违章司机遵守交通规则，抓到违章后就让司机每天观看违章行车造成的惨剧的视频，这种悲惨的景象深深地印在司机脑海中，让司机感到痛苦不堪，于是就不再违章了。

休克疗法是一种应用很广的治疗方法，主要包括想象的和真实的两种治疗方法。基本治疗方法是短时间内让服务对象大量面对他曾经非常焦虑或恐惧的环境刺激，以使服务对象最终对原来的不良环境刺激产生抵抗作用。休克疗法目前不仅在个人行为矫正上广为应用，而且在社会变革等宏大主题上同样应用广泛。当然，休克疗法有一定的风险，这要求社会工作者对服务对象有全面的了解，同时对单位时间内的不良刺激有高超的掌控能力，以免对服务对象造成伤害。比如，小孩子一开始学游泳往往对水有一种莫名的恐惧,因此不敢下水,有经验的教练不会长时间劝小孩下水,而是会趁其不备,突然把小孩扔到水里,小孩受到惊吓,喝两口水,哭两声,发现下水其实并不可怕,于是就开始到水里游泳。这是休克疗法的一个应用场景。

2. 操作性技巧

操作性技巧主要针对的是操作性行为,主要包括正强化、负强化、消减、差别强化、相继渐进法、系列分解法、惩罚等。

正强化主要是对于服务对象特定行为给予积极强化,从而维持或增加该行为的出现频率。日常生活中的奖励是最普遍的正强化方法。

负强化与正强化相反,主要是通过减少或移除给予服务对象的负面消极刺激和强化,从而帮助服务对象增加该行为的出现频率。

消减也是刺激-反应的一种直接表现,主要是通过减少特定行为相关联的刺激或强化,从而削弱或禁绝该行为的发生概率。

差别强化是面临多重行为发生时,分别针对不同情况和不同行为采取不同的刺激或强化,从而抑制某些行为,强化另一些行为。它是正强化和负强化的联合应用。

相继渐进法主要是对某个特定行为一时难以达到时采取的一种渐进方法。它如同切香肠一样,通过不同的刺激反应,逐渐接近真正的目标。

系列分解法是在目标相对比较大难以一下子完成时所采取的化整为零的变通方法,儿童学习大动作时经常采用这种方法。它不同于相继渐进法的地方在于,系列分解法主要是对目标本身的分解,而相继渐进法则着眼于与目标相关的非目标,通过非目标达到真正的目标。

惩罚就是直接对行为本身进行惩罚,从而迅速消除不良行为。但是,应该注意的是,在行为矫正中,斯金纳非常明确地指出,奖励的效果要明显好于惩罚的效果。现代教育理念中的崇尚表扬、反对批评就是具体证明。

3. 综合性技巧

综合性技巧是由拉扎卢斯提出的。他认为,对于行为的分析不应该是简单的刺激-反应模式,而应该是多元、整体的系统分析。因为人的行为不是由单一因素决定的,而是七种因素综合作用的结果。这七种因素分别是行为、情感反应、感官知觉、心像、认知、人际关系、药物,它们相互作用,共同构成了一个互动系统,对行为的治疗必须充分考虑这七个因素的综合作用（翟进、张曙，2003：223）。

综合性技巧主张行为治疗应该采用综合的方法。在具体工作程序上，综合性技巧首先要求对服务对象七个要素进行综合评估，其次要对不同要素之间的互动关系进行评估，最后根据服务对象的行为特征灵活采用多元化的介入方法。

四　对行为治疗模式的反思与评论

行为治疗模式也是一种应用广泛的社会工作实务模式。它与心理社会治疗模式一样引起了广泛的关注，这种关注既有赞扬，也有批评。归纳起来，行为治疗模式引起广泛关注的主要有以下几点。

1. 关于人的假设

传统行为主义将人简化为消极被动的机械存在，行为主义因此沦为环境决定论，尽管班杜拉重新把人的主观能动性引入进来，但总体来说，行为主义依然将人简化为行为的复合体。这一方面产生了行为治疗模式简洁使用的优点，另一方面出现了将人矮化、简单化的趋势。这是行为治疗模式广受质疑和批评的主要原因。

2. 对社会工作价值观的挑战

行为治疗模式认同行为的刺激-反应模式，所以传统社会工作的基本价值观对服务对象的尊重以及强调服务对象自决的原则在行为治疗模式里统统被摒弃。这种颠覆性的影响是革命还是破坏，也是争论的焦点所在。

3. 行为治疗的非历史性

行为治疗模式认为，服务对象的行为应该是当下的、可观察的，而且通过改变环境刺激就可以改变行为本身。所以，行为治疗模式既反对心理对行为的作用，又反对早年生活经验对行为的影响，而是坚持环境决定论。这种过于武断的判断引发了心理社会治疗模式以及其他社会工作流派的激烈批评。

4. 治标不治本的行为矫正方法

行为治疗模式追求的是短、平、快的治疗效果，不对行为的深层原因进行探索，这类似于外科手术，实际上治标不治本。越来越多的证据表明，人的行为发生不仅仅是外在环境的单纯刺激，还包括主体本身的认知选择作用，而这也是行为治疗模式所忽略的。因此，当代社会工作的发展新趋势是行为治疗模式逐渐被认知行为治疗模式所取代。原因是，认知行为治疗模式不仅继承了传统行为治疗模式的优点,而且将行为主体的主观能动作用引入其中,是比较科学的行为治疗模式。

第四节 人本治疗模式

人本治疗模式也被称为当事人中心治疗模式,创始人是美国心理学家卡尔·罗杰斯(1902~1987)。人本治疗模式主要受人本主义心理学的影响,早期社会工作专业的发展深深地受到了心理学发展的影响。社会工作专业的发展与心理学专业的发展表现出惊人的一致性。

一 人本治疗模式的理论背景

人本主义心理学通常被称为心理学中的第三思潮,主要有两个原因:一是西方心理学中的心理分析、行为主义和人本主义共同构成了最具影响力的三大流派;二是人本主义的兴起和心理分析以及行为主义这两大流派有着内在的关联性。从某种程度上说,人本主义心理学的兴起和发展是反对心理分析和行为主义两大心理学流派的结果。

相比较而言,弗洛伊德的心理分析的研究样本主要是各种精神疾病患者,从这个角度出发,心理分析得出的结论是本能决定论。而且,通过对精神疾病患者的研究推断全体人类的普遍特征,心理分析的结论不可避免地笼罩上一层浓重的悲观色彩。行为主义的研究样本主要是狗、鸽子、兔子等低级动物,它将对动物的研究结论推广到人类整体,由此得出的结论是简单机械的环境决定论。

人本主义清晰地看到了这两种心理学流派的局限性,深入批判了心理分析和行为主义,在研究样本上选取健康和成功的人士,在研究方法上采用系统整体的观点。因此,人本主义彻底摒弃了心理分析的悲观主义和行为主义的机械主义,进而采取积极进取的乐观主义,由此开创了另一个心理学天地,这是人本主义被称为第三思潮的又一层深层含义。

人本主义心理学的主要代表人物有罗杰斯和马斯洛。他们的共同主张是强调人的主体性,尊重人的价值,推崇人的自我实现。他们的研究主题突破了传统心理学的限制,主要集中在情爱、情感、热情、勇气、自我实现、高峰体验等异常明亮的关键词上,一扫心理分析和行为主义的阴影。

二　人本治疗模式的基本假设

相对来说，人本治疗模式并不注重具体的技术方法，而是更加注重特定氛围的营造。因此，人本治疗模式的基本假设就显得尤为重要。

1. 人性观

总体来说，人本治疗模式的人性观是积极的、乐观的。罗杰斯认为，人性的积极性主要体现在三个方面。

（1）人性本善

罗杰斯认为，从根本上来说，人性是善良的、理智的、仁慈的。每个人都具有自我成长、自我实现的内在驱动力，而不是像弗洛伊德所认为的人具有的只是原始的、混乱的、阴暗的本能欲望冲动，也不是像行为主义所认为的人只是消极被动的环境的产物。此外，罗杰斯还强调，人有与他人和谐相处的愿望和能力，这种彼此的亲和力构成了文明社会的基础。这和传统的人性本恶的假设相冲突。

（2）潜能无限

罗杰斯认为，每个人都有无穷的潜能。他对人的潜能充满信心。每个人都是理性的，每个人都有独特的价值，每个人都应该得到应有的尊重，每个人都有权利表达自己的信念。同时，每个人都应该有能力掌握自己的命运。

（3）自我实现

罗杰斯和马斯洛等人本主义心理学家都非常强调人的自我实现的权利与可能。罗杰斯认为，每个人都应该对自己负责、都应该能够自立、都应该实现自我，自我实现构成了人本主义最基本的人生理想和生活目标。此外，这种乐观的人性论还强调人的建设性，宣扬人的社会性，主张人的理想生活。

2. 自我概念

自我概念是普通心理学研究的一个基本命题，但是人本主义心理学重新赋予自我概念积极的含义，并且构成了人本主义理论的核心概念。罗杰斯认为，自我概念是指一个人对自己的看法，是一个人内心深处关于自己的主观。自我概念实质上是一套有组织的、连贯的、相对稳定的关于自己的界定，主要包括身体、社交、性、感情、喜好、理智、职业、价值观和人生哲学九个方面。自我概念主要由这九个方面的自我看法构成。此外，自我概念并不是一个僵化的存在,而是一个动态的发展的过程。这意味着自我概念是可以改变的、是能够培养的。之所以如此强调自我概念,是因为在罗杰斯看来,决定人类行为的不是我们习惯认为的客观的经验自我,而是主观形成的自我概念。换句话说,只有你自己才是你真正的主人,只有你自己才能改变你自己的行为。这个极其乐观的观点贯穿于人本治疗模式之中。

3. 行为问题

罗杰斯认为,人的行为问题产生的真正原因在于人不能接受自我,不能悦纳自己的情绪、需要和行为。许多服务对象自我概念偏低、自我评价偏低、自我形象偏低。这种低自我概念导致服务对象的自我贬低、自我否定乃至自我仇视,最终导致服务对象为自己贴上无能、无助的失败者标签。罗杰斯认为,服务对象问题的真正解决不是依靠社会工作者,而是依靠服务对象自身,只要服务对象打破内心深处的自我防御机制,增强自我了解,强化自我表达,最终接纳自我,他的问题就会迎刃而解。尽管罗杰斯的观点充满了乐观主义色彩和强烈的主观主义特征,但他为我们重新勾勒了一个幸福新生活、描绘了一个美丽新世界。

4. 工作目标

从乐观主义人性观和理想主义生活观出发,罗杰斯认为,人本治疗的工作目标主要包括:①对自己抱有比较实际的看法;②比较有自信和比较有能力自主;③能够对自己及其感受有较大的接纳;④对自己持积极的看法和评价;⑤较少对自己的经验做出压抑;⑥行为表现比较成熟、比较社会化、适应能力较强;⑦比较容易克服压力和挫败;⑧性格比较健康,人具有一定的统合性;⑨对他人能够积极接纳(张雄,2000:159)。

三 人本治疗模式的主要原则

罗杰斯相信人的自我实现能力,坚信人的潜能无限。他认为,人天生不仅具有自我实现的动力,而且有自我实现的能力。人之所以会遭遇各种各样的问题,主要是因为后天环境的局限,人的潜能被外在因素限制住了。相应地,在罗杰斯看来,人本治疗模式中的社会工作者不是一个重要因素,服务对象本身才是真正重要的因素。罗杰斯反对指导性和干预性的治疗方法,这鲜明地表现在他对人本治疗模式工作原则的设定上。罗杰斯认为,人本治疗模式主要面对的是人而不是人所面临的问题,因此,人本治疗模式的治疗原则与以往的非常不同（翟进、张曙，2003：232）。

1. 提供一种治疗氛围是最根本的

罗杰斯认为，只要有适宜的环境，人的潜能就会发挥出来，人的自我就能得到实现。因此，应该相信暂时遇到问题的人有能力自己解决问题，社会工作者只要为其提供一种良好的专业氛围就足够了。

2. 人是真正的工作目标

罗杰斯认为，人本治疗模式的关键是以问题中的人为中心，而不是以人的问题为中心。这个原则的确立使人本治疗模式的工作目标和服务中心直接以服务对象为中心，而不是忽视人，只考虑问题。因此，在人本治疗模式中，工作的主要目标应该是提高人解决问题的能力。

3. 引导服务对象自我实现

自我实现的人是马斯洛思想中层次最高的一个概念，代表了马斯洛关于人类最高的理想。自我实现的人是马斯洛通过对众多成功人士的归纳而得出的一种理想类型，这种自我实现的人是自我潜能的最大限度发挥、自我愿望的最大限度实现。"自我实现"后来成了人本治疗模式的核心词，并且始终是人本治疗模式的理想目标，因此，如何积极地引导服务对象实现自我就成了人本治疗模式的最终目标。尽管自我实现的人相对比较难得，但马斯洛还是充满激情地描绘出自我实现的人的形象（翟进、张曙，2003：230）：①他应该有一种谦虚的态度，乐于倾听别人，并勇于承认自己的有限和不足；②他的认识比较独立和自由，很少受到欲望、焦虑、恐惧、悲观以及盲目乐观等负面情绪的影响；③他的一个基本特征是富有创造性；④他有一个健康的自尊，他相信自己是有能力的、足够胜任工作的。

四　人本治疗模式的主要方法

尽管人本治疗模式自身经历了一个不断发展的过程，但是在专业治疗理念上，人本治疗模式表现出不同以往的一些特征，如反对社会工作者的主导身份、倡导服务对象的自我成长、营造宽松的治疗氛围等。这些特征决定了人本治疗模式的主要治疗效果不是依靠具体的方法，而是依靠一种崭新的社会工作者角色界定以及特殊专业关系的确立。

1. 社会工作者特质

在罗杰斯看来，人本治疗模式中的服务对象是真正的治疗中心，是治疗的主动者，而社会工作者则处于被动地位，社会工作者的责任是协助服务对象发挥潜能、实现自我。整个治疗过程体现出来的不是刚性的指导，而是柔性的关系重构。实际上，这种隐含的、内潜的社会工作者地位对社会工作者本人的专业特质要求更高。罗杰斯认为，一个优秀的专业社会工作者或治疗者应该具备三种优秀品质。

第一，真诚。这被认为是人本治疗工作者最重要的专业品质。因为种种原因，前来求助的服务对象往往会自我封闭，以便保护自我、逃避恐惧。这就要求社会工作者具有良好的自我概念，真诚地开放自我，主动接纳服务对象，这是心灵之间的对话，外在的技巧无足轻重。更重要的是，社会工作者良好的自我会对服务对象产生无形且巨大的影响。

第二，无条件的关怀。罗杰斯反对指导性治疗技巧，主张良好氛围与和谐关系的营造与建立。服务对象往往害怕失去他人的关爱和尊敬，因此出现了自我防御机制。而社会工作者对服务对象真诚的关怀才能帮助服务对象打开心灵，展现自我。

第三，同感。同感也被称为共情和同理心，是指社会工作者对服务对象能够设身处地地予以理解和体察。对于服务对象来说，获得理解也是一种非常重要的支持，同感不仅可以帮助社会工作者理解服务对象，而且可以帮助社会工作者与服务对象建立信任关系，从而最大限度地给服务对象带来专业支持。

2. 专业关系

罗杰斯认为，良好的专业治疗关系本身就具有治疗效果，可以促进服务对象个人的改变，帮助服务对象成长。这种良好的专业治疗关系建立需要达到以下六个基本要求（翟进、张曙，2003：233）。

第一，社会工作者和服务对象要有心理上的接触与沟通。这以社会工作者与服务对象建立良好治疗关系为重要前提，也是打破服务对象的自我防御机制、推动服务对象自我成长的基本要求之一。

第二，社会工作者要有良好的自我概念。服务对象往往在自我概念上容易出现各种各样的问题，社会工作者自身良好的自我是对服务对象最直接、最生动的支持和帮助。

第三，社会工作者要真诚。对于社会工作者来说，真诚是最重要的。真诚既有助于消除服务对象各种消极的情绪困扰，同时有助于创造良好的治疗氛围，有助于服务对象的自我觉醒与自我发展。

第四，社会工作者要无条件地对服务对象关怀。关怀，尤其是社会工作者对服务对象无条件的关怀,可以更好地为服务对象创造良好的治疗关系。无条件的关怀是指社会工作者对服务对象的关怀不应该是附加任何条件的,它就是关怀本身。此外,无条件的关怀并不意味着无原则地迁就服务对象。

第五,社会工作者的同感表达。人本治疗模式非常重视同感,因为同感已经超越了简单的理解,进一步成为社会工作者和服务对象之间认同感的一种表达和象征,这才是推动服务对象自我变化的深层动因。

第六,社会工作者的尊重传达。社会工作者对服务对象的心理沟通、真诚、关怀、理解、同感等行为的背后始终贯穿的是对服务对象的尊重。这种尊重实际上就是罗杰斯一直非常强调的服务对象中心的另一种具体表现。让服务对象感受到尊重,给服务对象以平等,这是行为治疗模式非常重要的治疗目标之一。

3. 治疗方法

在具体的治疗过程中,人本治疗模式强调社会工作者良好态度的表达,注重良好工作氛围的营造,注重平等关系的构建。人本治疗模式表现出明显的非技术化色彩,更多强调社会工作者无形的自我、态度、信念等的重要性,更多强调社会工作者对服务对象无条件的接纳、同感和尊重,更多强调服务对象自我的开放、自我的呈现以及自我的接纳。因为罗杰斯始终相信,一切问题的真正根源在于服务对象的自我疏离、自我贬抑和自我挫败。

五 对人本治疗模式的反思与评论

人本治疗模式是一个特征非常鲜明的理论流派和治疗模式。相较于心理分析和行为主义,它的优点非常明显。

1. 强调人的价值和尊严

人本治疗模式最基本的特征在于对人的主体地位的确立和对人的价值和尊严的弘扬。人不再是本能的动物,也不再是环境的产物,人是独立的有价值的存在,人能够掌握自己的命运。这从人本治疗模式关于服务对象以及社会工作者的界定中就可以看出来。

2. 强调服务对象中心

传统的社会工作同样强调服务对象的中心性,但是对服务对象中心表现最为突出的还是人本治疗模式。在人本治疗模式看来,服务对象并不是有问题的人，而是暂时没有发挥出潜能的人，只要具备合适的氛围，服务对象就能自我修正和自我发展。因此，在人本治疗模式中，服务对象才是真正的中心，社会工作者则起辅助作用。

3. 超越技术治疗

人本治疗模式反对传统社会工作治疗过程中过于注重指导性和技术化的治疗，强调超越技术层面的专业态度、专业关系、专业氛围、专业价值等非技术层面的意义。它的重要意义在于使人本治疗模式彻底摆脱了病理化治疗模式，探索出人本化的自我发展策略。

4. 注重专业态度

由于强调服务对象中心和反对技术化治疗路线，人本治疗模式将治疗的重点放到了社会工作者和服务对象之间心灵的相互交流与感染，因此，社会工作者的专业存在不是依靠专业技术来展示，而是通过无条件的平等、尊重、真诚、同感来展现。从这种意义上说，人本治疗模式的非技术化实质上才是真正的高技术化，这对社会工作者提出了相当高的专业要求。

人本治疗模式还有许多优点，如富有人性化、注重当前行为等。但是，人本治疗模式同样伴随着不少批评，如非科学性、治疗时间长、非技术化等。尽管围绕人本治疗模式还存在许多争论，但不可否认的是，人本治疗模式正日益成为一个切合时代特征的专业治疗模式。

第五节 理性情绪治疗模式

理性情绪治疗模式又被称为 ABC 性格理论，是由美国临床心理学家埃里斯于 1955 年创立的。理性情绪治疗模式在现代生活中应用非常广泛，传统的思想政治工作在某种意义上也可以视为一种理性情绪治疗。

一 理性情绪治疗模式的理论基础

理性情绪治疗模式的理论基础主要包括该理论对人的哲学假设、人性假设、ABC 性格理论以及日常生活中的主要非理性信念等。如果说前文呈现的社会工作实务模式比较偏向于心理学的话，那么理性情绪治疗模式则呈现明显的哲学特色。

1. 人论

从哲学思辨的终极追问出发，理性情绪治疗模式首先发问的对象是人本身。

第一，人是有限的，人不是万能的神。有限性是人的重要特征。

第二，人是会死的，现世今生是人唯一的生命，应该努力珍惜。

第三，追求快乐生活是人的本性，痛苦的生活有悖人性。

第四，人有自由意志，可以自由主动选择自己的生活。

2. 人性论

第一，人天生具有理性和非理性两种信念，理性是我们成长和创造的保障，非理性则导致我们陷入情绪困扰。

第二，人的思想、情绪以及行为同时并存，而且三者相互影响。其中，思想是最根本的影响因素。

第三，人的情绪困扰主要起源于非理性信念，正是人自身引发了困扰自己的问题。

第四，人有自我谴责以及谴责他人、谴责环境的强烈倾向。

第五，人容易受外在环境的影响，人的非理性信念主要源自周围环境的影响。

第六，人们习惯于以他人的评价和期望作为自己生活的准则，真正情绪健康的人更多遵从自我判断，而不是以他人为准。

第七，人有自由意志而且也有能力去改变自己的非理性信念。

第八，人的价值感产生于人自身的存在，而不是由能力、表现、知识等非本质因素决定的。

3. ABC 性格理论

A 代表行为事件（activating events），B 代表信念系统（belief system），C 代表情绪结果（emotional consequence）。人的情绪结果 C、行为事件 A 以及信念系统 B 三者之间具有内在关联性。一般人常常认为，我们的情绪结果主要是由行为事件引发的，但埃里斯认为这只是表面现象，实际上，情绪结果本质上是由信念系统引发的。埃里斯的目的在于揭示行为的本质原因，并寻找矫正行为的根本方法。他的结论和心理社会治疗模式、行为治疗模式以及人本治疗模式完全不同。他认为，思想和信念才是行为产生的最终决定因素，通过对非理性思想信念的改变，我们可以产生积极并且负责任的行为。

埃里斯反对行为主义关于人类行为是外在环境简单刺激的结论。他认为，行为主义忽略了人的主体存在，即在行为反映和环境刺激之间还有一个不可忽视的人的存在，人对外在环境的刺激有一个再解释和重新选择的过程，这决定了人的行为反映的复杂性。

埃里斯认为，人的情绪困扰表面上是由客观的行为事件造成的，其实不然，人的情绪困扰产生的根本原因在于人类自身对该行为事件的主观解释和选择。我们自己的非理性信念系统导致我们产生情绪困扰，因此，解决情绪困扰的根本出路在于纠正由非理性信念系统导致的偏差。

4. 非理性信念系统

第一，一个人绝对需要获得周围他人尤其是重要他人的喜爱和赞许。

第二，一个人应该在各个方面至少在某一方面有所成就才是有价值的人。

第三，有些人天生就是坏人，应该严厉谴责和惩罚他们。

第四，如果事情的发展没有按照自己的预期进行，那实在是太糟糕了！

第五，人的不快乐产生于外在因素，人无法控制自己的消极情绪。

第六，人应该非常关心危险或灾难事件的发生，而且要随时留意。

第七，人很难真正面对生活中的困难和责任，逃避是最好的解决方法。

第八，人需要依赖别人，最好依靠一个比自己更强大的人。

第九，过去的经历对我们现在行为的影响是不可避免的。

第十，一个人应该关心他人，应该由他人的问题而担忧难过。

第十一，人生中的每个问题都应该有一个正确的、完美的解决方案。

二 理性情绪治疗模式的主要内容

理性情绪治疗模式的主要内容包括治疗目标的设定、治疗程序以及社会工作者应该承担的专业角色。

1. 治疗目标的设定

理性情绪治疗模式认为，人的情绪困扰主要源于我们的信念系统出了问题，因此，修正非理性信念系统是理性情绪治疗模式的主要目标。

理性情绪治疗模式将人的情绪划分为两种：适当的情绪和不适当的情绪。适当的情绪包括人的欲望、希望以及当他们无法实现时伴生的挫折感受，因此，爱、快乐、好奇等正面感受以及悲伤、生气、后悔等负面感受都属于适当的情绪。不适当的情绪主要是指带有强烈自贬倾向、引发自我否定的沮丧、紧张、恐惧、敌意等负面情绪。

为了消除不适当的情绪，发现并纠正相关的非理性信念就成为理性情绪治疗模式的主要努力方向。根据时间的安排不同，理性情绪治疗模式的目标可以分为两类：短期目标和长期目标。其中，短期目标主要致力于帮助服务对象建立适当的情绪反应；长期目标主要用来帮助服务对象建立更加理性的人生哲学。

2. 治疗程序

与传统的社会工作实务模式相比，理性情绪治疗模式显得更加主动、更加直接、更具教导性，这使理性情绪治疗模式的专业开展过程和一般的社会工作实务流程有所不同。大致说来，理性情绪治疗模式的专业开展主要遵循以下步骤。

第一，确定当前引发服务对象情绪困扰的问题。

第二，确定服务对象情绪困扰相关的思想信念。

第三，确定服务对象情绪困扰的非理性信念。

第四，反驳服务对象的非理性信念。

第五，确立新的理性信念，取代非理性信念。

3. 社会工作者应该承担的角色

理性情绪治疗模式致力于对服务对象非理性信念的批驳以及对新的理性信念的建立，所以，理性情绪治疗模式对治疗者即社会工作者的要求也相对较高。社会工作者至少应该是一个成熟及身心健康的人。在埃里斯看来，这样的人应该具备以下主要素质：第一，对自己有兴趣；第二，自我接纳；第三，独立性强，自我定向；第四，对他人容忍度高；第五，接受不确定性，面对挑战；第六，信守承诺；第七，富有冒险精神；第八，具有灵活性；第九，科学地思考；第十，亲社会性比较强；第十一，非空想主义。

三 理性情绪治疗模式的具体方法

1. 理性治疗方式

理性治疗方式直接发现服务对象的非理性信念，然后通过辩驳纠正非理性信念，建立科学的理性信念系统，重构正确的人生观。

理性治疗方式的主要技巧有以下几种。第一，发现非理性信念。这是第一步，首先要找到服务对象的困扰情绪，其次要发现困扰情绪背后的信念，最后经过比较，找到其中的非理性信念。第二，辩驳非理性信念。发现服务对象的非理性信念后，社会工作者要紧紧围绕服务对象的非理性信念，与服务对象进行辩驳，并通过多次讨论，帮助服务对象澄清错误认识，否定非理性信念。第三，理性功课。所谓理性功课，其实就是理性训练，通过训练帮助服务对象修正非理性信念，建立科学的理性信念系统。

2. 情绪治疗方式

第一，理性情绪想象。与理性治疗模式不一样，情绪治疗方式主要是让服务对象想象自己正处于特定情绪困扰中，再进一步尝试改变服务对象的非理性信念，缓解并消除服务对象的困扰情绪，最终改变服务对象不合理的信念和行为。其中又可以进一步划分为负面想象和正面想象两种具体做法。

第二，自我表露。面对服务对象，社会工作者要勇于进行自我表露，用自己的相关经历来获得服务对象的理解，争取服务对象的配合，帮助服务对象更好地发现自身的非理性信念。

第三，示范。理性情绪治疗模式中的社会工作者一般要比服务对象高出一筹，因此，在自我表露中，社会工作者可以通过自己的经历和行为为服务对象带来一定的示范效应。

第四，鼓励服务对象尝试。社会工作者应该鼓励服务对象多做尝试，在不断尝试的过程中逐渐修正自我非理性信念，纠正自己的偏差行为。

第五，鼓励服务对象向别人询问对自己的看法。这种做法的目的在于帮助服务对象勇于自我表露，同时帮助服务对象认识到别人对自己的真实看法，推动服务对象加强自我认知和自我定向。

3. 行为治疗模式

理性情绪治疗模式常常借鉴行为治疗模式，用行为主义的方法来加强服务对象的自我认知和自我纠正。

四 对理性情绪治疗模式的反思与评论

理性情绪治疗模式同样是一种特色鲜明的实务模式，关于这个治疗模式的评论主要集中于以下几点。

1. 治疗目标的终极性

理性情绪治疗模式不像其他传统实务模式一样具有太多心理学的痕迹，而是带有明显的哲学特色。所以，在治疗目标的选择上，理性情绪治疗模式没有简单停留于行为本身，而是越过行为，直接定位于人的深层思想信念，并将最终目标指向人生观的建立。这个治疗目标远远超越了许多社会工作实务模式，也是理性情绪治疗模式中最具特色的地方。

2. 主动、导向和直示

理性情绪治疗模式类似于哲学课堂，社会工作者是教师，服务对象是学生，因此，二者的地位是不平等的。社会工作者不相信专业关系的治疗作用，而是直接主导整个治疗过程，直接对服务对象的思想进行批驳，直接向服务对象揭示理性信念。这与人本治疗模式中的社会工作者与服务对象的关系形成了强烈的反差。

3. 坚决否认同感

理性情绪治疗模式坚持认为服务对象情绪的困扰是因为服务对象的非理性信念，所以，社会工作者一定要批驳服务对象的非理性信念，绝不可能对服务对象的非理性信念产生认同。传统社会工作的价值在这里受到了强烈的挑战。

4. 解决问题的根本性

理性情绪治疗模式并不把单个的偏差行为或困扰情绪作为治疗对象，而是将其背后的非理性信念作为真正的治疗对象。因此，理性情绪治疗模式不拘泥于特定的行为或情绪，而是着眼于行为或情绪背后的非理性信念。理性情绪治疗对问题的解决是全局性的、系统性的、根本性的。

5. 自我治疗特征

理性情绪治疗模式可以通过理性功课的形式由服务对象独立完成，可以通过服务对象的自我努力批驳非理性信念，建立理性信念，所以非常适合服务对象的自我治疗。此外，理性情绪治疗模式的技术手段简单、工作流程简洁，具有很强的推广性。因此，这个治疗模式才引起了广泛关注并被广泛推行。

第六节 家庭治疗模式

家庭治疗的兴起是社会工作发展中的一个重要事件，它将服务对象的问题分析视野扩大到家庭领域。迄今为止，家庭治疗仍在不停地探索发展，由此引发的社会工作治疗方法的变革依然尚未完全展露。比较重要的家庭治疗模式有两种：结构家庭治疗和联合家庭治疗。

一 结构家庭治疗模式

结构家庭治疗模式是由美国的米纽钦与他的同事在20世纪60年代创立的。结构家庭治疗模式并不直接解决个人行为问题，而是致力于改变服务对象家庭的交往方式。结构家庭治疗模式认为，个人的问题只是表象，家庭才是导致服务对象出现问题的真正原因，因此，结构家庭治疗模式主张通过多元化、多层次的家庭介入解决家庭问题，最终解决服务对象的个人问题。结构家庭治疗模式在理论上受美国著名社会学家帕森斯的结构功能主义思想的深刻影响，这在结构家庭治疗模式的名称以及基本理论概述中表现得非常明显。

（一）结构家庭治疗模式的主要内容

从结构功能主义的角度出发，结构家庭治疗模式对家庭的解析主要从家庭结构及家庭功能入手，因此，结构家庭治疗模式的主要内容包括家庭系统、家庭结构、病态的家庭结构以及家庭生命周期等。

1. 家庭系统

结构家庭治疗模式认为，家庭是一个系统，家庭成员是构成这个系统的基本元素；在家庭的构成中，家庭是一个整体，尽管家庭是由不同的家庭成员构成的，但是家庭的功能并不是单个家庭成员功能的简单相加，而是重新生成了全新的结构和功能。

构成家庭的每个成员之间相互影响、相互依赖，并共同隶属于家庭，家庭的变化直接影响到每个家庭成员，每个家庭成员的变化也会对家庭本身产生改变作用。

家庭系统要求我们用整体的眼光看待家庭，家庭系统之下同样可能会进一步产生家庭次系统，如父母次系统、亲子次系统等。

2. 家庭结构

家庭结构是家庭整体的基本保障，是家庭成员实际交往过程中的产物，是固化的家庭关系。结构家庭治疗模式在表述家庭结构时主要采用了次系统、边界、角色、责任分工、权力架构等重要概念。

次系统主要是指家庭这个整体系统之下的二级、三级次系统。一个次系统一般包括两个或两个以上的家庭成员，次系统的出现表明家庭系统的复杂性和多样性。

边界是结构功能主义的一个关键词。结构家庭治疗模式主要用来指家庭系统彼此之间的范畴，同时用来表示家庭内部子系统之间的相互关系。边界本身的清晰和模糊与家庭关系的矛盾与和谐有着直接的关系。

角色与责任分工主要用来说明作为整体的家庭其实有着明确的内部分工。家庭就是一个小社会，它要求家庭成员之间有相应的角色担当和责任分工，这是家庭系统合理运行的必然要求。

权力架构主要用来表示家庭成员之间的权力分配，即家庭事务的决定权归谁支配。父权家庭、母权家庭和平权家庭是常见的家庭权力架构。

3. 病态的家庭结构

家庭问题的实质是家庭结构出了问题，常见的病态家庭结构主要有以下几种。

第一，纠缠与疏离。主要是指家庭系统中各个次系统之间边界模糊，导致家庭角色错位、家庭责任不明、家庭权力混乱，从而引发家庭成员的问题。

第二，联合对抗。主要是指某些家庭成员结成同盟，与其他成员相互攻击对抗，这是造成家庭问题乃至导致家庭破裂的主要原因。

第三，三角缠。出现三角缠的家庭结构，一方面表明家庭成员之间的割裂，另一方面表明家庭成员的错置。三角缠很容易引发家庭关系的混乱。

第四，倒三角。主要指家庭权力分配错位，比如子女支配父母等。

现实生活中家庭问题的出现往往是以上几种病态家庭结构的集中爆发和突出表现。

4. 家庭生命周期

家庭生命周期主要用来表示结构化的家庭同时处于周期性的运动变化过程中。家庭生命周期是对家庭变化的一种理想表达。一般来说，家庭的发展都要经过形成期、发展期、扩展期、完成期、解体期五个阶段。家庭生命周期揭示了家庭变化发展的规律。

（二）结构家庭治疗模式的开展过程

一般来说，结构家庭治疗模式的开展先后要经过进入、评估和介入三个阶段，但这不是一种绝对的划分，在实际治疗过程中，还可能在同一时间开展这三个方面的工作。

1. 进入

进入是指社会工作者对作为治疗对象的家庭的进入，对家庭尤其是问题家庭的进入往往并不容易。一般来说，社会工作者进入家庭应该注意以下事项。

第一，接纳家庭的规则与习惯。为了避免家庭的拒斥，社会工作者应该事先了解和接受家庭的规则与习惯，不应该急于改变家庭的潜在规则。

第二，注意了解家庭的交往过程和内在关系。对家庭交往过程以及内在关系的把握，有助于社会工作者了解家庭的实质，进入家庭的问题核心。

此外，社会工作者在进入家庭的时候还应该注意自己的立场，根据家庭的不同情况并结合家庭治疗的不同进程灵活选择贴近、中立、远离家庭。

2. 评估

评估是指社会工作者对家庭做出的评判。评估的实际过程开始于接案之际，并贯穿家庭治疗的过程之中。评估的目的主要在于通过收集、分析资料，对家庭的结构混乱以及功能失调状况做出评判。结构家庭治疗模式认为，对家庭的评估应该从以下内容入手：①家庭的形态和结构；②家庭系统的弹性；③家庭系统的回馈；④家庭的生命周期；⑤家庭成员的症状；⑥家庭交往方式之间的关系。

3. 介入

介入主要是指对家庭的实际治疗过程，是具体治疗计划的实施过程。在实际介入过程中，结构家庭治疗模式往往持有三重专业目标。

第一，改变家庭的看法。一般认为家庭的问题主要是家庭成员个人的问题，而结构家庭治疗模式则认为，家庭是一个整体，家庭问题的出现并不是单个成员自身的问题，而是家庭这个整体出了问题。为了修正家庭成员的观点，社会工作者经常采用集中焦点、重演以及引发强烈感觉等方法。

第二，改善家庭结构。结构家庭治疗模式认为，家庭问题出现的一个主要原因在于家庭的结构出现问题，家庭结构的问题往往表现在家庭各次系统之间边界模糊不清以及家庭结构混乱。为了改善家庭结构，社会工作者常常采用划清界限、破坏有害家庭结构、阐明家庭组成互补性关系等方法。

第三，改变家庭错误的世界观。每个家庭都有一套自成体系的价值观、道德观和世界观，这些观念的错误往往是导致家庭出现问题的深层原因。在实际干预过程中，社会工作者可以通过重建世界观、似是而非的技巧、强化优点等方法来进行干预。

4. 治疗步骤

根据具体的家庭问题情形不同，结构家庭治疗模式的实际治疗过程可能会出现不同，但一般来说，结构家庭治疗模式的开展都遵循以下步骤（Nichols and Schwartz, 2005：144）：介入与适应；与家庭展开交互作用；画出家庭结构图；突出和修正交互作用；设定界限；打破平衡；挑战没有效果的假定。

（三）对结构家庭治疗模式的反思与评论

结构家庭治疗模式为家庭治疗带来了许多引人注目的变化，主要归纳如下。

1. 对家庭整体观的强调

结构家庭治疗模式最大的贡献在于将家庭视为一个整体，同时将家庭成员放入这个整体中进行考察。家庭整体观的引入使对家庭的系统考察成为必要，进一步揭示了家庭本身的复杂性构成。

2. 对家庭次系统的揭示

结构家庭治疗模式充分展示了家庭构成的复杂性，这种复杂性除了表现在家庭整体观外，还有一个非常重要的表现就是家庭的次系统。家庭次系统的揭示使家庭的内在结构以及整体功能的多样性、复杂性面貌得以清晰呈现。

3. 社会学力量的加入

结构家庭治疗模式充分借鉴了当时美国盛行的帕森斯的结构功能主义思想，边界、次系统、结构、功能等概念的引入使结构家庭治疗对家庭的研究卓有成效。此外，对个体、家庭、社会等多重因素的综合理解使结构家庭治疗模式对家庭的理解达到一个新的高度，这也使结构家庭治疗模式在家庭治疗领域中获得了广泛的接纳和赞誉。

二 联合家庭治疗模式

在家庭治疗模式的发展过程中，有一个人不能不提，她就是萨提亚。

因为有了她，才有了另一种新的家庭治疗模式——联合家庭治疗模式。联合家庭治疗模式广泛吸收了存在主义等多种思想，批判了心理分析的主导思想，为个案社会工作和家庭治疗的独立发展做出了重大贡献。

（一）联合家庭治疗模式的基本假设

与其他社会工作治疗模式一样，联合家庭治疗模式的核心内容同样集中在人性论、自我价值感、人的需要、问题本质以及家庭本质等内容上。

1. 人性论

萨提亚对人性持一种乐观的态度。她认为人性是善良的，如果有适当的环境，人性的善良就会真正发挥出来。相反，如果得不到适当的环境，人性的善良就会受到阻碍，人也会因此产生无能和无奈的负面感觉。

2. 自我价值感

萨提亚对人充满了人本主义的期待，她认为一个人的良好自我观念和自我评价对个人以及家庭非常重要，良好的自我价值感能够带来良好的个人行为以及家庭健康，负面的自我价值感则会导致个人的自我贬低以及家庭发展的困难。一个人的自我价值的构成因素主要包括对自己的看法、对他人的看法、对他人关于自己看法的反应以及根据别人对自己的看法而做出的对自己进一步的看法。很显然，自我价值感主要是一种主观评判，而且是可以后天培养的。萨提亚的目的是用自我价值感来强调自我本质的重要性。

3. 人的需要

人是由身体、理智、情绪、精神和感觉等多重因素组成的，人的快乐源自这些因素的和谐组织。每个人都有生存、成长和亲密的愿望，满足这些愿望是人们的基本权利和需求，当人的这些需要能够得到满足时就会产生一个良好的自我，相反，如果人的这些需要得不到满足，则容易产生自我评价的失落甚至偏差问题。

4. 问题本质

由于强调人性的乐观以及自我价值的主观，萨提亚认为，尽管我们一生中不可避免地会遇到许多问题，但是这些问题并不可怕，因为问题本身并不是问题，如何处理问题才是真正的问题。这是萨提亚一个非常著名的发现，她本质上还是强调人的主观能动意义。在此基础上，萨提亚认为，面对问题，科学的处理方式应该具有以下特征：首先，对现实有一个正确的评估；其次，对自我有一个全面的了解；再次，充分调动自己的资源；

最后，对问题有一个灵活的处理方式。

5. 家庭本质

萨提亚用系统的观点来看待家庭，她认为家庭成员之间的互动构成了家庭，家庭构成了家庭成员非常重要的成长基础。家庭成员个人问题的产生在很大程度上和家庭系统有关。家庭系统大致可以分为开放与封闭两种，相对来说，开放家庭对家庭成员个体以及家庭系统整体具有更多的积极影响。

（二）联合家庭治疗模式的主要内容

联合家庭治疗模式认为，家庭成员是主要的治疗对象，家庭系统是治疗的基础，因此，联合家庭治疗模式主要关注的治疗内容集中在家庭成员以及家庭系统两个方面。

1. 家庭成员的自尊

萨提亚认为，家庭成员的自尊非常重要，自尊其实就是家庭成员的自我评价，过低的自尊不仅容易导致家庭成员自身出现问题，而且容易引发家庭本身的问题。一个自尊过低的家庭成员往往过分依赖家庭，甚至在选择婚恋对象时也容易出现恋母或恋父情结。家庭成员的过低自尊往往和父母的自尊程度有关，并且和父母对子女的教养方式有密切关系。现实生活中，家庭成员的过低自尊往往伴随着以下特征：自我否定；难以与人沟通；害怕失败，不敢冒险；寻求权威庇护；心理防御机制明显。这些特征是对家庭成员的自尊进行评估的基本依据。

2. 家庭沟通

萨提亚非常强调家庭沟通。她认为，家庭沟通的形式反映了家庭成员各自的自尊程度，沟通不良在很大程度上并不是因为沟通技能不足导致的，而是因为家庭成员自尊程度偏低，由此导致沟通过程中心口偏离，即内心所想和行为所示的背离。自尊偏低的人想掩盖自我的不良形象，所以就故意表现出相反的举动。

沟通是一个多方传递的过程，涉及自我、他人以及情境三个方面，良好的沟通应该是这三个方面之间的合理顺畅沟通。沟通中常常出现的错误有四种：讨好型、责备型、超理智型以及打岔型。社会工作者的任务就是帮助服务对象建立良好的自我评价，开展表里一致的家庭沟通。

3. 家庭规则

萨提亚认为每个家庭都会形成特定的家庭规则，每个家庭成员都生活在特定的家庭规则之下，良好的家庭规则有利于家庭成员的发展，而负面的家庭规则则会阻碍家庭成员的积极发展，也会阻碍家庭本身的健康发展。具体来说，错误的家庭规则主要有四种：第一，非人性化的家庭规则；第二，绝对化的家庭规则；第三，矛盾性的家庭规则；第四，不合时宜的家庭规则。社会工作者应该帮助家庭成员发现这些不恰当的家庭规则，分析其中的问题，并推动家庭规则的合理化，从而促进家庭成员和家庭的良性发展。

4. 人对事物的反应

萨提亚认为，人是一个复杂的统一体，人对事物的反应也是一个复杂的过程，正确的反应会引导家庭成员积极的情绪和正确的行为，错误的反应则会导致家庭成员消极的情绪和错误的行为。人对事物的反应主要包括六个程序：第一，发现事件；第二，形成事件图像；第三，对事件做出主观解释；第四，对事件的解释产生的主观感受；第五，对已有感受的进一步主观感受；第六，由此产生外显的行为。显然，在这个过程中，服务对象的主观感受使最终的行为反应大大偏离了事件的本来面目。社会工作者应该紧紧抓住事件本身，澄清服务对象主观化的偏离，帮助服务对象建立准确的判断和积极的感受。

（三）联合家庭治疗模式的具体干预

联合家庭治疗模式的具体干预主要表现在社会工作者的专业角色、干预的主要过程以及干预的基本技巧几个方面。

1. 社会工作者的专业角色

（1）解释者

社会工作者向服务对象解释家庭成员自我评价的问题、家庭规则的问题等，帮助服务对象认清问题，并采取积极的处理方式。

（2）示范者

在实际治疗过程中，萨提亚并不十分注重专业技巧，而是非常强调社会工作者的专业品质，希望通过社会工作者的专业魅力向服务对象展示真实的自我，推动服务对象自觉并自决。

（3）引导者

联合家庭治疗模式中还有许多问题需要社会工作者的专业引导才能帮助服务对象真正解决。

通过以上三种专业角色，社会工作者一是可以真正为服务对象创造一个安全的环境，让服务对象袒露自我；二是可以使每个家庭成员彼此建立信任和支持关系，使他们感受到自我的肯定；三是可以使每个人增强自我改变的自信；四是可以为服务对象做出明确的示范，引导他们自我发展；五是可以帮助服务对象形成积极健康的思想、感受和行为方式。

2. 干预的基本技巧

相对来说，萨提亚比较强调人本主义的影响，因此，她十分强调社会工作者的专业品质。她认为社会工作者自身人性的力量要比单纯的工作技巧对服务对象更具影响力，这才是治疗成功的先决条件。这是联合家庭治疗模式和人本治疗模式最重要的发现。在日常工作中，许多社会工作者往往过于注重所谓的专业方法和技能，而忽视了自我的建设。由于社会工作是社会工作者和服务对象心灵与心灵的对话，单凭技术是不可能对服务对象真正产生触及灵魂深处的改变的。

除了这种无形的治疗要求之外，萨提亚还提出了一些实践证明比较有效的专业技术，比如家庭重构、家庭图、家庭年表、自我环等。

3. 干预的过程

从实际干预过程出发，萨提亚将联合家庭治疗模式划分为三个阶段，每个阶段都有不同的治疗目标和治疗方法（翟进、张曙，2003：314~317）。

（1）接触期

这是联合家庭治疗模式的第一步，主要工作目标有三个：第一，与服务对象的家庭建立信任关系；第二，观察服务对象家庭的交往互动方式；第三，与服务对象进行沟通。

（2）转变期

这是联合家庭治疗模式最重要的阶段。这一阶段的专业目标是运用专业理念和方法帮助服务对象认清自我，并推动服务对象及其家庭的改变。与此相关的主要方法有：第一，追溯以往生活经验，以便探求服务对象当前产生行为偏离的原因，这里带有弗洛伊德影响的痕迹；第二，赋予旧经验以崭新的意义，视角的转换将为服务对象打开新的世界；第三，促使服务对象将对旧经验的新理解落实到行为的新选择上，这是服务对象的真正转变体现。

（3）巩固期

这一阶段的目标主要有三个：第一，巩固服务对象已经取得的专业治疗效果；第二，帮助服务对象整合治疗经验；第三，提醒服务对象今后可能面对的新挑战。如果以上三个目标都已经达到，则可以宣布结案。为了更准确地做出判断，萨提亚从专业的角度列出了判断服务对象家庭真正健康的结案标准：第一，家庭成员可以表里一致地进行沟通；第二，家庭成员能够彼此接纳；第三，家庭成员能够明白自己与别人的相互看法；第四，家庭成员已经摆脱了过去负面的影响；第五，家庭成员相互支持；第六，家庭规则富有灵活性；第七，家庭成员能够自由选择行为。

（四）对联合家庭治疗模式的反思与评论

萨提亚联合家庭治疗模式的影响深远，在婚姻治疗、药物滥用、精神健康以及青少年行为矫正中应用非常广泛，对我国社会工作的开展同样具有深远的意义。

1. 家庭的重要意义

每个人都无法脱离家庭。换句话说，家庭对每个人都发挥着巨大的影响作用。中国传统文化中家本位观念的影响使我国家庭的地位和影响更加重要。在目前已经推广开来的闲散青少年、吸毒人员、犯罪人员、学校社会工作等众多领域中，联合家庭治疗模式都发挥了非常重要的作用，被证明是卓有成效的一种专业社会工作方法。

2. 社会工作者专业品质的意义

萨提亚在联合家庭治疗模式中非常强调社会工作者的专业品质而不是专业技能，这对我国社会工作的开展具有深刻启示。许多人往往把社会工作开展非专业化的问题归结为社会工作者专业技能的不足，其实不然，社会工作者专业品质的不足才是最根本的原因。

3. 问题的本质

萨提亚关于问题本质的揭示非常具有震撼力：问题本身不是问题，如何处理问题才是真正的问题。实际工作中我们往往过于注重对问题本身的克服，而忽略了对服务对象面对问题的主观选择的关注，这其实是无视服务对象的一种非人性化的解决方式。

4. 个人改变的全面性

萨提亚认为，一个人的自我包括六个组成部分：渴望、期待、看法、感受、应对模式、行为。相应地，一个人的改变也应该是六个方面的全面改变。在现实工作中，我们应该关注服务对象的全面改变，而不仅仅是其中的某个方面。

第七节　小组社会工作模式

到目前为止，国际上已经出现了许多小组社会工作模式。但是，对于中国来说，小组社会工作因为社会目标及政治诉求等种种原因并没有得到普遍推广，大量的小组社会工作模式主要建立在对小组成员的帮助上。因此，侧重通过小组来推动小组成员的福利服务和积极发展是我们主要的追求。

一　自助小组模式

（一）自助小组的定义

顾名思义，自助小组主要强调小组成员之间的自助行为。在自助小组中，社会工作者更多地退居幕后，小组成员主动走向前台，小组的治疗活动不是由社会工作者自上而下地完成，而是由小组成员平行地完成，对自助小组的定义主要是从小组工作的主要方式和基本目的出发的。目前，不同实务领域中自助小组的发展越来越多样化，其中既有小组社会工作本身发展的推动，也与社会日益多元化和民主化有着密切关系。比如，进城务工人员组成的"打工者之家"，癌症患者组成的"癌症康复俱乐部"等。

（二）自助小组的特征

除了具备一般小组的特征外，自助小组还有以下几个特征。

1. 成员的同质性

自助小组的同质性主要是指小组成员的共同性。一般来说，自助小组的成员具有明显的同质性特征。这种同质性主要表现在小组成员具有共同的问题而不是共同的身份或年龄、性别等外在特征。问题的共同性进一步导致目标的共同性，这是自助小组最本质的特征，比如妇女自助会、禁酒俱乐部等。

2. 产生的自发性

一般来说，自助小组的形成源自小组成员内在的自发性吸引，而不是社会工作者的外在性推动。因此，自助小组往往具有明显的非专业化色彩。但本真的问题诉求的共同性反倒成了自助小组最内在的联结纽带，这也是自助小组往往具有较强的凝聚力的原因。

3. 资金上的自主性

因为产生的自发性，自助小组在资金上往往是小组成员之间的互助共济，以及亲朋好友的捐赠。政府以及各种基金的赞助并不占多数，至少在初创时期如此。

4. 管理上的民主性

自助小组的成员往往没有等级之分，小组成员之间更多地呈现出一种平等的关系，而且小组成员之间的关系是比较松散的。因此，自助小组在管理上的民主色彩比较浓厚，平等意识比较强烈，领导方式往往是小组成员共同领导或轮流领导。

5. 强烈的认同感

自助小组成员之间尽管联结形式比较松散，但是彼此之间的认同感非常强烈。小组共同体意识非常明显，这和自助小组成立的方式有密切关系。这种强烈的认同感可以给小组成员增强自信、带来希望。

6. 小组的开放性

自助小组的成员招募往往只是以问题的共同性为主要目标，因此，自助小组往往呈现开放性特征，小组成员的规模逐渐扩大。目前，世界性的自助小组正在出现，匿名戒毒会就是其中最为典型的代表之一。

（三）社会工作者在自助小组模式的地位

1. 倡导者

在自助小组成立之前，社会工作者可以作为倡导者，积极呼吁，努力倡导，通过与具有领袖气质的服务对象的合作，推动自助小组的产生。当然，社会工作者也可以成为自助小组的设计者。

2. 代理人

作为自助小组的代理人，社会工作者可以了解社区资源和相关社会资源，为小组成立提供资源整合服务。由社会工作者主动推动产生的自助小组在这方面的需求更加强烈。

3. 咨询者

一般来说，自助小组都有明确的问题取向，希望在特定问题上获得帮助，只是这种帮助是小组成员之间的相互帮助，但是小组成员在专业上是有限的，这样，作为咨询者的社会工作者就显得非常重要，尤其是在自助小组发展越来越高级之后。

(四) 自助小组的现实应用

自助小组在现实中的应用非常广泛，在实际推广过程中应该注意以下问题。

1. 社会工作者的专业素质要求

尽管许多自助小组是自发产生的，但是越来越多的实践表明，自助小组的优点越来越突出，所以许多社会工作者会有意识地推动自助小组的产生，而且许多自助小组的规模越来越大，这就要求社会工作者具备较高的专业素养和领导艺术。

2. 成员招募的条件

自助小组的成员招募主要以共同的问题为主导，但是往往还伴随着其他一些基本要求，如成员要有一定的自制能力、不应该对他人具有危害性、应该有爱心等。对于自助小组来说，成员的招募是非常重要的一个前提，也是自助小组能否成立并开展专业活动的基本保障。比如，某女性戒毒沙龙在成员招募上条件非常苛刻，所有成员都必须具有强烈的戒毒意愿，并且连续一段时间没有复吸等。

3. 专业活动设计

自助小组成员之间的联系相对松散，所以专业活动就成了成员之间最重要的联结纽带，丰富多彩而又富有专业特质的活动设计就显得尤为重要。专业性是自助小组超越经验化的根本保障。例如，某癌症康复俱乐部根据癌症病人在生理、心理以及社会适应等方面的问题设计了多样化的活动，由此保障了该俱乐部活动的连续开展，并且逐步扩大了小组规模。

4. 社会资源整合

一般来说，自助小组会逐渐走上健康发展的道路，这使自助小组在规模上不断扩大、在专业活动上逐渐深入。自助小组发展到这个阶段，仅仅依靠小组本身的力量是不行的，跳出小组、走向社会、争取更多的社会支持是自助小组的必然归宿。比如，某女性戒毒沙龙随着小组活动的深入开展，逐步走向社会，先后聘请高校教师、心理咨询师、政府官员、医生、禁毒干警等多种社会力量加入，保障了禁毒小组活动的持续深入开展。

二 成长小组模式

在小组社会工作模式中，成长小组是另一种非常值得关注的发展模式。之所以值得关注，一方面是因为成长小组到目前为止发展势头非常迅猛，产生了许多新的类别；另一方面是因为成长小组反映了社会工作以及社会自身的发展趋势。

（一）成长小组的定义

成长小组的专业目标主要是促进小组成员个人的成长与发展。这种小组的专业目标不是病理性的治疗与康复，也不是社会性的抗争与倡导，而是成员个体的自我了解以及自我发展，最终推动小组成员达到自我的最大发展。

（二）成长小组的兴起背景

到目前为止，成长小组呈现出良好的发展势头，许多人先后参与了各种类型的成长小组。究其原因，除了社会工作尤其是小组社会工作本身的专业发展外，还有非常深刻的社会原因，"在社会工作处于萌芽和上升初期的国家和地区，由于生活质量的提高和教育改革的推进，广大民众渴望实现自我、提高社交技巧、提高婚姻及家庭生活质量和保持心理健康，因而对这类团体存在大量需求"（黄丽华，2003：110）。很显然，社会的发展促进了自我意识的萌生，催生了自我探索的需要，这是成长小组发展起来的重要社会背景。

（三）成长小组的目标

与其他小组不同，成长小组的主要服务对象不是社会，而是小组成员；服务内容不是治疗，而是自我探索。此外，在小组成员构成上，小组成员主要是常态人员而不是异常人群。

从不同成长小组的发展来看，成长小组在专业目标上出现了明显的共同取向，几乎所有的成长小组都以小组个体成员的发展为专业目标，主要活动内容集中于人际交往、问题解决、沟通方式、价值观念、认识自我、了解他人等成长性主题上，通过小组活动，促进小组成员了解自我、发掘潜能、实现自我。在某大学的成长小组中，小组活动的目标是让新生了解大学、了解自我、制定学习目标、顺利度过大学生活，最终顺利走向社会。

（四）成长小组的类别

在发展过程中，成长小组有不少实践形式。其中，有些小组活动已经上升为小组活动的经典，成为小组活动的主要象征。交友小组、学习小组、成长小组、训练小组、力量小组、意识唤醒小组、价值澄清小组等都是成长小组著名的实践代表。其中,训练小组尤其值得关注,因为它是成长小组模式中最早的专业实践。

训练小组是敏感小组和交友小组的前身,最初的主要目的是增强小组成员的领袖意识。训练小组后来衍生出许多深受欢迎的新型小组形式,如对抗小组、交友小组、敏感小组等。其中非常值得一提的是敏感小组。敏感小组并不处理精神健康等问题,而是致力于对小组成员意识的提升,通过参与式的活动,帮助小组成员体验小组动力,从而澄清自我意识、认识真实自我。后来敏感小组的应用范围非常广泛,在妇女、黑人等少数群体或弱势群体的自我觉醒等方面取得了显著的效果。

(五)成长小组的活动开展

1. 社会工作者的潜在主导地位

尽管成长小组主要是通过小组成员的有机互动,利用小组的团体动力,在参与和体验中帮助小组成员自觉,但是这并不意味着社会工作者的地位可有可无。实际上,社会工作者的地位更加重要。成长小组的目的主要是推动自我的成长,因而专业的推动和引导就显得非常重要。尽管社会工作者常常是引而不发,但这其实意味着社会工作者需要具备很强的专业控制能力。

2. 专业活动内容的精心设计

由于涉及小组成员的自我反省,而且需要激发小组的专业动力,成长小组的专业活动内容以及专业活动程序的设计就显得非常重要。比如,在某大学生成长小组活动中,为了提升新生的自我认知能力,专业指导老师先后设计了资源了解、自我探索、专业认知、学习生涯、发展目标、社会认知等活动,每节活动都与前后活动紧密结合、相互促进,最终形成一个有机整体。

3. 组员的认真遴选

成长小组获得成功的一个关键因素是小组成员的遴选。相对来说,成长小组是一个同质性较强的群体,整个小组具有明确的目标导向。这就要求成长小组的成员具有一定的共同性,但是又不能完全相同,否则就可能会出现小组领袖的缺失,导致小组缺乏动力,无法开展起来。在某大学成长小组中,每个小组中除了大部分新生外,还有两个高年级学生。如此一来,整个成长小组依然是同质构成,但是多了明显领袖人物,可以随时调整小组活动的方向,保障小组活动的顺利开展。

4. 提升成员认同感

成长小组主要依靠小组成员之间的相互激发,在分享和倾听的氛围中增强小组成员之间的互动,因此,小组成员之间的认同就非常必要。许多成长小组难以开展,主要是因为小组成员之间的提防、戒备和不信任,如何破除小组成员之间的坚冰,是社会工作者非常重要的一项任务。

(六) 成长小组活动的应用例证

为了更好地说明成长小组活动的开展,我们以某成长小组活动为例进行说明(刘梦、陈丽云,2004:8)。

1. 小组名称

单身母亲自强小组。

2. 小组活动目标

第一,帮助单身母亲重新认识自我,学会欣赏自我。

第二,鼓励单身母亲说出心声,学会分享姐妹情谊。

第三,培养单身母亲的维权意识,向社会说出自己的要求。

3. 小组活动原则

身、心、灵、社综合唤醒:身体的运动与训练;心情的管理与表达;灵性反省与生命重塑;社会关系的培养。

4. 小组活动安排

第一节,崎岖中的成长:人生的挑战。

第二节,爱的释放:释放与宽容。

第三节,爱惜自己。

第四节,自我升华:推己及人。

第五节,与孩子一起成长。

5. 小组活动结果

通过小组活动,单身母亲学会了面向未来,学会了宽恕别人,学会了善待自己,学会了维护自己的权利,学会了向社会表达自己的心声。

第八节 社区服务模式

提到社区发展模式,一般都会想到美国学者罗斯曼对社区发展模式的三种概括,但是,在我国,罗斯曼提出的社区发展模式并不完全适用。近年来，我国对社区的重视程度日益增加，对社区的投入和创新也越来越突出，"三社"联动就是非常值得关注的本土社区服务和社区管理的模式化探索与创新，因此，对社区发展模式的探讨更多地选择从我国自身的实践入手。

一　罗斯曼的非本土性

关于社区发展模式，罗斯曼概括为三种：地区发展模式、社会策划模式和社会行动模式。迄今为止，我国社区发展实践中并没有简单搬用罗斯曼的任何一种模式，因为罗斯曼所说的社区与当前中国沿用的社区语境差异太大。目前我国依然在努力探索一条具有中国特色的社区发展模式。

二　社区服务的提出

我国最早关于社区发展模式的探讨首先产生于社区服务，1986年我国开始提出"社区服务"概念，中间经过几次变化，到目前为止，公认的关于"社区服务"的定义是1994年民政部在上海召开的"全国社区服务经验交流会"上提出的。

社区服务是在政府的倡导和支持下，为满足社区成员多种需求，依托街道和居委会，发展社区力量开展的具有社会福利性质的居民服务业。

社区服务被定性为社会保障体系和社会化服务体系中的一个重要行业，因此，社区服务的主要内容包括社区福利服务业和便民利民服务业。

社区服务的性质被界定为福利性、群众性、服务性、互助性和地缘性五个特征。

社区服务的主要内容被界定为三个面向：面向老年人、残疾人和优抚对象等特殊困难群体提供社会福利服务；面向广大城市职工和离退休及事业人员提供社会保险管理服务；面向社区企事业单位和机关团体开展双向服务等。

三　社区建设的推进

随着我国社会发展的不断深入、社会转型的全面推进、居民服务要求的提高，以及社区发展本身的不断深化，社区服务已经越来越无法适应社会发展的新要求。于是，1991年时任民政部部长崔乃夫提出了社区建设的新思路。在一定程度上，社区建设可以被视为社区服务的一种深化。

从实际内容看，社区建设在服务内容上比社区服务有了较大的拓展。从服务目标看，社区建设比社区服务有了明显的提高，社区建设不再仅仅停留在简单被动的低层次服务上，而是主动提出了建设性新目标。基层政权建设、社区党建、社区文化、社区体育、社区环境等发展性任务成了社区建设的核心话题。从具体建设思路看，上海、南京、青岛等地都提出了富有地方特色的建设思路，上海市的"两级政府、三级管理、四级服务"网络是其中非常有特色的一种现实实践。

四　社区发展的规范化

无论是社区服务还是社区建设，都是中国在特定时期的一种探索，联合国在社区事务的推进上主张的称谓是"社区发展"。为了更加规范我国的社区实践，社区发展越来越多地取代了社区服务和社区建设，尽管在实际活动中我们和联合国在社区发展的理解上还存在一定的分歧。

目前来看，我国的社区发展主要还是在政府主导下进行的。这意味着，我国的社区发展还是一种政府色彩比较浓厚的社会实践运动。这一方面是因为政府职能改革有待进一步深化，另一方面是因为社会力量的发育相对比较滞后。在此情形下，非政府力量对社区发展的介入空间相对有限，因此，社区发展的具体实施更多是政府主导之下的多方社会力量参与。

从严格意义上说，罗斯曼倡导的社会工作模式是社会工作意义上的专业社区发展，从根本上不同于我国社会保障意义上的社区发展。从现实意义上说，我国社区发展中专业社会工作意义上的社区发展虽然正在逐步兴起，但依然难以完全摆脱社会保障意义上的社区发展。因此，在社区服务的具体执行过程中，社会工作者往往要借助街道、居委会等传统的非专业力量，社区发展的模式常常带有浓厚的行政化色彩。

第九节　赋权模式

从社会工作的历史发展来看，如果说心理分析、行为主义、人本主义、生态系统等模式更多代表了社会工作早期的一些探索的话，那么赋权视角相对来说则是一种新的发展,代表了现代社会工作又一种特色非常鲜明的理论探索和实务尝试。

一 赋权模式的兴起

之所以强调赋权模式与其他古典模式的不同,不是缘于时间的差异,而是因为理论视角和立场选择的问题。相对来说,无论是心理分析、行为主义、人本主义等富有心理学特色的社会工作实务模式,还是更多拥有社会工作专业自身独特气质的理论模式,如生态系统理论模式,尽管从表面上看差异非常明显,但本质上都是保守性或中立性的。

赋权模式的理论源头有很多,但是激进是赋权模式的标签。赋权模式的重要性在于,这个模式代表了社会工作另一种不可或缺的重要策略和路径。事实上,赋权模式的确非常具有颠覆性和冲击力,这个模式一经产生就迅速在社会工作领域产生了强烈的影响,以至于亚当斯认为"20世纪80年代社会工作实践进入了所谓的赋权取向时代"(何雪松,2007:144)。

尽管赋权模式渊源甚广,但所罗门往往被视为社会工作领域中赋权模式的重要理论奠基人。她在《黑人赋权:被压迫社区中的社会工作》一书中通过对黑人被压迫及寻求解放的研究,对赋权的概念做了详尽解释。"赋权观点在美国是起源于少数民族社会工作,后来慢慢扩散至族群与文化敏感性领域,并且合并社会变迁与转变。"(简春安、赵善如,2010:471)

尽管赋权模式代表了社会工作比较新的激进取向,但实际上,社会工作一开始与贫民等弱势人群有关,而且更多立足于社区。马克思主义以及女权主义等激进理论思想的影响,尤其是20世纪60年代全世界范围内的反抗运动,是赋权模式产生的动力和思想源泉。

在当今社会工作实务中,赋权模式相对来说被提及的越来越少,激进的声音也逐渐暗淡下去。重提赋权模式一方面是为了更好地呈现社会工作完整的理论图景,另一方面是为了提醒每个社会工作者,"根本上,赋权就是一种社会正义,它是透过分享的支持与行动增进平等与公正"(Howe,2011:169)。

二 赋权模式的主要内容

关于赋权的研究理论家和思想流派非常多样。"赋权既是一种理论,也是一种方法……赋权既是一个过程，也是一个结果。"(Teater, 2013: 66) 我们还可以进一步说，赋权既是一种立场，也是一种策略。

诸多关于赋权的理论思想中，所罗门对赋权所下的定义尤为引人注目，它奠定了社会工作对赋权的方向性理解和框架性实践。赋权是"社工针对服务对象所采取的一系列活动的过程……旨在减少基于污名群体的成员的负面评价而形成的无力感。它涉及辨识导致这一问题的权力障碍和旨在减少间接权力障碍的影响和减少直接权力障碍的运作的特定策略的发展实施"（参见何雪松，2007:147）。

芭芭拉·梯特认为，"赋权的概念是个体、群体以及社区控制自身环境、行使权利和实现目标的能力，在独立与合作的过程中帮助自己和他人最大化地提升自身生活质量的过程。这一定义强调边缘化与被压迫群体获取控制自己生活的权利"(Teater, 2013: 66)。

亚当斯（Adams, 2013: 20）则直截了当地说，赋权是一个政治概念，可以被定义成"个体、团体和社群掌管其境况、行使其权力并达成其自身目的的能力，以及个别和集体地，能够借此帮助自己和他人将生命的品质提高到最大限度的过程"。

尽管对"赋权"的概念界定差异较大，但是差异背后的共识同样非常明显，从能动性角度来看，正如亚当斯所言，赋权的内容涉及三个要素：人们的能力、人们行使权力的过程以及人们的成就（Adams, 2013: 20）。亚当斯的论述不仅指明了被压迫者的非个体化原因，还指明了人际关系的重要性，尤其是权力的作用。

从结构性角度来看，赋权同样包括三个重要因素：权力、压迫和制度。很显然，赋权模式更多是一种结构化的视角、一种激进化的立场、一种批判性的态度、一种解放性的追求。这也是很多人喜欢将赋权模式与马克思主义和女权主义及更多反压迫的理论关联起来的原因。事实上，赋权模式可以被看成是马克思主义和女权主义及宏大反压迫理论的应用，在很多理论假设乃至实务技巧上，从赋权模式中可以看到这些宏大反压迫理论的具体实践。

三 赋权模式的基本假设

任何一种理论都是一个假设和验证的过程，社会工作每一种模式背后都有相应的理论假设，这种假设支撑着整个模式的建构。赋权模式同样建立在别具特色的假设之上,这种假设就如同数学中的公理和定律一样,成了整个理论系统和模型的核心支撑。

Lee 把赋权模式的假设归结为以下四点(参见 Teater,2013:67)。

第一,压迫是一种结构性现象,影响到个人和群体。在这个假设中,尤其需要关注的是结构性现象,赋权模式最大的突破在于破除了服务对象自我谴责的错误,指出了社会污名乃至社会压迫的制度性根源,这正好呼应了社会工作关于人在环境中的假设。它意味着社会工作的真正服务应该立足于制度等宏观结构的批判和解构,这样才能从根本上解决服务对象的问题。

第二,个体、群体拥有资源和优势,可以帮助服务对象复原,并进一步克服制度等环境性问题。赋权模式的这个假设的真正目标在于强调服务对象的主观能动性,强调服务对象并不是天生的失败者,而是最终的胜利者,这个假设为受压迫和被污名的服务对象提供了理想和希望。因此,赋权模式在此后的发展中常常与社会工作中的优势视角以及复原力或抗逆力这些积极概念结合在一起。

第三,个人与环境的双重关注。这是赋权模式的另一个重要假设,同时与前面两个假设是密切联系在一起的。在赋权模式看来,尽管服务对象的权利维护是我们的奋斗目标,但真正的原因在于压迫性的环境,因此,赋权模式下的社会工作一方面关注被压迫的服务对象,另一方面关注作为压迫者的环境。这个假设与社会工作专业信奉的个人与环境双重视角和双向介入是正好呼应的。

第四,赋权既是一个过程,也是一个结果。不止一个人指出过这一点,赋权模式本身更多是一种行动哲学,致力于积极的改变,这种改变本身也可以被视为一种不断趋近的理想目标。在赋权模式看来,平权是一个先赋的理想状态,剥权是一个后天的非正常现象,赋权则是改变剥权造成的不平等,从而达到赋权造就的平等状态。剥削、平等、压迫、解放构成了赋权模式的核心概念。这种压迫是一种社会性压迫,这种剥权是一种结构性剥权,所以真正意义上的赋权应该是整体性的政治平等变革。

四 赋权模式的实践原则

从以上有关赋权模式的假设和服务内容等出发,Lee 把赋权模式实践的原则具体归结为十个要点,详细阐述如下(参见何雪松,2007:149)。

第一，所有的压迫都是破坏性的，社会工作者和服务对象都应该反对压迫，这种反抗更多应该是团结的、共享的。

第二，社会工作者对压迫应该有一个整体的视角，应该把压迫还原到环境中去，不应该把压迫归结为个体原因。

第三，服务对象可以自我赋权，社会工作者借助专业为服务对象提供必要的帮助。自我赋权更多地强调了服务对象自身的权利和责任，这是赋权模式中非常重要的一个概念。

第四，除了服务对象自我赋权外，赋权模式进一步强调同质性人群之间的人际赋权，通过群体力量取得解放。这是赋权模式中除了自我赋权外非常重要的一个赋权策略。

第五，社会工作者和服务对象之间应该建立互动互助关系，服务对象每个人的独特性和优势是人们抵抗和复原的主要手段。

第六，社会工作者要鼓励服务对象用自己的语言来进行表达。语言是赋权模式中强调的一个概念，也是解放服务对象的重要手段，受当代哲学社会科学影响，社会工作同样非常关注语言的重要意义。在赋权模式下，服务对象和语言更多地具备一种同构关系。服务对象自己被压迫的同时，他的语言同样被压迫。所以，鼓励服务对象放弃压迫者的语言，更多地使用自己的语言，既是在唤醒服务对象的主体能动性，也是典型的为服务对象赋权的做法。

第七，服务对象是胜利者而不是受害者，这也是赋权模式的一个重要实践原则。尽管现实中服务对象处于被压迫地位，但服务对象不应该把自己当成受害者。换句话说，服务对象不应该承认被压迫事实的天然正当性。把服务对象当成胜利者，本质上是鼓励服务对象更好地把握自己的命运，争做自己的主人。

第八，注重社会变迁的整体视角。赋权模式更多地强调结构性视角和系统性视角，希望把压迫的原因归结为社会的制度性压迫。相应地，服务对象的解放更多应该定位于整个社会制度的结构性变革。

第九，服务对象和社会工作者是一种平等关系、平权关系、共享关系、互动关系、双向合作关系。赋权模式的这个观点意味着专业的压迫是需要摒除的，专业的不平等是需要反对的，即使是基于对服务对象本人的帮助。

第十，赋权模式的实际干预可以分为三个层面：首先是个人层面，服务对象与社会工作者建立平等专业关系，唤醒服务对象的意识等；其次是人际层面，推动小组等人际行动；最后是集体行动，通过社会行动达成赋权目标。这三个层面后来被总结为赋权模式的三个内容（也叫三种策略或三个层面）：个体赋权、人际赋权和集体赋权。

赋权模式的十大实践原则非常详尽地指出了践行赋权模式的实务指引。我们可以非常明确地看出，一方面，赋权模式和偏重心理学传统的心理分析主义、行为学习、人本主义不同的地方在于结构取向，即整体视角；另一方面，赋权模式和更具社会工作色彩的生态系统模式也存在巨大的差异，虽然二者都倾向于系统视角和环境改变，但赋权模式相对而言立场更加激进。在实务干预策略上，赋权模式更加侧重于超越表面问题，注重深入问题背后的本质性原因，即权力问题的根本性解决。

五　赋权模式的实务技巧

虽然赋权模式相对来说更加注重整体性视角、结构性分析和系统化解决，但这是需要进入实务操作层面的社会工作指导理论，因此，赋权模式进一步探索出现实工作中的具体实务流程和技巧。

Guti'errez 首先把个体层面的赋权划分为四个步骤（参见简春安、赵善如，2010：472）。

第一步，增强自我效能，注重自我优势，发展个体主观能动性，增强个体的责任感和掌控感。后来的赋权模式更多地开始引入社会工作的优势视角以及行为主义尤其是班杜拉的自我效能感，这些概念进一步强化了服务对象的主体性，消除了服务对象的剥权感，反抗服务对象的被污名化。

第二步，培养集体意识。赋权模式尤其反对服务对象自我责备，注重挖掘服务对象之外的社会环境因素，因此，社会的批判成为主要动力，集体的力量成为主要的策略。培养集体意识一方面可以更好地发现服务对象问题的根源，另一方面可以为个别服务对象提供强大的集体力量支撑，有助于从根本上破除个别服务对象的无力感。

第三步，减少自我责备。这和前面的介入策略密切关联，能够帮助服务对象找到问题的深层原因，从根本上解决服务对象的问题。大部分服务对象因为被污名化会更多本能地倾向于自我苛责，这将进一步打击服务对象的自信心。在减少自我责备的同时，个体应该更多地将问题的根源转向社会，转向压迫群体乃至压迫制度。

第四步，承担改变的个体责任。这是一个非常值得称道的实践技巧，也非常符合社会工作学科关于个体与社会双重视角和双向介入的假设。尽管服务对象的问题根本上是由社会造成的，服务对象被压迫群体污名化很严重，但并不意味着服务对象可以自我责备，更不意味着服务对象可以自我放弃，而是希望服务对象勇敢地承担起改变的个体责任。

应该说 Guti'errez 的实务技巧更加偏重自我赋权，它只代表了赋权模式的一个重要维度，Rose 则进一步补充了赋权模式的社会维度，即人际赋权和社会赋权实践技巧（参见简春安、赵善如，2010：473）。

第一，情境化。社会工作非常注重人在情境中，而赋权模式则更多地强调把个体的服务对象还原到特定的社会情境中，从而厘清服务对象的问题原因，找到真正的问题解决之道。总而言之，不应该将问题个体化，而应该将问题社会化。

第二，赋权。权力的问题始终是赋权模式的关注核心。按照所罗门的解释，赋权模式最核心的问题在于解决服务对象的无权力感。因此，赋权才是问题真正行之有效的解决之道。权力不仅仅是充满压迫的，也可以用来进行解放。这是很多人将赋权模式政治化的重要原因之一。

第三，集体性。赋权模式最重要的解决策略一方面是将个别服务对象的问题外化成制度性的问题，另一方面指明了赋权的真正解放之路。从马克思主义到女权主义，弱势服务对象的团结始终是最关键的斗争方式，其中首先包括集体意识的唤醒。

很显然，Rose 更多归纳了社会赋权的实践策略，如果再加上 Guti'errez 的个体赋权技巧，那么赋权模式的实践策略就相对完整了。事实上，赋权模式的确是一个从个体到社会的完整斗争过程，个体赋权、人际赋权、群体赋权、社会赋权、制度赋权等构成赋权模式的有机连续实践谱系。这在一定程度上避免了传统社会工作对个体和社会两个极端的摇摆和割裂。

六　对赋权模式的反思与评论

从各个角度和层面上来讲，赋权模式都是非常值得我们关注乃至尊敬的一个专业探索和尝试。赋权模式由于自身的激进立场，在社会工作的专业发展历史中留下了深刻影响。

从积极方面看，赋权模式从权力入手，找到了一个不同以往的问题分析抓手，并由此找到了一个不同以往的解决道路。赋权模式对服务对象个体的去污名化、自我责任感的强化以及自我效能感的提升有助于真正建立服务对象中心的社会工作解决策略。同时，赋权模式对集体行动的强调及对社会赋权的注重有助于真正强化社会工作的社会属性，从而建立社会工作的独立学科。

从消极方面看，赋权模式无论是在立场上还是在实践技巧上都比较激进，这种强烈的批判色彩和解构努力在一定程度上会导致权力阶层的抵触乃至反对。社会工作本身隶属于整体的国家服务和管理体系，赋权模式的激进选择在一定程度上会导致权力阶层对社会工作的疏离与压迫。赋权模式产生之初影响强大，但很快几乎世界范围内赋权导向的社会工作实践趋于弱化，一方面是由于服务对象问题类型和社会治理模式的变迁，另一方面和赋权模式与生俱来的批判意识和反抗气质有很大的关系。

第十节 叙事治疗模式

相对来说，叙事治疗产生的时间比较晚，但不可否认的是，与其他服务模式相比，叙事治疗产生的影响越来越大，并且对社会工作实践和理论产生了不可估量的影响。关注叙事治疗就是关注社会工作的未来发展趋势，这是我们讨论叙事治疗的主要原因。

一 叙事治疗产生的渊源

一般而言，对叙事治疗的理解有两种：一种是广义上的叙事治疗，几乎包括了同一个叙事治疗名词下的各种理解；另一种是狭义上的理解，专指由澳大利亚人麦克·怀特主导创立的叙事治疗。我们在这里介绍的是以怀特为主要代表的叙事治疗。

每种理论的产生本质上都会不可避免地打上创始人的烙印，叙事治疗的理论气质同样与怀特的个人风格存在密切关系。

根据《叙事治疗的实践》一书中的描述，怀特"是工人阶级出身的阿德莱德社工，一生的大部分时间里都被归在主流之外。临床工作对象大多是非主流的；滋养的理论基础也都是主流治疗界以外的学者"（怀特，2012：7）。

这段话是我们理解叙事治疗很重要的一个参照。首先，叙事治疗是澳大利亚一个传统的社会工作者创立的服务模式；其次，怀特至少前期并不是主流的社会工作专家，所以他的叙事治疗更多地充满了边缘文化对主流的反叛，这在后面叙事治疗的主要内容和服务技巧里可以清晰地看到；最后，怀特吸纳了很多不同的理论流派，所以在叙事治疗的实际运用中，明显可以看到很多不同流派的理论方法。许多人误认为叙事治疗比较偏个体的心理导向，在立场上倾向于中性甚至保守，缺乏对宏观甚至激进议题的把握。事实上，这种对叙事治疗尤其是怀特的传统叙事治疗的批评是不公平的，甚至可以说是无知的。

关于"叙事"的概念，很多人把"叙事"或索性直接把"故事"当作叙事治疗的核心，其实这存在一定程度的误解。事实上，最开始怀特并没有使用"叙事"这样的词（Payne，2012）。"诺顿出版社将我们原本的书名《用文学方法达到治疗目标》（*Literary Means to Therapeutic Ends*）改为《用叙事方法达到治疗目标》（*Narrative Means to Therapeutic Ends*），也就是《故事、知识、权力：叙事治疗的力量》，将这本书从不见天日的悲惨境遇拯救出来。"（怀特，2013：3）怀特在这里非常谦虚，但的确可以发现，在叙事治疗的具体应用中，怀特更多强调的是文字书写的多种方法在治疗中的具体应用，这些书写方式包括书信、邀请函、参考资料、证书、预测、宣言等。这意味着我们对叙事治疗的理解不能简单化，更不能直接将其还原为"讲故事"。

在具体理论渊源上，叙事治疗之所以很重要，原因在于叙事治疗与其他社会工作服务模式的重大差异在于理论范式的不同。叙事治疗从广义而言隶属于后现代主义思潮，社会建构成为其核心支撑理论，包括诠释学等都是叙事治疗的主要理论来源。传统社会工作服务模式更加注重确定性、本质化的问题解决，而后现代主义影响下的叙事治疗则更加强调多元化、差异性的服务对象情境性互动，强调服务对象对问题本身的主观建构意义。如果说传统社会工作服务模式更加偏向于客观化和确定性的科学主义实证解决的话，那么后现代主义影响下的叙事治疗则更加强调解构化和差异性的人本主义批判的生成。这才是我们谈论叙事治疗的真正意义所在。

此外，叙事治疗还受到法国哲学家福柯的深刻影响，福柯关于知识、权力、真理以及社会控制技术等的论述为叙事治疗提供了分析框架，叙事治疗将个体被压迫的原因更多地引向了社会压迫的文化要素，并因此成为一种事实上的反压迫的政治治疗。

二 叙事治疗的主要内容

叙事治疗由于深受后现代主义的影响，反对宏大叙事、反对普遍化的确定性、反对简单化的中心主义，因此，想要简单概括叙事治疗的基本思想其实是不容易的。

1. 作为世界观的叙事治疗

怀特关于叙事治疗的自我表述曾被人广为引述，他说："把（叙事治疗）这个学说定义成一种世界观是不是比较好呢？也许吧，可是，即使如此，还是不够的。也许该说它是一种认识论、一种哲学、一种个人的承诺、一种策略、一种伦理、一种生活等。"（参见佛瑞德门、康姆斯，2009：26）显然，叙事治疗首先并不仅仅是一种治疗技术和服务方法，而是一种更广意义上的哲学思考范式。因此，怀特竭力反对将叙事治疗简单还原为所谓的故事治疗，他认为，"关于我提倡的治疗方法的这些讹误结论中，有些是因为他们误以为我的方法主体就是叙事治疗，这个误会可能会一直延续下去，或许不再使用叙事治疗一词，改换成其他名词，才能强调出重视个案复杂的生命内涵"（怀特，2012：50）。

2. 通往文化的叙事隐喻

怀特强调的这种复杂性更多地指向个案问题背后更加复杂的社会文化存在，就此意义而言，叙事更多是一种隐喻，叙述的重要性在于它是一种文化的载体，经由叙事最终和深层的文化建立内在关系。"打开故事不但可以解构负面认同与结论，也能让人更看清楚故事中的人生模式和思维、历史与文化的存在及思考模式如何在故事中现身，这些治疗方法将世界带入治疗，让个案了解到：许多惯例和习以为常的观念与习俗都是文化和历史的产物，并不是人类本质与认同中不变的真理。"（怀特，2012：50）

3. 文化背后的权力压迫

福柯的影响在于深刻地揭示了真理与权力的关系以及社会控制技术的形成，怀特的叙事治疗继承了福柯关于权力、真理以及文化和社会的批判。叙事治疗更多不是停留在个体的问题治疗，而是进一步深入社会的文化治疗和政治疗愈。怀特认为，"根据专业权力，现代专业领域（包括心理学、社会工作、医学以及精神医学）擅长发展出执行专业纪律的技术，让人们随时检查自己以及他人的言行是否符合常态……我们根据这些所谓的常态检查自己的人生……健康和病态、正常和异常、表现良好和表现不佳之间的连续量尺，就是现代权力的工具"（怀特，2012：63）。

怀特非常犀利地揭示出外在表现的个体问题与内在深处的社会文化以及权力机制的制约关系。简单来说，服务对象的个别问题更多是与社会整体文化和权力存在根本关系，而且社会整体文化和权力影响着服务对象，造成了问题的出现。这个结论与社会工作关于"人在环境中"的假设是一脉相承的，但怀特更加深入和细致地把抽象的社会分解成具体的文化以及权力，并指出了文化和权力对服务对象的形塑作用。

4. 反抗权力的可能

非常值得赞赏的是，怀特没有简单停留在权力机制的决定性宰制作用这种悲观论调，而是进一步提出了个体对权力机制的反抗希望，他说，"现代权力有很多核心、很多源头（而不是一元或完全概括）。当我们过生活、形成自我认同时，我们全都成为权力系统操作的一部分。这些权力随处可见、无孔不入，但是，我们不应绝望。如果现代权力充斥于我们的社区、个人生活和关系中，那么，我们也有无限多的机会，去了解这些操作，并推翻他们"（怀特，2012：65）。怀特面对权力的这种乐观主义观点其实与福柯关于权力的观点也是一脉相承的，我们在这里又一次真切地感受到福柯对怀特的深刻影响。

三 叙事治疗的实务操作

从上述叙事治疗的理论渊源及主要内容不难看出，叙事治疗更多致力于解放被主流文化和权力机制压迫的个别服务对象，在看似绝对不平衡的个别服务对象和文化权力二者对抗中，如何帮助个体对抗整体就成了叙事治疗的核心。

基于此，怀特发展出叙事治疗实务操作的基本假设。他认为，首先需要强调的是个体与问题的区分：个体本身不是问题，问题本身才是问题。因此，发现问题并且分离问题就成了帮助个体服务对象的重要起点，外在化以及重命名就是与此相应的重要治疗技巧。

此外，怀特还进一步挖掘了问题的根本原因。他认为，个人问题的形成在很大程度上与主流文化的压制有关，人们咨询的很多问题实际上是文化的问题。而文化问题背后则是更深层次的权力问题。个体的问题更多体现为被权力扭曲的异化的生命叙事。通过故事的重述以及改写，人们可以发现问题的根源、解构错误的生命并且重构崭新的生命。

怀特在他的代表作《故事、知识、权力：叙事治疗的力量》中主要把叙事治疗的展开划分成四个步骤。

第一步，故事、知识和权力，由此发现问题。重点是通过文本类比，在社会政治脉络里重新思考、发现服务对象的问题。

第二步，将问题外在化，也就是将问题与人分离。问题的外在化有助于减少服务对象的挫败感，打开新的可能，提供对话的可能。

第三步，开展故事治疗。服务对象把自己的经验组成故事以后才能够赋予生活意义。

第四步，借助反对性文件重塑生命叙事。这些文件不仅塑造了主体的生命，同时塑造了作者的生命。

在此基础上，叙事治疗的实务展开过程从技术层面被归纳为以下几个步骤，可以作为服务的借鉴（何雪松，2007：181）。

第一步，社会工作者与服务对象建立合作性关系，共同书写故事，从中发现问题。

第二步，通过外在化等方式，将服务对象与其问题进行分离，明确服务对象本身不是问题，问题本身才是真的问题。

第三步，寻找奇异性的独特结果和事件，帮助服务对象建立问题解决的信息和基石。

第四步，借助行动图景和意识图景等技巧，帮助服务对象进一步澄清问题。

第五步，将独特结果和奇异事件作为例外出发点，尝试帮助服务对象建构新的叙事可能。

第六步，引入重要他人，加入见证团体，建立新的见证，坚定自我发展。

第七步，用宣言、书信等多种文字形式记录、分享服务对象的成长变化。

第八步，帮助服务对象重构全新的生命故事。

尽管不同的人对叙事治疗有不同于一般人的特殊体验，但不可否认的是，在实际开展叙事治疗的过程中，以下八个要素或者八项服务内容是必须关注的：①倾听和了解服务对象的故事；②以叙事的方式协助服务对象定义他们的挑战；③共同致力于寻求意义；④提升服务对象对权力宰制关系的认知度；⑤帮助服务对象外化他们的挑战议题；⑥帮助服务对象重构具有能力和优势的个人故事;⑦确认服务对象具有重构其生活故事和建构替代性叙事的特权;⑧分享见证服务对象的故事。

四 对叙事治疗的反思

相对于其他社会工作实务模式而言,叙事治疗提供了比较具体的操作技巧和比较可行的操作过程。除此之外,与其他治疗模式不同的是,叙事治疗更多属于后现代主义范式。因此,叙事治疗多了一些反思性和批判性以及建构性,尤其需要关注的是,叙事治疗明确地将服务对象与问题分离,并且进一步将问题与文化和权力关联起来,这使叙事治疗对服务对象尤其是对社会工作者提出了更高的要求。反思的能力和批判的勇气是最为重要的专业保证,这意味着成为一个合格的叙事治疗社会工作者除了要进行方法技术训练外,还要具备对文化的敏感性以及对权力的警惕性,甚至后者更加重要。

弗里德曼为此提出了一个合格的叙事治疗社会工作者需要时刻保持的自我警醒(参见何雪松,2007:183)。

①我询问的是许多描述还是一个现实?

②我倾听时能否了解服务对象个人的现实是如何经由社会建构出来的?

③谁的语言拥有特权?

④哪些故事支持服务对象的问题?是否有主流故事压迫和限制服务对象的生活?有哪些边缘化故事?如何引导边缘化故事的知识反抗?

⑤我是否把焦点放在意义而不是事实之上?

⑥我是否从各种广泛的事情评估服务对象,同时引导他评估各种广泛的事情?

⑦我的背景、价值观和意图是否透明,以便服务对象能够评估我是否出于偏见?

⑧我是否落入区分病态和正常思考的陷阱?我是否远离专家的假设或理论?

事实上,怀特早就注意到这一点,他为此专门从更高的层面提出了叙事治疗社会工作者必须保持的13点反思。这13点反思不仅对叙事治疗社会工作者而言非常重要,而且对于每个社会工作从业人员来说,同样非常重要,甚至尤其重要(怀特,2013:91)。

①我们能在治疗脉络中建构什么,从而让我们更能觉察人际关系的政治?

②我们应该如何面对临床工作中遇到的政治议题?

③我们能够采取什么行动,避免成为强势社会秩序的共犯?

④治疗需要什么必要条件,才能对性别、异性恋强势文化、种族、文化、阶级与性取向有足够的敏感度?

⑤我们要如何与求助者互动,才能协助他们辨认、拥抱并崇敬自己对现代文化中强势权力与知识的抗争?

⑥我们要如何推翻尊崇专业知识的知识阶级性,开启新的异议可能?

⑦我们要如何尊崇替代性知识以及拥有替代性知识的求助者?

⑧和求助者互动时,在道德与伦理责任上,我们如何成功地面对自己?

⑨建构求助者负责的治疗结构时,可能同时暴露了治疗工作中的权力滥用,我们对此有何选择?

⑩我们应该用何种方式承认治疗关系中权力的不平衡?

⑪我们能够采取什么行动以减轻治疗关系中不可避免的权力不平衡的毒害?

⑫我们可以如何承认自己在性别、种族、阶级、文化和性别认同上的位置?

⑬我们可以如何承认这个位置所代表的含义?

第六章 社会工作实务基本技能

社会工作是一个以实践为本的专业。社会工作实务技能是社会工作者专业素质的重要组成部分。社会工作实务技能与社会工作者的价值理念、专业判断有直接关系。因此，在提供专业服务的过程中，社会工作者的自我反思和自我觉醒意识是十分重要的。

第一节 自我探索

社会工作实务是社会工作者与服务对象互动的过程。社会工作者与服务对象之间存在不同的自我观念、需要、价值观、感受、经历、期望和问题，要了解这些区别，社会工作者就必须对自己有一个全面的认识。当我们对自我了解越全面时，就越能减少对遇到的问题的恐惧，也越能对自己和服务对象的行为做出客观的评价。

自我了解的过程也是自我探索的过程。它是伴随着人格或专业成长不断前进的一个过程，需要通过进一步的个别咨询、团体辅导、同行督导，以及参与工作坊和训练等不断深入和完善。自我探索将逐渐改善社会工作者与同事、服务对象、朋友及家庭环境的互动，有利于实现社会工作专业服务的有效开展。

一 自我认识与自我探索

1. 关于"自我"的论点

要进行自我探索，首先要对"自我概念"有比较清楚的掌握。

根据罗杰斯（Rogers，1970）自我论中关于"自我概念"的论述，"自我概念"有以下要点："自我概念"是指个人对自己的整体了解和看法，包括个人的态度、意见、知觉反应或价值观等；"自我概念"是主观性的，个人对自我的看法未必与客观条件相符；"自我概念"是可以学来的，生活适应良好的人往往知道如何适当地调适和改变个人的自我概念，以符合环境的实际需求。

基于上述关于"自我概念"的论述，"自我"可以涵盖三个层面：现实我（真正的我）、理想我（希望中的我）和客观我（别人眼中的我）。这三个"自我"如果能交互运作充分发挥它们的功能，健康的我才能得以出现。如"现实我"与"理想我"的距离越近，个人的适应会越好；在与别人交往的过程中，"客观我"可以提醒我们应做怎样的调整和适应，生活才更为自如。

2. "自我探索历程"的论点

对于自我探索，很多学者已经有比较全面的阐述。如家庭动力学方面的咨询专家萨提亚等（2019）认为深度的内在自我探索具有以下意义：自我探索表明个人敢于冒险尝试，敢于向新的经验开放；自我探索是释放我们内在潜能的表现方式；自我探索表示个人努力尝试改变自己的内在规则；自我探索表示愿意学习自我袒露；自我探索表示着重经验的分享，经验的分享不只帮助了个人，同时帮助了其他成员成长；自我探索表示愿意努力建构与提升个人的自我价值，并使自我、他人、情境三者间获得统整与和谐。

威斯坦（Weinstein）的理论强调自我了解的程度对个人未来发展的影响。他认为越了解自己专长特性的人，越能发挥他的独特性。自我了解与探索的过程，应该关注自己和周遭环境的关系。个人自我探索的历程如表6-1所示。

表6-1 个人自我探索的历程

个人所关切的
↓
①面临冲突（我面临一种情境）
②考虑各种可能的反应（我该如何反应？这情境有何特殊之处？有何普通之处？）
③认清各种反应的特质（这些反应对我有何影响？）
④了解自己的特质（我有何特点？）

续表

⑤衡量可能产生的后果（这个反应将会对我的一生造成何种影响？）
⑥将其他可能性列入考虑（我可不可以允许自己采取新的行为反应，将会有何结果？）
⑦做评价（我如果允许自己采取新的行为反应，将会有何结果？）
⑧做选择（现在我既已有所选择，下一步我该采取哪些行动？）

资料来源：参见吴武典，2003。

二 自我探索的主要内容

1. 自我认识

一般来说，自我认识的范畴包括外表和举止、爱好和厌恶、性格、长处和短处、价值观、感受等。我们可以通过一些练习来增加对自我的认识。

练习一：外表和举止

（1）你通常如何打扮自己，职业形象、休闲还是其他？
（2）用5~10个形容词形容你的性格。
（3）你的外表与你的性格是否相符？如果相符，程度如何？如果不相符，你能说明原因吗？

借以上述练习，增加对自己外表和举止的认识。

练习二：爱好和厌恶

一名社会工作者，能对人发自内心的真诚喜爱是十分重要的，这也是社会工作服务中不可或缺的特质。一名能对人有真诚喜爱的社会工作者，往往对服务对象持乐观的态度，他们较能容忍人性的弱点，以温情善待他人。他们对人有兴趣，并尝试了解他人的行为，反省他们行为背后的动机、感受和表达的看法。请关注以下的练习。

（1）在什么情境下，你会发自内心地对人喜爱？
（2）什么类型或品质的人，是你不能接受和感到厌恶的？

练习三：性格

通常说来，一个人的性格就是一个人的特质和品性。认识自己的性格，是认识自我的关键。

（1）你通常如何介绍自己？
（2）你通常用哪些形容词来描述自己的性格？

练习四:长处和短处

长处和短处不是简单地指性格的优缺点。在评价一个人的长处和短处时,不能脱离现实情境而随便地做出正面或负面的判断。任何人的长处和短处都是相对而言的。

(1) 作为一名社会工作者,你有哪些长处和短处?

(2) 怎样使你更能认识自己的长处?如何使你弥补自己的短处?

练习五:价值观

一个人的价值观通常包括他所持守或批评的信念和原则,与个人的道德标准和行为取向有密切的关系。在社会工作服务中,社会工作者必须清楚地认识自己的价值观,并避免通过自己的价值观来影响服务对象或将自己的价值观强加给服务对象。

(1) 你如何看待违纪违法的青少年?

(2) 你认为社会工作者如何承担监督管理和社会服务的职责?

练习六:感受

感受是个人特质的重要组成部分。在面对日常外在刺激的反应时,感受扮演着重要的角色。对自我感受的程度了解越深,越能提高社会工作者对自己和服务对象感受的敏感度。

(1) 当你遇到别人的误解时,你通常有怎样的感受?

(2) 当你被服务对象接纳时,你有怎样的感受?

自我认识是一个持续的过程,伴随人的一生。为了与服务对象有更好的专业关系,社会工作者必须不断省察、发现和探索内在自我(见表6-2)。

表6-2 个人自我探索的参考

思想	如意识形态、信念体系、观念、幻想等
感受	如生气、恐惧、悲伤、尴尬、喜悦、快乐、喜怒无常等
感觉	如味觉、触觉、听觉、嗅觉、视觉等
性	如性倾向和表达方式等
精神生活	如信仰体系、人生观、选择意识、各种宗教经验、无神论等
身体状况	如体质、健康情况等
外表	如衣着、个人风格、身高、体重等
知识	如理论知识、实际经验水平等

续表

需要	如金钱或物质、生理、爱和归属感、成就、知识、美感、精神生活、自我实现等
其他	如言语和非言语技巧、价值观、潜质等

资料来源：梁传孙等，2008。

2. 自我评价

"自我评价"是指个人对自身的观点与感觉的看法，是个人对自我价值的感觉。这样的想法是从内心衍生出的想法及价值观，不是从他人的赞美与看法而来的。

"自我评价"是个人"内在对话"的外在体现。通常来说，一个内在对话时真实、喜欢、充满价值、接纳、支持感受多的人，通常有正向、坚强和比较高的自我评价；而不真实、不喜欢、无价值、不接纳、不支持的自我对话，常常带来负面和较低的自我评价。

一般来说，一个有较强正向自我评价的社会工作者，在社会工作实务过程中，有较强的能力应对各种压力，能比较有效地处理各种问题。而一个自我对话比较负面、自我评价较低的社会工作者，带给服务对象负面影响的可能性就比较大。所以，社会工作者反思自己的自我评价方式，对自己的工作状态进行调整，尽量减少对服务对象的不必要的伤害，是十分重要的。

以下问题可以帮助社会工作者对自我评价做进一步的反思。

· 你认为具有正向自我评价的人通常有怎样的特质？

· 你认为一个人的自我评价与他的成长经历有怎样的关系？

· 你认为怎样的自我对话与正向的自我评价有关？

· 你通常对有正向自我评价或负向自我评价的人有怎样的反应？

· 你认为自己是有怎样自我评价的人？

· 你的自我评价对你的工作开展有怎样的影响？

· 你可以通过怎样的方式去改善你的自我评价或内在对话？

设计一个改进自我评价的方案并加以实施。

3. 接纳他人

所谓接纳，是指社会工作者应包容服务对象的感受、想法和看法，包括其优点和缺点、积极和消极的情绪、建设性和破坏性的态度和行为等。接纳不等于赞同，而是不采用否定、责备、拒斥的态度，有利于形成和谐的气氛，便于服务对象的表达。接纳他人是社会工作者应该具备的十分重要的素质。接纳他人意味着社会工作者在社会工作实务中不仅能够超越偏见的态度及歧视的行为，接受他人有不同的外表、背景、态度和行为，也能够容忍相似或相异的价值观，并且以他人的方式来接纳他们。

社会工作者经常会接触大量社会功能失调的服务对象，常常遭遇价值观的冲突，也会对一些观念和行为无法理解或接纳。同时，社会工作者在开展工作时会遭遇其他行业人士的不理解或不接纳。因此，时常警觉自己接纳他人的态度，并不断提升自己接纳他人的程度，是社会工作者必备的素质。如果社会工作者能够超越偏见和歧视接纳他人，就能够比较顺利地实践专业价值与伦理原则；如果缺乏对他人接纳的素质，那么社会工作者可能无法完成社会工作专业所能达到的任务目标并发挥社会工作专业的功能。

以下问题可以帮助社会工作者对自己接纳他人的特质有一定程度的反思。

·你是否曾经有被完全真诚接纳的经历？如果有，那是一种怎样的感觉？这种经历如何影响你的行为？

·你曾经真诚地接纳过他人吗？如果有，你认为你具备了怎样的素质？你有怎样的感受？

·你认为应如何发展接纳他人的能力？什么原因会造成不宽容他人的态度？

·当你无法宽容他人时，你是如何与他们互动的？你觉得结果如何？

·你现在接纳他人的态度对社会工作专业造成何种正向与负向的影响？

设计一个提高接纳他人素质的方案并加以实施。

4. 自我肯定

自我肯定是社会工作者与服务对象实现有效互动的重要因素。自我肯定表现为社会工作者在表达意见时有肯定新颖的见解，包含了富有价值的知识、意见和感受。当社会工作者有较为正向的自我肯定时，他在服务过程中的反应便是积极的、主动的，既充满自信，又对人充分尊重，否则就可能是过分的、被动的，或者具有一定的攻击性。

以下问题可以帮助我们对自我肯定的特质做出一定程度的反思。

·你认为一个具有自我肯定能力的人应具有怎样的特质？

·你在工作中通常怎样表现出自己的自我肯定能力？有怎样的感受？

·通常在什么情境下你会表现出不肯定或者被动的言语或行为？你有怎样的感受？

·你的性别、家庭背景、成长经历如何影响你表达自我肯定的能力？

·你与具有攻击性、自我否定的人相处时通常有怎样的反应？

设计一个提高自我肯定能力的方案并加以实施。

5. 自我控制

社会工作服务过程是一个充满压力和挑战的过程。因此，社会工作者必须要有掌控自己情绪以及适当控制行为冲动的能力。自我控制是一个社会工作者必须具备的品质。

通常来说，自我控制表现在能掌控自己的直觉感受、仔细选择语言表达、注意身体姿势、控制表情和语调等方面。自觉的自我控制，可以使整个服务过程的互动处于一种良好的氛围中，也可以保证社会工作者以一种比较好的状态开展有效的助人工作。

以下问题可以帮助我们对自我控制能力做出一定程度的检视。

·在日常生活中，你什么时候会表现出较强的自我控制？什么时候自我控制表现不足？

·在一个具有挑战的情境中，你是否具有掌控自己情绪和选择表达方式的能力？如果有，你是怎样的感受？如果没有，你有怎样的反思？

·在日常生活中，你是否会有一些重复的坏习惯、强迫行为或无法控制的行为？请描述上述行为发生的情境，并反思这些行为对发挥社会工作者功能所带来的损害。

·在社会工作实务过程中，有哪些情境需要社会工作者运用自我控制的能力？

设计一个提高自我控制能力的方案并加以实施。

三 自我探索与专业反思

社会工作者具有不同的社会背景。每个社会工作者都有其独特的人格特征、价值取向、行为方式、风格特征。自我探索可以帮助社会工作者更好地反思自己的特质，并为成为一名称职的社会工作者做好准备。

在上文中，我们介绍了自我探索的一些基本内容，下面我们将通过一些练习来进一步梳理选择社会工作专业的动机，并对从事社会工作专业的前期准备程度做更多的探索（Cournoyer，1997：15-44）。

①回顾你从事社会工作服务的经历，你得到怎样的领悟？描述你现在的工作机构、目前的困难、最喜欢一起工作的人、问题的性质以及相处的人，什么样的人格特质与态度是有效地开展社会工作实务经常要用到的？

②描述你不喜欢的工作地点以及不喜欢一起工作的人，讨论其理由。这样的理由对你个人或专业的发展有怎样的意义？

③写出在你的个人、家庭环境经验中，让你选择将社会工作作为你职业生涯的三个主要因素和事件，这些因素如何影响你现在为了专业的社会工作实务所做的准备？

④作为社会工作者，什么是你预期能获得的报酬或满足？什么是你预期的困难？

⑤思考你的家庭结构图、生态图、对问题的回答以及你在练习中的反应，用你最好的判断回答"我能保持或发挥个人的能力，并有效运用它们成为一个专业的社会工作者吗？"如果你的答案是"否"，建议你与你的督导、同事会谈后再讨论你的结论。如果答案仍是负面的，请重新检视其他职业生涯中你比较适合的类型。如果你的答案是"是"，那么你需要进一步找出你如何提高这些能力的表达方式，并描绘你计划如何做。

⑥了解了自我探索的基本内容后，你认为哪三种是成为有经验和良好能力的专业社会工作者的重要特质？你在这三个方面的能力如何？

第二节　会谈技巧

会谈是社会工作的重要组成部分。社会工作会谈与一般谈话有根本区别。根据服务目标和进程的不同，社会工作会谈有不同的类型和不同的阶段，会谈技巧也有不同。

一　社会工作中的会谈

1. 会谈与一般谈话的区别

简单地说，会谈就是由参与方共同接受一种有计划、有目的的谈话。会谈与谈话有很多共同点，比如它们都是人与人之间通过语言或非语言来表达观念、态度、感受的一种沟通方式，面谈是最主要的形式，会谈或谈话过程都会产生相互影响，等等。

作为社会工作的一种方法或技巧，会谈与谈话的根本区别在于会谈以及会谈之间的互动是有目的性的。如果会谈没有目的性，那就只是一种谈话。而会谈的目的性，可以使会谈产生的互动对服务对象产生影响。比如，在社区矫正服务中，社会工作者对社区矫正对象开展个案服务，首先就是从谈话开始的，但在个案的不同阶段，社会工作者谈话的内容是不一样的，它决定了整个矫正方案的进展情况，与每阶段的介入目标有直接的关系。因此，社会工作者与社区矫正对象之间的谈话，就是一种会谈。

会谈具有目的性的这一重要特点，还可以从以下方面得到进一步解释。

第一，会谈的内容是为了完成目标而设计和选择的，任何与会谈目标无关的谈话，都会被取消或排斥。

第二，会谈是一个有目的的过程，所以会谈者必须承担起推进目标进展的责任。在实现目标的过程中，会谈双方有一个分工，一个是会谈过程的引领者和推动者，另一个便是会谈过程中的参与者和合作者。双方在会谈中建立起面谈者和被面谈者的互动关系。比如，社会工作者第一次与服务对象见面的时候，要对服务对象的基本情况有所了解，也要尝试与服务对象建立关系。所以社会工作者要精心准备第一次的面谈提纲，设计谈话目的和谈话内容。在这样的会谈中，社会工作者是主动的、有意识的，服务对象在社会工作者的引领下，以参与者和合作者的角色参与会谈，有时也是非常主动的表达者和倾诉者。

第三，会谈过程中产生了面谈者和被面谈者的角色分工，因此双方的关系是一种非互惠的关系。会谈本身就是为服务对象的利益而准备的，所以面谈者就会为履行对服务对象服务的职责而期待从被面谈者中得到更多的信息。被面谈者也会较多地表露自己的生活情况。这种信息的交流是非对等的。

第四，会谈是一个正式的过程。会谈是一个有目的的行动，因此，会谈的时间、地点、方式、持续时间等都经过了设计和安排。会谈者不能因为个人的原因而随意取消或者中断会谈。

总之，会谈是一项有目的的活动，会谈产生互动，会谈是一种人际交流。它有较为正式的组织、清楚划定的角色分配以及规划交流过程的标准（Kadushin，1985：3）。

2. 社会工作会谈与其他会谈的区别

社会工作会谈是社会工作服务的重要组成部分。因此，社会工作会谈是围绕服务对象的需求以及服务对象与社会环境的关系而展开的。比如，在社区矫正服务中，社会工作者与社区矫正对象的会谈，基本上是以社区矫正对象本身的社会适应、社会环境对社区矫正对象的回馈状况、社区矫正对象与环境互动关系为内容而开展的。这是与一般的教育或心理咨询会谈不同的地方。

社会工作的服务领域广泛，如老人服务、儿童青少年服务、残疾人服务等。不同的服务机构提供的服务项目各有不同，所以社会工作会谈因社会机构及行业的责任不同而呈现不同的内容和目的。社会工作会谈是一个与社会和服务对象的生存状况息息相关的过程。

社会工作会谈是伴随着社会工作的实务过程而进行的，因此其内容比较丰富。比如，在建立关系阶段，会谈的内容要围绕社会工作者及专业服务的介绍、对服务对象基本情况的了解、求助动机的评估、可利用资源的了解等方面展开；在介入阶段，要围绕服务方案的进展状况、服务对象的反应、周围环境的改善程度、需要修正的内容等方面开展深入会谈，以便了解服务对象的改善状况，并为更好地实施方案收集信息。其他阶段的会谈均体现出会谈与实务过程的紧密联系。

社会工作会谈的特征是关心个人的活动，重视感觉与态度，不关心纯粹客观的资料。社会工作会谈的核心是服务对象的需求及状况的改善，以及服务对象对状况改善程度的感受和主观体验。社会工作会谈作为一种重要的介入方式，通过提供情绪支持，缓解了服务对象的焦虑，具有治疗性。这是社会工作会谈与其他会谈不同的方面。

社会工作会谈在不同的领域涉及不同的内容，它贯穿于整个服务过程，关注服务对象的个人感受和生活世界。因此，社会工作会谈往往随个人和环境的互动状况而发生变化，具有很大的不确定性和非控制性。它需要社会工作者有十分敏锐的洞察力，能够灵活主动地把握互动的方向。

二　社会工作会谈的基本类型

因服务阶段和功能的不同，社会工作会谈一般可以分为报告式、评估式、治疗式三种类型（Kadushin, 1985: 10）。

1. 报告式会谈

报告式会谈的目的是选择和收集与社会功能有关的生活背景资料，使社会工作者了解服务对象的生活处境和与环境的关系、改善服务对象现状所需的资源等。

在报告式会谈中，资料的收集包括个人、团体、社区所能提供的资料，以及与理解服务对象处境有关的一切资料，包括客观的事实及主观的感觉和态度等。

资料的收集是一个积累的过程，每次会谈都可能获得一些新的资料。会谈者要明确报告式会谈的基本目标，有针对性地收集好各类资料。

报告式会谈的结果，一般是形成有关的研究报告，如社会工作者向法院递交的是否实施社区矫正的社会调查报告、康复服务机构改善服务的研究报告、社区服务中针对居民需求而形成的政策倡导报告等。

2. 评估式会谈

所谓评估式会谈，是指针对服务资格而进行的评价与决定，它可以帮助会谈者做出明确的行政决定。比如，一位母亲前来求助，称她的儿子患有严重的抑郁症，整日不出家门，经常失眠。社会工作者在会谈中仔细询问了她儿子的情况，包括症状特征、发生时间、程度、目前的治疗办法等，通过判断建议母亲将儿子送入心理治疗中心接受治疗。再如，某地检察院委托社会工作者对某涉罪青少年开展社会调查，以决定是否予以附条件不起诉监督考察的处置。社会工作者开展调查的重要内容之一就是与青少年及其家长进行面谈、家访，了解青少年的犯罪动机、背景、以往的行为表现、社会交往情况、认知状态、家长背景、支持程度、亲子关系等各种因素。社会工作者通过面谈而形成的判断，是社会调查报告的重要内容。

3. 治疗式会谈

治疗式会谈的主要目的是影响服务对象或者环境的改变。通过治疗式会谈，服务对象的社会功能可以得到良好改善。比如，一青少年服务对象总是埋怨家长对他过于严厉，管束太多，也埋怨社会支持太少，使他无法找到合适的就业岗位。该青少年在行为上的表现是经常逃学、沉溺于网吧。社会工作者从亲子沟通、认知行为改变等角度与该青少年开展了多次会谈，最终使其改善与父母的关系，开始认识到自己必须提高就业能力才能胜任工作。这种以关系调节和认知行为改变技术为基础的会谈，对服务对象的状况改变具有较为有效的治疗作用，同时会谈给服务对象提供了有关程序指导，鼓励他参与会谈，并培养他改变行为的信心。再如，一个社会工作者发现某服务对象的最低生活保障待遇一直无法获得批准，于是就去有关部门咨询，发现是因该部门承办者对该服务对象的偏见而导致材料漏报的。社会工作者与工作人员反复会谈，最后在获得理解和批准的基础上，使服务对象获得了政策补助。这样的会谈，主要是指社会工作者为创造良好的服务环境而进行的沟通交流工作，对服务对象社会功能的改善起到了积极的推动作用。

三 会谈过程及技巧

会谈过程有其阶段性，本书把会谈阶段划分为准备阶段、发展阶段和结束阶段。每个阶段都有具体的内容及相应的技巧。

1. 准备阶段

第一，会谈动机。不同的服务对象有不同的会谈动机。有强烈求助动机的服务对象，对会谈以及会谈后带来的收获持有很高的期望。但对于有些被强制接受服务的对象来说，他们对会谈的初始动机可能并不强烈。比如，一项考察教育服务开始之初，接受服务的青少年与家长，动机可能就各不相同。家长对孩子的罪错行为有很大的担忧，非常期望社会工作者能够挽救他们的孩子，所以他们对接受社会工作者的面谈是十分主动和期待的。但对于孩子来说，他并不一定有强烈的求助愿望，因此，面谈过程中他极有可能表面服从却没有主动参与。

一般来说，开始时的动机，以及根本缺乏动机，都是短暂的因素。如果社会工作者以为只要有自动求助动机，会谈就一定成功，那么是错误的。但是如果通过会谈，使动机不强或者有微弱有限动机的服务对象，因会谈的过程而产生参与感，则表示会谈的有效性比较强。因此，社会工作者面对不同动机的服务对象要采取不同的策略。对于有主动求助动机的服务对象，社会工作者必须保持中立的态度，而对于那些没有求助动机或求助动机较弱的服务对象，社会工作者必须帮助他们发展出求助动机。对动机的关切，是社会工作者作为面谈者的义务和责任。

第二，会谈安排。会谈安排主要包括会谈地点、时间等。会谈地点对于服务对象来说，是一个比较重要的因素。会谈地点的安排一般遵循"物理上之可接近性"的原则。具体来说，如果会谈地点安排在离服务对象距离较远的地点，要经过较长路程来到面谈地点，那么他们在生理和心理上都会感到疲惫，会影响他们参与面谈的动机。会谈场所的外观、位置、布置等都会使服务对象对机构的服务态度有或多或少的暗示。如服务对象在嘈杂的办公室或会议室等候以及在不舒服的位置上等待时产生的感受，可能需要社会工作者花费相当长的时间、付出相当多的努力才能够消除。因此，一个比较舒适的场所、一个比较安全的会谈地点以及社会工作者周到的服务，是良好会谈的开始。

会谈时间也是会谈安排的重要内容。首先，不同类型的服务对象，对时间的要求是不一样的。对于一些有工作时间限制的服务对象来说，工作之余的会谈时间是比较合适的。而对于不受工作时间限制的服务对象来说，时间安排的弹性就大。其次，具有弹性的时间安排，不仅对服务对象是一种尊重，也能使服务对象明确地知道他们可以在给予的时间段内选择他们认为合适的时间。最后，会谈期间要安排适当的休息时间。短暂的休息可以帮助面谈者梳理思绪，改变一些想法，对会谈是较好的过渡，也能够为下面的会谈做好心理上与情感上的准备。

第三，会谈准备。会谈准备主要是指社会工作者在开始面谈前所应完成的一些准备工作，如会谈地点的选择、会谈场所的布置、会谈时间的限定等。除了上述内容外，社会工作者还要在资料上做充分的准备，如以前的会谈记录、相关的资料等。在对资料有了初步分析后，社会工作者同理心的准备程度会对会谈成效产生很大影响。一般来说，社会工作者可以假设自己是来访对象，思考以下问题：服务对象初次面谈的感觉如何？他可能会考虑哪些问题？他希望与哪种面谈者开始面谈？他希望获得怎样的帮助？他会有怎样的面谈动机？他有什么样的面谈习惯？

第四，策略和技巧。在会谈准备阶段，社会工作者的权威性较其他阶段更为凸显。初次来访者，更容易出现疑惑、陌生、迷茫的感受，对社会工作者的期待也比较高，社会工作者必须为来访者提供更多、更明确的方向。会谈准备阶段也侧重于对鼓励、支持、同理心等技巧的运用。

会谈开始时，面谈内容也具有一定的特点。由于对服务对象尚未有清楚的认识，社会工作者首先要了解服务对象对他的问题的看法和态度，整个会谈的形式从非指导性、开放性的问题到后来的细节解释和对特殊部分的讨论。在会谈过程中，策略是很重要的，社会工作者从一些非个人性的资料开始谈起，对服务对象的情绪不会产生太大影响，然后由非个人性资料向个人性资料深入。这样的策略,既有助于社会工作者与服务对象建立关系,也可以帮助服务对象学会会谈的规则、过程和沟通方式,并最终很好地参与会谈的过程。

2. 发展阶段

会谈开始时,社会工作者与服务对象经历了彼此熟悉、开始会谈的过程,以及决定彼此可共同接受的会谈目的。接下来的一项重要任务就是共同完成会谈目的。会谈过程一般会经历广度、深度、转换等发展阶段。社会工作者一方面要运用专业方法和技巧,使会谈过程顺利进行;另一方面要对整个会谈过程进行干预和介入。

(1) 广度与深度的会谈技巧

广度与深度是相对而言的。如果过度关注广度,那么可能对任何问题都不能做深度探讨,但如果只针对一类问题,则可能丧失对其他问题的讨论机会。所以社会工作者要有策略地掌握会谈的广度与深度。以下会谈技巧有助于社会工作者把握会谈的进程。

①兴趣的表示。刺激沟通最有效的方法是对服务对象的谈话内容表示出兴趣。因此,会谈过程中的口头或非口头的表达,是对服务对象的一种鼓励,如"嗯""我知道""很好""继续说""是的""很有兴趣",以及点头、微笑、身体前倾等动作。

②反映。反映是指一个人心里已经有了一定的准备,并且愿意去倾听某一特定话题的谈论。反映的表达方式包括对话题重要性的表达,如"是的,这是很重要的,我希望你继续说";对某一部分内容的反映,即从服务对象所说的话中选择某一特殊部分做出反映;对某句话的反映等。

在反映技巧的表达中,社会工作者的感情是中立的,既不暗示肯定,也不暗示否定,一切从鼓励服务对象的谈话开始。因此,社会工作者切忌做过多不正确的或者不必要的诠释或评估,以防止出现中断谈话的过程。

③提问。提出一系列不同的问题,是会谈的核心部分。问题可以作为一种启发自我反思的方式,同时可以推进对话的深入。

如何提出问题,是每位社会工作者都需要不断思考并予以修正的部分。诱导或暗示性的问题、过多"是/不是"的问题、混淆不清的问题、双重或多重语意的问题、太多"为什么"的问题,不但无效,而且可能对会谈产生负面作用。

一般情形下,开放式问题可以提供选择的自由,让服务对象能够用自己的语言、节奏表达自己的想法和感受。封闭式问题在尝试获取事实或细节方面的信息时非常有用，但有时候会阻止进一步的探究。"什么式"问题，如"发生了什么""什么促成了这个问题的产生"等，具有广泛的适用性，这一类型的问题尤其适合让服务对象自由定义其所关注的问题，并探讨问题当中多样因素的作用。

④确认所言所闻技术是为了保证社会工作者真正理解了沟通的内容和服务对象想要表达的意思。这一技术包含了复述、澄清与解释、解析、摘要、质疑、给予和接受反馈等系列技巧（特里维西克，2010：152）。

⑤复述是对服务对象所陈述的核心思想的再表述，即选择性地重述服务对象的主要想法，而非简单地重复。

⑥澄清与解释。它比机械性的反映更进一步，不仅反映了服务对象的谈话内容，还使之变为更通俗和更为清晰与明确的表达。

澄清经常涉及区分主观事实与客观事实、对谈话内容的选择以及不同选择下可能结果的讨论。解释一般是指将模糊觉察的东西，以知觉的语言表达出来。它通常是将服务对象潜在的、感情上的信息用比较清晰的、通俗的语言加以表达。解释是一项十分谨慎的工作，任何无效的解释，都会误导服务对象或对服务对象的会谈产生负面影响。

⑦摘要。摘要是指将会谈中的各部分综合起来，为已谈及的内容提供准确且简洁的归纳。摘要既是对已有会谈内容的梳理，也是在向服务对象确认会谈的主要范围并暗示尚未涉及的部分，以便打开一个新的主题。

⑧质疑。质疑是一种具有挑战性的技巧，如果运用得当，那么它能够引导服务对象表达更多的信息。但如果质疑过度，那么可能会与面谈关系中的合作、参与、平等的要求相违背。所以社会工作者要巧妙地运用质疑技巧。

质疑通常用提问的方式予以表达。社会工作者提问时，问题必须针对服务对象的关注核心。质疑式的提问能够帮助服务对象在回答的过程中觉察到一些问题的本质或者自己行为的一些倾向，由此做出优缺点的判断。

一般来说，以质疑的方式开展对感情的讨论是帮助会谈达至深度的最容易和有效的技巧。"你对它有什么感觉呢？"这类的提问以及对问题的回答是最佳的例子。这类提问可以帮助服务对象把注意力集中在他的感情以及感情的来龙去脉，对内容的讨论可以更为深刻。

⑨给予和接受反馈可以作为一种实用的方式来确保特定的行动计划没

有偏离预定的目标,同时便于社会工作者注意沟通的情感内容。在实践中,给予和接受反馈并不容易,它要求社会工作者处理好这一行动带给服务对象以及社会工作者自身的感受。社会工作者要明确,反馈的目的并不是要对服务对象的表现做出判断或评价,而是旨在提供支持、指导和挑战。

为了实现特定的目的,社会工作者在会谈中必须时刻把握会谈的要点,深入挖掘。以下会谈技巧有助于社会工作者控制会谈的方向,并进行更深入的信息收集工作(特里维西克,2010:159~162)。

①提示。提示有多种形式,有时社会工作者可以通过直接建议来征求服务对象更多的想法,有时社会工作者察觉到服务对象两个陈述之间的关联,提请服务对象注意这一联系并鼓励其进一步对话,或者社会工作者可以协助服务对象回到对话过程中其未完成的句子或评论中。

②追问。这项技巧可以帮助社会工作者理解服务对象的经验或整体状况,引出更加详细具体的信息。追问的形式有很多种,社会工作者可以提问、陈述甚至插话。但需要注意,对追问的使用必须讲究技巧,社会工作者最好向服务对象解释询问这些问题的原因,否则可能会使服务对象变得更加封闭。

(2)会谈转换

会谈中,社会工作者可以决定转换正在讨论中的题材,这种情况称为会谈转换。有很多情况会使社会工作者决定转换会谈内容,如会谈讨论的题材已经穷尽、会谈双方对话题失去兴趣、话题无关紧要、谈话内容使服务对象感到压力等。当出现上述情况时,社会工作者可以及时转换会谈内容,以保证双方关系的健康发展。因此,会谈转换的基本原则是维护服务对象的需要,保证会谈目的的实现。

有学者将会谈转换的类型总结为开端转换、倒退转换、突变转换(Kadushin,1985:179)。

开端转换,即用简短的问题或评论,把会谈中不相关的题材联结起来,从而实现话题的转换。这种转换表面是互不相关的话题,但实际在心理上存在联系。社会工作者要注意这种联系的存在,否则会谈转化会出现负面效果。

倒退转换,指社会工作者通过对原先话题的评论而引发出新的主题。在这种转换中,社会工作者应尽量运用原来的面谈内容,或者对服务对象的谈话进行评论，由此显示社会工作者对原来会谈内容的承认或同意。

突变转换，指社会工作者明显地打断正在讨论中的话题。它不像开端转换有一个与原先话题的衔接，也没有通过对原先话题的评论而开始一个新话题。它通常在社会工作者简洁重复谈论过领域的重点后马上切入新的话题。

会谈转换是会谈过程中经常遇到的情况，有效掌握会谈转换策略，有助于社会工作者实现会谈的目标。

3. 结束阶段

会谈的最后阶段是结束阶段。会谈结束主要受两个因素的影响：一是会谈时间，二是会谈目的。

社会工作者与服务对象开始面谈时，就应该对会谈时间做适当的预告。一般来说，会谈时间是按照预定计划进行的，当有特殊情况超出时间时，社会工作者要向服务对象做出说明。会谈时，社会工作者要随时注意会谈内容和时间进度，当发现会谈进入约定的结束时间时，要通过提醒或者征求服务对象的意见来决定是否按照计划结束，如"我觉得我们已经完成了我们该做的，今天的谈话可以结束了，你觉得呢？"

会谈是否结束，在于会谈目的是否已经实现。当会谈目的已经实现时，会谈就失去了它的功能。但当一次会谈不能保证实现目的时，就必须将目的分为几个小段，一次会谈只是完成其中的一个部分。

除了会谈时间和会谈目的外，会谈双方的情绪状况也是影响会谈进程的重要因素。当会谈双方感到身心疲倦时，会谈就应该结束了。而会谈结束的时候，那些容易引起感情冲动的会谈内容与话题也不应被提起。

当会谈结束时，社会工作者必须表示他愿意继续沟通的意愿，这样可以让服务对象认为社会工作者愿意与其进行会谈并解决他的问题。如果是这样的话，社会工作者要明确告之下次会谈的时间、地点、日期等，以使服务对象对下次会谈的计划有比较清楚的了解。

会谈结束的重要技巧之一是复述和摘要。社会工作者在结束前期要复述会谈中讨论过的事情，如已经达成了什么决定、什么问题尚未解决，以及即将采取什么行动。复述使会谈双方对会谈目的的完成情况有一个清楚的评估。

摘要是一种选择的过程。摘要通常是指社会工作者对会谈要点的主观判断。因此，社会工作者完成摘要后，要征询服务对象的意见，通过摘要促使会谈双方对会谈结果或者双方共同达成的发展方向有一个交流和决定。

会谈结束的气氛也是该阶段非常重要的因素。如果会谈是在友好、合作、肯定的方式下完成的，那么会谈双方既可以就会谈目的有很好的商讨，也可以对双方共同经历的过程及今后努力的方向有明确的认识。

会谈是否可以结束需要社会工作者有清晰的自我评估。一般来说，社会工作者可以思考以下问题：①这次会谈的目的是什么？②这些目的是否已达到？③什么因素有助于目的的实现？什么因素会阻碍目的的实现？④我对服务对象有怎样的感觉？⑤会谈进展如何？哪些是比较成功的？哪些是不成功的？有怎样的感觉？⑥在什么情况下，服务对象会表现出拒绝、排斥的态度？是什么原因导致出现这样的反应的？⑦什么情况下会谈能比较顺利地进行？什么情况下会谈会演变成讨论和争论？⑧如果再有同样的机会，社会工作者在会谈中将做出怎样的改变？什么使社会工作者有这样的改变？⑨会谈对于社会工作者来说最大的收获是什么？⑩会谈对于服务对象来说有怎样的收获？

第三节　建立关系技巧

专业关系的建立，无论是在微观实务领域，还是在宏观实务领域，都是非常重要的。良好的专业关系是服务取得成效的保证。这种专业关系不同于一般的人际关系，是一种基于彼此信任条件下的相互协作关系，它有特定的目标。对于专业社会工作者而言，它是一种受专业伦理原则规约的行为。为促成专业关系的建立，社会工作者需要掌握一定的专业技能，运用专业技能去营造一种安全、温暖、开放、接纳的氛围，使服务对象打开话题，从而使服务有序进行。

一　专业关系及技巧运用的目的

在社会工作实务领域，专业关系的建立始终受到关注。因为社会工作是做人的工作，所服务的对象是有着不同需要的个人或群体，社会工作者本身先以具有丰富个性、情感与自身经验的个体人出现，其次才以专业工作者的形象出现。在实际工作中，社会工作者专业自我的运用能够有效地影响服务对象，使服务对象感受到人际的关怀与认同，从而受到鼓舞，增强改变的动机与解决问题的信心和决心。可见，社会工作的实务过程应该以人际关系为基础。当然，这种人际关系必须服务于社会工作专业助人的目的。

因此，建立有效的专业关系的工作任务有两个：一是达成相互信任、彼此协作的人际关系，二是确立这种人际关系的专业性。与此相应，在建立专业关系时，社会工作者要注意处理两个方面的问题：一是人际交往问题，二是关系的专业性问题。

1. 人际交往问题

专业关系的建立通常在社会工作实务的初期阶段完成。在这个阶段，社会工作者与服务对象会有从陌生到逐步了解以至彼此适应的过程。此时往往容易出现许多问题，需要社会工作者妥善地加以处理。

第一类问题源于服务对象自身特殊处境所引发的敌对意识。这种情况主要发生在被迫前来接受服务的对象身上，比如因触犯相关法律法规而被强制要求接受社会工作者辅导的服务对象与虐待儿童的父母，还有被老师转介来的学校违规青少年，以及应父母要求前来寻求帮助的青少年服务对象。由于不是出于自己的意愿，服务对象在初期接触中往往怀有不同程度的敌意，不愿意合作，甚至敷衍。

第二类问题与服务对象自身的情绪困扰和人格障碍有关。因为前来求助的服务对象往往都面临人生的各种困境，容易出现情绪上的波动，说话没有目标与主题。此外，在过往的人生经历中，服务对象因有较多的负面经历而不易对人产生信任，或有较低的自尊，从而对社会工作者的谈话与态度会很敏感。

第三类问题产生于服务对象与社会工作者在正常交往过程中，由于陌生、不了解而引起的防卫、不安心理。初来机构的服务对象面对陌生的环境与社会工作者，出现紧张、焦虑情绪，同时对社会工作者的能力也持怀疑态度。所以，在面谈开始的阶段，服务对象不太能敞开心扉，难以深入主题或袒露自己的问题。

第四类问题是出于群体的压力而带来的紧张不安与沉默观望心理。在小组工作中，尤其是第一次见面时，小组成员面对陌生人群，需尝试与素不相识的他人建立初步关系，并在小组中寻找自身的定位。他们可能处于矛盾状态，对他人欲近又止，缺乏安全感，心里不免紧张、焦虑，行为也可能是伪装的。在社区工作中，这种群体压力的表现更加明显。人数众多分担了责任，更多人会持观望态度。在社区会议刚开始时，居民会很拘谨，如何打破沉默是社会工作者此时面临的难题。

2. 关系的专业性问题

由于不了解社会工作的性质，许多服务对象可能会带着不当的期待向社会工作者求助。比如，一些居民会简单地把社会工作者与街道、居委会工作人员等同，一些家长或失业青少年对社会工作者的直接期望往往是找工作。当然，对于这些青少年来说，找工作确实是他们当下的需求。但这种观念未理解社会工作助人自助的专业实质。为此，社会工作者要妥善地考虑如何介绍自己的专业与服务内容，引导服务对象制定正确的目标。

针对这些问题，许多从事社会工作的前辈已积累了丰富的实践经验与专门技巧，学者们对其加以总结，用来帮助实务工作者。比如，《交往技巧的运用与分析》一书指出，专业关系建立初期经常被使用的一组基本技巧包括专注、邀请、复述、鼓励及支持和查证等（黄陈碧苑、廖卢慧贞、文锦燕，2005：20）。朱眉华（2003：62~70）则认为，语言与肢体语言、积极的倾听、同理心这些实务基本技巧都对专业关系的建立非常重要。《社会工作基础知识》一书提到，在个案工作中，社会工作者想要与服务对象建立专业关系，需要掌握三方面技巧：首先，要让服务对象确信社会工作者的能力，相信与社会工作者建立专业的助人关系是安全的；其次，社会工作者要选择相对便利的会谈地点、创造相对安全的环境；最后，社会工作者要掌握较好的聆听技巧和提问技巧（张乐天、徐玲，2003：104~105）。

针对前面列举的建立专业关系时服务对象易出现的问题，及实务工作中大致的依循关系，我们把相关技巧整合为三个功用或目标加以介绍：一是以真诚、友善的态度，努力营造轻松开放的氛围，设置便利、安全的环境，以消除服务对象初期的紧张、不安乃至敌对情绪；二是运用专注与倾听技巧，鼓励服务对象倾诉自己的问题，同时表达对服务对象的尊重与接纳，以求与服务对象建立初步的认同与信任关系；三是运用同理与自我表露等技巧，表达对服务对象的支持与理解，引导服务对象逐渐深入话题，进一步达成良好的专业关系。实际上，这三个功用或目标是相辅相成的，所以在具体的实务环节中，社会工作者要对各种技巧灵活地加以运用。

二 建立专业关系的相关技巧及运用

在实务工作中，缺乏经验的社会工作者容易犯一些错误。由于过于急切地想去帮助服务对象，他们难以做到专注地倾听，较易轻率地对服务对象的谈话加以评判；在还未充分了解服务对象的问题及原因之前，就试图去影响服务对象，提出自己的见解或解决问题的办法；在尚未建立正确的认识和稳定的关系之前，挑战服务对象或与之产生冲突……这些错误很容易导致专业关系建立的失败，从而使服务难以开展下去，或不能有好的成效。在与服务对象最初的接触过程中，社会工作者应了解服务对象的问题与其自身的感受，把注意力放在关系的建立与维护上。下面我们将介绍一些技巧，以帮助社会工作者学习如何建立专业关系并提升自己的相应能力。

1. 运用语言与非语言信息，营造轻松、安全的氛围

初来机构的服务对象与社会工作者彼此陌生，双方都带着试探的心态。服务对象可能会想：这个社会工作者了解我的问题吗？他是一个怎样的人？他会接受我的看法吗？我能信任他吗？社会工作者可能会想：服务对象有什么问题呢？他是否愿意敞开心扉呢？如果他不愿意说，或不放心说，我如何打开话题，又如何来取得服务对象的信任呢？这时社会工作者不需要过多地去分辨服务对象的想法，或过多地关注自己应该如何回应服务对象的谈话，而应该通过自身语言与非语言的信息，向服务对象传递真诚与关怀，让服务对象放下心中的戒备，营造一个适合恳谈的轻松、安全的氛围，从而为良好关系的建立打下基础。

首先，社会工作者可以对会谈或活动的场地加以布置，以为服务对象营造一个温馨、舒适的环境。比如，个案面谈的场所可以以暖色为基调，会谈双方的椅子可以成 90°～130°角摆放；场所的选择要注意隔音效果，防止外人打扰。小组活动的场地布置成圆形比较适合，中间最好没有障碍物，以培养小组成员之间坦诚与亲密的关系。召开社区会议时要根据会议内容、形式、人数及文化背景等来做相应安排：讨论性的会议宜选择较安静的场所，而宣传性的会议则宜选择较大的场所，以引起广泛注意。

其次，社会工作者要以亲切、友善的态度与开放的姿态向服务对象传递温暖、热情、真诚等信息，让服务对象放松下来，消除戒备心理。比如，社会工作者可身体略微前倾，双手放松地叠放于腿上或自然垂放，关

切地望着对方的眼睛或稍下位置，展现出聆听的姿态，同时面带微笑，对服务对象的陈述加以适当的肯定。社会工作者的语言也应自然大方，以亲切的语调与服务对象进行沟通，并注意语言的简洁、明确与易懂，便于服务对象了解。此外还要强调的是幽默，尤其是在小组工作与社区工作中，社会工作者轻松、幽默的话语很容易舒缓紧张、不安的情绪，调动现场气氛。

最后，社会工作者可以设计一些活动，以快速打破冷场的尴尬局面。破冰游戏往往是一个好的选择，但这些游戏应事前精心策划，同时要注意结合参与对象的年龄、性别、文化等背景来设计。比如，老年人活动以简单、安全为主，青少年活动需有一定的挑战性，而儿童活动则要充分考虑儿童的动手能力与智力。一般初期阶段的游戏以易于操作、娱乐性强、能增进互动为主，恰当的游戏能迅速打破彼此的界限，营造快乐轻松的氛围，从而促成关系的建立。

2. 运用专注与倾听技巧，鼓励服务对象倾诉自己的问题

在初期接触过程中，社会工作者应清楚地认识到服务对象才是谈话的主体。一方面，前来求助的服务对象往往有许多积压的情绪，需要倾诉。只有当积压的情绪得到宣泄后，服务对象才有可能理性地面对自己的问题。而且有时服务对象的问题可能就是情绪问题或部分是情绪问题，在倾诉过程中，他就得到了一定的治疗。另一方面，社会工作者首先要了解服务对象的实质问题及原因，并分析服务对象环境的有利因素与不利因素，为解决问题做准备；而前期的了解需要经由服务对象的倾诉获得。实际上，服务对象愿意倾诉，表示他对社会工作者比较信任。在这个过程中，社会工作者可以运用专注与倾听技巧，对服务对象进行有效的回应，以增进彼此的信任。

专注是指社会工作者对受助者的语言内容及非语言内容（包括音量、音调、身体、语言等）的专注观察，同时社会工作者要用语言及非语言沟通方式，把这种对他的关注传达给受助者，使他能感受到社会工作者的尊重和接纳（黄陈碧苑、廖卢慧贞、文锦燕，2005：21）。所以，专注是用肢体与语言信息传递对服务对象的尊重、关注与接纳，使其感受到自己在与社会工作者关系中的安全，从而鼓励服务对象自由表达，并在社会工作者的支持与帮助下，共同探索自身的问题。

运用专注技巧时，社会工作者扮演的主要是倾听者角色，但这种倾听

不是被动的倾听，而是力图去把握服务对象的用意与感受，并加以适当的回应，让服务对象体会到社会工作者的诚意与理解。这种回应可以非常简单，如只是点点头，或是说一句"哦""我明白了"等。在这个过程中，社会工作者要注意专注地倾听，并记忆与分析服务对象的话语。此外，社会工作者还可以采用跟进式的说话方式，如询问服务对象"后来呢？"但这种说话方式要顺着服务对象的思路，不要基于好奇或自我的判断，而主动跳到新话题，以免干扰服务对象的思维，影响其对问题的探索与陈述。

社会工作者还可以运用选择性的不专注去影响服务对象的发言，使服务对象的话题不至于跑偏，从而达到控制谈话重点的目的。

这种关注与倾听技巧不仅可以运用在个案工作中，还可以运用在小组工作中。在小组工作中，社会工作者除了关注个别组员的谈话外，还可以用眼睛去扫视其他组员的反应，以传达对其他组员的专注。当社会工作者不能确定所关注与倾听的信息是否正确时，可以直接询问服务对象"我这样理解对吗？"不要因害怕服务对象认为你不专心而敷衍过去，从而误解或忽略了服务对象所要表达的信息。

3. 运用同理心与自我表露技巧，促进话题的深入与专业关系的形成

关注与倾听技巧能有效地传达对服务对象的尊重与接纳，但只有这些技巧还不够。有的服务对象存在认知与个体经验的局限性，对自身的问题可能缺乏准确的把握与分析。有的服务对象因特殊的境遇而情绪激动，难以静下心来辨认自己真正的需求与问题。所以，社会工作者在这种情形下运用同理心技巧，向服务对象表达自身对其问题的理解，或通过自我表露引导服务对象反思，能帮助服务对象进一步澄清自己的认识，并深化对问题的探索，从而使双方在服务对象的问题上达成共识，推动专业关系的建立。

简单地说，同理心就是将心比心，即设身处地地去感受、体谅他人。这个词源于希腊语"心灵"一词，被描绘成一种融入他人感觉的过程，或感觉他人如何经验事件的感受，以了解及觉察另一个人的思考、感觉、经验与个人状况的过程（Kadushin，1985：8）。同理心可以通过简单的复述对方的话来完成，当然这不意味着照搬对方的话。一般我们可以通过释义的方式来完成，即用你自己的语言重新描述对方的思想和情感。如果服务对象说"我要疯了"，恰当的释义可以是"听起来你太烦恼了"。要注意的是，社会工作者要真正做到同理心，就要放下自己的偏见，力求了解服务

对象的想法与感受，并把这种理解传递给对方，从而让服务对象更深层次地审视自己的问题与需要。

自我表露是社会工作者有选择地将亲身体会、处事方法和态度、对人对事的感受向受助者坦白，使受助者能将别人的经验作为处理自己问题的参考（黄陈碧苑、廖卢慧贞、文锦燕，2005：63）。这是一种说出自己真实情况的能力，它向服务对象传递社会工作者的真诚，构成亲密人际关系的核心。在相互信任的关系中，服务对象向社会工作者坦诚自己的问题与需要，而社会工作者适当地进行自我表露，同样表达了对服务对象的信任。在专业关系中，自我表露的运用往往还要考虑到示范作用。比如，在小组工作中，社会工作者的自我表露能有效地带动组员也加入其中，从而增强小组的凝聚力。在社区工作中，自我表露的技巧可以引导社区居民合理合法表达自己的诉求。

同理心与自我表露是两种重要的技巧。它们让服务对象知道社会工作者有过与其类似的经历，同时感受到社会工作者的理解与支持，从而对社会工作者更有信心，也对所接受的专业服务产生的成效有信心。这两种技巧在建立专业关系时非常有效，但在自我表露过程中，社会工作者要注意不要过多地分享个人信息，以免使自身成为谈话的主体，同时要让服务对象自己去思考是否以社会工作者的经验为参照。在表达同理心的过程中，若未能有效地表达同理心，也不必过于担心。最重要的是，同理心与自我表露的理念背后传达的是对服务对象的理解与支持，让服务对象感受到社会工作者的真诚与关怀，从而促进专业关系的建立。

总之，在运用这组技巧时，社会工作者要围绕服务对象展开话题，让服务对象成为话题的中心，让服务对象感受到社会工作者对他的话题有兴趣。讨论的话题、重点及分享的程度都由服务对象主导，社会工作者要帮助服务对象在没有压力的情况下表达感受与想法，以表达对他的尊重。但社会工作者要掌握引导话题的重点，并不断鼓励服务对象参与服务过程，让服务对象自己做出判断与决定。此外，在专业关系建立初期及相应的服务过程中，服务对象常常存在一种矛盾心理，既想从社会工作者那里获得帮助，又对专业关系的建立持怀疑态度。对此，社会工作者应理解服务对象，不要过于着急，同时始终以接纳、支持与鼓励的态度来帮助服务对象克服这种矛盾心理，推进专业关系的建立和巩固。

三 服务于小组或社区的关系建立技巧及运用

当社会工作者的服务对象为小组、组织甚至整个社区时，社会工作者不仅要关注与他人的关系构建，也要关注自己与系统的关系构建，并促成系统内部良性互动关系的形成。所以，我们在此基础上整理出以下服务于小组或社区的关系建立技巧。

1. 面向小组的关系建立技巧

在小组活动中，社会工作者不仅要关注自己与组员之间的关系，也要努力促成组员与组员之间的互动，以增强组员之间的熟悉度和亲密感。社会工作者可以通过提醒组员相互倾听、鼓励组员相互表达、帮助组员相互理解、促进组员相互反馈等技巧来实现这一目标（全国社会工作者职业水平考试教材编写组，2018：178～179）。

①提醒组员相互倾听。社会工作者要留意活动现场的音量，在有人发言时保持现场安静，并及时提醒组员仔细倾听对方的发言。

②鼓励组员相互表达。社会工作者要鼓励组员积极表达自己的感受，特别是现场中"此时此地"的感受。关照小组中相对沉默的组员，调动其表达的积极性；对说得太多的组员适当加以拦阻，为更多的组员创造表达机会。

③帮助组员相互理解。社会工作者在活动中要通过澄清、解释、适当梳理等方式协助组员将自己的想法清晰地表达出来，同时通过联结、摘要等方式揭示组员之间的相似点和不同之处，以使彼此间进一步了解。

④促进组员相互反馈。在组员发言后，社会工作者要鼓励组员之间相互分享并给予反馈，即对他人的发言给予回应。反馈是沟通中重要的一环，有来有往方为对话，有对话才有关系的建立。

当然，在互动过程中，社会工作者的行动本身亦是一种示范，当社会工作者认真倾听、积极表达、积极反馈的时候，组员也可以从社会工作者的行动示范中学习如何与他人构建良性的互动关系。

2. 面向社区的关系建立技巧

在社区工作中，社会工作者既要熟悉社区居民，也要尽可能地发展与社区中各级各类组织之间的合作关系，获取他们在人力、资金、场地、舆论、政策等方面的支持和帮助，从而解决社区问题、满足社区居民的需求。所以，面向社区的关系建立技巧，既包含与社区中的居民建立关系的方式技巧，也包含与社区中的各级各类组织建立关系的准则和方法。

（1）与社区中的居民建立关系

如何让社区中的居民尽快认识社会工作者、了解社会工作者的角色和职责，接受社会工作者对社区的介入？社会工作者可以通过以下几种方式让社区居民认识自己（全国社会工作者职业水平考试教材编写组，2018：211）。

①经常出现在社区居民中。社会工作者要经常在社区走动，尤其应在居民聚集的社区公共场所与服务对象交流，如社区的健身设施周围、社区广场、社区绿地等。社会工作者应当主动与居民打招呼、拉家常，拉近与居民的关系。对于居民活动的骨干或潜在的服务对象等"重点居民"，社会工作者也可以采取登门拜访的方式。

②积极参与社区重要活动。社会工作者要参加社区在节假日举办的或在社区已形成一定传统的活动，并争取获得在这些活动中亮相的机会。一般情况下，这些活动的居民参与率比较高，是认识居民的好机会。在这类活动中的主动表现，有助于让社区居民逐渐了解和熟悉社会工作者。

③积极介入社区事务。社会工作者应积极参与社区事务的讨论，出席相关会议，并提供意见和建议，在有条件的情况下，可以为社区居民提供适当的帮助。通过此种方式，社会工作者有机会向社区居民以及社区中的其他团体、组织更系统地展示自己所在机构的理念、资源状况和服务内容，为后续工作的开展打下基础。

④主办社区活动。社会工作者所在机构在条件允许的情况下可以出面主办一些社区活动，邀请居民以及其他社区团体参加，主动创造与社区中其他成员互动的机会，并借此宣传介绍社会工作者及其所在机构提供的服务。

⑤利用各种媒体手段报道社区活动。社会工作者可以定期或不定期地出版工作简报，或向当地的报纸、刊物投稿，报道自己机构开展的活动。新媒体平台的应用越来越广泛，社会工作者及时发布机构的动态、活动预告等，有助于增进社区居民和其他团体组织对自己机构的了解。

（2）与社区中的各级各类组织建立关系

社区中包含辖区的政府部门、企事业单位、非政府组织以及居民团体等各级各类组织，它们是社会工作服务机构的同伴，是解决社区问题、满足社区居民需求的"友军"。与他们建立良好的互动合作关系，也是社工作者的必修课（全国社会工作者职业水平考试教材编写组，2018：221~223）。

首先，在与任何组织交往之前，社会工作者都要对组织的运作情况有一定的了解。组织的性质、目标、规模、结构、文化以及工作范围都会对组织行为产生影响。社会工作者不仅要了解组织正式的外显的形式——那些明文规定的、显而易见的运作模式，也需要观察其非正式的内隐的形式，比如实际的决策过程、行动中贯彻执行的目标，组织内部不同部门之间的地位高低和权力关系模式。大量有关组织研究的结果表明，真正决定组织行为的是非正式的内隐的形式。所以社会工作者要充分了解一个组织，特别是了解其非正式的内隐的形式，必须经过长时间的积累，掌握大量的信息。

社会工作者了解组织的渠道和方法有很多。一般来说，社会工作者可以在初次进入社区的时候就对组织进行拜访，日后则定期或不定期地进行拜访；也可以在平时工作中利用甚至创造与组织接触的机会，比如出席各组织举办的活动或邀请各组织参加社会工作者所在机构举办的活动，并在活动中积极交流。此外，社会工作者还可以对一些比较了解组织情况的人士进行访谈，获取相关信息，或者通过收集有关组织的宣传资料进行初步了解等。

其次，社会工作者要分析和掌握组织之间的关系。各组织之间能否实现交往以及交往形式如何，在某种程度上取决于组织之间关系的性质。而不同组织之间的关系可以分为三种基本类型。一是交换关系，即组织可以通过彼此交往而各自受益，且受益程度对等。属于交换关系的组织之间交往的可能性比较高。二是权力依赖关系，即当双方获益不平衡时，获益较多的一方利用提高收益或制造压力的方法增加自己对另一方的影响，从而使对方在某些方面依赖自己，不得不交往。三是授权式关系，指向依据政策法规等规定而必须进行交往的组织间的关系。

社会工作者要在具体工作中分析社会工作服务机构与其他组织之间的关系，从而确认自己与对方的交往形式。比如，如果机构的经费源于政府拨款，那么机构与政府部门之间就存在普遍的授权式关系；如果机构与群众团体共同主办社区文化节活动，都宣传了自己的机构，那么这就是一种交换关系。

最后，社会工作者要把握组织间交往的准则。组织间的交往准则分为一般性准则和特殊性准则。

一般性准则主要涉及尽早交往、共同获益、订立协议、悉心维护等方面。尽早交往指向社区中的新组织应当尽早与已有的组织建立关系，为未来的合作奠定基础。共同获益是指交往时需要协助各方了解各自可获得的利益，树立利益共享的观点。订立协议是双方强化和规范合作关系的表示。悉心维护指向关系的维系和长久合作，甚至可以建立一个共同接受的中间组织来专职负责组织间的交往。

特殊性准则涉及不同关系性质的组织间关系维护的注意事项。具有交换关系的组织间的交往需注意澄清彼此的期望，在责任分担、利益均分、合作目标等方面达成共识。具有权力依赖关系的组织间的交往，由于是通过利诱或施压促成的合作，所以关系并不稳定，需要采取必要的策略持续地维持利诱或施压的水平。具有授权式关系的组织间的交往是建立在政策与法律基础上的，比如按照中央文件的要求，各地民政部门采取项目制的方式购买社会服务组织提供的服务，双方的合作动机、合作意愿、各自可获益的大小相互之间并不清晰，容易造成矛盾，所以要澄清组织间交往的规范、责任和权力，同时尝试寻找合作过程中各自的获益以增加交往的动力。

总之，在与其他社区组织的具体接触和交往中，要增加接触的机会，尽量发掘和放大组织间共同的地方，遇到分歧时注意及时沟通，求同存异以实现长久且良性的合作。另外，特别需要强调的是，社会工作机构应以服务对象的利益优先为首要原则，不可以牺牲服务对象利益的方式来与其他组织建立和维持交往关系。

第四节　讨论技巧

双方关系稳定后，谈话经过社会工作者的引导逐步深入下去，不可避免地会进入实质性的阶段，即与服务对象讨论有关问题。在这个过程中，社会工作者要与服务对象一起分析问题的前因后果，交流彼此的看法与意见，并努力达成对解决问题方案的共识。这个过程是一个互动的过程，发生于两位或多位参与者之间，是一种信息传递与接收的动态过程，其中任何一个环节出现问题都可能影响讨论的效果，甚至导致讨论的失败，而相关技巧的运用则可以引导社会工作者有针对性地处理讨论中可能出现的问题。

一　讨论及技巧运用的重要性

讨论是服务过程中的重要环节。制订服务计划时，社会工作者要与服务对象讨论服务目标、具体任务、行动方案等项目。实施计划时，双方又会就操作过程中出现的问题、意外事件、方案的调整等加以探讨。所以，讨论是实务领域中广泛运用的一种工作方式。

在小组工作与社区工作中，讨论是重要的方式与途径。一般情况下，小组或社区成员有工作要做时，讨论是他们主要的沟通形式。比如，社会工作者想丰富社区青少年的暑期生活，较好的方法是组织这些青少年进行讨论，让他们面对面地交换信息和意见，以便更好地了解彼此的需求与兴趣，从而提出一个大家都认可的方案。因为讨论可以促进彼此之间的交流，澄清各自的问题，也能带动大家主动参与，以集思广益解决问题。

社会工作的一个重要原则是助人自助。在讨论中，社会工作者与服务对象的地位是平等的，讨论是对服务对象自身处理问题及表达个人见解与想法的认可与尊重。在一个民主的社会里，首要的假定之一是每个人有自己处理自身问题的权利，没有一个人应该为所有其他人做决定。讨论是每个人参与及被聆听的一种方法，是一个提出观点、然后根据他人反馈的信息加以调整的过程。

此外，由于个体经验、能力等的限制，没有一个人可以说，他不需要别人的帮助。通常，他人的意见可以给我们提供参照，大家一起做比一个人做也更有效。在小组工作与社区工作中，运用讨论技巧来带动成员的参与，不仅能使成员获取更多的信息，还能帮助成员决定哪些信息是重要的，从而做出最佳选择。因为团体决策往往优于个人决策。

不过，不是所有的人都喜欢讨论。比如，许多人认为讨论很浪费时间，讨论了多次，也达不成彼此认可的建议。这种各抒己见、相持不下的会议，确实令人厌烦。在社区会议中，我们经常看到这种现象：第一次会议有四五十人出席，第二次会议人数就锐减了一半，第三次会议出席的人寥寥无几。这往往是无效讨论导致的。

下面我们根据个案、小组、社区三个不同层面的工作来分析讨论中可能出现的问题。在个案工作中，由于个性、家庭环境、受教育程度与文化背景的差异，社会工作者与服务对象对问题的理解及分析、处理问题的能力都有所不同。所以，差距往往是带来分歧的内在因素，它会阻碍讨论的进展。在小组工作与社区工作中，由于参与讨论的人数较多，社会工作者如未能有效控制讨论的进程、平衡相互之间的关系，往往会使讨论在歧义与争执中结束。

所以，社会工作者在有效引导一次讨论前，需要事先做好充分的准备。比如，可以做如下考虑：从前期的谈话看，服务对象的主要问题与成因是什么？服务对象是否认为这是他的主要问题？我如何才能让服务对象开口说出他的真实问题？服务对象可能怎么看待他的问题？这个问题如果触及他的痛处，我该怎么与他探讨？当面向小组的时候，何种主题能激发小组组员的普遍讨论兴趣？何种讨论形式有助于组员共同参与？大家对问题的讨论不热烈或讨论中出现冷场怎么办？如果组员对问题的探讨争论不休，又该怎么办？等等。

可见，要成功地引导一场讨论，是一项具有挑战性的工作。而且，不成功的讨论不仅会使问题悬而不决，还会拉开彼此的距离、破坏专业关系、影响服务的进展。所以，社会工作者有必要学习一些专门的技巧，以帮助自己有效处理讨论中出现的问题。由于讨论的技巧在小组工作与社区工作中的意义更为重大，本节侧重于宏观层面的分析与介绍。当然，实际上，这些技巧无论是在宏观层面还是在微观层面，都可以有针对性地加以运用。

这些技巧主要包括有效提问、邀请与鼓励、头脑风暴法、领导等。总的来说，讨论技巧的目的主要有以下方面：一是激发服务对象或成员对讨论话题的兴趣，鼓励大家参与到讨论中；二是帮助服务对象或成员了解谈话的主题，澄清各自的观念与想法；三是增进服务对象或成员间的了解与认同，在不同的意见中协调彼此的关系与利益；四是在充分讨论的基础上，集思广益，达成彼此认同的最佳方案。

二　讨论问题的相关技巧及运用

我们都有与别人讨论问题的经历，知道讨论的大致程序。如先提出问题，当这个问题是彼此都感兴趣并愿意讨论的问题时，讨论便得以进行下去。但在社会工作中，有时话题是社会工作者设计的，服务对象、小组成员、社区居民不一定有足够的认识与了解，因此在打开话题时可能存在一定的阻力。此外，有的话题可能是服务对象或某些组员回避的话题，但社会工作者因为工作需要而提出了，服务对象或组员就会转移话题，甚至以沉默应对。如不先解决这个问题，讨论就难以进行。以下技巧就是用来防止出现或解决这类问题的。

1. 有效提问

有效提问是基于一定的经验与知识，根据对象、场合与谈话进程的不同，艺术地加以提问，以引导服务对象打开话题，并朝着目标话题发展。首先，社会工作者应了解提问的五种类型。

第一种是开放式提问。它不能简单地用一两个词来回答。这种提问方式有助于激发思考，防止谈话对象不经过讨论就对问题做出主观的判断。这种提问常以"怎样""什么""为什么"等词开始。

第二种是深究回答型提问。这种提问方式是为了获得理解、增加谈话对象参与的程度，以发掘更多的信息。社会工作者可以用"描述"、"告诉"和"解释"这类词来提问，如"你能描述一下自己当时的感受吗？"

第三种是重新定向型提问。这种提问方式可在把话题转移给其他人时使用。例如，在小组工作中，有组员问社会工作者一个与主题相关的问题，社会工作者可以这样回应："小红刚才也提到这个问题，你认为刚才的提议怎么样？其他人对这个问题是怎么想的？"

第四种是反馈和阐述型提问。在需要进行总结，或对已经讨论的问题进行阐明时，可以用这种提问方式。比如"我们已经讨论了一段时间，有谁能对此总结一下吗？"这样的提问方式有助于大家在同一时间一起了解问题的状况。

第五种是封闭式提问。缺乏经验的社会工作者常常会频繁地使用这种提问方式，有经验的社会工作者则很少使用这种提问方式。

社会工作者较常使用前四种提问方式，这有助于获取更多、更具体的信息，也可以避免使谈话受限于社会工作者的个人思维模式。只有在特定的情况下，才会使用封闭式提问。

为了有效地进行提问，社会工作者需要注意以下九点：①初期和开导阶段应针对所有谈话对象提问；②要注意给谈话对象留出一定的时间去考虑所提出的问题；③当谈话对象回答问题后，要对他提出的意见表示感谢，如果可能或者有必要的话，对其回答进行深究；④在合理的时间内，如果没有人回答的话，那么要从谈话对象中寻找非语言信号，找出谁希望回答问题，然后直接请他回答；⑤如果没有人回答问题，则考虑重新组织和表述问题或者询问是否需要对所提问题进行澄清；⑥避开提出有倾向性的问题,如"是什么原因产生了这个问题?";⑦避免提出太多的"是/非"问题,因为它们限制了讨论;⑧避免所提问题让谈话对象产生紧张对立的情绪;⑨抑制住通过点名提问来获得人们的注意和处罚他们不专心的想法,这样的行动只会导致谈话对象的怨恨和更加不积极的参与(霍克特、马丁,2003:21)。

2. 邀请与鼓励

实际上,有效的提问往往和邀请与鼓励相关。它们在讨论中是两种相辅相成的技巧,都鼓励谈话对象的参与及投入,以共同推动讨论的顺利进行。邀请是指社会工作者要么通过身体姿势、面部表情、声音和话语等语言或非语言信息暗示谈话对象,要么直接推动谈话对象加以表述或参与到正在进行的讨论中。鼓励也是社会工作者通过语言或非语言信息,如声音、手势、简单的句子等,引导谈话对象在讨论中自由地表达自己的观点、想法与感受。无论是邀请还是鼓励,都意在激发或增进谈话对象的表达信心与勇气,支持服务对象克服自身的心理障碍,更积极地参与讨论。在需要时,社会工作者也可对参与的方向提出建议。

在运用邀请与鼓励技巧时,社会工作者首先要以开放的肢体语言、轻松的态度等向谈话对象表示其愿意做一个倾听者。在谈话时,社会工作者要注意观察服务对象或小组成员的行为表现,如沉默、逃避眼神接触、避免直接对话等。遇到这种情况时,社会工作者应对他的心理状态表示理解,接纳其退缩或逃避的情绪反应,同时运用邀请与鼓励技巧去回应他。社会工作者可直接运用鼓励的话语,或微笑颔首等肢体语言,让谈话对象感受到支持与鼓舞,进而再邀请他参与讨论。如还有第三人的话,可以让第三人来邀请谈话对象,这样可以让谈话对象获取更多的支持,同时促进小组间融洽关系的形成。

在建立关系的初期阶段,服务对象与社会工作者之间比较陌生,而且处于陌生的环境,所以需要较多的鼓励与支持。当关系进一步发展后,服务对象开始表述其个人经历与内在感受,这时可能会产生矛盾心理,社会工作者不宜直接进行邀请,但可以给予较多的鼓励与支持。当服务对象开始谈论他关心的问题时,社会工作者只要专注地注视着他就可以了。在小组工作或社区工作中,由于群体的压力,谈话对象害怕在大家面前说错话,或害怕别人议论,容易紧张、退缩。此时社会工作者更应以温和的态度、亲切的语调、鼓励的话语来消除谈话对象的负面感受或情绪,适当地赞扬他的行为，引导他逐步加入讨论。不过，这种鼓励要避免过于笼统、模糊，也要避免说夸大不实的话，还要避免重复使用相同的句子。最好的方式是针对谈话对象所做的具体行为来加以鼓励、赞扬。

3. 头脑风暴法

随着讨论的深入，焦点开始停留于如何解决问题上。一种被证明较有用的解决方式是头脑风暴法。这种技巧鼓励每个讨论者都平等地参与讨论，在公平、信任的基础上，倡导每个人自由地提出建议、设想，以促进思想和意见的形成。在小组工作与社区工作中，头脑风暴法的运用比较广泛。尤其在由5～8人组成的小组中，头脑风暴法常常是最为有效的一种解决问题的工具。此外，头脑风暴法在小组建设的过程中也十分有用。因为这种技巧鼓励大家接纳彼此的观点，自由地畅想。这种开放的参与氛围，有助于小组成员之间产生信任，增强小组凝聚力。

那么，如何运用这种技巧呢？许多有关小组工作与人际沟通方面的书籍都对此做了较具体的指引，下面我们援引其中一种观点加以介绍。

①清楚地表达目的、议题、讨论的问题和头脑风暴的指导。

②严格设定进行头脑风暴的时间，如12～20分钟。

③每个小组成员按照顺序表述自己的想法。引导者应鼓励小组成员表达他们的观点，尽管他们的观点可能会"跑题"或者是荒谬的。

④在听取和产生意见和想法时，不允许进行评论（评论可能导致人们审查自己的想法或者不利于在此过程中推动创造性的发挥）。

⑤小组成员不断地轮流参与是被允许的，产生想法的数量是进行头脑风暴的目的。

⑥讨论完善。如补充、完善别人的想法和意见时，不担心"侵占所有权"。一个参与者说完后，引导者可以留一段时间让大家进行补充或贡献他们的想法，而不必等到轮到他们说话的时候。

当所有小组成员都表述完后，引导者问："这是我们所有能想到的吗？"（霍克特、马丁，2003：72）

运用头脑风暴法，有助于获取好的提议。当然，组员间也可能会出现分歧。当分歧产生时，未必不是好事。因为不同的意见和看法可以扩充大家的知识面、积累经验，有助于大家更深入地看待问题，反思自己的不足。所以，社会工作者不要害怕出现分歧，但是要注意，在进行头脑风暴前，要引导大家尊重与接纳别人的意见，并约定遵守一个共同的原则——

不评判，从而避免分歧带来的争议，以免阻碍讨论的有效进行。在运用这种技巧时，社会工作者要注意让参与讨论的每个人都敞开心扉，接纳自己的和他人的观点。在这个过程中，社会工作者要确保鼓励每个人参与，并尊重每个人的投入。要记住，每个组员都有贡献，那些性格内向的人可能会提出更好的建议。

4. 领导

领导是一种影响他人、控制事物进程与结果的行为与能力。领导者不一定是具有某种职位的人，只要一个人在人际中能影响他人，使他人认可其影响，便能产生实际的领导行为。有些领导者通过他们的人格魅力来影响追随者，而有的领导则通过其职位赋予的权力，对他人施加影响。不过，大多领导者是五种因素的综合，即奖赏权、强制权、法定权、专家权和模范权。社会工作者主要通过专家权和模范权来获取领导地位。这种领导地位在小组工作中表现得更为明显。

在小组讨论中，社会工作者的领导责任是组织小组进行讨论，控制讨论的进程，并帮助小组完成讨论。要做到这些，社会工作者首先必须掌握组织小组讨论的技巧，包括组成与维系小组、确定谈话主题、限制谈话时限等；其次是掌握控制小组讨论的技巧，包括对讨论过程中可能会出现的各种事件，适时地加以干预；最后是掌握引导小组讨论的技巧，包括掌握小组讨论的科学程序、推动小组讨论的进程、促成讨论目标的顺利完成等。

运用这些技巧时，需注意两点。一是把握小组讨论的程序，对于初学者而言，这是一个较好的指引。这些程序有助于小组把重点集中在问题上，并促进讨论目标的达成。二是处理冲突、化解分歧。首先，社会工作者应该在冲突发生之前就加以管理，避免冲突。其次，冲突发生后，社会工作者应该尽快、直接处理，以谨慎、公平的方式来探知真相并加以协调。最后，在冲突难以化解的情况下，可以考虑民主决议。

讨论技巧是一种操作性较强的实用技巧，它既包括与服务对象的个别讨论，也包括上文提及的面向多人的小组或社区工作中的讨论；既可以围绕对话的主题、语言的含义、语词或行动中的情绪感受进一步清晰地进行技术使用，也可以按照步骤进行：从讨论的准备到议题的提出、讨论的展开，直至讨论结束。但无论是哪种形式、哪个阶段的讨论，最终都指向一个目标：促进问题的解决。所以，在运用讨论技巧时，社会工作者要非常务实。比如，选择话题时要根据谈话对象的兴趣、需要适当地加以选择；在讨论的过程中要随时回应每个参与者的感受与想法，使讨论顾及每个人的切身利益，最大限度地调动大家的积极性，从而尽可能地使讨论结果获得最大效益。因此，在讨论中，社会工作者要注意弹性原则，同时要使大家意识到：个人的情感与意见有时应该得到一定的控制，以维护整个小组共同的或大多数人的利益。

第五节　影响技巧

社会工作实务过程是一个提供专业服务的过程。在这个过程中，人际沟通与互动成为重要的载体。这种人际沟通与互动有影响与被影响的关系，同时影响往往是交互的。比如，社会工作者可以通过服务对象的经历、想法拓宽自己的思路，而服务对象则可以从社会工作者那里学习到新的解决问题的方法或视角。通常，社会工作者对服务对象的影响居多。通过这种影响，社会工作者直接或间接地促进服务对象的改变，从而推动服务的进展与问题的解决。所以，掌握相应的影响技巧，可以使社会工作者更艺术地处理服务对象的问题。

一　影响及技巧运用的目的

有人认为影响应该是领导者具有的一种能力。从某种意义上讲，这种理解有其正确性。影响是指运用语言或非语言的信息，让别人因你而改变他们的态度或行为。这是领导者常做的工作，而且领导者一般要具备一定的影响力，也必然会施加其影响。所以，二者有一定的相关性。对于社会工作服务来说，影响是必要的。因为前来求助的服务对象往往自身的经验、知识、能力有限，所以需要社会工作者运用专业知识与技巧加以影响，从而改变其固有的观念和不当的想法，或者拓展其思维，寻找新的解决问题的方法与掌握处理冲突的技巧等。

社会工作者的影响不同于领导者的影响。领导者的影响一般是为了完成某项工作或任务，而社会工作者的影响则强调以人为本，强调为服务对象服务，这种影响是为了让服务对象获得最大收益，而非单纯地解决问题。而且领导者的影响具有权威性，社会工作者的影响虽然有专家权威的作用，但常常更有作用的是社会工作者的人格魅力与价值观。因为这种影响只有在服务对象自决的基础上，才能有效发挥作用。而服务对象接受社会工作者的观点与建议前，往往要先接受社会工作者。

一些社会工作者不能有效施加影响，往往与领导思维方式有关。他们可能会以专家身份自视，并期望服务对象接受自己的影响。所以，社会工作者要成功地施加影响，首先要检视自己内在的观念、态度与想法。比如，在施加影响的时候，是否把自己的观点强加在服务对象身上？或者潜意识里常认为自己的见解比服务对象好，因而希望服务对象接纳自己的意见。社会工作者可以问自己：我的建议是否真正从服务对象的利益角度考虑？在影响服务对象时，我是否相信并尊重服务对象自身有处理其问题的权利与能力？如果社会工作者是一个控制欲较强的人，那就更要注意自我省察与自我控制。

此外，社会工作者的影响与领导者的影响不同，还在于其专业的视角。社会工作是从人与环境互动的因素看问题，所以把服务对象置身于一个生态系统内加以研究，相信环境对人的影响，并看到其作用。因而，社会工作者的影响除了具有内在的形式外，还有外在的形式，即通过改变服务对象所处的环境来影响服务对象，促进服务对象的改变。

社会工作的影响技巧有三个方面：一是影响服务对象自身，二是影响服务对象的环境，三是影响服务对象与环境之间的关系。第一种技巧倾向于微观层面的服务，第二、三种技巧倾向于宏观层面的服务。当然，无论是微观的实务领域，还是宏观的实务领域，这两种影响都不可或缺，若能整合加以运用则更加有效。

《交往技巧的运用与分析》一书对影响技巧做出如下定义：这是一种对服务对象的思想、行为、感受可能会产生有力影响的技巧，它可能会给服务对象施加影响，促使其从新的层面去理解问题，或者采取其他方法去解决问题。运用影响技巧的前提是社会工作者与服务对象已建立良好关系，对服务对象的问题较为了解。影响技巧包括建议、教育、自我坦白、演绎、对质等（黄陈碧苑、廖卢慧贞、文锦燕，2005：56）。

这种定义比较细致与精确，但比较侧重于微观层面。本书站在一般社会工作实务的角度，认为可以再增加宏观层面的一些技巧，如倡导、整合资源与社会行动等。这样，社会工作者既可以更全面地施加影响，也可以更有效地帮助服务对象。总的来说，建议、教育、对质、倡导、整合资源与社会行动是较有代表性的影响技巧，关于建议的技巧已在前面的实务过程章节里有所介绍，而社会行动在中国内地的社会环境中使用较少，所以我们主要介绍教育、对质、倡导、整合资源、协商和人际交往网络六种技巧。

运用这些技巧的目的主要在于：①提供社会工作者个人的知识与经验，帮助服务对象拓宽思维，了解正确的知识与技巧，找到解决问题的正确方向与可行方法；②协助服务对象从较深入的层面去反思自己的问题、经历、行为和内在感受，使服务对象认识到自己在个人言行、认知等方面存在的矛盾，从而消除给服务对象带来困扰的内在因素；③在必要的时候，发起某项提议或组织活动以引起大家对问题的关注，并提供相关的建议，从而运用社会的力量来帮助解决服务对象的问题；④帮助服务对象与其所需要的资源建立联系，同时挖掘服务对象的潜在资源，以满足服务对象的需要。

二 影响技巧的运用及注意事项

影响技巧的运用因人因时而异，所以社会工作者要了解服务对象的基本情况、问题、个人言行和感受等相关因素。在会谈中，社会工作者可以根据服务对象的语言或非语言行为调整自己所使用的影响技巧。社会工作者要综合分析各方面因素，选取既适合服务对象处境，又有助于解决问题的影响技巧。

1. 教育

教育是指社会工作者为了帮助服务对象提升其认识与解决问题的能力，把自己的经验与专业知识传授给服务对象。社会工作者经过专业的学习，拥有长期从事实务工作的经历，往往比常人掌握更多的处理问题的方式与方法，对问题的看法也更为系统、全面。同时，社会工作者局外人的身份，使其往往更容易看到问题的实质，并进行较为客观的分析。所以，社会工作者可以基于自己的专业特长来教育服务对象，以改变服务对象的想法与态度。

例如，一个对父母有意见的青少年，认为父母太干涉自己的生活，因而有逆反心理。社会工作者可以通过自身经验，教育服务对象站在父母的角度考虑，体会父母的心意。在治疗性小组里，社会工作者的教育作用更加明显。比如，社会工作者教育离异妇女疏导压抑、忧郁情绪，进行创伤治疗。此外，社会工作者还提供有关亲子关系、人际交往之类的知识。给服务对象做减压训练、戒酒训练等也是典型的教育方式。

教育技巧的运用有正向性与负向性两种。正向性的教育技巧是传授服务对象所需要的知识与技能，从而提升其潜能。负向性的教育技巧则指引导服务对象分辨、认识自身态度、观念、行为等方面的错误，从而消除服务对象的不当行为或情绪。一般社会工作者较多使用正向性的教育技巧，只在某些特定场合，如正向性的教育不足以引起服务对象的重视与反思时，可以考虑负向性的教育，但要在双方关系良好的基础上使用。

在运用教育技巧时，社会工作者要注意选择服务对象适合或喜欢的方式加以教导，如讲故事、经验分享等，同时要注意所教导的内容、深度与服务对象的年龄、受教育程度、能力与文化背景相对应，以利于服务对象掌握并将其运用到自身的生活处境中去。需要注意的是，在使用教育技巧时，社会工作者不能代替服务对象思考或做决定，而是要促使服务对象找到自己解决问题的方法。社会工作者要在影响服务对象与服务对象自决中找到动态的平衡，要明白教育技巧是引发服务对象思考的，而不是告诉服务对象要做什么、不要做什么。实际上，好的教育技巧应该是给予他人找到解决问题办法的机会。此外，若要有效地运用教育技巧，社会工作者就应该丰富自己的专业知识、掌握专业技巧，从而把更全面的信息传递给服务对象。

2. 对质

有时服务的进展可能因服务对象的回避、忧郁、缺乏改变的动力、对社会工作者有敌对情绪而陷入停顿、僵持状态。这时，社会工作者可以运用对质技巧来促使服务对象正视问题。对质技巧是指社会工作者直接针对服务对象回避的问题，指出服务对象言谈、感受和行为的不一致与矛盾，或者挑战服务对象，让服务对象面对实质的问题，消除不现实的想法，改变缺乏建设性的、自相矛盾的行为。

比如，社会工作者对服务对象说："小王，你说自己不愿意一辈子就这样蹉跎下去，可是到现在，你还是每天睡觉、上网，不去找工作。究竟为什么你始终不采取行动呢？"或者直接向服务对象指出："小王，我感觉你这么久迟迟不去找工作，是害怕失败，害怕被人拒绝的负面感受，是吗？"第二种对质更深入服务对象内心，第一种对质则主要指出问题。如何运用对质技巧、介入的深度如何，可视二者的关系决定。但不管怎样，对质技巧让服务对象不得不正视问题，这样的触动可能会带来突破，对服务对象产生重要影响。

做到这一点，要注意一些事项。首先，社会工作者要在和服务对象的关系较稳定后才使用对质技巧，并且对质时要抱着真诚、友善、接纳的态度，而非批评与责难。否则，服务对象可能不会接受你的对质，甚至以敌对的态度或方式回应。其次，社会工作者要针对服务对象的具体言行，就其中矛盾或偏离现实的地方加以对质，否则便难以达到让服务对象正视问题的目的。最后，进行对质时，社会工作者要注意观察服务对象的语言与非语言行为。为避免引起服务对象的负面感受，社会工作者可以先对服务对象的某些方面或行为加以肯定，然后再提出对质的问题。

总之，对质是一个比较具有挑战性的技巧，社会工作者要谨慎地运用。因为对质可能会给服务对象带来比较多的负面感受。有的服务对象因自信心过低而对他人的评论特别敏感，服务对象使用对质技巧可能会让他更加贬低自我，以至放弃自我改变的努力。还有的服务对象会因社会工作者的对质、过分批评而产生防卫心理，一直为自己辩护。所以，如果服务对象没有因对质而发生改变，那么社会工作者也不要失望。社会工作者可以调整自己的方法，也可以给予服务对象回旋与反思的空间，耐心等待服务对象的转变。

3. 倡导

倡导技巧较多运用于社区工作中。社会工作者始终关注弱势群体的需求，面对资源、机会与境遇的不公，常常与弱势群体一起行动，或作为弱势群体的代言人去影响社会政策，获取社会支持，以改善或解决弱势群体的现状或问题。有时，对于被社会忽视的现象，社会工作者可以看到问题所在，通过倡导某项活动，引发社会的广泛关注，从而预防问题的产生或减轻问题的影响。比如，针对传染病流行问题，社会工作者可以倡导公共卫生服务体系建设、社区治理机制建设与完善等，以保障民众的利益。当然，为了更好地服务于个别服务对象，社会工作者有时也会做个案倡导，但其指向仍具有社会性。

所以，倡导是这样一种技巧：它通过公共发言、组织活动、媒体宣传、政策建议等多种方式，倡导或挑战有关机构或相应政策，以谋求或保障服务对象的应有权益甚至影响政策，实现社会变迁。这种技巧是一种综合的、多元的技巧，对一些普遍的问题或某类群体的专门问题比较适用，影响力也不是个别的工作方法可比拟的。

一般来说，倡导技巧针对的对象是较大的机构、组织。当然，在具体的运用中，尤其是在中国的情境中，可以对该机构的主要决策者施加影响。比如，可以以联名请愿的方式向决策者提出书面的申请、协商与建议。但通过策划一些活动，运用媒体的宣传，同时呼吁公众的参与，以扩大社会影响力，进而影响社会政策与机构，往往是比较有效的倡导手段。此外，采取法律行动、提供专家意见也是较多被采用的倡导方式。

在运用倡导技巧时，社会工作者要注意应该以获取社会关注为手段。所以，倡导技巧运用的目的是扩大社会影响力，从而影响整个社会，以服务于服务对象或社群。这种影响取决于多方面因素：影响的对象、社会工作者的能力、成功的可能性、可利用的资源、服务对象和社会工作者可能承担的风险等。因此，在运用倡导技巧前，社会工作者要考虑各方面因素，尤其是服务对象可能承担的风险，以尽可能保障服务对象的权益。倡导者的组织、策划等能力在这个过程中会起到较大作用，而这些能力可以通过组建一个有效力的团队来获得和提升。

4. 整合资源

社会工作一直非常注重资源的整合。对于每个人而言，其问题的产生、变化及问题的解决都与自身相关环境系统的各方面因素有关。这些因素大致可分为有利因素与不利因素。有利因素主要是指有利于服务对象问题解决的因素，不利因素则相反。该部分所指资源主要是指服务对象环境系统中的有利因素，如支持服务对象的父母、可能提供经济援助的慈善基金会、已有的政策福利等。

有时，对于服务对象而言，有意义的资源可能是家庭。有时，服务对象面临的问题是社会体制问题，所需运用的资源较为庞大。为使社会工作取得预期的目标，社会工作者应最大限度地调动和运用来自机构的、社区的、社会的各种资源，并加以整合，以发挥最大的效力。要做到这一点，社会工作者要运用相应的技巧，以有效地整合资源。

首先，社会工作者要了解各种资源并分析其功用。资源一般可分为自然支持系统（如家庭成员、亲戚、朋友、邻居、同事等）、自助团体、相关机构、志愿组织、政府机关等。各种资源能发挥的作用因服务对象的具体情况而异。其次，强化现有的支持系统，拓展所需的社会资源并加以整合。在这个过程中，社会工作者要以服务对象的需要为本，在各种资源间开展沟通与协调工作。

在运用整合资源技巧时，社会工作者要尊重服务对象的意愿。因为整合资源的过程对服务对象的影响是双向的。如果服务对象不希望某个层面的资源介入，那么社会工作者要尊重服务对象的选择。在整合资源过程中，社会工作者要注意增进服务对象对资源的认识，提升其运用资源的能力。

5. 协商

协商指向在产生分歧的各方中达成某种形式的共识和理解。在现实生活中，分歧成为常态。若每一方都固守自己的立场、观点、利益，那么彼此之间的相互理解就很难实现，更遑论在利益相关的问题上达成共识。若放在服务对象的情境里，就会造成其与环境之间的某种紧张关系，而社会工作者对这种紧张关系的干预和影响所动用的技巧之一即为协商。

协商的重要性体现在以下两个方面。

第一，和分歧各方的直接工作上（特里维西克，2010：210）。协商技巧是建构共同决策和合作氛围的工具，通过协商，社会工作者与服务对象及其他分歧各方一起探讨各自对事件的看法，特别是他们是如何形成特定的立场和信念的。比如，当孩子打算辞掉父母眼中的好工作，转而去从事自己认为的更加合适的职业时，父母表达了强烈的反对意见，社会工作者致力于让双方了解对方心中的"理想的职业生涯"是什么以及持有这样的认识的原因。社会工作者的任务就是在协商中实现某种转变，即分歧各方对对方选择的理解、尊重和接纳，也许永远无法达至认同，因为各方的立场和出发点不尽相同，但是理解和接纳对方的选择，足以作为协商的基础。

第二，服务方面。有学者表示，约有1/3的协商工作是用于和服务对象面对面的沟通上的，其余的时间则用在非直接的服务提供上，比如和机构、掌握关键资源或者处在关键位置的人或组织进行协商（特里维西克，2010：211）。又如，在医疗资源紧张的情况下，作为一线工作者，社会工作者可能要花费很多时间来协调一个住院名额，要考虑那些负责资源分配的人的顾虑，并且为打消他们的顾虑做更多工作。

在协商过程中，有学者提出"有原则的谈判"的行动策略。

首先，要区别对待问题本身与介入问题的人。在处理争端或分歧时，当事方通常会产生的一种想法是对方之所以如此"不通情理"是对方"人的问题"——道德品质、素质甚至是人格的问题,对事件的争议就很容易上升为对人的攻击。比如,在上述例子中,如果父母指责孩子没有孝心,服务对象指责分配床位的人满怀私心,那么对事件的处理就转变为一种人身攻击,而这种状态对问题的解决毫无帮助。所以分歧双方要明白并且接受在协商过程中对事不对人,而且愿意考虑对方提出的意见有无合理之处。

其次,关注双方的共同利益而不是纠缠于双方的矛盾冲突。协商过程也是"求同存异"的过程,能够推动问题解决的是达成共识的部分,而不是那些争执不下的冲突点。所以社会工作者要找出二者观点或利益的交集。比如,在上述例子中,难道孩子不希望工作能给自己带来稳定的生活吗?难道父母不希望自己的孩子充实且快乐地工作吗?所以,工作的稳定与兴趣的贴合度,是父母和孩子共同的关注点,只是排序不同,不存在非此即彼的对抗。

最后,提出对双方都有利的解决方案。社会工作者要尽可能地找到利益的平衡点,提供让双方都能接受的方案。在能够理解对方诉求的情况下,这种相对平衡的方案更容易被双方接受,前面提及的来自对方的"不通情理"是因为,所谓的"情理"只是站在自己立场上一厢情愿的"情理",在对方看来,也许"不通情理"的恰是自己,所以有效的解决方案要兼顾双方的"情理"。但若没有相互理解之心,哪怕提出方案了,也是无法接受的。在中国人的文化情境里,协商是某种程度上的妥协。

6. 人际交往网络

人际交往网络是人们在日常生活中结成的、彼此间相互联系的、有意义的系统或模式。很多时候,人际交往网络被划分为两类:一类是正式网络,指向人们隶属的、有明确的目标或关系结构的系统;另一类是非正式网络或自然网络,如由家人、朋友、邻居等"自然的"照顾者构成的系统。

社会工作者在影响服务对象的过程中通过对服务对象身处的人际交往网络的动员来实现自己的影响目标,既可以看作对服务对象身处环境的干预,也可以看作对服务对象与环境之间关系的影响。Coulshed 和 Orme 认为,人际交往关系有三种"策略"(参见特里维西克,2010:216)。

第一,网络治疗。主要指向使用小组技巧来帮助危机中的家庭,通过对家庭成员彼此之间的关系施加影响来干预家庭的问题状态。成员间的关系成为治疗的切入点。在家庭治疗中，关系既是问题的表征，也是问题的成因。

第二，解决问题网络会议。这一策略是将正式的和非正式的照顾者召集在一起，而召集的目的通常是为了让各方了解对方以及自己在做的事情，以发现哪些事情在重复地做、哪些事情无人在做，从而协调解决问题的行动。这一策略更多意义上是对服务对象人际交往网络的动员和整理，以为服务对象的改变提供更有效的协助。

第三，网络建构。这一策略是关于如何建立新的网络以及维持或改变现有的网络。当服务对象现有的人际交往网络缺乏或失效时，服务对象就面临着被孤立的危险，新的人际网络的构建以及失效网络的调整就成为非常重要的事情。事实上，网络关系的重要性在于加强人们在特定社区或地理区域中的联系和交往。

以上策略涉及协调、倡导和组织等多种技巧，也需要对服务对象及其社会网络进行评估，从这个意义上看，人际交往网络技巧是一系列技巧的集合。

在上述六种技巧中，教育与对质技巧在影响技巧中属于直接干预层面；协商技巧属于综合性干预层面，因为它既有面向服务对象的直接工作，也有面向服务对象环境的间接工作；倡导、整合资源以及人际交往网络技巧属于间接干预层面，因为它们不直接针对服务对象，而是力图通过环境与他人的因素来促进服务对象的改变与问题的解决。这是社会工作者的责任，即社会工作本身有一个理念：每个人都有获取合适的社会资源的权利，而社会工作基于社会公平与社会正义的原则，有义务去协助受助者改善甚至改变环境。在运用上述影响技巧时，社会工作者应对服务对象的情况有全面、细致的了解，不应过早使用。在使用影响技巧的同时，社会工作者要注意尊重服务对象的自我选择，以坦然、真诚的态度与服务对象沟通，使影响技巧真正发挥作用。

第六节　活动策划

策划是社会工作实务的重要内容之一。当社会工作者基于个人层面、群体层面、社区层面的需要而开始设计相应的服务项目时，活动策划就成为社会工作者工作的重要内容。本节主要对活动策划的内容、活动策划的主要步骤、小组工作的活动程序设计和社区工作的活动策划进行简要介绍。

一 活动策划的内容

活动策划在社会工作服务中具有非常重要的作用。无论是在个案工作、小组工作，还是在社区工作中，社会工作者都必须通过设计各类活动，帮助服务对象改善状况，实现介入目的。

1. 活动策划的基本含义

活动策划，在某些专业书籍中也被称为程序设计，是指社会工作者为达到一定的服务目的而开展的一系列活动设计。活动策划包括两个层面的内容：一是策划的过程，二是策划的结果。从策划过程来看，它包括厘定服务需求、理论分析、确定服务目的、形成服务方案；从策划结果来看，它主要是指所形成的一套服务方案。当活动策划成为一种服务方案时，社会工作者必须对活动策划有更多的考虑，如方案是否符合服务对象的需要、活动内容与活动目的是否一致、服务方案的实施是否具备足够的资源等。

2. 活动策划的类型

当我们把活动策划看作一种服务方案时，根据方案形成的不同依据，我们把活动策划划分为社会问题取向和个人需求取向两种类型。

社会问题取向，主要是指活动策划是通过问题分析—诊断—方案设计的过程来完成的。在这个过程中，专家、权威、专业人士、社会工作者的意见起主导作用。比如，专家、权威通过社会调查和研究，对社会问题做出分析和解释，然后通过设计一连串活动来形成解决问题的方案。该方案的形成是针对主要的社会问题，因此，对于服务对象来说，他没有足够的能力参与活动策划。

个人需求取向，主要是指活动方案的设计是回应服务对象需要的。因此，在整个服务方案的策划过程中，社会工作者扮演着发起者和推动者的角色，通过与服务对象建立关系，来发动服务对象挖掘自己的需求。社会工作者和服务对象共同收集各类服务信息，并在对各类信息进行分析的基础上形成符合服务对象需要的服务方案。在该类活动策划工作中，服务对象需求的自我发现、自我挖掘和改变是第一位的，服务对象是整个活动方案策划的主体。服务对象在参与整个策划过程中获得的收获，大于最终活动方案的形成。个人需求取向的活动策划，是服务对象自主意识增强和能力提升的过程。

3. 影响活动策划的主要因素

活动策划是一项综合性工程，受到很多因素的制约，概括起来有以下几个方面的因素。

第一，机构的宗旨。机构宗旨主要包括服务对象、基本立场、工作取向等方面的内容。任何专业服务机构的宗旨对服务项目设计及活动策划工作都有十分重要的作用。

第二，服务对象的需要。任何社会工作服务方案的制定，都要充分考虑服务对象的需要。如社区青少年服务的活动策划，就要充分考虑青少年的特点，既要提高他们的适应能力，回应他们的成长需求，也要改善他们的社会功能，实现他们的能力发展。一些就业能力提升小组、社区青年领袖训练小组、社区青少年体育比赛、社区关系整合行动等，都可以成为社区青少年活动策划的主要内容。

在以服务对象的需要为依据进行活动策划时，服务对象的能力和参与动机也是重要的影响因素。能力包括服务对象的生理和心理水平、对专注力的持久度、思考能力、人际交往能力等。社会工作者要针对服务对象的现有能力，开展有针对性的活动。

第三，资源条件。任何服务活动都离不开资源。这里的资源包括人力、财力、物力等各种物质性资源和权力、关系等非物资性资源。人力资源既包括社会工作者的专业知识、工作员数量等，也包括服务实施过程中是否可以邀请到足够的专业人士提供专业帮助。物力资源和财力资源也是影响服务开展的重要因素，机构的经费数量、资金募集可能性等都会制约服务的开展。现阶段社会工作服务机构的物质性资源还不充分，非物质性资源配置成为服务得以实施的重要手段。比如，服务机构通过与政府有关部门合作，获得服务经费或活动场地的支持等。

第四，活动策划的理论基础。社会工作服务是以社会工作专业知识的运用为基础的，包括心理学、社会学、社会工作实务技巧等在内的理论基础，是活动策划的重要依据。如改变认知行为小组、网络脱瘾辅导小组、走入贫困家庭大型社区活动等，都是基于认知改变理论、行为修正理论、社会交往理论而进行的活动设计。理论既能帮助社会工作者掌握活动策划的主要方向，也能为活动程序的具体安排提供逻辑框架。有效的理论运用，可以使活动策划的目的得到更有效的实现。

第五，服务对象的参与。社会工作服务的重要目标是提高服务对象的社会功能。服务活动是实现上述目标的重要载体。一般来说，活动策划是社会工作服务的重要内容。社会工作者工作经验丰富，为服务活动的设计奠定了基础。社会工作者基于助人自助的服务理念，带动和鼓励服务对象参与活动策划的具体过程，从他们对自身需要的了解和反省、强化沟通交流、接纳不同意见、达成共识等多方面广泛参与，必定会对服务对象的能力提升起到积极的推动作用。所以，社会工作者通过各种方式实现服务对象对活动策划过程的参与，是活动策划本身要实现的目的之一。

二 活动策划的主要步骤

一般来说，活动策划是一个互相关联的计划过程，包括评估需要、确定目的和目标、制定活动方案、评估、撰写计划书等步骤。

1. 评估需要

举办任何层面的活动，首先都要完成需要评估。需要评估包括两个部分：一是确定目标对象，二是了解目标对象的特性和问题。

目标对象是指社会工作者通过活动介入希望予以改变的对象。社会工作者要通过调查和资料收集来了解目标对象的特性和问题。比如，当社会工作者了解到社区内的独居老人需要照顾时，就要对老人的状况进行详细调查，在了解确切的需要后制订包括送餐和上门陪护在内的一系列服务计划。

2. 确定目的和目标

目的是指希望达到的比较长远的结果，目的陈述一般是比较概括的；而目标则具体地指出社会工作者期望在活动完成后的指定时间内要达到何种改变。清楚的目标应该具有以下条件。

第一，目标应该是与问题和目的有关联的。目标是基于对问题的清楚解释，是目的的具体体现。

第二，目标是可达到的。在制定目标时，要切合实际，既考虑到人力、物力的情况，又考虑到服务对象的实际能力，真正使活动达到应有的效果。

第三，目标是可量度的。订立的目标应尽可能明确，以便对活动效果开展评估。

第四,目标是有时限的。目标陈述应明确预计在多长时间内可达成目标,这样便于对服务进程进行控制。

第五,目标之间是有关联的。目标是目的的具体体现,各目标之间要形成相互联系的逻辑关系,以使整个服务过程按照一定的逻辑安排逐步推进。

3. 制定活动方案

一般来说,活动方案的制定应包括以下内容(张兆球、苏国安、陈锦汉,1999:18)。

第一,理念。主要包括为何要组织这个活动?有哪些问题或需要存在?问题或需要有多广泛和严重?

第二,目的和目标。举办程序的目的是什么?希望通过活动达至哪些长远和短期的改变?

第三,对象。参加者是什么人(如年龄、性别、职业、学历等)?

第四,性质。包括节目内容和活动形式。

第五,时间。包括举行的日期、时间及困难预估。

第六,地点。在哪里举行?有哪些后备场地?

第七,程序。如何进行(包括次序、宣传、招募等)?

第八,资源。包括人力、物力、财力等。

第九,应变计划。预计可能出现的困难(如天气、场地、财政、招募),以及可能解决的方案。

第十,评估。包括评估指标、资料收集方法、量度时间等。

4. 评估

评估的作用是确定活动是否达到目标,并提出日后需要改进的意见。社会工作者在订立计划时,要明确两个方面的问题:一是如何评估活动是否达到目标?二是如何收集资料,以了解参加者对活动的满意程度?

评估可以分为两种类型:一是过程评估,二是结果评估。过程评估关注活动程序的实际开展过程、过程中遇到的困难、将来如何避免出现这些困难、活动程序有哪些预期外的后果、如何加强程序的正面效果和减少负面效果、程序中是否有遗漏的环节,等等。结果评估主要是对活动成效做出总结性评价。当策划者或政策制定者决定是否继续举办某项活动、是否扩大该活动的规模时,结果评估就常常被采用。

5. 撰写计划书

完成上述步骤后，社会工作者便完成了活动计划书，清楚地解释了活动方案的内容、时间、财政预算、评估方法等。

三 小组工作的活动程序设计

小组社会工作是社会工作的重要方法。在日常服务提供中，社会工作者常常运用小组工作方法协助不同的服务对象。在小组工作中，程序设计和活动策划非常重要。尤其是在中国社会的文化背景下，公众对权威比较认同，对小组安全感的要求较高，因此，社会工作者通过小组程序的设计和控制，可以保证组员在一个结构比较清晰的环境内参与小组的各项工作。

1. 小组工作程序设计的基本原则

小组工作程序设计是为了充分发挥小组社会工作方法的有效性，达到社会工作服务的功能。小组工作程序设计有以下几个原则。

第一，组员的需要。组员的需要是小组工作的根本依据，包括规范需要、比较需要、感觉需要、表达需要等（何洁云，2001：2）。一般来说，社会工作者常常认为服务对象有某种需要，但服务对象的表达需要并不相同。因此，社会工作者要在规范需要和表达需要之间找到共同点，并以服务对象的表达需要为重要依据。在具体程序设计中，社会工作者必须按照一定的原则将多种需要进行选择和排序。

要明确服务对象的需要和实现有效排序，社会工作者就要开展调查，进行大量的资料收集工作。在收集资料过程中，社会工作者要与服务对象直接接触，对他们的生活环境进行仔细观察，并运用社会工作技巧促使服务对象把感觉需要转换为表达需要。

小组建立后，随着小组的发展及组员需要的改变，社会工作者要适当地调整小组活动的程序安排。

第二，活动的过程。小组工作要注重组员在活动过程中的参与。比如，在一次野营活动的策划过程中，小组成员承担了不同的策划工作，从物质准备、活动程序设计、路线安排、交通工具选择等各方面进行了计划和讨论。在这个过程中，组员学会了设计、组织和协商的技巧。随着小组的进一步发展，社会工作者应鼓励小组成员更多地参与小组活动。

第三，组员的关系。小组工作有两个重要的方面：一是小组任务，二是小组情绪，或称小组成员的成长和彼此的关系。在这两个方面，社会工作者首先应关注小组成员的反应及他们之间的关系。通过小组程序的设计，让小组成员互相支持和合作，产生良好的互动，是小组工作方法的最大作用。

2. 小组工作程序设计的主要功能

第一，评估的功能。通过程序安排，社会工作者可以评估组员的行为、认知、价值取向等。在很多情况下，组员在小组活动中的表现，也是他们日常行为的写照，社会工作者要善于应用程序达到评估组员的目的。

第二，协助表达。组员在小组中要介绍自己的经验，经常与其他组员进行交流。但有时候，由于小组关系还未达到安全和开放的程度，组员有一些经验无法自如地表达出来。因此，借助一些程序设计，可以帮助组员在小组之间自如地进行交流和表达。

第三，激发互动。在小组的不同阶段，组员的互动有不同的特点。比如，在小组初建期，组员比较拘谨，彼此并不开放，社会工作者通过破冰游戏等程序运用，打破了组员间的隔阂，促进了彼此的交流。在小组亲密期，组员关系的过分紧密可能会影响小组结构的形成，因此，社会工作者要通过程序实施塑造合理的小组结构。

第四，提升个人素质。社会工作者通过适当的程序设计，让组员在小组中体验到成功、得到赞许，可以帮助组员提升自信心。比如，在一些青少年小组中，组员通过参与一些历奇训练，增加了自信心。一些组员在经历了小组程序后，提高了自制力，增强了责任感。小组程序对提高组员的素质有非常重要的作用。

第五，学习知识和技能。社会工作者可以通过设计各种活动，让组员直接或间接地学习知识和技能。比如，在一个就业辅导小组中，一个关于就业信息的讲座，可以直接把知识传授给组员，但有些情景模拟练习也能够让组员在体验中获得关于就业的各种技巧，如面试技巧等。

第六，促进环境的改变。小组工作不仅可以帮助组员个人获得改变，而且可以促进社会环境的改变。比如，在一些社会目标小组中，小组成员可以为促进社区居民彼此关怀而开展宣传活动，也可以开展与政府或其他部门的对话和沟通活动，以达到改善政策环境的目标。通过小组活动的开展，小组成员的活动能力、自信心等都会得到提高。

3. 小组工作程序设计的基本架构

第一，约束。约束是指程序对小组成员行为的规定。一般来说，规则或要求越严格的活动，约束程度越高。约束程度要与组员的承受能力，以及小组所处的发展阶段相适应。

第二，控制。在小组过程中，组员的行为主要由社会工作者、组员或其他因素控制。一般来说，社会工作者决定了程序的内容和形式，组员只是服从和参与。当小组发展较为成熟后，对程序的设计和控制慢慢就掌握在组员手里。

第三，互动。小组成员在参加活动过程中是彼此沟通和交流的。社会工作者要根据组员的关系程度，对互动的形式和频率进行精心设计。组员在程序中若有较为深入的互动，则可以增加组员的投入程度，并增强小组成员之间的合作关系。

第四，能力要求。社会工作者应根据组员的能力来设计程序。程序设计要求过高，会导致一些组员放弃参与。适当的刺激才能提升组员的能力，增强他们的参与动机。因此，社会工作者必须根据小组成员的特点，有步骤、有策略地进行设计和安排，以促进小组成员的能力提升。

第五，奖励。奖励是程序带给组员的一种激励。社会工作者善用奖励措施，可以起到提高组员满足感的作用。

4. 小组的不同发展阶段与程序的选择

小组有不同的发展阶段。不同学者对小组的发展阶段有不同的划分。我们参考 Garland、Jones 和 Kolodny 的划分，把小组分为五个阶段，分别为前属期、权力和控制期、亲密期、分辨期、分离期。

第一，前属期。这一时期小组成员开始与他人亲近，同时开始熟悉小组的状况。组员相互之间缺乏信任，他们保持着社会距离和高度的自我防卫，但也开始尝试探索小组及其他成员的性质及需求或期望。

此阶段社会工作者介入的焦点是鼓励和促进组员探索物质和心理环境，帮助组员可以更为开放以便互相了解，鼓励组员表达他们对团体和他人的期望。

在程序设计方面，社会工作者注重建立初步的小组结构，用一些熟识的程序鼓励组员自由地参与活动，从而使他们更了解每个人，尽快地建立关系。

第二，权力和控制期。这一时期组员开始在小组中为权力与控制而努力，他们试图界定和建立关系，并形成一种地位等级。小组初步出现了成员之间的沟通模式。

该阶段社会工作者介入的焦点是帮助组员了解小组的权力与控制问题的存在及性质，鼓励组员充分探索环境，以便建立小组的规则和规范，通过探索确立长远的关系。

在程序设计方面，社会工作者应通过程序设计使组员能够测试自己的能力和才能并建立与其他成员之间的关系、明确自己的地位和角色，挖掘成员的潜能。

第三，亲密期。这一时期成员的关系更加亲密；投入程度增加，对其他成员更为开放，相互之间有更多的沟通；成员开始承认小组的经验对个人成长的重要性，并开始重新考虑小组的目标；规范在建立和变化；成员的危机感依然存在。

该阶段社会工作者介入的焦点是帮助组员澄清感觉，鼓励相互回应，建立小组结构。社会工作者可以让组员有更大的能力承担设计小组程序的职责。通过小组活动，成员加深了对自我的认识。

第四，分辨期。该阶段成员的特点是相互熟识，能够接纳和认同每个人的独特性，彼此之间有良好的沟通和合作。

社会工作者介入时更多地扮演着使能者和资源提供者的角色，介入的焦点是促进组员回馈和反省。

该阶段的特点是当组员变得更具凝聚力以后，他们就能设计自己的程序。

第五，分离期。该阶段的特征是小组目标已基本实现，成员开始离开；成员在离开和结束已建立起来的关系时会出现焦虑情绪，如否认、倒退、重演等。

社会工作者介入的焦点是为个人和小组的流动提供机会和资源；强调评估；提供小组工作结束后的适当支持。

在程序设计方面，社会工作者可以设计一些大型活动，作为对小组意义的重申。程序有时也会反映倒退阶段的动态特征。

5. 每节小组活动的程序安排

整个小组工作的程序设计完成后，每节小组活动的内容也需要合理安排。根据 Trotzer（1980）的模式，每节小组活动可以分为五个阶段，即热身阶段、预览阶段、工作阶段、消化阶段和总结阶段。

第一，热身阶段。该阶段的主要任务是刺激组员互相交流，以使组员集中精神投入当天的活动。同时该阶段通常也要完成对上一节小组活动的回顾。

第二，预览阶段。该阶段的主要任务是向组员介绍当节小组活动的内容，以引起组员对该节小组活动的兴趣，让组员明白并了解小组活动可能会给他们带来的帮助。

第三，工作阶段。当组员的注意力集中到该节小组活动后，社会工作者便可带领组员进入正题。社会工作者按照预先的程序设计，让组员讨论问题、学习所需要的知识和技巧、策划或执行行动方案。原则上小组成员完成这些活动后，应能达到该节小组活动的目标。

第四，消化阶段。在该阶段，社会工作者应协助组员消化所学到的知识、技巧和态度，并思考如何在生活中予以应用。社会工作者要协助组员分享他们参加小组活动的心得及对他们生活的意义，也要帮助组员思考在实际应用时会遇到哪些困难、应该如何应对等。

第五，总结阶段。在该阶段，社会工作者要通过一些程序协助组员总结本节小组活动的重点内容，也可以布置一些功课，鼓励组员将在小组内习得的知识和技巧运用到日常生活中。此外，该阶段的工作还包括收集组员对本节小组活动的意见，以便社会工作者在下节小组活动予以改善。

四 社区工作的活动策划

社区工作主要是指以社区内居民的基本需要为基础，通过发动和整合社会资源而开展的一系列社区层面的专业服务工作。社区工作的范围很广泛，而且社区工作的模式不同，活动策划的特点也不相同。考虑到我国社区发展的现实状况，我们以社区教育活动为例介绍相关的活动策划。

社会工作者在进行社区教育的活动策划时应考虑以下因素：如何界定对象，由谁去影响社区居民，运用什么样的媒介等。

1. 目标系统

所谓目标系统，是指希望通过社区活动对其产生影响的服务对象。在社区工作中，目标系统可以是全体社区居民，也可以是在态度立场上比较一致的特定居民。在一些全民教育运动中，目标系统常常是全体社区居民。而在一些主题性的社区教育活动中，目标系统则往往是一些对活动主题持有相似的观点、关心和动机的一群人，社会工作者也容易按照相同的组织渠道接触到他们。

2. 订立目标

在选定目标对象后，社会工作者要订立社区活动的目标。在订立目标时，社会工作者应注意几个方面。

第一，目标应是实际的和可达到的。社区活动往往是短期或间断性的，所以它不会一下子就对服务对象产生直接的和较大的影响。社区活动目标的制定要切合实际，避免目标空泛和定得过高。

第二，目标应在行为改变、知识和态度改变方面做出合适的定位和选择。行为改变及知识和态度改变是不同的目标。一般来说，外显行为的改变比较容易确定，也有利于评估。比如，参加志愿者活动的人数，通过社区教育活动，可以实现从100人到300人的递增。知识和态度的改变需要较长时间的介入，而且在大规模的社区活动后，对知识和态度改变的量化评估也较难进行，所以社会工作者一般把外显行为改变作为社区教育活动的目标，而在把知识和态度定为社区教育活动的目标时，则要在形式、策略和手段方面加强研究。

第三，将目标转化为行为改变的目标。大多数情况下，社会工作者希望通过社区教育活动改变社区居民的日常行为，如"不在公共场所说脏话""200名社区青少年参加禁毒宣传活动"等。将行动改变作为社区教育活动的目标，能够扩大社会工作者的视野，使其不仅考虑活动程序本身的设计，还要考虑如何对居民的行为产生影响。

3. 设计主题内容

主题内容是十分重要的，它关乎社区活动是否能够对居民产生影响。主题内容主要包括社会工作者希望居民能够接受的观点和论点。主题内容既要符合目标的要求，又要达到影响居民的目的。

第一，说明主张。在主题内容中，社会工作者要鲜明地提出自己的主张。

第二，正反论点。主题内容中应包括社会工作者的论点。论点有两种表达方式：阐述单方意见和阐述正反两方面的意见。社会工作者无论采取哪种表达方式，都要根据居民的情况做出决定。如果居民愿意接受社会工作者的论点，则表达单方意见就可以了。如果社会工作者面对的是持反对意见且受教育水平较高者，那么社会工作者的主题内容就应包括更全面的信息，正反论点都需有所表达。

第三，信息简单。在大型社区教育活动中，主题内容的信息表达要简单，也要重复播放，以引起社区居民的关注。

第四，行为指引。主题内容要包括明确的行为指引，如应如何做、如何才能达到有效改变等。通过这些明确的指引，社区居民不但明白什么是需要改变的，而且知道怎样进行改变。

4. 行动机会

社区教育活动要能够给参加的社区居民提供行动的机会。吸引居民参加一些与原先不一样的行动，是改变行为的重要方法。社会工作者在策划社区教育活动时，可以按照以下步骤设计有关行动。

第一，列出居民原先的态度和行为。

第二，设计与原先态度不符或与原先行为相反的行为。

第三，安排机会促使居民在自然的状态下做出这些行为。在这个环节，社区有影响力的人员或者同辈群体，是可以利用的重要资源。

第四，在有需要时及时给予奖励。奖励可以起到刺激行为的作用。除此之外，社会工作者还可以多次创造机会，鼓励居民参与。

5. 影响者的选择

在社区教育活动的策划过程中，社会工作者常常会邀请一些具有影响力的人来参加。他们可以起到示范或模范作用。通常情况下，邀请与接受社区教育的居民相似背景的人做示范，往往会产生比较大的影响力。他们会向居民说明他们如何采纳了新的行为、如何克服改变过程中遇到的困难、改变以后有怎样的感觉和效果等。这样的示范者在社区教育活动中会对居民产生比较有效的影响。

6. 媒介运用

社区活动的宣传是通过媒介传播的。媒介有大众媒介、特定媒介、人际传播等。大众媒介可以起到广泛传播的作用，但不一定能吸引居民主动参加社区活动。特定媒介包括有针对性的传播手段，邮局直接发放就是其中的一种。人际传播主要通过小型新闻发布会、社区宣传或者上门宣传等形式来完成。媒介传播的方式不同，产生的效果也不相同。因此，社会工作者要根据社区教育活动的特点，有策略地选择媒介传播方式。

7. 行动系统

行动系统是指社会工作者在开展社区教育活动过程中必须合作或取得支持的机构、组织和个人。在社区工作中，政府部门是非常重要的行动合作者。它们不仅掌握着重要的权力资源，而且有很强的行政协调能力。社会工作者要善于与政府部门建立良好的合作关系，以得到行政资源的最大支持，也要善于整合社区层面的其他资源，如社区服务中心、居委会、社会服务组织等，还要与社区居民有比较广泛和深入的交流。在一些特定的社区活动中，社会工作者可以邀请目标系统的亲人和朋友一起参加，为目标系统建立有效的社会支持网络。

第七节 评估技巧

评估伴随着整个社会工作实务过程，是社会服务实践中必不可少的内容之一。特别是在新管理主义、证据为本及社会问责的压力下，社会工作服务评估日益受到重视。社会工作者在接触服务对象、确定服务内容、把握服务进程、评价服务效果的每个环节都要掌握一定的评估技巧。本节将对社会工作评估的概念、功能、类型、流程与方法进行基本介绍。

一 社会工作评估的界定及功能

1. 社会工作评估的概念界定及理解

社会工作评估是指系统地运用科学研究的方法，对社会工作服务目标和介入计划的设计、实施过程及服务的有效性进行专业判断的过程。我们可以从内容、手段、过程、专业以及服务对象参与五个方面来理解社会工作评估的概念。

第一，社会工作评估的内容是广泛的，不仅包含服务的目标、行动计划及行动结果的有效性，还包括对服务对象需求、问题的判断与认识，对社会工作者表现的评价与反思，对社会资源的使用及阻碍社会资源使用的因素的审视与思考。这些内容基本涉及社会工作服务的所有环节。

第二，社会工作评估的手段是多样的。社会工作评估内容的多样性决定了社会工作者根据不同的情境及信息性质，采用观察、量表及问卷、深入访谈等多种方式来收集相应的资料。

第三，社会工作评估是一个持续的过程。它贯穿于社会工作服务的整个过程，而不仅仅聚焦于某个特定阶段。有人觉得评估就是服务结束后的一个评测，询问服务对象是不是满意，看看服务目标有没有实现，这样的评估其实仅仅是整个评估工作最末端的一环,而且基本无助于服务结果的改进。有效的评估从服务初期开始,通过与服务对象的接触,及时对收集到的相关资料进行分析、评估;在服务过程中,不断地对所应用的介入模式、介入策略进行反思、调整;在服务结束时,不仅对服务对象进行评估,也对服务的相关者(包括社会工作者)进行评估,由此才能对服务产生有意义的影响。

第四,社会工作评估渗透了专业判断。每次评估都包含着一定的判断和决策,而判断的专业性则要求社会工作者保持避免主观臆断的警醒,保持对事实的时刻关注。

第五,社会工作评估需要相关方面的共同参与,特别需要服务对象的参与。社会工作评估不只是社会工作者与机构的事情,它涉及了服务对象的生活,也涉及了现实生活情境中众多参与服务对象生活的相关方面,对问题、需求以及行动策略、行动效果的认识与判定都需要服务对象及相关方面的参与,否则评估将失去意义。

2. 社会工作评估的功能

社会工作评估对行动进程、服务有效性、社会投入的价值以及专业发展均具有重要的影响和意义。

评估内容的广泛性,即社会工作评估基本涉及了社会工作服务的各个阶段,涵盖了社会工作服务的所有环节,在很大程度上确保了社会工作服务能够在相对正确的方向上不断前行。

评估也是对服务过程中社会工作者所实施的方法的评定和检验。通过评估,我们知道什么样的方法是有效的、是应该坚持的,什么样的方法有待调整和改进。只有通过对工作进程中相关问题、情况及回应方法不断进行评估,才能不断地反馈信息,将工作的失误降到最低。

从制度层面讲,作为一项专业服务,社会工作的发展得到了来自多方力量的支持,包括社会和政府的支持、专业的授权,当然也有服务对象的信任和需要。因此,社会工作必须对相关各方做出交代。社会工作需对服务对象做出交代。借助社会工作评估,服务对象了解自己所面临问题的实际情形、与社会工作者商定的策略是否已有效付诸实施、问题是否得到解决及解决的程度如何等。社会工作需对社会和政府做出交代。社会工作的经费来自社会和政府,也获得了政策的支持,因此需要通过评估证明自己在多大程度上发挥了实际功效。

当然，社会工作也需要对专业本身做出交代。作为一项助人专业，社会工作需要确定介入与结果之间的关系，确定自身的理论、方法和社会工作者的行动是否具有功效。专业的发展需要专业评估来"引路导航"，唯有通过持续的专业评估，才能不断地促使社会工作理论与实践紧密结合，从而使专业服务更好地满足社会的需要，得到社会的认可。

二 社会工作评估的类型

社会工作评估有多种类型。有的学者将评估分为形成评估和总结评估。前者是服务方案进行或发展过程中的评估，后者是服务方案结束后的评估。有的学者将评估分为需求评估、过程评估、结果评估和效率评估。需求评估是服务方案执行前的评估，过程评估是服务方案执行过程中的评估，结果评估与效率评估是服务方案执行后的评估。以时间为顺序，参考上述关于评估的分类，结合不同的社会工作服务方法，我们将社会工作评估的分类总结如下（许莉娅，2013：134~136）。

1. 服务方案执行前的评估

服务方案执行前的评估，也被称为预估，包括服务对象的问题或需求评估、生态系统评估和资源评估。其最主要的目的是保证服务方案的设计切合服务对象的需求。

服务对象的问题或需求评估是对服务对象的问题或需求做出评定或测量。在把握服务对象的需求层次上，社会工作者要掌握不同的需求概念。马斯洛的需要层次论将人的需要划分为生理需要、安全需要、归属与爱的需要、尊重的需要和自我实现的需要。阿尔德弗尔的ERG理论将人的需要分为三类，即生存的需要、关系的需要和成长的需要。莱恩·多亚尔和伊恩·高夫的需要理论则将人的需要分为基本需要和中介需要。社会工作经常使用布拉德·肖的需要分类理论，即人的需要包括规范性需要、感觉性需要、表达性需要和比较性需要。对不同层次需要概念的把握有助于社会工作者理解服务对象的困境。在小组工作和社区工作中，社会工作者不仅要把握组员或居民的个别需求，还要考虑小组或社区的整体需求、环境需求，从而使即将开展的服务能够在整体需求和个别需求之间达成一定的平衡。

生态系统评估是指对服务对象个人的生态系统及其所处的社会生态系统进行的评估。在个案工作中，服务对象个人的生态系统包括其个人的生理、心理及社会功能，而服务对象的社会生态系统评估则包括对其微观系统、中观系统、外观系统以及宏观系统的考察。微观系统指向个人直接参与的组织，表征为发展的个人与环境间的复杂联系，如学校、工作单位、家庭等；中观系统是指包容个人的主要组织之间的联系，如对于学生而言，其家庭和学校之间的联系就是他所生活的中观系统；外观系统是微观系统的一种延伸，个人不直接参与其中，但它可以影响和包容微观系统或中观系统，如对于孩子而言，父母的工作系统是外观系统，但父母工作繁忙会对家庭和孩子产生重要影响；宏观系统是指文化的支撑部分，如社会的经济、教育、法律和政治体系等。

对于小组工作或社区工作而言，社会工作者面向的团体、社区涉及更加复杂的关系，但是对小组成员或社区中重点关注居民的生态系统的评估同样重要。除此之外，社会工作者还需关注对小组或社区作为一个系统自身内部各子系统之间关系的评估。

资源评估包括对服务对象个人资源的评估和对社会支持资源的评估。服务对象的个人资源包括服务对象的能力、个性、动机、愿望、经历等一切有利于其改变的因素，而社会支持资源则包括服务对象个人的非正式网络及正式的社会支持网络，包括各种专业组织、服务机构等可调动的资源。对于小组工作或社区工作而言，其资源的内涵更加丰富，其服务对象是一个团体或整个社区，那么团体或社区既有的关系网络也会成为服务对象的内在资源。

2. 服务方案执行过程中的评估

服务方案执行过程中的评估主要是形成评估。形成评估的对象是正在进行中的社会工作服务，关注的是服务方案的"落地"过程，通过对过程的监测和反馈，不断调整方案以达成目的，并推动方案的继续执行。形成评估需要注意对"关系""计划""介入行动"三个持续重叠的过程不断进行评估与调整。

3. 服务方案执行后的评估

服务方案执行后的评估是总结性评估。它是指对整个社会工作实施程序和实施效果的评定，包括结果评估、过程评估和效率评估。

结果评估是对工作目标实现程度的评估，关心的是通过与服务对象的共同努力，服务对象的困难或其关注的问题是否得到了解决、服务对象在多大程度上发生了改变，以及既定服务目标的实现情况。

过程评估是对工作进程中运用的技术、方法和策略的评估，关心的是工作中的各种步骤怎样促成了最终的介入结果。如果说结果评估关注的是服务方案最终实施后所达成的一种状态、关于服务对象的需要被满足的程度，那么过程评估关注的则是服务计划的合理性、社会工作者的角色表现、社会工作者与服务对象的关系，以及环境资源在其中发挥的作用。

效率评估关系到服务成本，注重服务的成本收益分析，关注的是所取得的工作成果与所付出的代价孰大孰小的问题。评估的主要是耗时、资源与具体策略的选择。

三 社会工作评估的流程

社会工作评估系统图展现了社会工作评估的一般流程和基本内容（见图 6-1）。

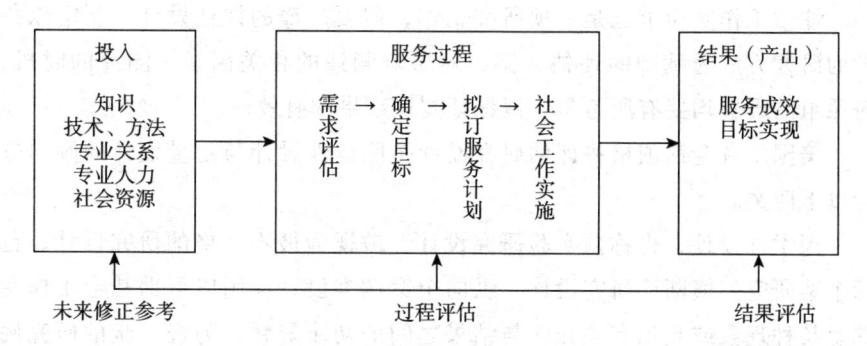

图 6-1 社会工作评估系统图

资料来源：全国社会工作者职业水平考试教材编写组，2018：218。

评估作为社会工作专业的一项重要制度，要求在服务设计的同时就要考虑评估方法和评估工具，并通过列出一系列的问题清单进行思考，形成决策。这些问题包括：要评估什么？为什么要评估？谁负责评估？如何推进评估的进行？运用哪些指标来衡量需要测定的问题？如何收集评估资料？如何与最初的对问题的研判做比较？这些方式方法是否具有评估的理论依据？设计的评估方式是否适合实务情况或符合服务目标？等等。

评估的步骤也在对这一系列问题的回答中得以展现。

1. 明确评估目标

评估目标是评估工作的方向，确立评估目标要和工作计划中设定的目标相联系，这样才能有效判断阶段性工作是否取得预期的成果。同时，涉及多方面改变的服务要清楚地界定目标对象，标明工作的目标人群，清楚地知道期待哪些个人、团体、组织或社区从中获益或发生改变。再者，评估目标的表述要清晰具体，目标越具体，越有助于社会工作者在评估中实际操作。另外，有些评估涉及的主体不唯一，如社会工作者、社会工作者所在机构、服务合作方、服务资助方、评估专家等。这些评估主体要在评估之前对评估目标达成共识，避免未来对评估结果产生争议。

2. 建立测评标准

建立测评标准是指订立目标后，将目标转换为可以观察和测量的指标。如社区的公共卫生防疫工作，公共空间的消毒范围、频次，居民出门时口罩的佩戴率等都可以作为测评指标。在实际操作过程中，单一指标很难对服务进行充分评估，社会工作者可以考虑使用多个指标。

3. 设计评估研究方案

评估工作实质上也是一项研究工作，需要严谨的评估设计。制定以科学的研究方法为基础的评估方案，对影响测评的相关因素、测评的时机、对照组的设置均要有所考量，以保证测评结果的有效性。

美国学者金斯伯格将评估研究设计按照定性设计与定量设计的倾向分为以下四类。

探索性设计，也称预实验研究设计，被视为最不严格的研究设计，包括个案研究、横断面研究设计、纵向个案调查设计，用以帮助社会工作者熟悉某种现象或收集有关介入与结果之间的初步资料，为进一步的研究确定变量或建构理论假设。

描述性设计，主要包括单组前后测实验设计、固定组比较设计及时间序列设计，可用于服务行动的描述，考察服务对象在介入前后的变化，但是无法控制出现其他解释的可能性。

解释性设计，是在探索性设计和描述性设计的基础上，对行动介入对服务对象的影响，或服务对象的改变之间关系的解释。这些设计是在变量之间建立因果关系，其他的解释必须得到控制或完全被排斥。

实验设计，被视为最严格的评估研究设计，对影响内在效度的因素进行高度控制。其基本内容包括：向实验组和控制组随机分配个体；把因变量引入实验组，但不影响控制组；比较实验组与控制组因变量值的变化。

社会工作评估经常采用前三种设计，很少采用实验设计。

4. 收集与分析资料

在确立了测评指标和评估方案后，社会工作者就要收集相关资料。评估中可以采取多种收集资料的方法，如问卷法、访谈法、文献法等。收集资料后，社会工作者要选择相应的资料分析方法和工具，进行定量或定性分析，并根据分析的结果对服务进行评价。

5. 使用评估结果

评估结果可以分别向服务对象、社会工作服务机构、合作方和资助方报告。对评估结果的报告一方面是对评估计划落实情况的交代，另一方面是对服务过程中经验教训的总结和反思，为改进工作方法及制订未来的工作计划提供依据。

四 社会工作评估方法及工具

合适的社会工作评估方法是获得相对可靠的评估结果的有效保证。社会工作评估方法包括评估研究设计的方法和评估资料的收集方法。不同形式的社会工作服务中选用的社会工作评估方法也存在一定的差别，我们将围绕研究设计和资料收集两个方面介绍相应方法及工具。

1. 评估研究设计的方法及工具——单一个案设计

社会工作服务中经常用到的具体评估方法主要是单一个案设计。这是一套用来观察一个确定对象的变化的经验性程序，这一对象可以是一个个案，也可以是一个群体。随着时间的推移，这个对象被重复测量。也就是说，单一个案设计只关注服务对象的变化，不另外设置控制组进行观察，以时间序列中的变化资料进行介入前后的对比，找出差距。单一个案设计只关注两点：其一，评估对象的目标行为是否有变化；其二，尽量控制干预变量以确定干预与所观察到的服务对象改变之间是否存在因果关系（许莉娅，2013：139）。

单一个案设计的结构与程序包括 AB 设计、ABA 设计、ABAB 设计、多项设计及 ABCD 设计。

AB 设计是单一个案设计中最基本的结构，没有控制组，A 为干预前的基线资料，B 为干预资料。我们需要收集 AB 两组前后的资料，并将两组资料进行比对，两组间的差距可以理解为是干预带来的变化。所以 AB 设计即是通过 AB 的变化观察干预的效果。但是因为没有对照组，所以无法排除目标行为的变化与其他因素有关。

ABA 设计是在 AB 设计的基础上，在结束干预后的一段时间增加一次基线测量，以便了解目标行为基线材料的稳定和回归情况。

ABAB 设计是单一个案设计中最重要的方法。该设计中同样没有控制组。其操作程序是，首先进行目标行为基线 A1 的资料收集后，开始第一次干预 B1，然后停止 B1 的干预，一段时间后，进入第二次目标行为 A2 的基线测量，观察目标行为是否恢复到 A1 的水平，之后重复干预 B2。对比 B1 和 B2，如果 B1 和 B2 的资料相同或差异不大，那么就能肯定干预对服务对象变化产生的作用。因此，ABAB 设计是在干预进程中，通过控制介入行动、两次测量的基线资料和干预资料来观察介入与改变的关系。它并非简单地重复，而是加强了干预与变化之间因果关系的逻辑推理。

多项设计是指研究者对一个服务对象的多个目标行为进行测查。很多时候，服务对象需要改变的部分不止一个，且彼此之间相互关联、相互影响。比如，一位疑病症表现的服务对象的问题表征为失眠、疑病以及社交缺乏。这三个部分相互联系。服务对象疑病的状态是其焦虑的表征，焦虑同时影响其睡眠质量，而服务对象的关注点则聚焦于自己的身体状态，对社会交往失去兴趣；社会交往的缺乏会加剧其对身体状态的关注。社会工作者将失眠、疑病、社交缺乏作为三个目标行为，并对这三个目标行为分别进行基线测量，然后只对其中某一项进行干预，保持对另外两项的基线状态记录，在干预行为逐渐达标的情况下，再干预另外一项，同时保持对最后一项的基线状态记录，最后干预剩下的一项。这一过程展示出每个行为改变都与不同的时间点的干预有着密切的关系。

ABCD 设计则是在通过测量建立基线 A 后，进行多种不同类型的干预，考察服务对象的变化，以评估哪项干预最成功。比如，面对成瘾服务对象，社会工作者可能采用替代性药物、认知治疗、情绪干预等多种介入方法，以测评服务对象的治疗效果。

2. 评估资料收集的方法及工具

社会工作评估中涉及的资料收集方法包括访谈法、问卷法、文献分析法等，社会工作者可以综合运用定量研究和定性研究的方法收集相关资料。服务进程中的相关记录、标准化量表、社会工作者自行设计的问卷、行为计量、日志记录、自我监控、个人自我报告等都是社会工作评估研究中资料收集的有效方法及工具（全国社会工作者职业水平考试教材编写组，2018：185~187）。

(1) 服务进程中的相关记录

社会工作者都会对服务过程中发生的事件进行系统的记录并存档，所以个案工作中的会谈记录、小组工作中的小组记录，社区工作中的会议、服务记录都是社会工作评估中非常重要的依据。这些记录清晰、真实地记载了社会工作者与服务对象之间互动的过程，可以反映出服务对象的变化历程。

在征得服务对象同意的情况下，社会工作者可以使用录音或录像记录。一方面，录音或录像记录有助于社会工作者获得准确、翔实且未经任何处理修正的原始资料。另一方面，无论是否被允许录音或录像，社会工作者都要使用文字记录。文字记录的方式可以是过程式记录，也可以是摘要式记录。过程式记录是将社会工作者与服务对象的互动内容详细地记录下来。根据表达角度的差别，过程式记录又可以细分为叙述式过程记录和对话式过程记录。摘要式记录则是通过某种方式或角度归纳、组织材料，来说明社会工作者对某一工作内容的总结、概括及基本观点。如果我们将过程式记录视同原始资料的记录，那么摘要式记录则是记录者对原始资料的分析、总结和归纳。

社会工作者务必要做好服务进程中的相关记录工作，服务结束后立即将重要的内容记录保存下来，以免受到后续工作或事宜的干扰而影响记录。好的记录，不仅仅是工作评估的资料或是工作研讨、督导、交接的依据，更是社会工作者成长的途径。

(2) 标准化量表

标准化测量工具指向一些已有的并由经验验证或证明行之有效的量表，比如个案工作或个人改变导向的团体治疗中经常使用的一些自我评价量表、抑郁自评量表、自尊量表等。这些量表大多来自精神医学、心理学或行为科学，经过反复检验，信度或效度获得确认。按照前面提及的评估研究设计，这些量表会在服务开始之前由服务对象完成基线测量，在服务进程中或服务结束时再次测量或多次测量。小组工作中也有一些评估小组工作的专业量表，如团体目标达成量表（group goal attainment scaling）等。

(3) 社会工作者自行设计的问卷

社会工作者可以自行设计问卷让服务对象填写，以收集相关资料。由社会工作者自行设计的问卷，问题的针对性较强，题目的数量、内容的详略、关注点的选择都可以由社会工作者依据服务进程自己控制，是一种有弹性的资料收集方式。

(4) 行为计量

行为计量是一种最简单的测量形式，在各种形式的社会工作方法中均可以使用。服务对象或服务对象系统的变化很多都可以从行为改变开始，对服务前后以及服务进程中的行为进行测量，是一种简便易行的资料收集方式。行为计量者可以是社会工作者，也可以是服务对象本人，或者是服务对象生活中联系密切的他人，如家长、老师等。观察者观察被评估者某些行为出现的次数并予以记录。社会工作者可以事先设计一个记录行为的表格，方便观察者记录。

(5) 日志记录

行为计量聚焦于统计行为出现的次数，而日志记录不但强调记录行为出现的次数，还要记录行为出现的情境、过程与结果。与行为计量相比，日志记录更具有描述性，提供的资料更加丰富，对社会工作者的进一步评估很有帮助。但是，作为评估资料的收集工具，日志记录对服务对象的文字能力提出了一定的要求。另外，与行为计量相似，社会工作者还可以事先制定一个较为标准化的日志记录表，便于资料收集后的分析。

(6) 自我监控

自我监控是一种观察自己的外在行为或感觉、想法的方法。这种方法需要当事人系统地记录自己每隔一段时间或在某个特定的状况下的行为、想法及感觉。这种方法不同于行为计量，因为它不仅聚焦于行为，还专注于感受、感觉、想法等属于个人体验的内心活动；也不同于日志记录，因为它对系统记录的要求非常严格，固定的间隔时间或特定的情境状况下必须予以记录。有学者认为，自我监控不仅是一种评量方式，也是一种自我控制的改变策略。在所有的测量方法中，自我监控是最能见到"反应"的方法，即测量本身就可能对结果产生影响（Rose，2003：123）。

(7) 个人自我报告

个人自我报告是服务对象以手写或口头方式呈现的自我评价报告。这些自我评价报告可以帮助社会工作者从服务对象的角度了解整个服务的进程和结果，了解他们对服务进程中发生事件的理解与感受，特别是看到服务给他们带来的影响和变化。

第七章　社会工作实务主要领域

社会工作实务是指社会工作作为一种专业服务介入人们的社会生活领域或空间。对实务领域的划分是根据服务对象的特征或服务内容进行的专业分类，实务领域分类需要考虑两个因素：①以特定的社会弱势群体为服务对象时，根据服务对象的特征进行分类；②以全体社会成员为服务对象时，根据与服务对象社会生活相关联的空间或社会福利服务制度的特征进行分类。

因此，我们按照服务对象的特征将实务领域分为儿童社会工作、青少年社会工作、老年社会工作、妇女社会工作、残疾人社会工作等；根据与服务对象社会生活相关联的空间或社会福利服务制度的特征将实务领域分为家庭社会工作、学校社会工作、医务社会工作、社会救助社会工作、灾害社会工作、矫正社会工作、企业社会工作等。以下就社会工作的主要实务领域进行逐一介绍。

第一节　儿童社会工作

一　儿童的特征及需求

1. 对儿童的界定

关于儿童的定义，目前全世界还没有形成统一的解释概念。对儿童期的界定，联合国的《儿童权利公约》和中国的《未成年人保护法》均规定0～18岁为儿童期，而医学界则以0～14岁的儿童为儿科的研究对象。中国少年先锋队队员的年龄规定为6～14周岁，共青团员的入团年龄为14周岁以上28周岁以下。之所以对儿童期有不同的年龄界定，一方面是因为各种公约、法律条文等采用了不同的标准，另一方面是因为儿童身心快速成长发展，难以界定。

2. 儿童成长发展的特点、基本需求及面临的问题

儿童期是个人一生中最重要的发展时期，儿童期的成长经历在很大程度上影响个人一生的发展。

(1) 儿童成长发展的特点

①快速性：表现为生理、认知、社会行为的快速全面发展，出现好奇、好问、好模仿的强烈求知欲。②阶段性：表现为不同年龄阶段的发展差异性。整个儿童期可以划分为新生儿期（0~1个月）、婴儿期（1岁以下）、幼儿期（1~3岁）、学前期（4~5岁）和学龄期（6~12岁）五个阶段。不同阶段的儿童具有不同的生理发展特点，也有不同的社会心理发展任务。③顺序性：表现在生理层面是从低级到高级的顺序性成长，社会心理方面是从信任人格到自主人格的顺序发展和培养。④不均衡性：表现为不同阶段和不同生理系统发展的不均衡。⑤差异性：表现为不同儿童个体之间因遗传和环境因素而具有的个性化特征。

除了以上成长发展的特点外，儿童作为独立的个体具有社会属性方面的基础性特征，表现为人生的基础、家庭的基础和社会发展进步的基础。

(2) 儿童成长发展的基本需求

从儿童的成长发展与社会属性的特征看，儿童的基本需求首先是生存的需求，包括生命存在和社会存在两个方面；其次为发展需求，包括家庭生活、教育、休闲和娱乐等方面；最后是社会化的需求，包括获得基本的生活技能、自我观念的发展、良好的生活习惯与道德品质等方面。

(3) 儿童成长发展面临的问题

从儿童成长发展的基本需求看，儿童面临的群体性问题包括生存和发展两个方面。生存方面表现为健康、营养、虐待、性侵、遗弃和忽视等问题；发展方面表现为贫困、家庭监护、教育及心理健康等问题。

就儿童个体发展来看，根据心理学和行为科学的解释，儿童成长发展时期所接受的抚养及教育方式，将决定其未来的行为方式，即儿童所处的家庭、社会环境和教育条件将形成其特定的行为特征。常见的儿童行为问题包括以下几个方面：①一般性行为偏差，如吸吮手指、咬指甲、暴躁、依赖、退缩、说谎、攻击、违抗等各种坏习惯；②学校行为问题，如逃学、厌学、暴力等；③行为障碍，包括多动性障碍症、品行障碍、情绪障碍和进食障碍等；④发展障碍，包括各种类型的语言发育障碍、精神发育

迟缓、广泛性发育障碍、儿童学习困难与学习技能障碍等。

造成这些行为问题的因素主要有以下几个方面。①个人因素，包括在胎儿期、出生时及婴幼儿期，由各种原因的脑损伤而导致的不同程度的行为问题，由各种慢性病和体格缺陷而导致的不同程度的行为问题等。②家庭环境因素，包括由不良的家庭环境和父母不良的育儿态度导致的儿童行为问题。③学习环境因素。儿童有很多时间都是在学校度过的，学校环境的好坏直接影响到儿童的行为发育。学校环境包括硬件条件和软件环境，硬件条件包括教学设施、活动空间与设施等，软件环境包括学校教育目标、老师的教育水平、师生关系、儿童的同伴关系等。④社会经济环境。诸多实证研究证明，儿童不良行为的发生与社会经济环境有关，儿童不良行为的发生率有明显的城乡差异和地区差异。这是因为社会经济环境直接影响到儿童成长发展中最重要的学习环境因素。

二 儿童社会工作的含义及理论基础

1. 儿童社会工作的含义

一般来说，儿童社会工作是指在儿童福利体系下，以儿童权利为价值理念，根据儿童的生理、心理特点和成长发展的需要，把社会工作的专业知识、方法和技巧应用到儿童的教育和照顾工作中，不仅救助和保护不幸儿童，而且关心一般儿童，使他们健康地全面成长。儿童社会工作具有广义和狭义两个方面的含义。广义的儿童社会工作是指国家、地方政府和各社会组织为保护儿童权益、促进儿童健康成长和发展所采取的一切措施；狭义的儿童社会工作是指一种事后补救性的工作，多采取院舍服务的方式，救助和照顾那些家庭无法抚养照顾或者有各种特殊问题的儿童，包括孤儿、残疾儿、流浪儿、弃婴、受虐儿童，以及情绪或行为偏差儿童等。

儿童社会工作包括三个基本要素：①儿童社会工作是在儿童福利政策、制度框架下，践行社会工作价值理念的助人服务活动；②儿童社会工作的目的是激发儿童自我发展、自我成长的潜能，促进儿童健康全面地发展；③儿童社会工作在具体的操作实施过程中需要充分运用专业的价值理念、理论和方法，需要运用专业手段和非专业手段，需要专业人员和非专业人员的合作、联合，才能更好地促进儿童的全面发展。

儿童社会工作的价值理念包括：①儿童社会工作要以保障儿童最大利益，促进儿童健康、全面地成长为目的；②每个儿童都有获得他人照料的权利；③照料儿童需要专业的知识，且不同文化有不同的照料方式。在上述三个前提条件下，社会工作者要根据各阶段儿童的成长特点，使他们在获得安全感和正确的自我认识的基础上，健康、全面地发展。

2. 儿童社会工作的理论基础

儿童社会工作的基础理论包括生物学、心理学、教育学、社会学等学科的理论。

儿童生物学一方面可以帮助我们理解人的生物性特征，另一方面可以帮助我们认识到儿童成长发展的规律性。具体理论包括进化论、生长顺序和时间理论、遗传学说等。

儿童心理学首先可以帮助我们认识到心理发展是从低级到高级、从简单到复杂的阶段性过程；其次可以帮助我们了解个体早期的经历对其成长的巨大影响；最后可以让我们认识到观察学习和自我调节在引发儿童行为中的作用，重视儿童行为和环境的相互作用。具体理论包括心理分析理论、心理社会发展理论、行为主义学习理论等。

儿童教育学首先可以使我们认识到"社会即学校、教育即生活、教育即生长"是儿童生活教育的重要命题；其次可以使我们注意在儿童成长发展过程中，挖掘儿童突出的智能方面的潜能，但对于儿童不突出的方面也无须责罚；最后可以使我们认识到在帮助学龄期的儿童时，重视培养和促进其对知识主动探索、主动发现和对知识的意义主动建构等的自主性。具体理论包括多元智能理论、建构主义理论等。

儿童社会学可以帮助我们认识到儿童的自我发展是通过模仿来实现的，由此说明了玩耍、游戏的内在意义。具体理论包括自我发展理论、角色理论、功能主义理论等。

三　儿童社会工作的基本内容与方法

1. 儿童社会工作的基本内容

儿童社会工作可以分为直接儿童社会工作和间接儿童社会工作两个层面。其中直接儿童社会工作是儿童社会工作的重点，而特殊儿童的社会工作又是重中之重。

（1）直接儿童社会工作

直接儿童社会工作是指社会工作者直接为儿童及其家庭提供各项服务。

首先，按照儿童服务对象的类别可分为一般儿童社会工作和特殊儿童的社会工作。一般儿童社会工作主要是对一般儿童提供教育、卫生保健、营养、托儿、康乐等方面的服务；特殊儿童的社会工作主要是对残疾（生理和心理）、问题（行为）以及特殊家庭（孤儿和弃儿）的儿童提供医疗、教育和照顾以及院舍、家庭补助、寄养和收养等方面的服务（李增禄，2002）。

其次，按照服务的方式可分为支持性服务、保护性服务、补充性服务和替代性服务。支持性服务的重点是充分运用家庭环境自身的力量，通过环境培育和提高照料者能力以促进儿童的发展。保护性服务的核心是在确保儿童权益和尽量保持其生存环境稳定性的基础上，通过介入外部监督或者强制等方式，防止儿童被虐待、忽视和剥削，以减少侵害发生的可能，或制止已经发生的侵害。补充性服务是对儿童境遇中存在的某些薄弱或者缺失环节适当性增强的专业服务，服务中既考虑儿童的需要，又要避免对儿童造成二次伤害。替代性服务则以充分评估为基础，在授权的范围内通过改变儿童生存环境的方法对儿童进行保护。

儿童社会工作的具体内容表现为以下几个方面。

①儿童养育和保健。儿童养育是从饮食喂养、合理营养、居住环境、托儿设施方面对儿童进行更完善、更全面和更科学的抚养和培育。儿童保健主要包括两个方面：一是母婴保健，即利用各种有效措施降低婴儿的死亡率；二是儿童卫生保健，即通过健康检查、康复及矫治、传染病的预防、健康教育和科学生活方式的宣传等方式促进儿童正常发育和健康成长，全面提高儿童的身体素质。

②儿童照顾和教育。儿童照顾是指在家庭、托儿所、幼儿园、学校等环境中给予儿童在生活、学习、成长等各方面的呵护和关怀。儿童教育是指通过各种手段和多种途径使儿童掌握必要的知识和思维方式，使其具备生活中必需的能力，习得初步的社会规范，培养基本的道德品格的过程。对残疾儿童的照顾、教育和康复应该充分考虑他们的特点和采取各种特殊的工作方法。

③儿童救助和保护。儿童救助是指对孤儿、被遗弃儿童以及生活困难儿童的救济和帮助。对孤儿、被遗弃儿童的救助形式主要有儿童福利院教养、家庭寄养和收养等；对生活困难儿童的救助方式主要是为贫困或单亲家庭提供经济和物质上的救助，使儿童获得基本的生活保障。儿童保护包括三个方面的内容：一是通过立法和制定政策从制度上规定和保护儿童的各种权利；二是在实际生活中通过具体手段切实保护儿童的合法权益，如

生命权、被抚养权、健康权等；三是保护儿童的成长，与各种有关的社会力量（如家庭、学校、警署、法院、青少年保护专设机构等）进行合作，坚持不懈地与一切危害儿童身心健康和成长的行为做斗争。

（2）间接儿童社会工作

间接儿童社会工作主要表现在从宏观层面促进儿童的健康成长，具体包括：①参与有关各项保障和维护儿童基本权利的福利政策、制度及相关法律、法规的制定与完善，并进行宣传、倡导和实施；②参与保障并推动儿童教育事业的发展和完善，并监督其教育权的实现；③参与保障并推动儿童卫生保健事业的发展和完善；④参与提供面向儿童的信息和资讯；⑤整合资源并推动儿童对社会事务的参与；⑥针对儿童生存和发展状况开展调研，并向政府及社会提交报告和专业建议等内容。

2. 儿童社会工作的基本方法

（1）儿童个案辅导

儿童个案辅导是指专业人员运用科学的知识和方法，帮助儿童了解自己、掌握面对困难和解决问题的办法，并且运用各种机会促使儿童在生活、学业、感情和人际关系等方面全面发展及发挥潜能。

儿童个案辅导有许多方法或模式，但考虑到儿童年龄较小，许多困惑或遭受的伤害常常难以用语言表述出来，所以，针对儿童的身心特点和年龄特点，更多是运用游戏治疗模式进行辅导。其中，想象互动游戏治疗是儿童辅导或治疗的常见方法之一。想象互动游戏治疗一般是以想象游戏为媒介，促使孩子有机会以转化的方式进行沟通，从而透露一些隐秘性的事情。在游戏世界里沟通时，儿童不仅能比较容易、安全地表达焦虑、生气及其他负面情绪，而且可以找到一条试验新想法和其他解决问题的方法且不会伤害任何人的途径。社会工作者协助儿童发展他们自己的主题，并在游戏中完成这些主题，引导他们向富有建设性的方向发展。在运用想象互动游戏治疗的方法对儿童进行辅导时，首先，社会工作者应表现出饶有兴致的态度且能完全融入；其次，社会工作者可以成为一个更积极的玩伴；最后，社会工作者应该以口语的方式参与。

（2）儿童小组工作

适合开展儿童小组工作的儿童小组类型有很多，如幼儿园和小学的各种课外兴趣班、少先队小队、课外补习小组等，只要在这些小组中加入社会工作的理念和工作方法就可以开展儿童小组工作服务。当然，社会工作者也可以根据事先设定的主题，运用各种招募手段来组成儿童小组。开展儿童小组工作时要注意：①活动安排要新颖有趣，符合儿童活泼好动的性格，要注意安全；②多通过示范来讲述活动的安排和小组规则；③避免谈论空泛的道理和讲述过于复杂与抽象的问题；④社会工作者应该具有很强的亲和力，态度亲切和蔼且善于与儿童沟通；⑤社会工作者无论是在空间位置还是在心理距离上，都应该带给儿童一种平起平坐的感觉。

（3）儿童友好社区建设的倡导

儿童友好社区是指整体环境有利于儿童身心健康发展的社区。根据联合国儿童基金会的定义，儿童友好社区是将儿童置于其关怀中心的社区。它的具体标志包括：①社区能够保障儿童的基本需要得到满足；②社区有条件让儿童与同伴见面和玩耍；③社区能够保护儿童免遭伤害；④儿童在社区里有干净的饮用水和卫生的环境；⑤社区能够为儿童提供所需的教育、医疗和紧急庇护服务；⑥儿童能参与家庭、社区和社会生活；⑦社区能够在其发展过程中发挥儿童的作用，尤其是在与儿童自身相关的社区事务中。

依据联合国儿童基金会对儿童友好社区的标志界定，倡导建设儿童友好社区的内容包括：①完善社区建设；②建设安全、益智的儿童游戏场所和设施；③健全社区儿童和家庭服务体系；④创新社区儿童参与工作机制。倡导儿童友好社区建设的方法包括网络媒体倡导、名人效应倡导、海报宣传倡导、讲座论坛倡导等。

儿童个案辅导、儿童小组工作和儿童友好社区建设的倡导都要以家庭为中心。以家庭为中心是指以儿童获得最佳照顾和保护为目标，针对儿童生活的家庭和社区开展的，提升照顾儿童和保护儿童技能，改善社区儿童安全环境的社会工作专业实务方法。以家庭为中心开展服务有以下要素：①以家庭为单位；②聚焦家庭功能；③家庭全程参与；④建立良好关系；⑤链接资源。

第二节　青少年社会工作

一　青少年的特征、需求及面临的问题

1. 对青少年的界定

对于青少年期的界定，按照我国有关法律规定和公安机关的惯例，青

少年的年龄一般界定为 14~25 岁；按照青少年的身心成长状况，女性的青少年期指 12~21 岁经历的由青春期开始到身心渐臻成熟的发展时期，男性的青少年期指 13~22 岁，即儿童后期到成年期之间的大约十年时间。

青少年期是指由儿童向成人过渡的一个人生阶段。在此阶段中，个体的生理、心理与社会适应能力等都逐渐成熟，尤其性器官与性特征及其他生理器官的发育都非常迅速，并有明显的生理成熟现象，同时个体开始具备生育能力。由此我们认为，青少年的起始年龄为 14 岁，终止年龄为 25 岁。在这一年龄阶段，个体的身心发展、个性特点、兴趣爱好、动机需求、活动空间等都有很大的不同。

2. 青少年的特征、需求及面临的问题

（1）青少年的特征

青少年时期是人生发展中的一个最关键的时期，是自我辨识与自我认定的重要时期，同时是一个充满变化的时期。青少年最大的特点是其发展性，除此之外还具有多变、创新、反叛等主要特征。在这个时期，青少年的生理、心理、智能、社会适应能力全面发展，表现出与其他年龄层所不同的生理、心理特征及相应的需求（李增禄，2002）。

①生理发展。青少年时期是一个生理发展的特别时期，生理快速发展是青少年时期最明显的特征。在这个阶段中，青少年个体的身高、体重、骨骼、内脏等都有显著的发展变化，特别是性特征的发展。这个时期青少年生理的发展变化经历了从量到质的飞跃。由于生理发展迅速，青少年常会产生一些身体各部分发展的失衡问题。如何帮助青少年正常面对身体的成长变化和正确认识性的日渐成熟，尽量避免或解决身体发展中的失衡问题，是青少年社会工作面临的一个广泛而普遍的问题。

②心理发展。青少年时期是一个从不成熟的自我逐步走向成熟的自我的过程，对人一生的影响是全面且根本的。这一时期最为常见的是伴随着成长而发生的各种问题，包括情绪不稳定，缺乏安全感，不知如何与异性相处，理想与现实不符的困惑，自我意识的高涨所引发的对家庭和学校及社会的不满、批评和反抗等。这些问题对青少年的认知、人格健康发展非常重要，若不善加引导，青少年就很有可能因受到外界的不良影响而出现不良的认知和人格特征，进而产生偏差行为。因此，在这个重要的时期，青少年特别需要心理和行为方面的辅导。

③智能发展。青少年的心智已进入一定程度的成熟状态。青少年具有

抽象与逻辑思考的能力，多能自由思考、推理与判断，人生价值观初步形成。在乐于思考、勤于思考的同时，青少年有时不免产生幻想，因此需要帮助其及时建立正确的是非道德观念，培养其独立发展、自我负责的能力，以形成切合实际、理性思考的成熟个体。

④社会发展。青少年在经历了生理、心理和智能发展的同时，迈出了由生物人向社会人转变的关键一步。这一时期的青少年作为一个特殊的社会群体，因其生长发育的特殊性以及在社会生活中的特殊位置而成为现代社会的一种文化现象。这种文化现象具体表现在他们在参与各种社会活动中所表现出的不同价值观、行为规范、思维方式和人格特征，从而形成了一种特有的青少年亚文化现象。这种文化既有其积极的意义，也有不安定的因素，而且带有明显的叛逆的特征。这些都可以归结为社会变迁给青少年带来的影响，因此，如何帮助青少年适应现代社会的发展是他们迫切需要的服务。

（2）青少年的需求

青少年的多元化特征决定了这个群体的多样化需求。从发展性视角来看，青少年的发展性需求表现为：①接纳自己的身体与容貌，表现出符合社会规范的性别角色需求；②个体与同伴发展适当的人际关系；③追求个体独立自主的情绪，少依附父母及他人；④自食其力寻求经济独立；⑤为未来的生涯做准备；⑥发展符合社会期望的认知、技能和概念；⑦努力表现负责任的行为，追求理想和抱负；⑧为未来的婚姻和家庭做准备；⑨建立个体的价值体系，符合现实世界的需求（郭静晃，2006）。

（3）青少年面临的问题

青少年问题是社会问题的一部分。从问题类型看，青少年问题可分为贫困问题、亲子关系问题、心理健康问题、厌学问题、就业问题、婚恋问题、成瘾问题、暴力和犯罪问题等。在看待青少年问题时，我们要注意避免使用标签对其进行主观建构，而是在社会环境和青少年个体成长的互动中去理解和包容他们。

二 青少年社会工作的含义及理论基础

1. 青少年社会工作的含义

青少年社会工作是指根据青少年的生理和心理特点、兴趣爱好、动机需求、家庭背景等情况，在专业价值观的指导下，充分运用专业理论、方法和技巧，最大限度地发掘青少年的潜能，以促进其全面、健康地发展，使其更好地适应社会生活的专业活动。

青少年期是人生的"多事之秋"。"反叛"、要求独立以及不断面临着"心理断乳"带来的震荡，是这一时期青少年身心发展和社会成长的主要状态。爱出风头、标新立异、唯我独尊等，也是许多问题青少年的主要行为特征。因此，在面向青少年群体提供服务时，社会工作者要遵守的原则为：①尊重其价值与尊严；②接纳与关爱青少年；③注重个别需求；④协助青少年具备适应社会变化和不断成长的能力。

青少年的本质特征是其发展性，因此，青少年社会工作的根本目标在于激发青少年自我发展和自我成长的潜能。青少年社会工作的特点表现为：①在专业价值上，突出对青少年群体的多元化和主体性的尊重和接纳；②在专业方法上，强调促进青少年自我认同和发挥群体示范效应的整合性应用；③在实施策略和内容上，注重优化社会环境方面的政策倡导。

2. 青少年社会工作的理论基础

马克思主义关于人的发展理论强调教育对人的作用，有助于社会工作者从宏观上把握儿童和青少年的全面发展观。存在主义理论主张将青少年作为一个完全的人，因而强调教育的目的是培养特性，最大限度地发挥青少年的潜力和创造力。人文主义的理论主张使用技能训练、刺激等手段，在促进儿童、青少年身体发展的同时，培养其独立自主的自我精神，强调其自我选择和潜能发挥。

精神分析理论认为，青少年的人格发展受其潜意识的影响，潜意识对青少年的心理发展和行为有决定性影响；亲密关系是青少年发展的重要推动力；人生发展可分为八个阶段，每个阶段的美德都是克服了心理社会危机后产生的。而学习理论则认为青少年的成长就是一个学习的过程；青少年的行为与人格是学习的结果，他们所处的环境影响和造就了其行为。

社会学理论认为教育是系统地实现青少年学生的社会化的过程，强调青少年在社会中找到归属感和确立自立的重要性。

三　青少年社会工作的基本内容与方法

1. 青少年社会工作的基本内容

青少年社会工作的内容可以分为三类，即发展性青少年社会工作、预防性青少年社会工作和治疗性青少年社会工作。

发展性青少年社会工作主要是针对青少年的生理、心理和社会发展需要，发掘社会资源、提升青少年潜能，帮助青少年正常发展的社会工作服务。其具体服务内容包括：①为青少年提供休闲场所；②设计并举办各种活动，使青少年学习并建立正确的人生目标、树立做事负责任的态度、提高领导及创造能力；③为青少年提供发展中所需要的生理、心理、情绪、行为、人际交往、社会适应等各方面的知识性辅导服务，增进其人际关系、法律常识、性教育和生理保健等方面的知识；④提供就业信息及就业辅导服务，以提高青少年的就业能力等。

预防性青少年社会工作是指针对青少年个人及其家庭、学校、社区等的现状，对一些潜在的、阻碍青少年的社会功能有效发挥的条件和情境进行早期发现和控制的各类社会工作服务。其具体服务内容包括：①改善青少年的家庭生活环境，为青少年家庭提供服务、提供青少年父母亲职教育机会等，以增进父母教导青少年的技巧；②改善青少年的学校生活环境，加强学校对不适应学业的学生的学业辅导、技能训练、发展补充性课程及相应活动；③改善青少年的社区生活环境，加强社区各组织在青少年社会工作中的合作，整合各类社区资源，为青少年的发展提供良好的社会支持；④探索建立学校、家庭、社区良性互动的青少年社会工作服务模式；⑤倡导有效的青少年服务和发展政策等。

治疗性青少年社会工作是指针对已经发生问题的青少年个人、家庭和社区环境中的不良因素，通过运用各类专业方法，改善其环境，协助恢复其功能的服务。其具体服务内容包括：①提供就学或生活补助，以帮助困难家庭的青少年正常成长；②提供被忽略或虐待的青少年的保护服务；③提供安全保护、收容服务及不适合家庭居住的青少年安置服务；④提供在身体、情绪、精神等方面功能失调及社会人际适应不良等方面的治疗性服务；⑤提供犯罪青少年及过失青少年的矫正服务，尤其注重社区层面的服务提供等。

2. 青少年社会工作的基本方法

（1）青少年的个案辅导

青少年的个案辅导是以青少年个体为服务对象的工作方法。具体的实施方法因人而异，如用诚恳的态度帮助青少年发展潜能，以深入了解青少年个体的问题，争取找到有更好工作效果的访问方法。当然，访问的对象包括青少年周围的人，还有与青少年一同参加实践活动，在实践中指导青少年，增加他们的生活经验和提高他们的生活能力的共同活动方法,如旅游、参观、阅读。青少年的个案辅导方法还包含青少年家庭辅导服务,目的是以青少年家庭为中心,通过调适青少年家庭的关系,维护其家庭功能的正常发挥。

(2) 青少年的小组工作

青少年身心发展的需要决定了他们的乐群性,小组成员的同伴关系在青少年成长中具有重要意义。同时,小组是从事青少年社会工作的重要载体。社会工作者通过富有实践性、趣味性和创造性的小组活动,来激发小组成员的参与热情,帮助青少年在诸多方面获益。小组活动的方法有很多,主要包括以下方面。

①榜样示范。即在青少年中树立层次不同、远近各异的榜样和典范,发挥榜样的形象性、示范性和感染性的作用,促使青少年产生赞赏、敬慕和效仿等情感及行为动机,以达到学习的效果。

②行为锻炼。即在实践过程中对青少年的行为活动不断进行反复,在反复中促使其认识、情感、需要、动机、态度、价值观等得到转变以支持这种行为方式,达到养成习惯、磨炼自己的目的。

③情景感染。活动中的情景对参与者具有巨大的感染力,可以使参与者受到美的熏陶、思想的影响和情绪的调动,进而产生更加积极的态度和行为。因此,好的小组活动要注意营造适宜的情景。

④竞赛激励。运用评比、竞赛、奖励等手段,可以促使参与者奋发向上,产生强烈的参与动机,以及在参与中获得自尊的强烈需要。这符合青少年积极向上的心理特点,会对青少年产生正面影响。

⑤角色模拟。即将青少年置身于一种人为的角色情景中,帮助他们学习、理解和认识角色规范,通过对角色的切身体验,促进其社会性的进一步发展。在角色模拟中,青少年可以获得多方面的发展,如积极思想道德的模仿、社会交往技能的掌握、特殊兴趣和才能的发展等。

(3) 整合社会工作方法在青少年服务中的运用

在青少年社会工作服务过程中,青少年需求的多元性、社会资源的综合性和社会工作专业的通才要求,决定了青少年社会工作方法的运用具有整合性特征。因此,在开展青少年服务时,社会工作者要在充分考虑青少年的生理、心理、认知、行为、交往、社会适应等各个层面特征的基础上,进一步考察青少年个人环境中的资源情况,以及社会环境对青少年的发展要求,通过各种专业方法的整合,积极地发掘和整合各类资源,促进青少年社会功能的提高。

第三节　老年社会工作

一　老年人的特征及需求

1. 对老年人的界定

"老年"是一个动态概念，它随着人类寿命的不断延长而变化。20世纪初期，60岁以上即为老年人；20世纪60年代以后，65岁以上为老年人。随着科学技术的不断发展和医疗水平的提高，人类预期寿命有望继续提高，如何界定老年人成为一个新问题，其中年龄是一个关键性的指标。一般来讲，年龄可以分为日历年龄、生理年龄、心理年龄和社会年龄，但通常以日历年龄作为划分老年人的年龄标准。根据日历年龄，老年人的起始年龄在国际上一般通行两个标准，即60周岁或65周岁。这主要是因为，从生理系统和生理功能看，一般个体在进入60周岁后各种生理功能以及人体的神经、消化、泌尿、循环、呼吸、免疫和骨骼等系统都将发生不同程度的退行性变化。因此，国际上很多国家都把65周岁前后作为划分老年人的年龄标准。在我国，由于社会习惯及退休制度的安排，一般将60周岁及以上的人称为老年人，75周岁或80周岁及以上的老年人称为高龄老年人。

2. 老年人的特征、需求及面临的问题

（1）老年人的特征和需求

老年人处于人生发展的最后一个阶段，人类的生物性决定了老化是其最显著的特征。老化主要表现在生理、心理和社会角色等方面：在生理方面主要表现为各生理器官的老化，以及相应的生理功能和自我照顾能力的降低，生理老化使老年人的健康状况成为决定老年人生活安排的核心；在心理方面主要是指老年人在感观方面的老化过程，包括知觉、智力、学习、情绪、解决问题等能力的降低，以及由此产生的反应能力迟缓现象；在社会角色方面表现为老年人在老化过程中逐步丧失其社会角色和社会关系。

总体而言，老年人的老化特征决定了老年人有经济保障、社会参与、休闲娱乐、婚姻家庭、健康维护、居家安全、长期照护、临终关怀等围绕日常生活产生的一系列需求。

（2）人口老龄化和老年问题

老龄化社会一般是指一个国家或地区 60 周岁以上的老年人口占总人口的比例在 10% 及以上，或 65 周岁以上的老年人口占总人口的比例在 7% 及以上。联合国人口委员会编写的人口学词典将人口老龄化表述为：当老年人在人口中的比例增大时，我们称之为人口老龄化。有人将人口老龄化定义为：总人口中由年轻人口数量减少、年长人口数量的增加导致的老年人口比例相应增长的动态过程（邬沧萍，1999）。准确地说，人口老龄化应是人口年龄结构的老龄化，它从人口数量的变化和年龄的变化来考察人口年龄结构的状况，是一个动态的人口结构变化过程和一个相对的量变过程。

通常将个体和群体的老龄化给社会经济发展带来的问题统称为老年问题。老年问题主要表现为两个方面：一是人口老龄化带来的社会、经济以及老年人的社会参与方面的问题，或称发展方面的问题，如人口老龄化对社会生产、消费、储蓄、产业发展、资源分配等造成的冲击和影响及采取的方针和政策等；二是个体老龄化带来的老年人某些特殊需要和问题，即人道主义方面的问题，如老年人的养老金、医疗保健、身体康复、社会救助、住房、家庭、福利服务等方面的问题。一般来说，老年问题的存在与人口年龄结构的变化没有必然的因果关系，但人口老龄化使本已存在的老年问题更加突出。

二 老年社会工作的含义及理论基础

1. 老年社会工作的含义

老年社会工作就是整合社会老年学的理论与知识，科学地运用社会工作的专业价值观、理论知识、方法技巧，并充分挖掘和利用各种可能的社会资源，通过推行与老年人相关的各项社会政策，以解决老年人日常生活中的各种问题和满足其需求的实践过程。

老年社会工作有广义和狭义两方面的含义。从广义上讲，老年社会工作通过运用社会工作的专业价值观和方法，为满足老年人个人及群体社会安全的需要而推行相关的老年社会福利政策及措施，如与老年人的经济保障、医疗保健、家庭、就业、再教育、休闲娱乐、交通等相关的宏观政策和制度，它与国家的政治、经济、社会和文化状况等密切相关。从狭义上讲，老年社会工作是按照老年社会福利的政策和制度规定，通过社会工作的专业助人过程，帮助老年人个人或群体，特别是社会中的弱势老年人，解决其日常生活中的各种问题，可以说是一个满足老年人需求、提高其生活质量的具体实践过程。

2. 老年社会工作的理论基础

老年社会工作的基础理论可以帮助老年社会工作者在为老年人提供服务时，注意老年个体的差异性，尊重老年人自己对生活意义的理解；注意社会隔离可能对老年人造成的危害；注意带来角色转变的重大生活事件，帮助老年人积极应对；关注社会变迁对老年人的影响，并充分认识到老年人改变的可能性。老年社会工作的基础理论包括脱离理论、活动理论、角色理论、社会交换理论和符号互动理论。

（1）脱离理论

脱离理论认为，人的能力将不可避免地随着年龄的增长而下降，随着老年人活动能力的下降和生活中各种角色的逐渐丧失，他们希望能够摆脱要求其具有生产能力和竞争能力的社会期待，而愿意扮演次要的社会角色，自愿脱离社会。在脱离理论看来，老年人从社会主流生活中的撤离这一过程，无论是老年人自愿的还是由社会发起的，都会对社会和个人产生积极的影响。从老年人自身的角度来看，老年人降低社会活动水平，减少与人交往的次数，关注内心的生命体验，会给老年人带来平静而悠闲的晚年生活。从社会整体的角度来看，老年人主动脱离社会，有助于社会权力井然有序地实现交接，不至于使社会因老年人的死亡而功能受损。

（2）活动理论

活动理论认为，活动水平高的老年人比活动水平低的老年人更容易对生活感到满意和更能适应社会。活动理论主张老年人应尽可能长久地保持中年人的生活方式以否定老年期的来临，以新角色取代因丧偶或退休而失去的家庭或职业角色，从而把自身与社会的距离缩小到最低程度。在老年社会工作者看来，社会不仅应以肯定的态度鼓励老年人积极参与他们力所能及的一切社会活动，而且应努力为老年人参与社会活动提供条件。

（3）角色理论

角色理论认为，角色是个人与社会相互接纳的一种形式。个体通过角色形成自我概念，获取相应的社会地位和社会回报；社会则通过角色赋予个人相应的权利、义务、责任和社会期望。老年人的角色变化与中年人不同，它不是角色的变换或联结，而是一种不可逆转的角色丧失或中断。因此，角色理论认为，老年人适应衰老的途径有两种：一是正确认识角色变换的客观必然性；二是积极参与社会，寻求新的次一级角色。

（4）社会交换理论

社会交换理论认为，社会互动是一种双方交换的行为，在交换过程中双方都考虑各自的利益，企图根据他们在某些方面的利益来选择相互作用，当互动双方都不能满足自我利益的目的时，社会互动就会趋向停止。在社会交换理论看来，老年人普遍缺乏可供交换的资源，或者大多数老年人掌握的权力资源比年轻人少，所以他们的社会地位便相应下降，在社会中只能扮演屈从和依赖的角色。因此，社会交换理论提出，完善和发展与老年人有关的政策和社会服务的原则应当是力求最大限度地增加老年人的权力资源，以保持老年人在社会互动中的互惠性、活动性和独立性。

（5）符号互动理论

符号互动理论认为，人们是根据他人对自己的评判、态度来思考自身的。因此，如果整个社会对老年人有歧视的认知和态度，那么必然会对老年人的自我概念和认知产生不良影响。

三　老年社会工作的基本内容与方法

1. 老年社会工作的基本内容

老年社会工作的实施内容涵盖老年人社会生活的一切领域，一方面表现在满足人口老龄化背景下老年人发展性需求方面的服务，另一方面表现在满足个体老龄化所带来的人道主义方面的服务，即满足老年人日常生活方面的需要及服务。

（1）满足老年人发展性需求方面的服务

为满足老年人的发展性需求，老年社会工作者要开展一些能推动老年人参与社会活动、实现自我价值的工作。也就是说，老年社会工作者为了帮助老年人实现老有所养、老有所医、老有所教、老有所学、老有所为、老有所乐的愿望，一方面要培养老年人的兴趣爱好，鼓励老年人积极参与各项社会活动；另一方面要营造良好的社会环境并积极创造机会，帮助老年人在社会参与中获得尊严，感受自己生命的价值和意义，以获得心理满足。

（2）满足老年人日常生活方面的服务

身体健康方面的服务是指健康促进与健康维护，以及与健康照顾有关的服务。具体包括健康风险评估、例行体检、营养咨询与教育、有关慢性病的健康推广活动、处理酗酒和药物滥用问题、协助进行压力管理、制定锻炼身体方案，以及送餐服务、家庭病床服务、家务服务等个人帮助，手杖、轮椅、住所改造等辅助手段的提供，紧急呼叫系统安装等技术支持，信息服务等与生理健康和健康护理相关的服务。

认知情绪方面的服务，具体包括压力、疑病、抑郁、谵妄、焦虑、记忆认知功能障碍等有关情绪和情感、认知和智力方面的服务。

精神层面的服务，具体包括帮助老年人拓展个人社交网络，积极建立社会支持网络；直面自己的局限，明晰过去生活中的缺憾，并学会接受生活中好的和不好的方面；珍惜生活，找到往事的意义，以此建构生命的意义等服务。

社会支持服务，具体包括老年夫妻关系调适及支持、老年家庭关系调适及支持、老年照顾者的支持服务，以及促进老年人与社会融合等服务。

老年人特殊问题服务，具体包括贫困、受到虐待和疏于照顾、临终关怀、丧亲、酗酒、自杀等特殊问题方面的服务。

2. 老年社会工作的基本方法

（1）老年个案工作

老年个案工作主要是以生活适应不良的老年人及其家庭为服务对象，运用相关的各种科学知识和专业技术，通过专业关系的建立和发展，在评估其个人内在心理特征和问题的基础上，针对老年人的特殊情况和需求，适当调整其所处的内在和外在的生活环境，并运用社会资源来维持或提高其社会功能，以帮助其解决问题、提高社会适应能力的工作过程。

老年个案工作的基本方法有缅怀、生命回顾等。这些方法通过运用会谈、辅导、寻找资源等技巧，与老年人交换观念、表达态度、分享情感、交流经验，并借此收集有用的资料，同时向老年人传递一种新的观念、希望、支持和信心，以提升老年人的能力，最终达到助人的目的。具体内容包括：①协助老年人正确认识并接受老年期的来临；②帮助老年人重新整合过去生活的意义，产生一种人生是完美的、积极的和正面的感受；③改善老年人与家人的关系，协助他们与家人和睦相处；④支持老年人积极参与社区活动，丰富和充实其晚年生活；⑤为老年人积极寻找各种社会资源，切实保障老年人的各项权益；⑥帮助老年人建立科学、健康的晚年生活方式，做好应有的心理准备，积极地应对人生晚年期的各种"生活事件";⑦辅导老年人正确认识死亡及接受死亡的来临,以减少愤怒和恐惧的消极情绪。

(2) 老年小组工作

老年小组工作是针对社区或机构内的老年人的心理、生理及社会适应等问题,通过提供娱乐性、教育性、康复性、治疗性等服务所进行的小组辅导与小组治疗,它是一个提高老年人社会生活功能的过程。小组活动在提高老年人的生活质量、提高社会适应能力等方面发挥着重要作用。伯恩赛德(Burnside)根据经常使用的小组工作方法将老年小组分为六种类型:①现实辨识小组;②回忆小组;③动机激发小组;④特定主题的小组;⑤特定成员的小组;⑥心理治疗小组(参见谢美娥,1993)。

老年小组工作需要社会工作者投入极大的耐心、时间和精力,并以积极主动的方式为他们提供信息和指导。在老年小组工作中,社会工作者除了要关注老年人的生理、心理特征外,还要注意以下几个方面:①与老年成员初步建立良好的关系,充分了解参加小组活动的老年人的需要、期望及兴趣;②以非批判的态度接纳老年人;③相信老年人能够改变;④社会工作者必须事先做好充分准备,并在活动中教导老年组员如何参与;⑤每次活动后,社会工作者要启发协助老年人把参与活动的感受表达出来,并把这些体会与小组宗旨联系起来,争取老年人对小组的认同;⑥社会工作者对老年人要多用称赞的技巧,帮助他们树立自信,保持参与小组活动的积极性;⑦组织的小组活动不仅要简单易学,而且要具有趣味性,使老年人一看就懂,否则会对老年人造成负面影响;⑧妥善处理小组结束阶段老年人的情绪问题。

(3) 老年社区工作

老年社区工作是老年社会工作者通过运用各种工作方法,改善老年人与社区的关系,提高老年人的自助、互助能力,促进老年人的社区参与,并通过老年人的集体参与来提高其生活质量的一种服务活动和服务过程。老年社区工作包括面向一般老年人的服务和面向重点目标老年人群的社区照顾服务。

在面向一般老年人的服务中,促进社区老年居民积极参与社区事务和社区建设,切实组织老年人自助和互助,积极开展各种为老服务和老年人文化娱乐活动,目的在于:①降低老年人与社会的隔离程度,提高老年人的社会参与意识;②消除老年人的自卑、无能及无助的心理,帮助他们建立积极的人生观;③发挥老年人的潜能,使其参与改善社区生活;④争取和维护老年人的权益,改善老年人的生活质量。

面向重点目标老年人群的社区照顾服务主要是针对独居老人、高龄老人、伤残老人、困难老人等,通过统筹安排社区资源,为社区老人提供与其需求相匹配的优质服务,提高老人的生命质量和生活质量的服务。由于这些特殊老年人群问题的复杂性和需求的多元化,一般采用个案管理,服务的内容包括居家服务、社区服务中心服务、日托中心等社区入住设施服务,服务的方式包括咨询与转介、志愿者与代际融合项目、教育项目、老年中心与娱乐、就业项目、收入项目、营养与餐饮项目、健康照顾与生活安康、心理健康服务、法律服务、交通服务、住房服务、居家照顾、照顾人缓解服务、长期照顾服务等。

(4) 老年机构照顾

当社区居家养老服务不能满足老年人的需求时,就需要其入住专业机构接受服务。按照生活服务和护理照料的程度,可以将养老机构区分为老年公寓、老年福利院和老年护理院等。社会工作者在养老机构中的服务则是从为老年人申请入住开始,到老年人生命垂危或死亡为止。通过扮演不同的角色,社会工作者一方面为老年人及其家庭、机构中的其他工作人员提供心理、社会等方面的服务,另一方面倡导和营造更适合老年人养老的机构环境。

第四节 残疾人社会工作

一 残疾人的特征及需求

1. 对残疾人的界定

世界卫生组织(WHO)根据不同的残疾对人的生理功能和社会功能的不同影响,将残疾划分为三级:第一级是功能、形态残疾,一般为疾病和受伤害后留下的后遗症,即人体结构或功能发生缺陷或异常状况;第二级是丧失功能残疾,即人体的结构缺陷和功能丧失导致人体丧失应具备的能力(与其性别、年龄、受教育程度和职业等相应的能力);第三级是社会功能残疾,即由于身体形态和功能的缺陷或异常而影响残疾人参加社会活动,或虽具备参加社会活动的能力,但因受到社会的歧视而被迫脱离社会的残疾（黄东兴，2000）。简而言之，残疾就是由于人的器官在结构和功能上出现较严重的问题而影响了人的正常社会生活的状况。

《中华人民共和国残疾人保障法》（以下简称《残疾人保障法》）第二条对残疾人做出如下界定：残疾人是在心理、生理、人体结构上，某种组织、功能丧失或者不正常，全部或者部分丧失以正常方式从事某种活动能力的人。

2. 残疾人的类别及特征

《残疾人保障法》第二条同样对残疾人的类别做出了划分：残疾人包括视力残疾、听力残疾、言语残疾、肢体残疾、智力残疾、精神残疾、多重残疾和其他残疾的人。其中几种常见的残疾人类型及特征表现如下。

（1）智力残疾

智力残疾是指人的智力活动明显低于一般人的水平（智商在 70 及以下），并显示出适应行为的障碍。按照智力商数和社会适应行为的不同状况可将智力残疾的等级分为四级：一级智力残疾者终身生活需要全部由他人照料；二级智力残疾者即使经过训练也很难达到自理，仍需他人照料；三级智力残疾者部分生活能够自理，能做简单家务；四级智力残疾者的适应性虽然低于一般人，但生活能够自理，能够承担一般的劳动或工作，在一定的指导下能够适应社会（黄东兴，2000）。智力残疾者在心理特征上表现为：缺乏随机应变的能力及信心，缺乏主动性，不能参加有规则的小组游戏，不能认真完成指派的较困难的工作，而且注意力不能集中。

（2）听力和言语残疾

听力和言语残疾是指由听力和语言功能方面的障碍而导致难以与一般人进行正常的语言交流活动。听力和言语残疾包括：①听力和语言功能完全丧失；②听力丧失而能够说话；③单纯的语言障碍，包括失语、失声或严重口吃等。听力和言语残疾者在心理特征上表现为：适应性较差，缺乏主动性；脾气倔强、猜疑心较重；情绪因缺乏控制而不稳定，注意力不集中，且容易受到暗示；心态较为消极、孤独等。

（3）肢体残疾

肢体残疾是指人的四肢残缺或四肢、躯干麻痹、畸形而导致人体运动系统不同程度的功能丧失或功能障碍。肢体残疾按照种类可分为上肢、躯干和下肢残疾，一般来说下肢残疾者居多。以功能障碍为主可将肢体残疾划分为四级,其中一级最为严重。肢体残疾者在心理特征上表现为:经不起打击和考验,缺乏耐心;猜疑心重,消极自卑,过于敏感和好强;在性格及行为方面已出现偏差。

(4)精神残疾

精神残疾是指精神病患者的病情因持续一年以上未痊愈而影响其社会交往能力,并在家庭、社会应尽职能上出现不同程度的紊乱和障碍。精神残疾可分为四级:①脑器质性、躯体疾病伴发的精神障碍;②中毒性精神障碍,包括药物、酒精依赖;③精神分裂症;④情感性、偏执性、反应性、分裂情感性、周期性精神疾病等造成的残疾。

(5)多重残疾

多重残疾也称综合残疾,是指一个人在视力、听力、智力、肢体和精神五类残疾中,具有两类或两类以上的残疾。多重残疾的等级按症状分别评定。

3. 残疾人的需求及问题

由于自身的缺陷,残疾人在基本权益和基本需求方面表现为康复权、教育权、劳动权、文化生活权、社会福利权、环境友好权等方面的强烈需求。同时,社会环境的阻碍使其在需求难以得到满足时出现以下问题:①物质层面的困难,表现为经济、住房、医疗等方面的问题;②精神层面的困难,表现为有压力感及社会交往、社会参与机会少等方面的困难。

二 残疾人社会工作的含义及理论基础

1. 残疾人社会工作的含义

残疾人社会工作是把社会工作原理、方法和技巧运用到残疾人工作中,通过专业化的程序和技术对生理的、心理的、行为的残疾人实施再教育和再塑造,协助残疾人康复并发展他们的潜能,实现其在现代生活中的社会适应功能。

残疾人社会工作是以残疾人个人、家庭或残疾人群体为服务对象的社会服务工作,目的是通过广泛运用专业知识帮助残疾人,防止残疾人出现损伤,把残疾人的功能丧失降至最低,最大限度地提高残疾人的生理功能,增进残障者对困难情境的自我处理和自我照顾能力以及向他人倾诉和沟通的能力,同时帮助残疾人获得充分的情绪支持,并提高其社会适应能力,提高残疾人的职业技能,发挥其潜能,提高其社会生活能力,并最终促使残疾人服务于社会。残疾人社会工作的理念是平等、参与和共享。

与其他群体的社会工作相比,残疾人社会工作具有其特殊性,这种特殊性表现在以下两个方面(马洪路,2003)。①残疾人及其群体自身的特殊性。除了因受社会或者自然条件的限制而使自己生活在困境之中外,残疾人及其群体还由于自己的身心缺陷或损伤而难以像正常人一样生活,他们所遭受的痛苦和不幸是双重的。②残疾人社会工作过程的特殊性。大多数情况下,残疾人社会工作者通常都是身心健全者,他们一般没有与残疾人相似的生活经历或创伤遭遇。因此,社会工作者在具体的实务操作过程中,对服务对象的"同理心"的表达以及服务需求适切性的考虑,远远比对其他群体的社会工作服务要困难得多,在工作中如果处理不当的话,对残疾人造成的伤害也更加严重。由于上述特殊性的存在,残疾人个体更需要政府和社会的帮助,更需要专业人员提供的各类服务。社会工作者要清楚地认识到残疾人社会工作的重要性和艰巨性。

2. 残疾人社会工作的理论基础(王思斌,1999)

(1) 关于残疾现象产生原因的理论

个人责任论认为残疾是一种个别的、特殊的现象,是由个人或其家庭原因造成的,责任应该在个人或其家庭。而社会责任论则认为一个人的残疾,无论是先天性残疾还是后天性残疾,都是由社会因素造成的。

(2) 关于如何看待残疾现象的理论

①标签理论。标签理论即是解释某些偏差行为何以产生的理论,也是反对那些制造偏差行为的理论。妄加标签可能会使那些并不属于偏差的行为成为"偏差行为",导致弱势群体出现偏差行为。

②正常化理论。正常化理论是与帮助某些特殊的社会群体(特别是精神病患者及其他伤残人士)相关的理论。在社会工作领域,以服务对象为本的价值理念认为,以往把残疾人的行为视为异常并用某些所谓"正常"的方法去治疗实际上是有偏颇的,因为问题出在社会工作者的标定(加标签)上。另一种对"正常化"的理解是注重为受助者提供与平常人相似的生活环境,包括使他们回归正常社会。

(3) 关于残疾人工作方法的理论

①供养理论。供养理论认为,对于失去劳动能力的残疾人来说,最好的办法是把他们供养起来,这种供养大多限于经济或物质方面。这种经济或物质方面的供养虽然是十分必要的,特别是对于那些严重丧失劳动能力

的残疾人来说，但是由于人类需求的多样化，这种供养显然并不是对残疾人进行照顾的全部。

②回归社会理论。回归社会理论认为，将残疾人封闭起来进行供养以及照顾机构中的管理人员、医护人员对残疾人消极、冷漠的态度和严格管制，往往不利于残疾人的康复，反而会加重他们的病情。因此，应该帮助残疾人置身于积极的社会关系中，走出封闭，回归社会。

③增能理论。增能理论认为，许多关于残疾人的供养及照顾理论把服务对象看作脆弱的群体，忽视了人是有潜能的、是可以改变的社会工作的基本价值观念。

（4）关于残疾人社会工作模式的理论

①个人模式。个人模式是以个人责任论为理论基础的，认为个人要承担治疗残疾中的痛苦。由于残疾人在治疗过程中承受着肢体和心理上的双重痛苦，社会工作者主要采用个案工作方法。而当残疾人及其家人认清了残疾的现实后，有时也会运用小组工作方法，以促成残疾人（或残疾人家庭）之间的互相支持。

②社会模式。社会模式是以社会责任论为理论基础的，认为个人所承受的痛苦和损失应由社会补偿。社会模式的独特之处在于，社会工作者要站在保护残疾人合法权益的立场上，代表残疾人与致残的社会部门——单位、机构乃至政府——打交道，促成社会部门承担相应责任。

三 残疾人社会工作的基本内容与方法

1. 残疾人社会工作的基本内容

在宏观层面上，残疾人社会工作的内容主要表现在维护残疾人的合法权益，以及相关的政策和制度倡导方面，包括改善残疾人生存的物质和社会环境，消除社会对残疾人的歧视和不公平待遇等。

在微观层面上，残疾人的康复是最重要的一个方面，其内容有以下几个方面。

（1）教育康复

为残疾人提供相应的教育是保证残疾人充分享受合法权益、挖掘其潜能的重要措施，同时是帮助残疾人融入正常社会生活的关键所在。教育康复具体包括面向残疾人群体的教育康复、面向残疾人家庭照顾者的教育康复，以及面向社会组织、爱心志愿者的服务等。

(2) 职业康复

通过一系列的措施，稳定且合理地解决残疾人的劳动就业问题，包括提供职业咨询、职业评定、职业指导、职业训练服务和有选择地安置工作等，重点在于帮助残疾人自助并为社会贡献自我价值。职业康复不仅可以帮助残疾人获得独立的经济地位和收入，而且可以通过劳动使残疾人原已失去的某些器官的能力得到某种程度的恢复。此外，就业还可以增强残疾人的效能感和自信心，促使他们融入社会生活。

(3) 社区康复

社区康复是以社区为基础的综合性康复模式，是充分利用各种社区资源，在医疗、职业、教育和社会等领域为残疾人提供因地制宜、经济有效、简便易行的全面康复服务。社区康复的具体服务内容有：①为残疾人普遍提供综合性康复服务，如康复医疗服务、训练指导服务、心理支持服务、知识普及服务、用品用具服务和转借服务；②组织并帮助残疾人广泛开展康复训练，如开展智障残疾人能力训练、肢体残疾人功能训练等。

2. 残疾人社会工作的基本方法

(1) 个案管理

由于残疾人问题的复杂性和需求的多元性特征，残疾人社会工作采用的一个最基本的方法是个案管理的方法。社会工作者在为残疾人提供个案管理服务时，第一，要注意残疾人需求评估的特殊性，包括理解残疾人及其家庭的内心感受；第二，要注意与残疾人建立专业关系的特殊性；第三，在工作过程中要注意获得整合性资源并综合实施服务方案。

(2) 社区康复的方法

作为综合性康复模式，社区康复是以社区为基础的，是在一定地域内帮助残疾人全面康复的一种具体方法和途径。相对于机构内的康复工作而言，它能够充分利用社区资源、动员社会力量提供康复服务，因而在因地制宜、因陋就简、因势利导的根本指导原则下，具有经济有效、简便易行等优点。做好社区康复工作的关键，一是要形成尊重残疾人、帮助残疾人的社会风气，并在物质上和精神上给予残疾人支持；二是要组织、动员社区资源，通过对一切有利于残疾人生存和发展的、正规与非正规资源的挖掘与整合，达到共同支持残疾人康复的目的。社会工作者要通过社区宣传、教育、组织等多种手段，努力改善残疾人所处的社会环境。

(3) 社会康复的方法

社会康复是残疾人社会工作的一个主要方法，也是现代生理－心理－社会医学模式发展的必然结果。社会康复是从社会的角度，采取各种有效措施为残疾人克服环境障碍，创造适合其生存、创造性发展、实现自我价值的环境，并使残疾人享受与健全人同等的权利，达到全面参与社会生活的目的。社会康复通过建立有利于残疾人康复的社会条件来对残疾人进行帮助，与医疗康复、职业康复、教育康复形成全面康复的基本内容。

社会康复是残疾人康复工作中的重要内容，具体包括机构内康复和社区康复两种康复方法。其中机构内康复一般是指在医院或康复机构中进行治疗康复，虽然治疗康复主要是医务工作者的工作，但是社会工作者可以扮演协调者的角色，与医务工作者相互配合，为有效地治疗、康复做出贡献。

第五节 妇女社会工作

一 妇女的特征、问题及需求

1. 妇女的特征

女性在青春期、中年期、更年期、"四期"等时期有特殊的生理现象和心理变化特征。

①青春期：生理变化大，思想、情绪不稳定，容易影响其身心健康。

②中年期：跨度大、时间长，在经历了生理方面从成熟到逐渐衰退的同时，也经历了婚姻、家庭的一系列变化过程。在这些过程中，双重角色带来的冲突、子女教育、赡养老人、家务负担等给中年女性带来很大的心理压力。

③更年期：卵巢功能衰退引起植物神经功能紊乱，90%以上的女性都会出现一系列程度不同的症状，即更年期综合征。具体表现为月经变化、潮热、心悸、失眠、腰酸背痛（更年期妇女骨质疏松的早期症状）等生理特征，以及由此引发的心理特点，如易激动、易怒、易紧张焦虑等，此外还有注意力不够集中、记忆力减退、抑郁、心理敏感性增强等特征。

④女性的"四期"，即月经期、怀孕期、产褥期和哺乳期。"四期"与女性的生殖健康密切相关，同时与婴幼儿的健康成长密切相关，因此需要

特殊的关心与保护。

2. 妇女的问题及需求

妇女的生理、心理特征以及社会对女性的性别歧视等决定了妇女在社会生活中面临生殖健康问题、贫困化问题、劳动就业问题、婚姻与家庭问题、暴力问题，以及参政率低、资源分配不公、性别歧视等方面的问题。这些问题的存在使女性的需求表现为对生殖健康的需求，对保障权益和发展的需求，对公平的政策、制度和社会环境的需求等。

二 妇女社会工作的含义及理论基础

1. 妇女社会工作的含义

妇女社会工作是以妇女为服务对象，一方面以社会性别视角为指导，运用社会工作的专业价值理念和方法，在总结本土妇女工作实践经验的基础上，着力解决妇女存在的特殊问题和发展问题，满足妇女的需求，维护妇女的权益，促进妇女的发展，推动妇女工作向专业化发展；另一方面推动社会性别视角的普及以及将社会性别视角纳入决策主法，实现性别平等。

妇女社会工作的特点表现在：①关注妇女的声音和经验，这是妇女社会工作的起点和基础；②理解和接纳妇女的现实处境；③关注妇女的多样性，强调服务的个别化；④强调"个人的即政治的"，将问题上升到社会制度层面；⑤注重本土妇女工作经验的总结和提炼，着力解决本土妇女的问题。

妇女社会工作的最终目标在于重新建构权力关系，建立妇女网络与网络之间的联结，倡导和建立全社会的性别公正和公平的意识和制度。中间目标是协助妇女重新界定问题，认识到"个人的即政治的"；提升性别意识，促进自省、自信和自我认同；建立妇女的支持小组，减少成员的孤独感。直接目标是缓解压力和宣泄情绪；重塑自信，提升对自我的认识；解决和满足妇女的实际困难和需要。

2. 妇女社会工作的理论基础

（1）女性主义理论

女性主义是一种随着西方女性运动兴起而逐渐形成的妇女争取自己的权利、要求男女平等的社会运动和思潮。女性主义虽然有很多派别，如自由主义女性主义、激进女性主义、社会主义女性主义和后结构主义女性主义，但这些派别的共同特征表现在：①目标都是为了达到两性平等；②都重视女性的价值，以女性的经验作为理论与行动的基础；③都认为对社会角色的划分不应只根据"性别"这个单一变量，每个人都有争取个人自我实现的权利和机会；④都强调通过女性集体行动实现社会变迁的目标。

女性主义理论认为：①以往的社会是"男权制度"占统治地位的社会，其实质是男性压迫女性；②"男权制度"使两性性别定型，使男女两性不仅具有不同的行为外表，而且具有"男尊女卑"的内涵，女性"照顾者"的性别角色和性别身份是男性为了自己的利益而强加给女性的；③传统的"男主外、女主内"的婚姻与家庭形式是为维护男性的利益而建立的；④要改变以往男权为主的社会结构和社会体系，争取妇女的权利和男女平等。

女权主义理论强调妇女社会工作应坚持：①女性是独立的个体，有她们独特的生活经验；②社会上存在权力分配不均及资源不足的现象，这些现象常常使妇女处于不利的境况；③妇女问题是个人与社会运作失调的结果，而不应该将问题个人化，因此要将妇女的困境提到社会改革的层面。

(2) 社会性别理论

社会性别理论提出了"生理性别"和"社会性别"的概念，它认为男女所扮演的性别角色并非由生理决定的，而是由社会文化规范的。社会性别理论强调区分"生理性别"与"社会性别"概念最重要的意义在于：社会现实中女性对男性的依附性或非主体性不是一种天然定制，而是文化建构的结果，因此是可以改变的。社会性别理论阐明了社会性别的社会化过程：①社会性别是在个人的社会化过程中建构和传递的；②社会性别是在社会制度中传承和巩固的。

根据以上理论观点，社会性别理论进一步提出了社会性别意识主流化的定义：①社会性别意识主流化是一个评估过程；②社会性别意识主流化是一个战略；③社会性别意识主流化的最终目标是实现社会性别平等。

因此，将社会性别理论应用于指导妇女社会工作时：①要重视倾听妇女的声音，充分认识妇女的社会作用；②使用有效的方法，积极宣传、协同社会各部门为妇女自身的发展提供帮助；③将妇女问题放在两性关系的层面上，并作为社会问题的一部分进行分析，全面地看待妇女问题；④强调和追求男女两性的平等，为实现男女平等创造良好的社会环境。

三 妇女社会工作的基本内容与方法

1. 妇女社会工作的基本内容

妇女常常会面临很多问题，但较为突出的问题有：①因争取经济独立所面临的问题；②因追求两性平等所面临的问题；③在家庭与社会适应方面所面临的问题；④身心日常保健与就医所面临的问题（李增禄，2002）。妇女社会工作要解决这些问题，必须了解妇女的三大需求：①作为一名社会成员的普遍需求——平等的需求；②女性生理上的特殊性需求——特殊关爱的需求；③家庭中的妇女角色需求——理解的需求。这是妇女社会工作的主题。

基于妇女的问题和需求，妇女社会工作的内容可以从微观和宏观两个方面来划分。从宏观方面来看，妇女社会工作可以在社区及社会等各种环境中倡导男女平等，维护妇女的合法权益，促进妇女在政治、经济、文化等各种社会领域中的全面参与，并通过参与有关妇女政策的制定来为妇女争取更多的权利和更多的发展机会。从微观方面来看，妇女社会工作可以帮助妇女个体或群体解决困难、谋取发展、挖掘潜能和提升能力。因此，妇女社会工作的具体内容有以下几个方面。

①妇女的婚姻家庭工作，包括婚姻和家庭关系调适以及针对单身母亲家庭的服务。婚姻和家庭关系调适服务的内容包括夫妻关系的调适、婆媳关系的调适、亲子关系的调适等。单身母亲家庭的服务主要是帮助单身母亲家庭摆脱现实困境、提高生活质量。

②针对伤害妇女行为的干预，包括对拐卖妇女、婚姻暴力、性暴力、性骚扰等行为的干预。

③针对流动妇女和留守妇女的工作，包括针对流动妇女的需求提供的服务，如鼓励妇女参与社区公益活动，进行职业培训，为流动妇女的子女举办各种活动，建立社会支持网络和互助系统，协助妇女争取权益等；面向留守妇女提供的服务，如在政策上倡导对留守妇女问题的关注、为留守妇女提供农业技术培训、改善留守妇女的精神生活、为留守妇女创造安全的生活环境、增加留守妇女的社会资源等。

④针对妇女生殖健康的工作，包括宣传生殖健康的基本理念、妇女对自己健康权利的认识、权利的享有和能力提升等。

⑤推动妇女参政的工作，包括在宏观层面上创造更公平和有性别敏感

性的参与机制，倡导、监督保障立法和维护法律、政策的贯彻执行；在微观层面上进行社区发动，提升妇女的意识和能力，并进一步推动基层妇女民主参与和权力参与。

⑥针对妇女就业问题的工作，包括有针对性地进行技术培训、创造更多的就业岗位，以及呼吁政策和法律加强对就业妇女在报酬、职业建设和福利等方面的保障，以强调社会公平。

⑦针对妇女贫困问题的工作，包括建议政府层面出台相关政策和提供资金支持；倡议并引导社会组织提供小额贷款，以提升妇女的能力和素质，改善其经济状况。

⑧维护妇女权益的工作，包括向社会及妇女宣传各种维护妇女权益的法律知识；调查研究妇女权益状况，为健全和落实权益保障立法提供事实依据；提供服务，维护妇女权益，并了解妇女权益维护的落实状况；倡导、督促建立健全维护妇女权益的机制。

⑨推进性别平等的工作，包括宣传和贯彻马克思主义妇女观、宣传男女平等的基本国策，以及推动社会性别主流化的工作。

2. 妇女社会工作的基本方法

（1）妇女个案工作

妇女个案工作是指专业社会工作者在专业的理念和理论指导下，以面对面的方式为妇女及其家庭提供各种帮助与支持，目的在于协助妇女个人及其家庭减轻压力、解决问题，达到个人和社会的良好福利状态的专业服务。妇女个案工作的内容广泛，包括女性婚恋辅导、女性健康指导、女性家庭关系调适、女性沟通技巧训练等。妇女个案工作的服务目标是促进家庭功能的发挥，保持、维护和巩固家庭关系。妇女社会工作者通常认为妇女是家庭的主要照顾者，因而为妇女提供服务，主要是为了满足妇女获得精神健康和掌握持家技巧的需要。

（2）妇女小组工作

妇女小组工作是指社会工作者秉持社会工作的理念，充分运用社会工作的方法和技巧，通过小组互动、小组经验以及方案活动达到解决小组中妇女个人的问题、促进妇女个人和小组的成长与完成社会目标的目的一种专业服务。妇女小组工作的内容十分丰富，如女性的职业培训、女性的能力提升、女性的兴趣爱好培养、女性志愿者队伍建设、女性与反家庭暴力等，都可以通过小组工作的方式来开展。

(3) 妇女社区工作

妇女社区工作是指社会工作者在专业理念的支配下，以社区妇女为服务对象，在充分了解和确定社区妇女的需要及相关问题的基础上，通过发动和组织社区妇女参与集体行动，利用社区内外资源，有计划、有步骤地解决在社区范围内与妇女有关的问题，同时积极培养社区的妇女领袖、社区内妇女的互助精神和民主参与的行为，从而推动整个社区的妇女全面发展的专业服务活动。妇女社区工作是在社区范围内针对妇女问题所开展的专业服务活动，要立足社区活动为妇女服务，如注重发掘妇女的潜能，协助妇女建立自信心，鼓励妇女参与社区事务和为社区内需要帮助的居民提供援助；注重协助妇女个体的自我成长，鼓励妇女争取两性平等和在政治、经济、文化与家庭等各个领域中倡导消除对女性的歧视和不公正的待遇。

以上妇女社会工作传统方法的实施，都离不开以下三种基本方法和视角。

(1) 性别分析方法

性别分析方法是指在分析性别问题时，有计划、有步骤地将性别敏感体现在分析妇女问题和解决问题的过程中，将社会性别平等以及增能等理论和实践联系起来的方法。通过运用性别分析方法可以看出，男性和女性在社会生活中充当不同的角色，造成妇女的活动和发展空间受到很大限制。因此，除了满足妇女"实用性社会性别需求"外，还要满足其"战略性社会性别需求"，因为它可以协助妇女获得更多的平等权利。

(2) 妇女增能的方法

增能是指个人感觉到自我控制的能力，是一种充满自信、相信自己有能力改变现状的能力。妇女增能就是在进行性别角色分工分析的基础上，通过透明化、鼓励和肯定、权力分析、意识觉醒、集体行动等方法，使妇女在意识和能力（如技能、计划、组织管理、社交、支配和决策、行动等能力）方面达到增能。

(3) 性别视角的妇女社会工作方法

性别视角的妇女社会工作方法是在建立平等和协作关系的基础上，协助妇女重新界定其存在的问题、提升其意识，以帮助其挖掘自身潜能、链接社会资源，解决其所面对的问题，同时协助有类似处境的妇女建立支持性小组，扩大社会支持网络。

第六节 矫正社会工作

一 矫正对象的特征及需求

1. 矫正对象的特征

矫正社会工作之所以是社会工作中一个特殊的服务领域，原因在于矫正对象的特殊性。一般而言，矫正对象具有以下特征。

①冲动好动的人格特征。高外倾性、高神经质、低掩饰性的人格特征，使其外向好动、进攻性强、喜怒无常、情绪不稳，对外界刺激有强烈反应，行为冲动、缺乏理智，等等。

②自卑消沉的心理特征。具体表现为自我评价低、自卑感强、消极悲观、得过且过、患得患失、依赖性强等。

③与社会严重脱节的社会特征。表现为因社会化进程受阻、社会功能缺失，加上社会歧视和社会排斥，而造成其自我封闭的特性。

④家庭生活困难的生活特征。因被处以刑罚，矫正对象自身及其家庭遭受了巨大冲击，因而处于生活困难的状态。

2. 矫正对象的需求

矫正对象具有的人格特征、心理特征、社会特征和生活特征及其表现出的问题决定了其需求包括以下四个方面。①基本生存条件保障的服务需求，包括经济收入保障、住房保障、卫生医疗待遇保障等。这是基本人权的体现，也是提供矫正服务的前提。②教育和就业权益保障的服务需求。教育和就业权益的保障是实现助人自助的前提。③正常家庭生活保障的服务需求，正常和良好的家庭生活和环境是维持正常家庭生活的前提和基础。④再社会化的服务需求。服务可以促进矫正对象恢复和重建严重缺失的社会功能，适应社会生活，从而成为正常的社会成员。

二 矫正社会工作的含义及理论基础

1. 矫正社会工作的含义

"矫正"在司法领域是指国家司法机关有关工作人员通过各种措施和手段，协助服刑人员或违法人员在价值观、心理和行为方面进行矫正与重建，建立社会所期待的正常社会生活的过程。

矫正社会工作是在司法领域中，运用社会工作的价值观和理念，将社会工作的专业理论和方法实施到犯罪矫正体系中，为服刑人员或具有犯罪倾向的违法人员（包括吸毒者）在审判、监禁、缓刑、刑满释放、社区矫正或强制戒毒期间，提供思想教育、心理辅导、行为纠正、信息咨询、就业培训、生活照顾及社会环境改善等服务，使其自我了解、改变行为模式、积极发挥潜能、重建符合社会规范的社会生活方式的专业福利服务。

随着现代文明的发展，犯罪矫正工作不再仅限于司法部门和司法工作者，肉体上的惩罚已逐渐被如何尽力改变人的行为方式所取代。重建或重塑是更加符合人道主义精神的新方法，这和社会工作的价值理念及工作原则相一致。因此，社会工作者在此领域扮演着重要的角色。矫正社会工作者与其他矫正团队的成员在犯罪矫正过程中，共同为服刑人员提供人道主义的矫正服务，目的不在于执行惩罚与报复，而在于运用社会工作的专业知识与技巧来协助、引导服刑人员与他人建立联系，使服刑人员回归社会并回报社会。同时，社会工作者要设法改善服刑人员的社会环境，促使其生活在和谐稳定的社会环境中，而且社会工作者要运用各种社会资源帮助服刑人员解决因犯罪而带来的个人及家庭的生活问题，以促使其发生改变。

矫正社会工作在整个犯罪矫正体系中的功能不仅仅在于矫正，它还贯穿于对罪犯进行司法矫正的整个过程，包括从罪犯审查前的调查程序、审判、监禁到释放，都需要社会工作的介入。概括来说，矫正社会工作的功能表现在以下三个方面。①针对罪犯的监管功能。②矫正功能，主要针对罪犯的思想观念、心理因素、行为特征、生理因素及生活方式等个人因素进行矫正治疗。③服务功能。矫正社会工作的服务贯穿于整个司法过程中，其内容包括矫正对象的总体需求。

2. 矫正社会工作的理论基础

（1）社会解组理论

社会解组理论是从社会结构角度来解释个人越轨或犯罪行为的。社会解组理论认为，社会是一个复杂而充满活力的系统，通常情况下系统的各部分是相互联系、相互协调的。当系统各部分之间缺乏适应或适应不良时就会产生社会解组现象，进而带来一系列社会问题，造成个人紧张、压力、失范、行为越轨甚至犯罪。

（2）偏差行为理论

偏差行为理论主要是解释偏差行为产生原因的理论。一种观点认为，个人偏差行为的出现并不是源于社会解组或社会缺乏制约性的规则，而是社会提供给人们的机会不均等，造成一部分人由于没有合法的通道，只好铤而走险，通过非法途径和非法手段来达成目标。因此，要解决偏差行为，一条良策就是重新分配生活机遇。而另一种观点则认为，偏差行为的产生虽然受社会解组的影响，但从根本上讲是不恰当的社会化的结果。个人在所属的初级小组中学习行为规范，如果这个初级小组的行为模式本就偏离社会规范和社会期望，那么个人在社会化过程中就会不知不觉地产生偏差行为。因而解决偏差行为的方法是重新社会化，鼓励人们增进与合法行为模式的联系，同时劝阻人们减少与非法行为模式的接触，以避免受到不良影响。

（3）行为主义理论

行为主义理论主要是解释行为是什么，以及如何调节行为的理论。行为主义理论主张把工作重点放在真正能够观察到的人的外显行为上，认为矫正社会工作者的任务就是对矫正对象的不适当的行为进行治疗或矫正，帮助其学习和掌握对当前环境的恰当的反应模式。

（4）社会联结理论

社会联结理论认为，每个人都有犯罪的本能或倾向，而人和社会如果建立起社会联结，感受到社会道德与社会秩序对他的重要性，则可以减少或避免犯罪。社会联结的内涵包括依附、奉献、参与、信仰等。

（5）认知理论

认知理论主张把关注的焦点放在促使矫正对象的行为产生的内心世界上，认为社会工作者的主要任务就是帮助矫正服务对象获得对世界的正确认知或完善理性思考的能力，从而使行为能得到正确的、理性的引导。

（6）标签理论

标签理论认为，矫正对象被视为"有问题的人"与周围环境中的社会成员对他及其行为的定义过程或标定过程密切相关。社会工作者的一个重要任务就是"去标签"，即通过一种重新定义或标定的过程，使那些原来被认为或自认为"有问题的人"恢复为"正常人"。

（7）社会心理视角和优势视角

社会心理视角认为"人在情境中"，社会工作者要整体、全面地去了解、认识矫正对象，既要为矫正对象提供改善自我认识的服务，又要加强对矫正对象所处社会环境的管理工作。而优势视角则认为社会工作者更多地将精力放在发现、发挥和发展矫正对象的优势方面。

三 矫正社会工作的基本内容与方法

1. 矫正社会工作的基本内容

矫正社会工作的基本内容包括司法审判前的社会工作、监禁场所中的社会工作、社区矫正中的社会工作、刑满释放人员的社会工作，以及针对涉毒人员的社会工作等方面。

（1）司法审判前的社会工作

在司法审判前，社会工作者的主要工作是通过与犯罪嫌疑人及其家属和周围社区的接触了解，针对犯罪嫌疑人个人、家庭的情况及其社会生活环境进行调查和评估，为法庭的审判及决定对他的处置方式提供审判参考。判决前的调查报告一般包括三个部分的内容，即犯罪事实的记录、前科和本人的生活史。

（2）监禁场所中的社会工作

监禁是指将服刑人员监禁在包括戒毒所、监狱、管教所等犯罪矫正机构中，通过一系列的制度性安排来矫正罪犯行为的处置方式。社会工作者为监禁场所中的服刑人员提供的服务主要是发掘他们自身的潜能以及充分利用社会资源，引导其向积极的方向转变，以达到改过自新、回归社会的目的。具体包括协助服刑人员适应监禁生活、戒除不健康的生活习惯、解决生活困难、预防犯罪观念和行为的交叉感染、提供专业咨询，以及加强与社会的联系等方面。

（3）社区矫正中的社会工作

社区矫正是随着现代刑法思想的发展而产生的一种新的处置形式。与监禁场所相比，社区矫正能够提供更好的人道主义服务，能够减少监禁对服刑人员的不良影响，增加了其回归社会并为社会接纳的可能性。社区矫正是矫正社会工作的重点所在，也是矫正社会工作者最主要的工作领域。它服务的对象主要包括缓刑、假释和监外执行人员，社会工作者通过了解他们的犯罪原因、家庭状况、社会关系、在机构中的表现、缓刑或假释的原因等情况，并进一步整合、协调社会资源为他们提供心理重建、社会重建和职业重建的服务。

社区矫正中的社会工作内容具体包括以下方面。

①缓刑、假释和监外执行人员的监督管理。

②中途宿舍和寄养家庭。主要收容服刑人员或无家可归的受刑人,并通过各种社会服务活动,促使服刑人员及早适应社会生活。寄养家庭收容观护少年,主要是为了避免其沾染犯罪恶习,以及由于缺乏家庭照顾而再次越轨。

③教养院和感化院的矫正。前者主要收容具有不良行为的少年,通过生活指导、职业训练、学校教育等,使服务对象得到改造并提高适应社会的能力。后者主要收容犯罪青年和少年,通过一段时间的训练,使服务对象得到严格的矫正治疗。训练的内容主要包括技艺训练、活动训练、个案及小组辅导等。

④社会服务计划的执行。这是通过判定罪犯在社区中从事规定时间的无偿劳动或服务,以此赎罪悔过的刑罚措施。它可以最大限度地避免监禁刑罚造成的隔绝和恶习的交叉感染。

⑤为社区服刑人员提供社会服务,主要包括促进就业、帮助接受教育、基本生活救助和落实社会保险等方面。

(4) 刑满释放人员的社会工作

刑满释放人员的社会工作主要包括为暂时不被家庭接纳或无家可归的刑满释放人员提供住宿场所并予以监管和辅导服务;为刑满释放人员提供就业、就学辅导以及相应的工作或学习技能培训,并寻找资源帮助解决服务对象在就业、就学方面的困难;为刑满释放人员提供医疗保健服务和生活辅导;发动和利用社会资源为生活有困难的刑满释放人员提供物质援助,以帮助其尽快建立起正常的生活和工作秩序。

(5) 针对涉毒人员的社会工作

针对涉毒人员的社会工作也称禁毒社会工作,是指社会工作者通过专业方法,充分利用社区资源,协助各方力量帮助涉毒人员戒毒和康复的专业工作。具体内容包括为戒毒人员提供戒毒治疗和康复服务,以及为社会大众提供预防性禁毒教育等方面。

2. 矫正社会工作的基本方法

矫正社会工作的基本方法可以分为直接方法和间接方法。直接方法是指针对服务对象本人及其家庭采用的方法,一般有个案社会工作方法和小组社会工作方法;间接方法是指针对服务对象周围环境所采用的方法,一般包括社区社会工作方法和社会工作行政、社会工作研究方法等。下文主要介绍个案、小组和社区三大工作方法。

(1) 个案社会工作方法

在面向矫正服务对象开展个案社会工作时，社会工作者要重视和善于与服务对象建立良好的专业关系；要有重点、分步骤地制订矫正工作计划；要着眼于服务对象的潜能发掘和独立解决问题的能力，切忌包办代替；要妥善处理为案主保密的原则与维护社会安全的关系。

(2) 小组社会工作方法

在面向矫正服务对象开展小组社会工作时，社会工作者要注意针对服务对象带有共性的问题和困惑设计小组活动的主题，要从服务对象的特点出发选择小组工作实施模式，小组活动时间安排要与矫正工作制度的要求相结合，要善于从矫正对象中发现和培育小组工作领袖。

(3) 社区社会工作方法

开展社区社会工作时，社会工作者要注意进行综合治理，以改善矫正服务对象的生活环境；要开展社区教育，培育社区居民接纳、尊重矫正服务对象的意识和习惯；要发掘社区志愿者力量，使其共同参与社区矫正工作。

此外，针对涉毒人员在开展社会工作时，除了认知疗法、行为治疗和小组治疗外，还可运用替代疗法，即采用美沙酮或丁丙诺啡等药物代替毒品帮助涉毒人员戒毒的治疗方法。

第七节 社会救助社会工作

社会工作与社会救助的关系源远流长，专业社会工作就是在早期社会救助的具体实践过程中逐步发展而来的。

一 社会救助的含义及救助对象的需求

1. 社会救助的含义

社会救助是指对因个人、自然和社会等原因而陷入生存困境的公民，给予财物接济和生活扶助，以保障其最低生活需要的社会保障制度。社会救助是一个涉及政治、经济、文化、社会等多个领域，且随着经济社会的发展而不断变化的、动态的复杂概念，是一个综合地管理、运行和实施行动的制度体系。它对调整资源配置、实现社会公平、维护社会稳定有非常重要的作用。

2014年5月1日开始实施的《社会救助暂行办法》中阐明了"坚持托底线、救急难、可持续"的社会救助原则，并以此为基础明确了社会救助的八项内容。

（1）最低生活保障是针对家庭成员人均收入低于当地居民最低生活标准的，由政府提供现金帮助，使其家庭人均收入达到当地最低生活保障标准的收入补偿制度。它可以分为城镇最低生活保障制度和农村最低生活保障制度，各有不同的救助标准。

（2）特困人员供养是政府对无劳动能力、无生活来源、无法定赡养、抚养、扶养义务人，或其法定赡养、抚养、扶养义务人无赡养、抚养、扶养能力的老年人、残疾人以及未满16周岁的未成年人给予的特困人员供养制度。农村的五保供养也属于此制度的规定范畴。

（3）受灾人员救助是指政府和社会对遇到自然灾害致使基本生活受到严重影响的社会成员提供一定的物质帮助，使其维持基本生活水平，并逐步恢复和提高生产、生活能力的一项救助制度。

（4）医疗救助是指政府和社会通过资金、政策和技术支持，帮助贫困人群获得医疗卫生服务、改善健康状况的救助制度。

（5）教育救助是指政府和社会为保障适龄人口获得接受教育的机会，在不同阶段向贫困地区和贫困学生提供物质和资金援助的救助制度。

（6）住房救助是指政府向低收入家庭和其他需要保障的特殊家庭提供现金补贴或直接提供住房的一种社会救助制度。

（7）就业救助是指政府对最低生活保障家庭中有劳动能力并处于失业状态的成员，通过贷款贴息、社会保险补贴、岗位补贴、培训补贴、费用减免、公益岗位安置等办法帮助其实现就业的社会救助制度。

（8）临时救助是指政府对遭遇突发事件、意外伤害、重大疾病或其他特殊原因导致基本生活陷入困境，其他社会救助制度暂时无法覆盖或救助之后基本生活暂时仍有严重困难的家庭或个人给予的应急性、过渡性救助制度。

2. 社会救助对象的需求

（1）生理需求是救助对象最基本和最迫切的需求，包括食品、饮用水、衣被、医疗、住宿等应急救助。

（2）安全需求，包括人身安全、健康保障、财产安全等内容。

(3) 社交需求，包括亲情、友情等作为社会人最基本的社会需求。

(4) 尊重需求，包括个人内部的自我尊重，以及外部社会环境的认可和尊重。

(5) 自我实现需求，包括自己发挥自身潜能，以追求更大的人生价值。

二　社会救助社会工作的含义及理论基础

1. 社会救助社会工作的含义

社会救助社会工作是指在社会工作价值理念和理论、知识的指引下，运用社会工作的专业方法、技巧，帮助由个人原因、自然原因或社会原因导致生活发生严重困难的社会成员，在其获得物质方面的社会救助的同时，得到精神方面的提升和社会功能的恢复，从而摆脱生活困境或减少生活困境的负面影响，过正常社会生活的专业服务活动。

社会救助具有较强的政策制度性，因此，社会救助社会工作既需要依据相关的社会政策对贫困群体进行及时救助，还需要采用社会工作的专业方法，通过物质救助与精神救助的有机结合，来充分发挥社会救助社会工作的功能。其功能具体体现在：①协助服务对象申请合适的救助项目；②协助服务对象制定最有利的反贫困策略，以提升其反贫困的能力；③促进服务对象的社会融合与社会支持；④发现和解决服务对象的心理困扰等。

社会救助社会工作的主要特点表现在：①救助对象范围的广泛性和多样性；②救助类型的差异性和复杂性；③救助工作过程的持续性；④救助工作方法和模式的专业性和融合性；⑤救助工作依据的政策性。

2. 社会救助社会工作的理论基础

对于社会救助社会工作而言，反贫困是其主旨，因此，除了社会工作相关的基础理论之外，解释贫困产生的原因，以及如何看待贫困的贫困理论也成为社会救助社会工作的基本理论。

(1) 贫困的界定及分类

贫困是一个复杂的经济、社会现象，因此，对"贫困"概念的界定也比较复杂。一般认为，贫困是一种社会物质生活和精神生活贫乏的综合现象，其主要根源是物质生活条件缺乏与精神生活没有或缺乏出路。1998年诺贝尔经济学奖获得者阿玛蒂亚·森认为，贫困的真正含义是贫困人口创造收入能力和机会的贫困，贫困意味着贫困人口缺少获取和享有正常生活的能力。按照不同的视角,贫困的类型可以分为以下几种。

①绝对贫困和相对贫困。绝对贫困是指获得的实际收入水平、拥有的消费资料和服务达不到维持其基本的生存需要的最低量;相对贫困是指收入虽能达到或超过维持生存和基本发展的需要,但与一定时期内社会经济发展水平相比仍处于较低的生活水准。

②狭义贫困和广义贫困。狭义贫困是在经济收入和支出方面用恩格尔系数来衡量后的"赤贫"状态;广义贫困则更多从社会因素方面反映人们的需求变化。

③客观贫困与主观贫困。客观贫困是指按照某种划分标准,某些人所处的贫困状态;主观贫困是指某些人根据主观判断,认定自己处于一种贫困状态。

④长期贫困和短期贫困。长期贫困是指长期处于一种贫困状态,短期贫困则是指暂时处于一种贫困状态。

⑤个体贫困和区域贫困。个体贫困是指个人处于一种贫困状态;区域贫困是指按照某种划分贫困的标准,某个区域整体性被认定处于贫困状态。

(2)贫困与社会救助社会工作的基础理论

冲突学派认为,贫困是社会各群体之间在利益分配过程中争夺有限资源的结果,此结果导致贫困者处于在经济领域缺乏技术和资本等要素,在政治领域缺少参与政治活动的能力和机会,在社会生活中无力影响教育、传媒和社区组织等失能状态。冲突学派认为解决贫困问题的根本对策在于增能。

功能主义认为,贫困现象的存在是由社会发展的价值目标和功能需要共同决定的,且必定有其存在的社会功能;贫困是社会发展的功能必需,而不应该仅仅将贫困看作社会功能的失调。尽管如此,功能主义也不认为贫困必须长期存在下去。

贫困文化理论认为,穷人被整个社会区隔在一定的地域范围之内,从而形成一种与主流文化脱节的贫困亚文化,而贫困文化则会在社区层面、家庭层面和个人层面影响贫困群体、家庭和个人,从而造成各种问题。

增能理论认为,每个服务对象都拥有自己的权力,但是自身可能没有意识到或者没有行使的机会。社会工作者要创造机会,增强服务对象的意识,提升其自我改变贫困状况的能力。

优势视角认为，能力存在于个人、家庭和群体以及社区的各个层面。社会救助社会工作的目的是帮助服务对象发现自身优势、提高自身能力。

三 社会救助社会工作的基本内容与方法

1. 社会救助社会工作的基本内容

①最低生活保障中的服务内容包括服务对象的识别，按照程序帮助申请救助，提供心理支持，调解家庭关系，开展学习、专业技能、社会能力等的能力建设和促进社会融入等方面。

②特困人员供养中的服务内容包括提供住房、食物、衣物以及出行等基本生活条件，提供日常生活照料服务，提供疾病治疗和办理丧葬事宜等方面。

③受灾人员救助中的服务内容包括协助安置受灾人员、及时开展危机干预、修复社会支持系统和社区重建与发展等方面。

④医疗救助中的服务内容包括协助申请救助、改善救助环境、协调医疗资源和强化社会支持等方面。

⑤教育救助中的服务内容包括提供教育机会，提供"奖、贷、助、补、减"的教育补助和心理能力建设等方面。

⑥住房救助中的服务内容包括协助申请住房救助和宣传讲解政策等方面。

⑦就业救助中的服务内容包括转变就业观念、自我认知调整、就业技能培训和链接就业资源等方面。

⑧临时救助中的服务内容包括对突发性、急难性、临时性意外事件的危机干预，开展街头救助和全天候救助的外展服务，以及以基本生活安置、行为思想引导和矫正为主的机构救助等方面。

2. 社会救助社会工作的基本方法

总体而言，社会救助社会工作是运用个案、小组和社区社会工作等专业方法和技巧，在需求评估的基础上，为救助对象开展物质帮助、危机干预和心理疏导等服务，同时恢复和重建其社会关系，恢复其社会功能。

（1）需求评估

一般而言，评估首先要了解服务对象的现状和服务要求；其次，根据救助政策评估救助对象的申请资格；最后，对社会工作者所在机构和救助对象所在社区的资源等进行评估。

社会工作者可以通过与服务对象沟通等方式获得相应的信息，可以通过家庭探访有效了解服务对象的真实状况，也可以通过服务对象的朋友、亲戚、邻居等间接全面了解服务对象的情况，并且在交谈中通过观察其身体语言来获得信息的准确性，还可以使用量表对服务对象进行全面了解。

在评估中，社会工作者要重点评估服务对象关注什么，服务对象的问题是什么，相关的法律法规有哪些，服务对象解决其健康或者安全问题的迫切性如何，服务对象问题产生的原因、时间、地点、过程是什么，问题对服务对象的影响以及服务对象的反应是怎样的，服务对象及其家庭拥有的解决问题的方法、能力和资源等方面的内容。

除了以上需注意的要点之外，社会工作者在评估中还要注意保持评估的持续性、救助对象的参与性、全面了解信息和动态推进评估过程，以及合理利用自己拥有的知识和经验。

（2）危机干预

当面临自然灾害或突发意外伤害时，救助对象会在生理、心理和精神上遭受巨大创伤，因而产生惊吓、紧张、无助、沮丧、焦虑、绝望等情绪。这就需要社会工作者及时地进行危机干预。

在进行危机干预时，社会工作者首先要对服务对象的状况进行评估。评估的重点是危机事件的重要程度、干预对象的情绪状态、选择机制和应急机制、干预对象的支持系统和可利用的资源。在此基础上，危机干预服务按照定义危机中的问题、确保服务对象的生命安全、提供持续性的支持、检验各种可能的选择、制定方案、形成共识等步骤进行。

（3）社区为本的综合性救助方法

救助对象范围的广泛性和多样性、救助类型的差异性和复杂性、救助工作过程的持续性、救助工作方法和模式的专业性和融合性，以及救助工作依据的政策性等特征，决定了社会救助社会工作开展需要运用社区为本的综合性救助方法，即针对个人开展个案工作、针对困难群体开展小组工作和注重社区能力提升的社区工作等专业方法的综合性应用。

第八节　家庭社会工作

家庭是社会最基本的细胞，是最重要、最核心的社会组织，也是最重要、最基本、最核心的经济组织，还是人们最重要、最基本、最核心的精神家园。家庭的健康可持续发展是国家和社会稳定发展的基石。

一 家庭社会工作的含义、基本假设及理论基础

1. 家庭社会工作的含义

家庭社会工作是将社会工作专业的价值观、知识、方法和技巧运用于家庭体系中，通过动员社会和家庭资源，为家庭提供支持并帮助解决家庭问题、改善家庭关系、促进家庭功能正常发挥、提高家庭生活质量的专业服务。家庭社会工作的目标在于帮助家庭发掘自身及社会资源，增进家庭功能；帮助家庭成员胜任自己的角色，提升家庭成员自身解决问题的能力；帮助家庭解决困难并提升家庭的生活质量。

家庭是一个成员互相依赖、交互的系统，家庭社会功能的发挥有赖于家庭各成员角色的承担与实现。当家庭中任何一个成员无法承担其应尽的义务和责任时，都会影响其他家庭成员，进一步引发家庭社会功能的失能问题。因此，家庭社会工作的特征有：①将家庭整体作为问题的中心和取向；②针对家庭的日常生活和沟通交流方式进行干预；③协助家庭成员改善家庭困扰产生的环境因素；④为家庭成员提供直接、具体的支持和帮助。其中，家庭社会工作的一个最基本的特征是将家庭整体作为问题的中心和取向，从家庭整体的角度观察个人、理解个人，帮助家庭各成员充分发挥其所承担的家庭角色的功能。也就是说，家庭社会工作并非帮助家庭中的个别成员逐一解决其困难，而是把家庭中任何一位成员的问题看作整个家庭的问题，从家庭整体的社会功能方面进行必要的援助。

家庭社会工作的基本功能表现在：①提高家庭能力，帮助家庭成员做好改变的准备；②结合家庭治疗和支持，保障家庭维持有效的家庭功能；③促进家庭功能的完善，维护家庭成员有效、满意的日常生活方式。

2. 家庭社会工作的基本假设

家庭社会工作的基本假设为社会工作者开展家庭服务提供了基本的逻辑框架，只有掌握这些基本假设才能保障专业服务活动的顺利进行。

第一，家庭支持是家庭成员社会生活的基础。因为家庭是成员生活的主要场所，所以家庭生活的改善离不开成员的支持。

第二，家庭中心视角是把握家庭成员需求的关键。家庭中心视角是在将家庭作为整体去看待的基础上，具体把握家庭成员的整体性需求和每个成员的个别性需求。社会工作者要充分运用家庭资源，在推进家庭成员积

极互动的过程中，使家庭成员了解需求，并通过努力满足需求。

第三，家庭危机是促使家庭成员改变的重要契机。危机既是家庭日常生活和谐的障碍，也是改善家庭关系、提高生活质量的重要契机。因此，社会工作者要首先在解决现有危机的前提下，通过危机的解决过程，帮助家庭成员关注彼此的关系结构和关系互动的结果，引发个体反思，并调整自己的生活，进而预防新的危机产生。

第四，生态视角是理解家庭内外部环境的重要依据。因此，社会工作者既要把家庭成员置于家庭环境中去考量，也要将其置于社会环境中去理解和解释。

3. 家庭社会工作的理论基础

（1）家庭系统理论

家庭系统理论的观点包括：第一，家庭作为一个整体大于各部分之和；第二，每个家庭系统既包含很多次系统，又归属于更大的社会系统；第三，家庭系统依据已经建立的规则运行；第四，家庭系统努力维持改变和稳定之间的平衡；第五，家庭系统中一位成员的改变会影响其他家庭成员；第六，家庭成员的行为遵循相互影响的循环因果的原则。

对于家庭问题，家庭系统理论认为，第一，家庭成员的"问题"是由整个家庭不良的沟通交流方式导致的；第二，家庭所面临的危机既是机会，也是挑战；第三，由"问题"导致的家庭功能的失调能够得到有效解决。

家庭系统理论是家庭社会工作中运用最广泛、最受欢迎的理论，为家庭社会工作者提供了评估和干预家庭功能的基本框架。

（2）家庭生命周期理论

家庭生命周期理论认为，家庭在每个阶段都会面对不同的任务，在两个阶段的转换与过渡中，既容易导致家庭关系的紧张和家庭成员的焦虑，又可以促进家庭成员的成长。家庭生命周期理论强调家庭成员的互动交流关系，以及家庭需求（整体性和个别性）会随着家庭的发展在不同阶段呈现不同的特征，在每个家庭发展阶段都有不同的任务和要求需要家庭成员去应对，家庭成员会感受一定的压力和挑战。

根据家庭成员之间的互动关系和面对的任务，可以把家庭生命周期分为家庭组成阶段、学前子女家庭阶段、学龄子女家庭阶段、青少年家庭阶段、子女独立家庭阶段、家庭调整阶段、中年夫妇家庭阶段以及老年家庭阶段。

家庭生命周期理论提供了一个了解家庭发展脉络的线索，对社会工作者具有重要的现实意义，可以帮助社会工作者认清家庭每个生命周期的任务、问题，把握介入家庭问题的时机。

（3）生态系统理论

生态系统理论把家庭放在关系复杂的多重系统中去考察。生态系统理论假设影响个体发展的环境可分为微观系统、中观系统、外部系统及宏观系统。

第一，微观系统是指由个体直接面对面接触和交往而组成的系统，它对个体的影响最直接、最频繁，构成个体最重要的生活场所。家庭就是这样的微观系统，是家庭成员成长和发展最重要的生活场所。第二，中观系统是个体积极参与的两个或多个微观系统之间的互动关系。第三，外部系统是指对个体有影响但个体并不直接参与的系统。第四，宏观系统是指影响个体思想和行为的社会文化价值系统，它通过生态系统中的微观系统、中观系统和外部系统影响家庭成员的思想和行为，反映社会的道德标准。这四个系统紧密联系，形成了影响家庭以及家庭成员发展的完整系统。

（4）家庭沟通理论

家庭沟通理论认为，一个人在家庭中因与他人建立不同的联系方式而形成不同的角色。角色认知明确、行为模式一致是衡量婚姻成功的指标之一。家庭结构复杂使家庭成员承担的角色数量增加，容易产生角色紧张、角色混乱或角色意识缺失的问题。而沟通往往受到个人的价值观、性别观念、知识的积累、个性的修养、语言表达能力等因素的影响，并且家庭中的沟通常常是随心所欲的，所有的不良情绪和不当行为都会在家庭沟通中表露出来，这会导致家庭因无法承担这种巨大的负面压力而出现冲突和危机。

二 家庭社会工作的基本内容与方法

1. 家庭社会工作的基本内容

家庭社会工作包括改善亲子关系和改善夫妻关系两种基本服务内容。改善亲子关系服务的重点是关注家庭生活中的纵向关系，而改善夫妻关系服务的重点则是关注家庭生活中的横向关系。在实际生活中，家庭纵向关系和横向关系的改善常常交错在一起，相互影响。

(1) 改善亲子关系的服务

改善亲子关系的服务是以父母和子女关系的改善为服务焦点，并且以增进亲子之间的沟通交流和家庭社会功能为目标开展的各项社会工作专业服务活动。服务内容有：①家庭行为学习，是根据行为学习理论的原理，对家庭中的年轻子女在成长过程中遇到的行为问题进行干预的服务；②家庭照顾技巧训练，是根据行为学习理论的原理设计的，不过它不是针对家庭中的年轻子女，而是针对家庭中的父母亲，尤其是针对那些在与孩子沟通交流中存在困难的家长；③家庭心理健康教育，是将家庭教育、技能训练和社会支持等方式综合为一体的服务活动，它最初运用于精神疾病患者的家庭，后来扩展到涉及其他健康问题的家庭，如肺结核疾病患者的家庭、学习情绪控制与管理的家庭等。

(2) 改善夫妻关系的服务

改善夫妻关系的服务包括婚姻辅导、家庭暴力干预等服务活动。婚姻辅导是针对夫妻的婚姻状况而开展的服务活动，涉及夫妻角色的界定、扮演以及相互之间沟通交流方式的改善等。而家庭暴力干预则是针对家庭中的暴力现象而开展的服务活动，通常涉及妇女和儿童权益的保护，以及对家庭施暴者的心理辅导等内容。

2. 家庭社会工作的基本方法

家庭社会工作的开展是在家庭外境化原则、家庭成员增能原则、家庭个别化原则、家庭成员满足原则的基础上，通过与家庭进行接触、开始服务、介入帮助、结束服务等阶段，逐步帮助家庭成员改变意识和关系、改善家庭结构和提高家庭整体功能。在具体服务的过程中，常用的方法有以下几种。

(1) 家庭评估

在家庭评估中，社会工作者经常运用家庭结构图作为评估的工具。家庭结构图是用图形方式来表示家庭的结构、家庭成员之间的关系以及家庭的一些重要事件等，它可以帮助社会工作者迅速、形象地了解和掌握受助家庭成员的结构、成员关系以及其他一些家庭情况。家庭结构图的绘制遵循三项基本原则：①长辈在上，晚辈在下；②同辈关系中，年长的在左，年幼的在右；③夫妻关系中，男在左，女在右。

(2) 家庭个案工作的应用

家庭个案工作是利用个案工作的一般原则和方法，激发家庭成员的潜能，使家庭成员自己解决问题。家庭个案工作具有个案工作的一般特点，但根据家庭个案工作服务对象和服务领域的不同，又具有自己的特点。①从社会制度的角度来帮助家庭整体。②特别强调家庭的动态关系，以及在此关系中家庭成员角色分配是否合理，外界的期望角色与成员自我认同是否相符等，并找出影响其角色扮演的原因，启发家庭成员自己面对问题。③家庭个案工作的服务对象是在角色扮演功能上有一定障碍的家庭成员，所以家庭个案工作要将其重点放在家庭的角色关系上，以家庭整体为援助对象，帮助家庭成员调适角色。

（3）家庭治疗

家庭治疗是以整个家庭为对象而实施的一种小组心理治疗方法。它认为每个家庭成员的心理、行为问题或某个症状的出现与家庭成员的交往模式、家庭结构有很大关系，在心理治疗时应对家庭交往模式和家庭结构做相应改变，以达到消除家庭成员心理、行为问题的目的。

家庭治疗不仅对婚姻失和、儿童青春期困惑与家庭关系的问题特别有效，而且对家庭遭遇重大挫折困难时所引起的特殊心理问题的解决也非常有效。家庭治疗有诸多流派，如心理动力取向的家庭治疗、系统式家庭治疗、结构式家庭治疗、经验式家庭治疗和策略式家庭治疗等模式。虽然各流派关注的焦点和强调治疗的重心各有不同，但总体而言，家庭治疗的目标有：①广泛且深入地评量家庭某特定个人的心理与行为困扰的家庭因素，即评量家庭成员之间的交互关系的素质；②了解与促进家庭成员之间的交互反应关系；③交接与促进每个家庭成员的角色扮演与角色功能；④缓解或解决家庭当前在交互反应关系上存在的难题；⑤促进家庭成员的发展功能；⑥充分发展现代家庭生活应有的功能。

社会工作者在进行家庭治疗时应注意以下问题。①保持中立的立场。社会工作者应处于超然的层面与家庭建立工作关系，而不涉及家庭成员的纠纷，不做任何道德评判，与家庭每个成员保持友好的关系。②采用循环提问的方法。在治疗过程中，社会工作者要向每个家庭成员发问，以启发他们谈出感受，以此来收集家庭的信息，同时促进家庭成员间的相互了解。③使用积极赋义的技巧。社会工作者对家庭的困扰可以进行换位思考，以一个新的角度重新定义家庭问题，并从积极的方面给予解释。对于一些不容易积极赋义的事情，社会工作者可使用"未来取向"的技巧给予解释，以启发家庭成员构想未来的计划，而不致使家庭由于当前的行为感到难堪。

社会工作者除了从事婚姻与家庭治疗、帮助失调家庭重建健康家庭氛围外，还要从事预防工作，通过在社区开展丰富的家庭文化活动，倡导健康向上的闲暇生活及和睦融洽的家庭氛围，帮助家庭提高生活质量。

3. 我国开展的家庭服务内容

第一，家庭的救助和帮扶是以整个家庭为帮助对象的，目的是保障整个家庭的基本生活水平。针对由生活变故或者意外灾害引发的特殊困难，政府也会向困难家庭发放救济金，提高困难家庭应对生活困境的能力。

第二，改善亲子关系的服务常见的有家庭生活教育、有关家庭的主题活动以及家长学校等服务活动。这些家庭服务活动以预防和发展为主，目的是改善家庭成员之间的沟通交流，增进家庭成员之间的感情联系，促进社区的和谐。

第三，改善夫妻关系的服务有婚姻调解和婚姻学校等形式，目的是解决夫妻之间的矛盾和冲突，加强夫妻之间的沟通交流，维护家庭的稳定与和谐。其中，婚姻调解是对婚姻关系出现紧张和冲突的夫妻进行调查、劝说和协商，以化解双方的矛盾、改善双方关系，使双方达成谅解，避免家庭解体。婚姻学校包括新婚夫妇学校和离婚夫妇学校等，目的是增加人们有关婚姻的知识，学习处理婚姻关系中出现的矛盾和冲突，改善人们的婚姻状况和家庭生活状况。

第九节 学校社会工作

一 学校社会工作的含义及理论基础

1. 学校社会工作的含义

学校社会工作是将社会工作的理论、方法及技巧运用于教育领域，通过与学生、家长、学校和社区之间的良性互动，构筑和改善学生学习的环境及条件，协助预防和解决学生面临的问题，提高学生适应学习和生活的能力，引导学生建立社会化人格，促进学生健康成长和发展的专业服务。学校社会工作的目的在于帮助学生适应学校生活，改善行为及提高学习能力，改善人际关系及家庭生活；帮助学生认识自己，建立正确的人生观及适当地进行社会化教育。

学校社会工作是现代社会福利制度和教育制度相结合的产物。所有的人，无论其种族、阶级或经济状况如何，都应享有公平的机会，以最大限度地获得发展心智能力的教育机会。学校教育是达到这一目的的一个最重要的手段，同时，学校是一个人社会化最重要的场所。因此，学校社会工作的功能表现为：①帮助处境不利学生，促进教育机会均等；②促进学生人格完善，实现人生积极成长；③推进学生学习知识，为丰富人生奠定基础；④协助学生提升能力，以适应社会发展需要；⑤协调各方教育资源，形成优质教育合力。

学校社会工作的对象主要是儿童和青少年，同儿童和青少年的教育工作密切相关。儿童和青少年在成长过程中面临的烦恼、情感的困惑，生理、心理和智力方面出现的问题或障碍等仅依靠教师是无力解决的，因而需要社会工作者的介入。学校社会工作者在提高社会教育功能、密切学校与学校之外资源的联系、促成学生的全面发展等方面具有不可替代的功能和作用。因此，面对儿童和青少年的学校社会工作具有以下基本特点。①专业性：表现在在社会工作理念的指导下，整合教育学、心理学、社会学等多学科理论和知识的专业服务；②科学性：表现在遵循学生的特点和需求，在科学理念的指导下设计和完成工作的程序和步骤；③艺术性：表现在本着尊重、关心、爱护和发展的原则，讲究方法、灵活处理，以塑造学生的心灵；④网络性：表现在形成学生、家长、学校和社区之间的社会工作网络，链接资源、协调关系，构建有助于学生健康成长和发展的平台。

2. 学校社会工作的理论基础

（1）社会化理论

社会化理论认为，每个人从出生开始，就需要经过一系列学习与教育的社会化过程。只有通过社会化，个人了解和掌握了一定的社会知识、技能、价值标准和行为规范，才会从一个生物人转化为社会人，才能成为一个为社会所接受的人。

社会化可以分为两类。一类是正式的社会化。成人通过有意识的选择与设计，将社会认可的价值、态度、角色、知识、规范等，按部就班地灌输给儿童和青少年，如学校教育。另一类是非正式的社会化，也就是非刻意的安排与训练的社会内容，如同辈群体的影响等。学校是儿童离开家庭、进入社会接触到的第一个正式的社会化机构。在学校中，儿童和青少年学习到专门化的知识和技能，学会即使在自己不愿意的情况下也必须遵守社会共同的价值、态度与行为规范。老师和同辈群体对学生的社会化起着重要的作用。

在将社会化理论运用到学校社会工作中时，社会工作者要充分了解对个人社会化过程起重要作用的家庭、学校、重要他人的详细资料，从中寻找有利于问题解决的方法，并充分发挥它们的作用，同时注意个人社会化过程中的负面因素，帮助当事人重建积极的自我概念。

（2）代沟和文化反哺理论

所谓代沟，是指两代人在价值观念、生活态度以及兴趣爱好等诸多方面存在的差异。代沟是一种自然的社会历史现象，无论是在急剧变化的时代，还是在文化变迁缓慢的社会，都存在着年轻一代与年老一代在生活态度、价值观念、情感倾向和行为方式等方面的差异、对立和矛盾。沟通和互动是消除代沟的有效方法，其中米德的文化反哺理论（后喻文化）为代沟的缩小提供了一种方法。代沟和文化反哺理论启示社会工作者在工作过程中应当承认青少年学生的独特性和差异性，并以此为基础，开展一种双向的社会互动过程。

（3）标签理论

标签理论认为，偏差不完全是由个人品质决定的，而是个人的行为被贴上"偏差"这个标签，如果老师或家长随意对学生贴上不良标签，就会促使这些学生陷入更加严重的偏差行为。标签理论有助于学校社会工作者洞察学生产生偏差行为的可能性因素，减少在开展学校社会工作时的先入为主和偏见，有效地改善学生处境。

二　学校社会工作的基本内容与方法

1. 学校社会工作的基本内容

学校社会工作的目标是帮助学生适应学校生活，改善行为及提高学习能力，改善人际关系及家庭生活；帮助学生认识自己，建立正确的人生观及适当地进行社会化教育。这决定了学校社会工作的主要内容表现在两个层面：一是满足所有学生一般需要的学校社会工作；二是满足部分学生特殊需要的学校社会工作。

（1）满足所有学生一般需要的学校社会工作

①提高学生与健康成人和益友的联系能力。良好的人际关系有助于建

立良好的自我形象、自信心和提升解决问题的能力等。因此，帮助学生形成与老师、家长等健康成人良好互动的同时，更要注重提升学生对自我性格的认识和探讨，引导学生分辨益友和损友，并进行选择。

②提高学生明确自我身份和有效处理冲突的社交能力。协助学生建立并增强国民身份的认同感，认识和理解自己生活的物质和文化环境，为建立和谐互助社会而努力。

③满足学生控制情绪和表达能力的需要。学生能够有效管理情绪，对学生的学习、人际关系、身心健康以及人格完整都有重要意义。因此，要加强对学生情绪管理能力的培养，尤其要重视对学生的情绪认知能力、情绪表达能力、情绪的合理宣泄能力的培养。

④促进学生学业发展和认知能力的培养。认知能力是人们成功地完成活动最重要的心理条件。知觉、记忆、注意、思维和想象的能力都被视为认知能力。认知能力具有三个元素，即认知结构、认知过程和外显行为。因此，要引导学生对理性思考和反思的认知及方法的掌握，了解不同思维方法和性格的特点并灵活运用在处理日常生活的问题中。

⑤促进学生提升采取行动的能力。表现在改善学生的常规社交行为，学习并训练道歉方式、赞美及回应，以及探讨宽恕的意义等方面。

⑥提升学生分辨是非的能力。表现在教导学生了解公平、追求公平及理解他人的感受、反省自身的不良行为、探讨发生矛盾时的态度，以及诚信等方面。

⑦增强学生的自我效能感。表现在培养学生的自尊自信、发掘学生的潜力、协助制定切实可行的目标、增强学生的自我效能感等方面。

⑧促进学生培养亲社会规范的能力。表现在学习社会规范、社会文化、社会角色行为，提高分析能力、分辨是非能力、承担社会责任的能力，以及培养社会道德感等方面。

（2）满足部分学生特殊需要的学校社会工作

①学业困境学生。表现在帮助产生学业困境的个人、学校、家庭和社区等分析产生学业困境的原因，进而选择相应的个案、小组服务，并在此过程中整合学校、家庭和社区等相应资源。

②人际关系困境学生。在对学生人际困境的状况和原因进行有效评估的基础上，提供相应的个案、小组服务，帮助学生学习良好的人际互动方法，并在此过程中整合学校、家庭和社区等相应资源。

③家庭生活困境学生。在分析家庭生活困境学生面临的情绪问题、经济压力问题和照顾问题的基础上，发掘学生的潜能，为学生提供相应的情绪支持，并运用相应的社会资源发展其社会支持系统。

④心理状况困境学生。面对学生沮丧、压抑、抑郁、冷漠、嫉妒、焦虑、孤独等心理困境时，可以在普及心理学知识的同时，运用个案辅导、小组工作等方法帮助学生缓解内心压力、舒缓不良情绪。在此过程中要注意与学校和老师合作，以营造良好的学校环境。

⑤特殊行为群体学生。在帮助学生深入分析问题产生原因的基础上，针对学生的行为问题制定相应的服务方案，开展个案辅导和小组支持活动，同时关注并改善学生的家庭环境，发掘并链接家长和社会资源，为学生创造良好的家庭和社会环境。

学校社会工作的内容除了主要表现在以上两个层面外，还表现在协调学校、家庭、社区和社会之间的关系方面，具体包括与教师及家长沟通、为学生家长提供小组工作、为学校人员提供咨询服务、参与社区发展工作，以及开发利用社区人力、物力、财力和组织等资源方面。

2. 学校社会工作的基本方法

（1）学校社会工作开展的模式

学校社会工作的开展一般有两种模式，即学校内部的社会工作服务模式和机构派驻的社会工作服务模式。

学校内部的社会工作服务模式是由政府自行聘用学校社会工作者，依教育行政区巡回支持各校，或者由政府教育局聘任学校社会工作者分派到学校常驻。学校内部的社会工作服务模式的优点是学校社会工作者不容易受到学校排斥，容易建立关系，便于使用资源；缺点是学校社会工作者受制于学校体制，其教师身份容易让学生产生距离感。

机构派驻的社会工作服务模式一般是由校外民间机构派人员进入学校，协助开展专业服务，或者政府向社会工作服务机构购买服务，社会工作者由机构派往指定的学校，与所在学校为合作关系。机构派驻的社会工作服务模式的优点是节省人事经费，不受制于学校体制；缺点是外来者不熟悉校内文化，容易与学校产生隔阂，学生的接纳程度也有所不足。

（2）培养学生的抗逆力

抗逆力是个人在面对危机或压力情景时的健康应对策略和适应能力。抗逆力是"以人为本"的服务模式和原则的进一步细化和发展，以及优势视角基本信念的重要组成部分，侧重于对服务对象"保护性因素"的挖掘，强调对学生具有特征的积极性描述，是学校社会工作的新视角和新方法。抗逆力有亲社会取向的常规和反社会取向的非常规两种表现形式，社会工作强调用常规方式代替非常规方式。

抗逆力由外部支持、内在优势和效能三个因素构成。外部支持因素由正向的联结关系、清晰的规范、支持性环境、合理的期望和有意义的参与机会等组成。内在优势因素由完美的个人形象和积极乐观感等组成。效能因素包括人际交往技巧、解决问题的能力、情绪管理能力和目标制定能力等方面。

基于以上因素，一般通过促进亲社会联结、建立清楚一致的行为和规范、教授生活技能、提供关怀与支持、建立和表达高期望，以及提供机会、促进参与等过程达到培养和提高学生抗逆力的目的。

（3）个案管理

作为学校社会工作的个案管理，一般是面对有特殊需求的，在学业、人际关系、家庭生活、心理及行为等方面处于不利境地的学生。因此，个案管理的首要任务是识别学生中需要个案管理服务的对象。社会工作者可以通过老师转介、同辈推介、学生和家长主动寻求帮助等方式，或者自己主动发现并进行介入。

在识别对象之后，社会工作者通过扮演服务经纪人、使能者等角色开始为服务对象提供个案管理服务。具体工作有：针对服务对象的生态系统和服务对象的需求进行评估分析，包括学校、家庭、社区资料，分析产生问题的环境原因或学生在与环境互动时出现问题的原因，学生需要做出的改变等；评估学生在学校、家庭、社区等社会支持网络的状况，资源的可运用程度等。学校社会工作者最重要的任务是提高学生自身解决问题的能力，在评估社会支持网络的基础上，制订服务计划，并进行资源、社会支持网络和服务对象的对接。在此过程中，社会工作者可以通过个案辅导、小组工作等方法，帮助学生和家庭发现其优势，进而达到增能的目的。最后要对整个服务过程进行评估，包括对学生改变的评估和服务系统传输评估。

在整个工作过程中，社会工作者要用发展的观念、温暖的态度和积极的关注，接纳尊重服务对象，提高其自尊，同时以开放坦诚的态度，展现真实的自我，和服务对象保持信任关系并进行良性互动，以及为服务对象持续提供希望，维护其自决的行为。

(4) 小组工作方法的运用

儿童和青少年的乐群性特征决定了面对学生开展小组工作的适用性。在小组活动准备阶段，社会工作者要根据学生的特点、问题及需求，撰写包括小组工作目标、场所、时间和人员安排等的小组工作计划书，以及制订包括活动主题、预期目标、活动内容等的小组工作整体计划，然后根据计划开展招募活动，招募活动的设计要适合学生的特点。

在小组活动实施阶段，一般而言，从小组成立之初到小组的成熟期，社会工作者可以设计各种破冰活动、主题活动等，这些活动构成了开展小组工作的一个重要环节和过程。破冰活动应具备符合小组成员的需要及兴趣、重视过程多于结果、鼓励参与及分享、成员感到被接受及公平对待、展现一个主题或要点、内容有趣及富有挑战性等特征。如小组初期的"互相认识"活动，其目的就在于激发个人对参与小组的兴趣；促使小组成员关注别人，同时体会到被关注的感觉；小组成员之间彼此熟悉，以建立小组互动的关系。主题活动的内容可以有接触活动、经验性活动、信任活动及创造性道具使用活动等。要注意的是，活动的安排一定要考虑其适切性以及人、地、时、事、物等主客观影响因素。如增加了解和自我认知的主题活动的目的是避免小组成员产生刻板印象、情感偏见、沟通阻碍及思考固执；突破偏见、阻碍与固执，增加对自己与别人的了解，增加对多重可能性的思考。

在评估与调整计划阶段，社会工作者可以通过专业量表进行测试，并对测量结果进行统计，以对下一期的小组工作方法和内容进行调整来适应需求。

小组结束后，社会工作者要对整个过程进行评估，看是否完成了目标，并总结经验与不足，使小组经验具有完整性。评估包括客观成效评估、主观成效评估、过程评估、中期评估等类型。

第十节　医务社会工作

一　医务社会工作的含义及理论基础

1. 医务社会工作的含义

医务社会工作是指综合运用医务社会工作专业知识和方法，在健康照顾体系内为有需要的个人、家庭、机构和社区提供专业社会服务，以帮助那些受到实际的和潜在的疾病、失能或伤害影响的服务对象、家庭和群体，预防、舒缓和解决社会问题，维持和恢复、促进和发展其社会功能的职业活动。

狭义的医务社会工作是指在医疗保健机构中围绕疾病的诊断、治疗与康复过程所开展的社会工作专业服务，其内容主要包括帮助解决与疾病相关的情绪问题、获取资源及对医疗过程的适应等。广义的医务社会工作不仅帮助解决与疾病相关的社会、心理问题，而且注重对影响健康的社会心理因素的探索，利用一切资源推进医疗保健与社会福利的整合，促进对疾病的预防，保护公众健康。

随着经济社会的不断发展，传统的生物医学模式已经被生物－心理－社会医学模式所取代，人们对健康有了新认识、新需求，使医务社会工作的服务领域、服务方法和价值理念有了新的诠释，也使医务社会工作具有以下特点。

①服务领域广泛，与整个医疗卫生体系相融合。具体包括疾病预防、疾病治疗、回归健康、家庭社区和人群健康等方面。

②以健康为主导，社会需求宏大。表现在将社会福利和社会公平引入医疗领域、传递关爱和人文关怀、承担修复医患关系的责任等方面。

③以病人为中心，专业化服务规范。表现为从服务对象的角度出发，根据不同服务对象的不同状况，在与医疗规范相适应、相配合的专业服务规范下，提供适合的服务，为服务对象的康复寻求各种资源的合理有效配置。

④遵从证据为本。表现为在满足服务对象需求的基础上，进行个性化的评估，寻找与服务对象问题相关的最佳证据，以及判断适用于此服务对象的程度和考虑服务对象的个人价值和期待等方面。在决定服务对象的服务方案时谨慎地、清晰地、明智地使用最佳证据。

对于服务对象而言，医务社会工作是协助其处理由疾病或治疗而引起的各种社会心理问题，使服务对象无论是在生理、心理方面还是在社会各方面都能达到最佳的适应状态，从而因维持全人的健康而回归家庭和社会，并对不断改变的环境有良好的适应性。为此，医务社会工作具有以下功能。

①诊断与评估。社会工作者对病人及其家庭的问题与需求进行诊断，

提出解决问题和满足需求的建议和计划，以助人的行动协助病人或院方做出处置与决定。

②咨询与辅导。协助病人及其家庭在行为、态度、情绪和环境方面的适应性改变，包括社会适应方面的咨询、危机咨询、心理治疗、社会资源的咨询及支持性咨询。

③寻求与整合。寻求和安排社会资源，包括寻找病人需要的资源，适当地利用社会资源恢复病人的各种社会功能。

④处理病患与医疗体系之间的关系，协助病患处理情绪上的困扰、增强对病情及疗程的了解、适应医院的环境，及时处理医疗过程中医患之间的不良人际关系，包括处理医疗纠纷，促进医患和谐，促进医院在制度、组织和工作流程等方面不断完善。

⑤倡导与改善。促使医院内部在病人服务的政策、措施、服务程序方面做出改善，并促进医院外部相关服务组织的改善，以及工作流程的修正，以符合病人和家属的最佳利益。

⑥联系与协调。与医院内或社区机构的有关人员进行联系，以获得预防疾病、照顾病人等服务。

2. 医务社会工作的理论基础

（1）危机干预理论

危机是指一个人的正常生活因受到意外危险事件的破坏而产生身心混乱的状态。医务社会工作中更多指的是情境危机，即因生活情境的突然改变而引发的危机。危机干预就是针对患者的危机状态而开展的调适和治疗的工作方法，以帮助患者重建心理平衡与获得健康。

危机干预侧重于患者当前的创伤应激内容，限定在有限时间内用简单的技术达到个体在行为表现上的恢复，是一种在紧急情况下的、特殊的短期干预模式。其突出的特点是帮助的及时性、迅速性，关键是有效的行动。同时，危机干预注重鼓励和帮助患者更好地利用原来内在与外部的资源，不仅包括恢复或提高应变能力及问题解决的能力，还包括恢复和增强社会支持的使用。

（2）社会支持网络理论

一般来说，社会支持是指来自患者之外的情绪支持、物质援助、服务、信息、新的社会接触等各种支持的总称。由各种有形的和无形的支持构建起来的社会支持体系就是社会支持网络。社会支持网络理论认为，当人们遭遇生活事件时，需要资源以回应问题。资源分为内在资源与外在资源两种。内在资源是个人资源，包括个人的自我功能和应对能力；外在资源是社会资源，是指个人社会网络中的广度和网络中的人所能提供的社会支持功能的程度。

社会支持网络作为外在资源，按照其内涵，可以分为工具性支持和表达性支持；按照主客观来分，可以分为实际支持和主观感受。除此之外，还可以分为有形的支持与无形的支持两类。其中，有形的支持包括物质或金钱方面的支持和援助，无形的支持属于心理、精神方面的，如鼓励、安慰等情绪方面的支持等。

二 医务社会工作的基本内容与方法

1. 医务社会工作的基本内容

（1）公共卫生领域社会工作的主要内容

①通过流行病学的方法来认识社会问题对全人群健康状态和社会功能的影响，强调初级预防层面的干预。

②专注于通过干预提高社区、家庭及个人的健康水平，提高和强化他们的健康福祉和功能，尽量减少残疾发生和院舍化照顾。

③在一个多学科的环境下，由社会工作者与其他提供公众健康服务的专业人员合作，确保所有目标人群都能获得健康照顾和社会服务。

（2）疾病治疗领域社会工作的主要内容

疾病治疗领域社会工作的主要内容包括慢性疾病与长期照顾的社会工作、急诊室的社会工作、妇女儿童医务社会工作、肿瘤治疗康复与舒缓疗护社会工作。在这些领域中，医务社会工作一般在具体的服务过程中会遇到以下几类患者的问题，如医疗适应、入院和出院、伤残康复、环境适应等。针对这些问题，医务社会工作者和其他专业人员通过合作，一起参与医疗小组对病情的研讨，提供与病情有关的社会因素、经济因素及患者情绪的分析，参与治疗小组的治疗与康复计划并提出建议。

在整个过程中，医务社会工作者起到了沟通医疗小组、患者及家属的桥梁作用。其具体服务内容包括：①对于患者的出、入院安置；②协助患者对医疗过程加以了解与适应；③帮助患者适应医院环境以及相关规定；④帮助患者及其家庭人员正确认识压力，并帮助其采取相应的应对方式，以及帮助改善患者家庭人员的关系；⑤在经济方面对患者进行医疗救助；

⑥运用相应的社区资源对患者进行社会支持；⑦协调医患关系等。除此之外，医务社会工作者还要为社区中体弱多病的老年人和那些出院后尚处于康复期的病人提供服务，以及在社区中开展疾病的预防工作，通过各种形式宣传疾病的预防知识。

（3）精神卫生领域社会工作的主要内容

针对服务对象精神疾病的成因，提供综合防治的服务。具体内容包括：①针对住院服务对象，提供住院适应、心理支持、各类治疗方法整合的服务；②针对精神疾病服务对象家属，提供减轻照顾者压力、精神疾病知识辅导、情绪和社会支持等服务；③针对社区精神康复，提供普及精神健康知识、开展康复训练、链接社区资源、咨询、开展转介工作等服务。

2. 医务社会工作的基本方法

（1）个案工作方法

个案工作常常在社区紧急事件中使用，如提供危机干预咨询辅导，对开始制订疾病康复计划的个人和家庭提供临时救济；帮助家庭安家和重聚，协助家庭获取基本生活物资；对残疾或有心理和生理健康问题的个人提供特殊协助。精神疾病服务对象管理也常常通过个案管理实施个别化服务，帮助病人回归社区，恢复社会功能。

个案工作的要旨和重点在于了解服务对象和家属与疾病相关的各种社会、经济、家庭、情绪等问题。社会工作者在了解服务对象的情况后，就要针对服务对象个人的心理、家庭、职业、社会交往等影响因素做出动态性的评估和综合性的分析，并做出处置计划。社会工作者也要向医护人员提供有关服务对象状况的各项咨询，目的是通过各项资料加强医患双方的交流，这也是了解服务对象的基础。同时，社会工作者要基于了解到的情况，参与制订适合服务对象及医护需要的计划，维持必要的医患双方的信息沟通。

个案工作的基础就是收集有关服务对象的社会和心理资料，这是对服务对象进行社会和心理诊断的依据。资料收集的内容包括：①服务对象及其家庭目前所呈现的问题及成因，该问题对服务对象及其家庭的影响，以及服务对象及其家庭为解决该问题曾经尝试使用的方法及其效果；②服务对象的家庭背景、家庭结构、互动关系、经济和社会资源情况；③服务对象及其家庭对该疾病的认识与态度；④服务对象个人的成长史及行为动力分析，包括其常用的心理防卫机制；⑤病患及诊病的经过；⑥对服务对象接受帮助的意愿和使用帮助能力的预估；等等。需要注意的是，在收集资料过程中，社会工作者一定要事先阅读服务对象的病历，与医护人员商谈有关服务对象的病情，然后再收集有关服务对象的社会和心理资料，并以此为基础进行社会诊断及制订服务计划，提供社会工作服务。

(2) 小组工作方法

进行健康教育、培养良好的生活习惯，特别适合运用小组工作方法，如合理膳食、控制体重、适当运动、平衡心理、改善睡眠、限盐、控烟、限酒、控制药物依赖、戒毒等健康生活方式和健康教育，以及慢性疾病的管理和康复，如高血压、糖尿病和肾脏病等。此外，在社区中还可以通过孕妇减压小组、教育小组帮助孕妇应对压力、处理焦虑、提升照顾新生儿的能力，降低产后抑郁的发病率。

小组工作方法是尝试让服务对象及其家庭处于适宜的环境中，通过小组成员之间的互动，使其对疾病的反应与治疗有深入的了解，以恢复其对生活的信心，从而建立积极的人生观。

医务社会工作中的小组类型，按照疾病类型可划分为癌症服务对象支持小组和糖尿病服务对象互助小组等；按照小组成员的身份可分为服务对象小组、家属小组、服务对象与家属小组；按照对成员的控制程度可分为封闭式小组、开放式小组等；按照小组的功能与目标可划分为教育性小组、治疗性小组、自助性小组和支持性小组等。

其中，有相同问题或经验的人组成的支持小组近年来越来越受到病患的欢迎。支持小组的特点在于分享经验、知识与技巧，尝试应对策略，处理负面情绪。社会工作者鼓励组员交流体验，通过协助组员表达、阻止不良沟通行为，促进交流。支持小组在医疗机构中应用最多。遭受同样疾病折磨的服务对象或家庭照顾者，通过小组组员彼此之间提供的信息、建议、鼓励和感情上的支持，舒缓负面情绪，增强面对疾病的信心。支持小组作用的发挥，以社会网络理论为基础，通过小组活动以及医务社会工作者的引导，促进组员之间进行良性的互动、形成联系，根据小组成员问题的不同，形成具有支持、自助功能等不同主题的小组。

(3) 社区工作方法

社区工作是公共卫生领域最常用的方法，开展居民健康档案管理、健康教育、预防接种、0～6岁儿童健康管理、孕产妇健康管理、服务对象健康管理、Ⅱ型糖尿病服务对象健康管理、传染病及突发公共卫生事件报告和处理，以及卫生监督协管等服务。

为了扩大对服务对象提供服务的范围，医疗机构也为社区制定公共卫生方面的服务方案，在社区卫生保健工作中推行卫生教育、咨询、志愿者培训等，既为患病服务对象提供更多的服务，也为社区居民更多参与社会服务提供机会与平台。具体方法包括加强公共关系、发动志愿者、通过大众媒体发动社会力量帮助服务对象及其家庭，以及激发社区居民改善社区卫生环境的动力等。

第十一节 社区社会工作

一 社区社会工作的含义、目标、特点及理论基础

1. 社区社会工作的含义

作为社会工作的一个实务领域，社区社会工作是社会工作者针对目标社区，通过综合运用各种专业方法为社区提供多元化服务。其目的一是提高居民的社会意识，协助居民运用社区资源解决社区问题；二是协助社区居民建立友善的邻里关系，鼓励互相照顾和关怀，满足社区需求并实现社区和谐。

2. 社区社会工作的目标

（1）促进居民参与，解决社区问题

社区问题的解决应主要依靠社区居民，相信社区居民有能力处理与他们日常生活密切相关的问题。因此要帮助社区居民建立参与意识、传授解决问题的知识和技巧、培育骨干居民能力、鼓励居民参与集体行动、群策群力解决社区问题、促进推动社区自决能力的提升，同时应注重发掘居民潜能、提升居民自我形象、培养居民独立自主的精神。

（2）改善社区关系，提升社区意识

一方面，要通过与政府机构、辖区单位建立良好互动关系，表达居民的意见和诉求，同时积极争取资源，以解决社区问题和满足社区需求；另一方面，要推动各个组织建立互信互赖的关系，合力解决社区问题，促进社区凝聚力的形成，同时推动社区居民之间的沟通、交流、协商和合作，促进社区居民之间的互惠、互助，培养相互关怀的社区美德，增强社区居

民的归属感。

(3) 挖掘社区资源，满足社区需求

要挖掘社区的人力、财力和物力资源，并通过资源的合理配置来满足社区居民的需求。在这个过程中，社会工作者一方面要注意资源的挖掘，另一方面要注意资源的有效运用及结果。

3. 社区社会工作的特点

以社区整体作为自己实践领域的社区社会工作，与其他社会工作领域具有较大的区别，其具有以下特点。

(1) 以社区为服务对象

社区社会工作为居住在社区中的个人、家庭提供服务，更重要的是服务于整个社区，包括有地域界限的社区和功能社区或共同利益社区。

(2) 重点解决社区居民所面临的集体性问题

集体性问题主要是指所有社区居民都面对的问题，这些问题直接影响到社区居民的日常生活、社会交往以及各种权利等。社会工作者要敏锐地发现与居民切身利益高度相关的问题，并从这些问题入手，鼓励居民通过交流、沟通、协商、互谅达成共识，共同参与解决问题，保障和维护居民的共同利益。

(3) 采用宏观结构的视角分析和介入问题

社区问题常常与社会转型及变迁有关，涉及整个社会的政策和制度。因此，社会工作者较多采用宏观结构的视角分析和介入社区问题。

(4) 强调社区参与，关注人的发展

社区参与的理念强调社区发展的行动主体应从政府转移到民众，通过社区居民"自下而上"有组织地参与解决与他们共同利益相关的问题，来提高居民的生活质量，凝聚社区意识，提高社区生产力。社会工作者倡导和组织居民参与行动，包括参与社区决策和资源分配，共同商讨设计服务方案，执行服务方案并保障决策和服务方案有效惠及社区居民。

(5) 重视社区资源的挖掘和运用

社区资源包括社区的人力、物力、财力、组织和文化等资源。社会工作者要通过挖掘、组织和善用社区的各种资源，为社区提供整合性服务。

4. 社区社会工作的理论基础

社区社会工作的理论有很多，除了上述介绍的一些理论之外，这里重点介绍社会系统理论。

社会系统理论的主要内容可以归纳为以下四个方面：①组织是一个由个人组成的协作系统，个人只有在一定的相互作用的社会关系下同他人协作，才能发挥作用；②组织作为一个协作系统包含三个基本要素，即信息交流、做贡献的意愿和共同的目的；③组织管理者应在系统中处于相互联系的中心，并致力于获得有效协作所必需的协调；④组织管理者的主要职能是提供信息交流的体系、促成必要的个人努力、提出并制定目标。

社会系统理论为社会工作者在社区中组织社区居民、承担应尽的工作职责等提供了参考。

二 社区社会工作的基本内容、主要过程与基本方法

（一）社区社会工作的基本内容

1. 城市社区社会工作的主要内容

（1）社区公共服务

①社区就业服务。主要围绕社区的劳动就业，宣传和执行落实再就业优惠政策、开发就业岗位并鼓励多种形式就业、开展社区就业服务和就业培训等方面开展。

②社区福利服务。面向老年人、残疾人、优抚对象、青少年、贫困家庭提供各种内容的福利服务。

③社区医疗卫生服务。主要面向妇女、儿童、老年人、慢性病人、残疾人提供社区疾病预防与康复服务，面向社区普通人群、心理精神有一定问题趋向的居民提供社区精神健康服务，以及提供社区环境卫生治理服务。

④社区教育服务，包括强调教育目标的教育和教育服务功能的教育两种类型。强调教育目标的教育包括对没有接受过正规教育的居民提供补偿式教育、对不守公德和秩序的居民提供控制式教育、对居民的全面发展提供发展式教育。强调教育服务功能的教育包括提升家庭生活质量的家庭生活教育、将青少年作为重点的公民教育、以成人为对象的成人教育、面向社区全体居民的健康教育。

⑤社区治安管理与流动人口服务。主要包括承担宣传教育工作，协助基层政府、公安机关等相关部门收集有关社区治安管理的信息，以及协助流动人口更好融入城市、流动人口劳动就业管理、流动儿童的相关服务等方面。

（2）社区志愿服务

①策划社区志愿服务项目，带领志愿者开展服务；②发掘培养志愿者骨干，培育扶持社区志愿服务组织；③组织开展志愿者培训，提升服务水平；④做好志愿者管理，推动志愿服务事业持续发展。

2. 农村社区社会工作的主要内容

①农村社区建设。包括开展农村社区服务试点、提升农民的素质和能力、培育发展农村社区社会组织，以及培训外出务工人员，以推动其就业和创业等服务内容。

②农村扶贫开发。包括执行国家扶贫开发相关政策，使政策更好地惠及贫困人口，以及在一些地区开展促进农村生计发展的社会工作服务项目等服务内容。

③农村特殊群体社会服务。主要表现在：第一，为农村留守儿童提供成长服务、家庭服务、社区托管服务，以及青少年犯罪预防与行为偏差青少年矫治服务等内容；第二，为农村留守老人提供居家养老、社区养老和机构养老，以及老人文化娱乐活动和合法权益保障等服务内容；第三，为农村留守妇女提供文化娱乐、心理健康、技能训练和创业支持服务，以及协助开展保健服务等。

（二）社区社会工作的主要过程

不同地域、不同类型、不同问题的社区的居民需求存在巨大差异，因此，社会工作者要在针对目标社区进行充分调研、分析的基础上策划不同的服务方案和制订不同的计划，提供满足居民不同需求的服务。

1. 社区及发展政策的分析

①社区类型分析。我国住房制度改革，使城市社区呈现商品住宅区、单位型社区、经济适用房住宅区、老旧小区等不同的社区类型，由此形成了不同的管理体系和不同类型、不同收入的居民类型。

②社区基本情况分析。了解分析社区的地理位置、周边生态环境、名称的由来、发展历史、社区人口结构及社区组织或单位资源。

③社区问题和需求分析。在问题分析方面，着重了解分析社区的共同性问题和群体性问题；在需求分析方面，在了解居民的感觉性、表达性、规范性和比较性需求的基础上进行综合性分析。

④政策分析。围绕社会政策的层次、内容和政策过程进行分析，可以为社区社会工作的开展提供指引。

2. 社区服务及活动方案的策划

①服务及活动策划前的分析，包括服务对象及其问题分析、服务及活动的逻辑推进步骤分析。

②服务及活动策划的过程，即确认社区需求、了解社区居民或服务对象的特征、订立工作目标、评估自身的能力、制定工作进度表和程序编排六个步骤。

3. 社区服务及活动方案的执行

包括人力、财力、物力的筹备阶段，提供服务阶段，结束阶段。

4. 社区服务及活动方案的评估

包括社区服务及活动方案的评估方法选用，以及社区服务及活动方案评估内容的形成。

（三）社区社会工作的基本方法

1. 链接资源的方法

（1）了解社区资源的含义和类型

社区社会工作最突出的特点之一是通过发掘、整合和管理社区资源来协助社区居民解决问题。社区资源是指能够满足社区居民生活需求的一切自然物质资源和人为的社会文化制度，是一个社区内一切可运用的资源和各方面的力量。社区资源包括人力资源、财力资源、物力资源、文化和组织资源等方面。只要有助于社区发展的资源，都应予以发掘、动员和运用。

（2）明晰社区资源的链接方式

对于社区的各种资源，社会工作者要利用资源整合、资源共享、资源流通等方式有组织、有目标、有计划地开展各种社区服务。其中，资源整合包括社区组织之间的协调、合作的过程；资源共享是相邻的社区通过共同合作的方式，各自获得自己的利益或达到自己的目的；资源流通能够让社区组织提供的服务方案更有效率。

2. 推动居民参与的方法

（1）分析影响社区居民参与的因素

一般而言，影响社区居民参与的因素有参与价值、参与意愿和参与能力三个方面。参与价值通常有三种：第一种是不关心的态度；第二种是因自己无能而自责的态度；第三种是因无用感而缺乏参与热情的态度。参与意愿通常是居民个人的主观判断，受参与者的主观因素控制，但有时也会受客观环境的影响。参与能力受两个主要因素的影响：第一个是时间和金钱，第二个是知识和技巧。

（2）了解社区参与的层次和形式

居民社区参与的层次由低到高可以分为告知、咨询、协商、共同行动和社区自治五个层面。告知是最低层次的参与，是一种"自上而下"的单方面获得上级部门信息的过程。咨询是除了获得上级部门信息之外，还包含上级部门对反馈意见的考虑。协商是和上级部门一起了解和讨论，但一般会限定讨论议题的范围以及参与者的决策权。共同行动是决策过程中的规划共同决策，同时分担执行责任，形成了分工与合作。社区自治是最高层次的参与形式，是社区居民自己决定本社区重要的事务、何时去做等议题，并负责执行这些决策。这种参与形式是一种"自下而上"的过程。

（3）推动社区居民参与的策略

①促进社区居民对参与价值的肯定。社会工作者可以通过社区研讨会、座谈会、居民大会、社区展览会、教育讲座等社区教育和社区宣传方法，改变社区居民的冷漠态度，唤醒居民对社区问题的关注，并增强其对参与成效的信心。

②提升社区居民的参与意愿。社会工作者在选择工作的目标和方向时，一方面要考虑到居民的参与意愿，另一方面要充分考虑家人和亲友对参与意愿的影响，最好能与居民的利益挂钩。

③提高社区居民的参与能力。首先是进行参与知识和技巧的培训。其次是妥善处理缺乏时间与资源的问题。在时间方面，社会工作者要尽量考虑社区居民的需要；在资源方面，社会工作者可以提供适当的资金支持。

3. 居民能力建设的方法

①认知和思维能力的培养。包括培养掌握社区生活和共同问题的知识和资料的能力；理解资料的相互关系，批判地分析问题的能力；引申和推理的能力；进行分析和评价并提出创新建议的能力。

②行为和技巧能力的培养。包括采取个别训练和督导的方式，根据居民个体的水平和兴趣，设计训练内容；采用示范、观看、心理预习、自我引导、复习等方法，帮助居民学习公开演讲、协商、游说等复杂技巧；充分肯定模仿学习的重要性。

4. 建立社区支持网络的方法

（1）建立个人网络的方法

建立个人网络主要是针对服务对象个人的现存人际关系及其所置身的

环境中具有发展潜力的成员，通过建立联系和提升助人能力，让这些成员协助服务对象。社会工作者可以通过聚集服务对象个人现存的、有联系且有支持作用的成员，动员服务对象关系密切的重要人物提供支援，来维持和扩大服务对象的社交关系和联系范围。

（2）建立志愿者联系网络的方法

用于社区中拥有极少个人联系的服务对象，将他们与可以提供帮助的志愿者建立联系，建立一对一的帮助关系。社会工作者通过寻找和动员社区内或社区外愿意成为志愿者的大学生、社区党员、辖区单位的职工，通过合理配置，让志愿者和服务对象建立联系，提供帮助和支持。

（3）建立互助网络的方法

把面对相同问题或具有相似兴趣或能力的人聚集在一起，帮助他们建立联系，促进他们互相帮助和互相支援。社会工作者可以帮助那些有共同问题、相同背景、共同兴趣爱好的服务对象建立朋辈支持小组或互助小组，加强同伴之间的支持，促进信息分享和经验交流，提高解决问题的能力。

（4）建立邻里协助网络的方法

社会工作者可以通过举办各种活动使邻里了解服务对象，强化邻里和服务对象之间的联系，发展互助性支持，有效减少正规服务的烙印强化效果。

第八章 社会工作实务相关资源

按照社会工作的服务对象来划分,可以将社会工作实务分为儿童社会工作、青少年社会工作、老年社会工作、妇女社会工作、残疾人社会工作、优抚安置社会工作等。按照社会工作的服务层面来划分,可以将社会工作实务分为宏观社会工作、中观社会工作和微观社会工作。按照社会工作的方法来划分,可以将社会工作实务分为个案社会工作、小组社会工作和社区社会工作。若要给社会工作实务下个定义,可能指的就是社会工作的过程、方法和技巧。社会工作的过程概括来说就是尽量挖掘、联结服务对象的各项外显的和潜在的资源,最终达到助人自助的目的。本章将对社会工作实务过程中的相关资源进行逐一介绍。

第一节 志愿者

虽然关于"志愿者"一词的定义,在世界范围内并没有达成共识,但从词义上来看,"志愿者"一词包含三层含义:一是不以获得报酬为目的从事某项工作;二是自愿地从事某项工作;三是自愿地提供服务(霍恩比,2004:119)。从这个意义上看,志愿者指的是自愿的,不以获得报酬为目的,以改善自然环境、促进社会进步、增进社会福祉等为目的而提供服务的人。目前,志愿者的人数和志愿服务水平已经成为衡量一个国家社会文明发展水平的重要标准。1985年,第四十届联合国大会通过决议,从1986年起,每年的12月5日为"国际促进经济和社会发展志愿人员日"(简称"国际志愿人员日"),目的是通过每年的庆祝活动让更多的人以志愿者的身份从事社会发展和经济建设事业。从社会工作与志愿服务的发展过程来看,二者肩负的社会责任和发挥的社会功能有很多相似之处,志愿者可以为社会工作的发展提供重要的人力资源。

一 西方国家志愿服务的发展概况

受基督教影响，欧美国家很早就出现了民间自发成立的慈善组织，早期志愿服务也始于此。工业革命后，随着西方社会贫富差距的拉大及社会矛盾的不断激化，各类慈善组织、非营利组织应运而生，志愿者队伍不断壮大，志愿服务涵盖的范围也不断扩大。经过多年的发展，西方国家的志愿服务取得了良好的社会效益，而且走上了系统化、组织化、规范化的轨道。

1. 西方国家志愿服务的产生及发展

（1）萌芽阶段

志愿服务萌芽于人们互帮互助的历史，英国的志愿服务可以追溯到公元55年出现的具有互助互益性质的"友谊社"（丁开杰，2009），而美国的志愿服务则可以追溯到早期拓荒时期人们相互协作获取食物和资源的历史。可见，西方国家志愿服务的发展有着深刻的历史积淀和社会基础。现代意义上的志愿服务起源于19世纪初西方国家宗教性的慈善服务。比如，英国当时为了协调政府与民间各种慈善组织的活动，在伦敦成立了"慈善组织会社"。

（2）扩展阶段

从19世纪末到20世纪初，西方国家掀起了一场"社区改造运动"，人们把参与其中并提供无偿服务的人称为志愿者。此后，志愿者逐渐成为志愿服务的主体。欧美等国先后通过了一系列有关社会福利方面的法律法规。这些社会福利方案除了要有一大批具有职业献身精神的社会工作者去实施外，还需要动员和征募大量的志愿人员投身于各项服务工作之中。于是，志愿者的服务活动逐渐受到政府的重视和鼓励。

（3）规范阶段

二战后，西方国家的志愿服务工作走向了制度化、常态化和专业化，而且已经覆盖到人们社会生活的各个领域，为社会和谐繁荣发展做出了突出贡献。2001年国际志愿者协会（IAVE）在荷兰阿姆斯特丹召开了第十六届世界年会，通过了《全球志愿者宣言》及《全球行动方案》，为志愿者活动的国际化奠定了基础。目前，志愿服务活动已经遍布全世界的各个角落，成为跨越种族与国家的"世界通用语言"。

在英国,约半数的英国公民定期参加志愿服务活动,平均每周服务时间约为 4 小时。在法国,年满十八岁的男性需要服国民志愿役,志愿者约占法国总人口的 19%。在德国,约 30% 的成年人每月从事 15 小时以上的志愿服务工作。可见,在许多西方国家,参加志愿活动已经成为广大公民常态化的自觉行为。美国前总统奥巴马曾说美国的历史始于对志愿者的召唤,并呼吁美国公民积极参与到这项活动中,美国也一度被称为"义工的国家"(肖彦,2014:22)。

2. 西方国家志愿服务的形式及特点

西方国家志愿服务的形式主要包括专项性的志愿服务工作、专业性的志愿服务工作、公益性的志愿服务工作、社区性的志愿服务工作等。

西方国家志愿服务的特点包括志愿服务社会化程度高、服务参与大众化;志愿服务项目设置涵盖面广,涉及社会生活的各个方面;志愿服务法治化程度高,监管严格;志愿服务专业性强,与社会工作者联系紧密;政府重视程度高,创造促进志愿服务事业发展的社会环境。西方志愿服务的发展为我国提供了成功的范例。

二 中国志愿服务的发展概况

中国的志愿服务虽然起步晚,但是发展速度非常快。目前,志愿者和志愿服务活动已经成为中国社会治理、社会保障及改善民生事业的重要力量。

1. 中国志愿服务的产生及发展

虽然中国传统文化中的"仁""义""兼爱"等思想包含了志愿精神,但现代意义上的志愿服务开始得比较晚,这与我国特殊的国情有关。工业革命后,西方国家的科技、经济迅猛发展,失业、贫困等问题凸显,志愿服务的出现有效地缓解了社会矛盾,因此受到国家的重视与支持,志愿服务迅速发展起来。新中国成立初期我国实行计划经济,贫困、失业等社会问题并不明显,所以这段时期我国的志愿服务仅处于萌芽阶段,形式也相对比较单一,即在每年 3 月举行学雷锋活动。

改革开放后,随着社会与经济的迅速转型,中国开始出现真正意义上的志愿者与志愿服务活动。1987 年广州市开通了第一条志愿者服务热线,1989 年第一家社区志愿者协会在天津成立,1990 年深圳市成立了第一个注册义务工作者联合会(谭建光,2008:81)。20 世纪 90 年代,随着国际志愿者运动的兴起,我国以公益为目的的民间志愿者组织开始出现并发展。

2008年，大量的志愿者参与汶川地震及南方雪灾的抗震救灾活动，这一年也被称为"中国志愿者元年"。2008年以后，中国的志愿服务迅速发展，截至2019年10月底，中国志愿服务组织总数达67.42万个，中国志愿服务信息系统实名注册的志愿者总数为1.35亿人，服务总时间达16.7亿小时，若按照全国最低平均每小时16元计算，志愿者创造了267.2亿元的经济价值。①

2. 中国志愿服务与社会工作从分离到合作

我国的社会工作虽然产生于志愿服务，但在二者发展的过程中，又经历了从分离到合作的过程。

（1）志愿服务与社会工作相分离

虽然中国的社会工作与志愿者活动都是在改革开放之后得到恢复和发展的，但是二者发展的速度并不一样。志愿者活动以青年志愿者服务为主，主要归属于共青团管理，受到世界志愿者活动发展的影响，发展比较迅速。而社会工作则归属于民政部门管理，在改革开放初期以经济建设为中心的社会背景下，社会工作的发展受到掣肘，直到2000年后才真正发展起来。管理体制的分离，再加上发展速度不同，使二者的协调管理和协同合作受到一定的限制。

另外，中国志愿服务与社会工作的发展路径也有明显区别。中国的志愿服务是从社区志愿服务、青年志愿服务开始探索的，并在扶贫开发、环境保护、社区建设、大型赛事、国际支援、抢险救灾等方面取得了令人瞩目的成绩。志愿服务是一项始终焕发生机与活力、充满人性的高尚事业（袁媛、谭建光，2011：3），无偿性与自愿性是志愿服务的两个最主要特征。而社会工作者的培养是从高等院校开始的，强调服务的专业性和专业精神。从这个意义上看，志愿服务的范围要比社会工作服务的范围更为广，专业性要比社会工作弱。社会工作则是指专业的社会工作者所从事的服务活动，专业性强且属于有偿服务。二者不同的发展路径和自我认知在一定程度上阻碍了二者之间的合作。

（2）走向合作：志愿服务与社会工作的发展趋势

社会工作与志愿服务之间有着天然的联结，社会工作正是经历了从业

---

① 《中国实名注册志愿者达1.35亿人，服务总时间超16亿小时》，中国新闻网，http://www.chinanews.com/gn/2019/11-14/9007392.shtml，最后访问日期：2021年2月1日。

余、兴趣到专业、职业的转变。随着改革的深入发展，社会建设逐渐受到重视，民政部于 2013 年印发的《中国社会服务志愿者队伍建设指导纲要（2013—2020 年）》指出要建立社会工作者与志愿者的联动机制，充分发挥社会工作的专业优势，逐步形成社会工作者引领志愿者、志愿者协助社会工作者的格局。① 志愿者为社会工作服务的开展提供了人力资源，是社会工作开展专业服务不可或缺的力量。同时，社会工作的专业方法可以帮助志愿者提升服务质量。

在各级政府一系列相关政策的支持与各类社会团体的助推下，社会工作与志愿服务的合作方式逐渐多样化。在合作过程中，社会工作者与志愿者的关系主要表现为三种类型：进驻指导型、联动互补型、招募管理型。进驻指导型是指社会工作者进驻志愿服务站，或担任管理者，或以专家的身份对志愿服务进行服务知识与技能等方面的指导，包括服务价值理念、专业理论方法、评估指标体系等方面的内容；联动互补型是指社会工作者与志愿者在开展活动的过程中在人力资源、知识结构、社会资源等方面形成优势互补，使服务活动得到更好的开展；招募管理型是指社工机构在进行一些社会服务活动前招募志愿者，并对其进行管理，包括志愿者培训、志愿服务督导及志愿者激励等内容（民政部社会工作司，2010：73~76）。

第二节　家庭

社会工作自出现以来一直都十分关注关系问题。从 19 世纪末在英国成立慈善组织会社（COS）到当代社会，社会工作关注的核心问题始终围绕个体及其所处的社会关系。而在众多关系中，家庭被看作一切关系的缘起。作为一种社会组织，家庭始终居于社会的中心，家庭关系也被看作人们成年后一切社会关系的模本。人们成年后与他人的交往模式、互动方式都受到早年家庭生活经历的影响。因此，家庭在具体的社会工作中是不可忽略的部分。

---

① 《民政部关于印发〈中国社会服务志愿者队伍建设指导纲要（2013—2020 年）〉的通知》，中华人民共和国中央人民政府，http://www.gov.cn/gongbao/content/2014/content_2667619.htm，最后访问日期：2021 年 2 月 3 日。

一 家庭的含义及特征

1. 家庭的含义

对于家庭的研究由来已久，学者们从不同的学科背景出发，对家庭给出了不同的定义。古希腊时期人们将家庭称为 oikos，亚里士多德从私人职能方面给出了 oikos 的定义，即"为了满足人们日常生活所需自然而然形成的团体"。这个团体先天的职责是生产、子嗣的繁衍及物质生产。因此，oikos 中不仅包含人，还应包含生产资料。他指出 oikos 应该包括"丈夫、妻子、孩子和奴隶"（参见苗力田，2009：5~6）。亚里士多德认为家庭与城邦是部分与整体的关系，家庭是微型城邦。

古德（William J. Goode）（1986：13）认为家庭或多或少地包含下列关系：①至少有两个不同性别的成年人居住在一起；②他们之间存在某种劳动分工，即他们并不都干同样的事情；③他们进行许多种经济交换与社会交换，即他们相互为对方办事；④他们共享许多事情，如吃饭、性生活、居住等，既包括物质活动，也包括社会活动；⑤成年人与其子女之间有着亲子关系，父母对孩子拥有某种权威，但同时对孩子承担保护、合作与抚育的义务，父母与子女相依为命；⑥孩子们之间存在兄弟姐妹关系，共同分担义务，相互保护、相互帮助。古德认为当所有这些条件都存在时，很少有人会否认这个单位是一个家庭了。

孙本文认为，所谓家庭，是针对夫妇子女等亲属所结合之团体而言，故家庭成立的条件有三个：第一，亲属的结合；第二，包括两代或两代以上的亲属；第三，有比较永久的共同生活（参见张文霞、朱冬亮，2005：13）。

乌尔里希·贝克（2004：27）从后现代的角度论述了家庭。他认为现代家庭是基于工业社会的劳动分工建立起来的，工业社会及其典型的工作和生活模式是现代家庭稳定性的基础，但随着人类劳动力的商品化，越来越多的女性开始走出家庭、走向劳动领域，男女地位逐渐变得平等，家庭分工逐渐变得模糊，家庭的稳定性受到威胁。

可见，随着社会的变迁，对家庭的论述也发生了变化，参照以往学者们的定义，我们认为，家庭是由感情、责任、义务、婚姻、血缘以及收养等关系组成的初级群体，并且成员彼此之间的关系及感情不能替代。按照家庭组成人员的不同，我们可以把家庭分为核心家庭、主干家庭、联合家庭、丁克家庭、同性恋家庭以及隔代家庭等。

2. 家庭的特征

第一，家庭是初级社会群体。家庭成员在家庭中所扮演的角色是不可替代的，成员对家庭的投入是全身心的，成员之间的互动是面对面的直接交往，这都符合小群体的特征。

第二，家庭是一个靠某种纽带紧密联系在一起的系统。联结家庭成员的纽带一般是婚姻和血缘，也可能是法律上的收养关系、以爱情为基础的同居关系或者同性恋家庭。维系家庭的纽带不同，家庭的脆弱性和稳定性也是不同的。

第三，家庭成员间有比较长期的共同生活，经济上具有某种程度的共有共享。一般来说，一个家庭就是一个独立核算的经济单位，不但具有一定的经济资源，而且这些资源有相当大一部分（或者说全部）是全体家庭成员共享的。

第四，家庭具有一定的稳定性。家庭成员都向往拥有一个幸福而稳定的家庭，家庭中的矛盾和纠纷不可避免，但家庭成员都会维护家庭的稳定。

第五，家庭是一个历史的概念和范畴。家庭不是一开始就存在的，而是人类社会发展到特定阶段的产物。它是一个历史范畴，与人类发展的特定历史条件相联系。摩尔根认为，家庭是一个能动要素，是随着社会的发展而发生变化的。

二 家庭的功能

家庭功能亦称家庭职能。不同的社会形态、不同的社会发展阶段，家庭的功能也不相同。有些功能是所有的社会都共有的，如政治功能、生育功能、感情交往功能、赡养功能等。有些功能是某些特定历史阶段特有的。概括来说，在现代社会，家庭的功能大致包括以下几种。

1. 社会化功能

家庭是社会化的基本场所。家庭作为社会的细胞，是人们接触社会规范最初的场所。人们基本的社会规范及社会风俗都是在家庭中耳濡目染习得的。家庭的教育及影响对个人早期的社会化及一生的社会化都具有重要意义。

2. 情感支持及爱的培养功能

在人们遇到的所有社会环境中，家庭给人们提供的爱与情感互动是最多的，人们在家庭中学习爱与被爱。家庭可以为人们提供情感支持并培养人们爱的能力，温暖而有爱的家庭环境有利于儿童健康人格及积极心态的形成。

3. 生育、抚育后代及赡养老人的功能

子嗣繁衍是出现家庭的主要原因，同时是家庭的主要功能。此外，在现代社会，法律规定父母还承担着抚育孩子的责任和义务，同时子女承担相应的赡养老人的义务。

4. 消费及经济合作功能

家庭既有生产的功能，也有消费的功能。随着社会的发展，家庭的生产功能已经向家庭之外转移，而消费的功能依然保留。当今家庭的消费以家庭必需品和耐用品为主，家庭的消费水平主要由家庭的经济水平决定，也与国家有关政策有关。此外，家庭成员之间还在经济上相互合作、相互依赖。

在具体的社会工作实务中，服务对象的问题有时源于家庭功能的衰微与失效。因此，在不改变家庭环境的情况下，很难解决服务对象的现有问题。近年来，以恢复或重建家庭功能为基础的社会工作模式层出不穷，如多维度家庭治疗（multidimensional family therapy）、家庭系统疗法（family systems therapy）、依恋取向家庭治疗（attachment focused family therapy）、萨提亚家庭治疗模式（satir family therapy model）等都是以整个家庭系统为单位，强调个体与家庭的共同改变。

第三节 学校

学校是有组织、有目的、有计划、系统地传授技术知识和社会道德规范的场所，是专门为社会化建立的正式机构。学校是人们社会化的第二个场所，人的一生的主要学习都是在学校完成的。因此，学校对人们知识的获取及健康人格的养成十分重要。学校为社会工作培养专业的人才队伍、为社会工作的发展提供了重要的人力资源。在家庭社会工作、学校社会工作中，学校场域都是社会工作者需要链接的重要资源。

一 学校的社会化功能

对于青少年来说,学校是最重要的社会化场所。如果说在家庭中的社会化是通过耳濡目染实现的,那么在学校中的社会化则是有计划、有组织和半强制性的。与在家庭中受到的教育相比,儿童在学校学习的社会角色更多面向广大社会。学校的社会化功能有以下三个特点。

①作为一个教育机构,学校是社会化的专门职能单位,有严密的组织性、计划性和系统性。学校是专门为社会化目的而设立的机构,给学生提供了系统化教育的各种条件。学校教育对人的社会化具有很强的指导作用。学校帮助学生掌握特定的适应社会生活的本领,它一方面传授科学知识和技能,另一方面努力培养和建立学生的价值系统,使学生德、智、体等全面发展。

②学校是一个有组织的社会群体,与以血缘关系为纽带的家庭不同的是,人际的沟通不是以感情为主的,而是以教育目标为主的。学校通过一系列规章制度,使用强制性的方式要求学生遵守共同的行为规范。

③学校的人际交往是社会的预演。在学校中,青少年学习如何按照社会规范来扮演自己的各种社会角色,并学会根据他人的反馈不断调整自己的行为。

二 学校同辈群体

同辈群体(peer groups)是指年龄、兴趣爱好、心理发展状况等相近的个体在互动、交往过程中自发形成的一种非正式的初级群体。他们不是同一家庭的成员,但可能具有相似的地位或处于相同的阶级中。同辈群体会对青少年的心理、生理和行为产生重要影响。

一些研究显示,积极的同辈群体可以使青少年的心理健康状况更好,但是抑郁等消极心理情绪及越轨行为也会形成"同辈传染"(peer contagion)效应。心理学家通过社会网络分析发现,诸如抽烟、酗酒、打架等青少年越轨行为在同辈群体中的影响显著,"同辈传染"效应从最亲近的朋友、同学等同辈群体向外扩散,影响范围涉及朋友、朋友的朋友、朋友的朋友的朋友,呈现"三度影响规律",该效应在三度分离的人群(即"朋友的朋友的朋友")中仍然显著(Dishion,2011)。该效应的存在,使旷课、退学、打架等负面行为容易在学校同辈群体中形成扩散性影响。

三 学校氛围与教室氛围

学校氛围包括学校可观察的外显特征、学校教职工的组织行为以及学校师生的共有价值观等（Kuperminc, 1997）。一般情况下，学校氛围具有稳定性（Brand, 2008）。美国教育委员会与情感教育中心和国家学习与公民中心认为，积极的学校氛围是"成功的学校必不可少的要素，可以促进学生的成就"和学生优秀品质的形成。

相关研究显示，学生对学校氛围的理解会影响他们的校园欺凌行为，Acosta 从学校联系、同伴群体、自信心和同理心四个方面评估了学生对学校氛围的感知，认为积极的学校氛围会减少校园欺凌及其他校园越轨行为的产生（Acosta, 2019）。同时，良好的学校氛围对社区环境有积极的导向作用，可以减少社区暴力的发生（Gaias, 2019）。

除了学校氛围外，教室氛围也对学生的学校表现及积极心态的形成有影响。Barksdale 等发现，教室资源的可利用性、教室使用指南的制定、学生在教室中是否感到安全和受到关心，影响着学生的学习表现（Barksdale, Peters, and Corrales, 2019）。教室氛围越好，青少年的心理健康状况越好。

学校作为一种社会组织，有其特殊性，按照美国组织学家艾兹奥尼（Amital Etzioni）对社会组织的划分，学校对于教师来说是规范-功利性组织，对于学生来说是规范-强制性组织（参见吴康宁，2003：250~252）。[①] 学校有丰富的人力资源，不仅为社会工作的发展提供了大量专业人才，同时是各种社会活动所需志愿者的孵育基地。学校的特殊性、学校的社会化功能、校园文化及同辈群体的影响，将对人们的一生产生影响。因此，无论是在学校社会工作、家庭社会工作中，还是在其他社会工作中，学校都是社会工作者需要重视的资源。

---

① 艾兹奥尼将社会组织分为三种基本类型：强制性组织、功利性组织和规范性组织。强制性组织对其成员的控制主要依靠物理的威逼手段，功利性组织对其成员的控制主要依靠物质的刺激手段，而规范性组织对其成员的控制则主要依靠精神的监督手段。

第四节 社区

现实生活中的人们不仅组成了各种各样的社会群体，参加各种类型的社会组织，而且在地缘的基础上形成了各种互帮互助、相互联系的生活共同体。这个共同体就是社会学所说的社区。共同体最早是由德国社会学家斐迪南·滕尼斯提出的。滕尼斯（1999：52~53）在《共同体与社会》里提到，"一切亲密的、秘密的、单纯的共同生活，（我们这样认为）被理解为在共同体里生活。社会是公众性的，是世界。人们在共同体里与同伙一起，从出生之时起，就休戚与共，同甘共苦。人们走进社会就如同走进他乡异国"。中文"社区"是从英文翻译过来的，进一步突出了地域性含义。1933年，费孝通等在翻译美国著名社会学家帕克的社会学论文时，第一次将community译成社区（参见吴忠民，2004：95）。在社会工作实务中，无论是在老年社会工作、妇女社会工作、学校社会工作中，还是在家庭社会工作中，社区都是具体社会工作实践所要考虑的重要资源。

一 社区的含义

美国芝加哥大学帕克指出，"社区的基本特点可以概括如下：第一，它有一群按地域组织起来的人群；第二，这些人群程度不同地深深扎根在他们所生息的那块土地上；第三，社区中的每一个人都生活在一种相互依赖的关系中（参见周运清等，2004：251）"。美国学者英克尔斯认为，"社区的存在是：一些住户比较集中地住在一定界限的地理区域中；这些居住者表现出坚固的内聚性及相互作用；并且具有共同成员感、共同隶属感"（参见周运清等，2004：25）。中国学者结合中国国情，认为社区是进行一定社会活动、具有某种互动关系和共同文化维系力的人类群体及其活动区域（郑杭生，2003：272）。

虽然学者们对社区的定义不完全相同，但社区一般具有以下几个构成要素。①空间，如村落、集镇等，其社区形态都存在于一定的地理空间中。现在一般认为社区的空间是自然地理空间和社会心理空间的结合。②人群。一定数量的人口是社区不可缺少的条件，同时人口的数量、集散疏密程度以及人口素质等，都是影响社区的重要方面。③情感上的认同和归属。社区中共同生活的人们会因具有共同的利益、面临共同的问题、具有共同的需要而结合起来活动。在这一过程中，人们产生了某些共同的行为规范、生活方式及社区意识，如共同的文化传统、民俗、归属感等。④公共设施。社区的居民是要生活的，这就需要公共设施，如商店、学校、娱乐设施、医疗卫生设施等。若一个社区没有这些公共设施，那么社区居民的生活就会受到影响。

从社会工作的范畴来看，对"社区"概念和含义的理解要突出以下两个方面：一方面，社区可以是一种地理的性质，或被称为"利益社区"；另一方面，社区成员间存在联系和互动，以保证人们能享有共同的态度及与他人的联系。所以一般将社区定义为，居住于某一地理区域内，具有共同关系、社会互动及服务体系的一个人群。这种社区有六个主要功能：社交的场所、人际影响的中心、相互支持、作为组织的基础、作为一个参照群体、作为展示自我的场所（陈钟林，2005：170）。

二　社区的类型

1. 按社区形成的方式可以分为自然社区和法定社区

自然社区是按照居民聚居地自然形成的，其划分常常以河流、山丘、建筑群落为界，如自然村落。

法定社区是国家行政机关按照行政管理的需要，通过行政区划的规定，并用法律的形式固定下来的，如城市里各区管辖的范围。

2. 按社区的功能可以分为专能社区和综合社区

专能社区是指社区在其多重功能中某一功能具有主导地位，形成独有的社区特色，如大学城旅游景区等。

综合社区是指社区的多重功能较为均衡，没有明显的行业主导趋向的社区。

3. 按社区的地域可以分为城市社区和农村社区

城市社区，是指在特定的区域内，由从事各种工商业及服务业人口所组成的社会。其主要特点是：人口密度大，异质性强；以商业和服务业为主，职业种类繁多；具有各种复杂的制度、信仰、语言和多样化的生活方式；具有结构复杂的各种群体和组织；家庭的规模和职能缩小，血缘关系淡化，人际关系松散；思想、政治、文化相对发达。

农村社区，是指居民以农民为主，经济活动主要是从事农业生产的区域社会。其主要特点是：人口密度低，同质性强，流动较少；经济活动简单；风俗习惯和生活方式等受传统势力影响较大；分工简单，社会化程度低，职业分工远不如城市复杂；家庭在生活中起着重要作用，血缘关系浓厚，人际关系密切。

三 社区参与

社区参与（community engagement）是指个人与其他社区成员合作和互动的内在动机。也就是说，社区参与度高的成员可能会帮助其他成员并与其他社区成员一起参加社区活动（Hollebeek，2017）。国外有关社区参与的研究主要集中在社区参与和行为改善、健康改善之间的关系。

1. 社区参与可以促进社区环境的可持续发展

Cheng 等发现，居民在积极参与社区组织和公共事务时，会对社区环境的可持续发展更加关注，并且更愿意预防或解决遇到的环境问题，因此对参与环保行动表现出极大的兴趣。居民的社区参与将显著地影响其对环境负责的行为。这意味着，当居民积极主动地参与社区事务或通过担任社区组织的重要职务时，居民对社区的可持续发展和社区日常生活中关键问题的关心就会更多。此外，在社区参与公共事务的过程中，个人可以养成负责任的行为，社区也可以实现改善（Cheng et al.，2019）。

2. 社区参与有利于改善社区居民的卫生及健康状况

Connor 等证明社区参与对改善人们的卫生行为的有效性。他们在 10 个贫民窟社区中实施了一个儿童生存项目，并在干预区每两个月举行一次会议，分享有关早夭儿童的信息。结果发现，与非干预区相比，干预区的家庭卫生健康行为显著改善（Connor et al.，2019）。Nickerson 等研究了难民的心理健康与社区参与之间的关系。他们将社区参与定义为难民个人或家庭与社区中的其他个人、团体或组织之间的定期互动。结果表明，社区参与可以有效缓解难民的抑郁症状（Nickerson et al.，2019）。

一些学者发现，互联网可以促进社区参与。Kim 等利用居住在首尔 25 个地区的 890 名年龄在 19～59 岁的在线调查数据样本，检验社交网络服务（social networking services，SNS）依赖性与首尔居民的本地社区参与之间的关系。结果发现，SNS 依赖性与所有本地社区参与变量均呈正相关。此外，他们还发现封闭的 SNS（例如 KakaoTalk）比开放的 SNS（例如 Facebook 或 Twitter）更可能促进社区参与（Kim et al.，2015）。

社区是社会的基本单元，各国对社区建设都十分重视。良好的社区环境既可以丰富老年人的生活，为青少年营造良好的成长氛围，也可以为社会的可持续发展提供助力。

在社区建设的实践中，我国逐渐探索出具有中国特色的三社联动的社区建设模式，即在政府的主导下，以群众需求为导向，以社区建设为基础、社会组织为载体、社会工作者为支撑的，社区、社会组织及社会工作者的互联、互动、互补。

第五节　重要他人

重要他人（significant others）是社会工作实务的相关资源之一。"重要他人"这一概念是美国社会学家米尔斯（C. W. Mills）在米德（C. H. Mead）的自我发展理论的基础上提出来的。重要他人，是指对个体的自我概念（self-concept）具有重要影响的人。以往的研究将重要他人概括为两种角色：一种是模范者角色，即为个体角色扮演提供参照的角色；另一种是规范者角色，指为个体规定行动规范的角色。

一般来说，第一个重要他人是父母或代理父母之职者，后来兄弟姐妹、家里的朋友以及其他一些非亲非故者陆续加入儿童的重要角色之列（波普诺，1999：149），扮演重要他人的角色。广义上的重要他人是指对个体的社会化过程具有重要影响的具体人物。这不仅包括家庭中的有关人员，还包括个体进入学校、工作单位中对其社会化过程有重要影响的人，如老师、朋友、领导、同事等。个体结婚后，其配偶也可成为重要他人。

儿童时期是个人社会化最重要的时期，自我概念在这一时期形成。英国心理学家伯恩斯（R. Burns）指出，儿童对自己的期望是在自我概念基础上发展起来的，与自我概念相一致，其后继的行为也决定于自我概念的性质（章志光，1996：94）。这表明自我概念会影响儿童的行为，而模仿重要他人则是儿童自我概念发展的一个重要阶段。但是，在不同的发展阶段，重要他人的构成也不同。

在学龄前阶段，重要他人主要是家长。父母对个体的终身发展有重要的作用，对于学前儿童来说影响最大。家庭是个体接触社会的第一个舞台，父母是引导儿童接触社会的第一任教师，父母的言行举止对儿童的教养态度、期望和评价都直接或间接地影响着儿童对自我的认识和评价。

在小学阶段，教师开始发挥可能超越家长的影响力。在小学高年级阶段，同伴的影响力会明显增加。事实表明，在儿童发展的过程中，教师对儿童自我概念的形成与发展发挥着长期、重大而持续的影响，并且这种影响的性质很难为其他途径的影响所取代。因此，在儿童社会工作中，家长、教师这样的重要他人的作用不可忽视。儿童是祖国的未来和希望，做好儿童社会工作意义深远。

青少年时期是个体生理成熟、心理还没有完全成熟的危机时期。在这一时期，青少年从重要他人那里获得的社会支持具有可靠同盟、价值增进、工具性帮助、陪伴支持、情感支持、亲密感、冲突、惩罚和满意度等调节功能（王成果，2003），而这些功能对于青少年来说是非常重要的。因此，在日常生活中，家长和教师要注意示范作用，并提供其他一切可以提供的榜样，适当强化积极模仿。对于青少年来讲，他们的个性正在形成和发展中，家长、教师以及一些杰出人物是他们模仿的对象，能潜移默化地影响青少年的智慧、情感和意志的发展。从一定程度上来说，在青少年自主性和独立性相对较弱的情况下，他们的社会化在很大程度上受重要他人的影响。

对于大学生来讲，重要他人的支持有助于缓解他们的心理危机。有研究发现，大学生感受到的不同重要他人的支持越多，其焦虑水平越低。[①]换言之，不同重要他人的积极的社会支持有助于降低大学生的焦虑水平。同时，与其他重要他人相比，来自异性朋友的积极的社会支持，对降低大学生的特质焦虑水平可能更为有效。由此看来，异性朋友在大学生心中占据着十分重要的地位。社会工作者应充分了解不同时期不同重要他人的不同影响。

重要他人对女性社会工作也有重要意义。有学者在研究归因时发现，重要他人在女性的归因中有重要意义（强海燕，1999）。从归因的性别差异研究结果来看，他人的评价、他人的情感反应和行为等都是影响女性的原因推论的重要因素。许多研究发现，重要他人的言行对女性的原因推论影响很大，这里的"重要他人"主要是指父母、教师、男友或丈夫。归因

---

① 20世纪70年代初，美国心理学家斯皮尔伯格的状态－特质焦虑理论及状态－特质焦虑问卷的问世开辟了特质焦虑研究的新领域。该理论认为，焦虑按其使用方式的不同可以分为状态焦虑和特质焦虑两种。所谓特质焦虑，是指在焦虑倾向上表现出的相对持久的稳定的个体差异。

上性别差异的原因是复杂的,但的确与不同的社会化过程有关,特别是在这个过程中重要他人对女性的影响。霍根(D. Horgan)的一个研究发现,当问到女大学生的重要他人是怎样看待她们的成功时,有不少重要他人对女性的成功给予挫伤其自尊心的评价,如得到的评价总是"很好……但是……"句型。在日常生活中,妇女的成功也通常被看作不重要的和偶然的,得到的往往是打击性的赞扬。受重要他人的影响,女性往往低估自己的成功。

此外,重要他人还为女孩树立了成功与失败归因的"榜样"。例如,母亲认为自己被提拔是运气,这就是在教女孩是什么"引起"了女性的成功。从中可以看出,女性成功与失败归因的消极模式的形成受其社会化过程中重要他人的影响。但是,这个事实从反面告诉社会工作者,使重要他人在女性归因模式形成过程中产生积极影响,将会大大有利于女性建立积极的归因模式。例如,将努力与成绩联系起来,进行积极影响;强调成功的一面,从而给予积极的影响;等等。因此,社会工作者可以得到这样的启示:既然女性的消极归因模式的形成与她们周围的重要他人对其行为的成功与失败结果的消极反馈有很大的关系,那么改变重要他人的消极态度和消极影响将有助于女性形成积极的归因模式,正确看待自己和自己的成功,形成积极的工作和生活态度。

第六节　社会组织

社会组织具有鲜明的时代性,它与特定发展阶段的社会需求相对应,是为满足不断变化的社会需求而产生的。改革开放以来,随着经济、社会的高速发展,中国的社会结构也急剧发生变化,中国社会的主要矛盾已经转化为人民日益增长的美好生活需要和不平衡不充分的发展之间的矛盾,政府和市场已经很难满足人们日益多样化的社会需求。因此,国家治理结构也在寻求转型,为社会释放出更多的空间。近年来,随着一系列促进社会组织发展的政策的出台,中国社会组织进入了快速发展期,这为社会组织与社会工作的发展都带来了新的机遇。

一　社会组织的内涵及特征

因处于不同的社会发展阶段,不同国家对社会组织的划分标准和定义也不相同。在国际上,社会组织通常是指非营利组织(NPO)和志愿者组织。我国第一次在政府文件中系统提到社会组织是在党的十六届六中全会《关于构建社会主义和谐社会若干问题的重大决议》(以下简称《决议》)中(王名,2010:7)。《决议》指出要"支持社会组织参与社会管理和公共服务",要"完善培育扶持和依法管理社会组织的政策"。在此种政策背景的预设下,社会组织的作用是弥补国家和市场的不足,参与社会管理,提供公共服务,而且社会组织的发展需要依靠国家相应的政策制度支持。虽然在党的十八届三中全会后,国家逐渐重视社会组织,但仍没有改变对社会组织发展的基本预设。因此,目前国内学界对社会组织的研究主要是将其置于国家互动的结构情境中,在"国家-社会"这个理论框架下进行的(黄晓春,2017)。

社会组织独立于政府部门和市场体系之外,也称非政府组织、非营利组织、民间组织、第三部门等。它具有组织性、非政府性、非营利性、志愿性、民间性、自治性等特征(黄晓春,2014)。

社会组织可以不受市场失灵及政府失灵的限制,为社会提供服务或公共物品。市场以经济规律为基础,强调自由竞争关系。社会组织则不以营利为目的,追求社会公益,强调社会公共性。相对于政府部门而言,社会组织更加灵活,能对社会需求迅速做出回应;能针对不同社区、不同群体的需求,提供多元化的服务。此外,社会组织扎根于民间,具有适应性,能根据现实情况迅速调整工作方式与方法。

二 中国社会组织的发展概况及问题

民众日益多样化的需求与政府直接供给能力的不足是社会组织发展的原动力。历史上,我国缺少孕育社会组织的土壤。传统的中国社会是建立在家族基础上的熟人社会,差序格局及私人关系是这个社会的特点,重"私域"而缺少公共性。新中国成立后,计划经济时期单位制的产生将社会中的个体从"个体-家族"的轴线中拉出嵌入"个体-单位"的轴线中,单位在一定程度上取代了家族,成为人们可以依赖的场所,为人们提供各种他们所需要的东西。

改革开放后,我国经历了经济体制的急剧转型及快速城镇化,单位制逐渐弱化,于是个体又从"个体-单位"的轴线中脱离出来,人们不再附属于家庭或单位,真正作为个体而存在,于是需求变得越来越多元化。政府的相关政策只能满足中位民众的需求，无法满足多样化的需求。家庭及单位制式微，政府在提供公共服务时又遇到失灵现象，于是亟须社会组织来缓解压力。

从此种意义上讲，中国社会组织的发展是从改革开放开始的，改革开放后，政府逐渐为社会释放出更多的空间，社会组织逐渐壮大起来。1988年，我国登记注册的社会组织仅有4446个，而到2020年3月已经超过86万个。目前，随着政府管理改革的深入，我国社会组织发展进入快速发展期，这不仅表现在社会组织数量的增加，也表现在与社会组织相关的社会政策、相关立法朝着更完善、更成熟的方向发展。党的十八届三中全会以来，国家先后提出要实现"国家治理体系的现代化""创新社会治理体制""充分激发社会组织活力"等，并逐渐重视"政社分开"，各级政府也在不断探索"政社合作"的方法。

较西方发达国家，我国社会组织的发展虽然起步晚，在探索中不断前进，但在很多方面都取得了令人满意的成就。目前，我国社会组织的服务领域包括教育、医疗卫生、抗险救灾、社区工作、慈善事业、社会帮扶救助等方面。社会组织不仅为留守儿童、孤寡老人、退休职工等各种社会群体提供服务与帮助，还为社区建设、地方自治事业的发展贡献力量。但社会组织在发展过程中也出现一些问题，值得我们深思。

第一，对政府的依赖性强，与政府的关系呈现一种"依附性自主"样态。中国社会组织的发展嵌入中国社会体制改革、治理结构转型的大背景中，发展之初离不开政府的引导与支持，在发展过程中又需依靠政府的项目和资金，因此表现出一种形式上的高独立性与实际上的高依附性相结合的"依附性自主"状态。这就导致政府推动的社会组织在数量、规模、专业性等方面都要超过民间社会组织（黄晓春，2017）。社会组织的发展落后于真正的社会需求。

第二，社会组织增量多，但真正产生社会效益的很少。在政府治理体制改革、政府政策支持的宏观环境下，社会组织的准入门槛降低，社会组织的增速可观，但大多规模较小，真正有影响力且能产生社会效益的比较少。

第三，社会组织发展的法治化程度低，管理监督不规范。目前，中国社会组织发展面临着宏观政策支持、中观政策不健全的困境，即宏观理想条件与现实制度配置不匹配。现实制度存在实体规范少，相关政策制度之间不协调、不配套等问题。而且社会组织在运行时缺少有效的机制对其进行监督管理，资金透明度低，这在一定程度上降低了社会组织的公信力。

第四，缺乏专业人才，自身能力不足。自身专业性不足是限制社会组织发展的最主要因素之一。目前，很多社会组织的管理人员都由政府部门工作人员兼任，社会组织专职工作人员较少甚至没有。缺少专业社会工作者，再加上监管机制不健全，社会组织很难保障自身的服务质量。

三 中国社会组织未来的发展方向

针对我国现阶段社会组织发展的特点，中国社会组织未来的发展应该主要考虑以下几个方面。

第一，在推进"政社分开"的同时培养公众的公共意识，为社会组织的发展拓展出更多公共空间。目前，社会组织发展的主要困境在于一方面过度依赖政府，独立性不强；另一方面社会公共性欠缺，民众公共意识不强。若无公共意识，社会组织的发展不可能有实质性的进展，也不太可能有实质性的社会协同与公众参与。简单来说，公共意识是伴随着公共性的产生而来的，公共性生产是指人们从私域中走出，参与公共生活，维护公共利益，遵守公共规范的过程（李友梅、肖瑛、黄晓春，2012）。

第二，规范相应法制法规，健全相关立法，为社会组织的发展营造良好的法治环境。社会组织的登记注册、项目投标、项目管理、日常监管、资金公开等都需要依照相应的法律法规进行，以使社会组织在健全和稳定的法治环境里有序结社与发展。

第三，培养专业人才，促进社会组织专业化发展。一方面，注重对在职的社会组织工作人员进行专业培训，规范社会工作者考试制度，鼓励在职的社会组织工作人员参加专业资格考试，并定期对其进行考核；另一方面，注重对专业社会工作者的招募，培养专职工作人员。

第四，开辟多种资源渠道，营造适度竞争的公共服务市场。目前，社会组织的项目大多来自政府购买，即政府购买服务，所以有些社会组织会按照政府偏好运行，公共性与自主性偏低。另外，指定购买和"圈内"购买导致公共服务外包市场的竞争性不强，不利于社会组织服务质量与效率的提高。

第七节 政府组织

政府是一个历史范畴,在人类发展的不同时期,其意义也不太一样。政府的词根"govern"在古希腊时期有掌舵之意。从功能论出发,古希腊时期的政府是有引导、控制功能的组织形式。不同时期的学者对政府的定义不同,比如,英国近代启蒙思想家洛克(1996)将政府看作公意志的执行者及权力"裁判者";恩格斯认为国家是与社会分离且居于社会之上的力量。民族国家建立起来后,政府又代表着统治及权力。从这些定义中我们能看出政府最原初的功能,即掌舵、引导及控制,只是不同时期采用的方式不同。从20世纪中期开始,西方国家掀起了以英国合作型政府为代表的政府职能改革运动,对我国产生了深远影响。目前,服务型政府和合作型政府也是我国政府组织的改革方向。

一 政府组织的定义及组成

政府组织和其他组织一样,是由相互依赖、相互协调的众多部分组成的组织系统。我们可以分别从狭义与广义两个方面来理解这个概念,狭义的政府组织仅仅指国家机构中执掌行政权力、履行行政职能的行政机构,如我国的各级人民政府。一般情况下,我们所说的政府指的是狭义政府组织。(孙关宏等,2008:124)

广义的政府组织泛指各类国家权力机构,包括一切依法享有制定法律、执行和贯彻法律,以及解释和应用法律的公共权力机构,即从中央到地方的全部立法机关、司法机关和行政机关(孙关宏等,2008:124)。从广义上看,政府组织的组成部分包括以下几个方面。

1. 国家主席

国家主席是一个国家在实际上或形式上对内对外的最高代表,在政府机构体系中处于实质或象征性的首脑地位。国家主席不是个人权力的体现,而是一个重要的国家机关。

2. 立法机关

立法机关是指有权制定、修改或废止法律的国家机关。在政府机构体系中,立法机关最基本的职能或者说最重要的作用就是将统治阶级的意志上升为国家意志,形成有普遍约束力的法律规范。

3. 行政机关

行政机关即狭义的政府,是行使国家管理权力的机关。它以强制力为后盾,使国家意志得到贯彻执行,处理国家的内政、外交、军事等方面的行政事务。无论在哪个国家,行政机关都处在政府体系中的重要位置。

4. 司法机关

司法机关是指行使审判权和检察权的国家机关。司法机关最基本的职能是通过审理、惩罚等手段来保证国家意志的实现,使统治阶级确立的社会规范得到全面遵守,以维护统治阶级所需要的社会秩序(李爱华,2001:146)。

二 政府组织的特征与职能

1. 政府组织的特征

(1) 合法性

政府组织的合法性首先表现为政府权力的获取及运用必须符合宪法及相关法律法规的规定;其次表现为政府组织的产生程序必须符合宪法和有关法律或惯例,并得到人民的认可(孙关宏等,2008:126)。

(2) 权威性

政府是以国家名义进行政治活动的主体。它具有制定、颁布和执行国家法律、法令的权力。这种权力以国家暴力机关为后盾,对社会的所有组织和成员具有普遍的约束力。

(3) 整体性

为了有效地管理各种复杂的社会事务,政府虽然有相应的分工,各机关有特定的任务和功能,但国家是统一的整体,国家主权不可分割,因此,政府的各组成部分相互联系、相互配合,构成一个完整严密的组织体系。

(4) 公共性

政府组织的权力无论是从源泉上还是从用途及目的上来看都必须是公共的,它不是执政党或某个集团的牟利工具,而是需要服务于公共利益(孙关宏等,2008:126)。

2. 政府组织的职能

现代政府组织一般有政治职能、经济职能和社会事务管理职能(彭澎，2002：217）。①政治职能就是民主与专政的职能，这是政府组织的首要职能，直接体现国家的性质和作用。②经济职能就是对社会经济进行宏观调控和管理的职能。③社会事务管理职能包括公共服务和精神文明建设的职能，向社会公众提供教育、文化、科技、卫生、体育、社会保险、环境保护等公共服务，提高公民的思想道德素质和科学文化素质，这是政府组织的基本职能。

三 中国社会治理体制改革的趋势

随着改革开放的深入发展，中国的经济迅速增长，民众的需求日益多元化；城镇化的迅速推进，城乡之间、不同城市之间的流动性增强，使社区居民的构成日益复杂化。同时，政治的日益民主化使民众的主体意识及权利意识也在不断增强。于是，社会公共事务的治理呈现日益复杂的态势，以往全能型政府的管理模式已经很难满足人们日益增长的美好生活需要。从 20 世纪 90 年代开始，西方国家开始进行政府管理体制改革，"高效化""网络化"成为改革的重点。在这种环境背景下，中国社会治理体制也在寻求变革。

1. 治理理念的转变：由管理型政府向服务型政府转变

2007 年，中共十七大报告明确提出要建设服务型政府。2019 年，党的十九大报告进一步提出要转变政府职能、深化简政放权、增强政府公信力和执行力，建设人民满意的服务型政府。① 可见，服务型政府建设已经成为中国政府管理体制改革的一个重要方面。服务型政府是对政府服务职能的强调，表明政府的治理理念已经从以经济建设为中心，转移到关注民生建设、注重公共产品及公共物品的提供上（竺乾威，2019）。我们可以从以下四个方面来理解服务型政府：首先，政府的服务对象是人民、社会、市场；其次，服务的内容包括满足人民日益增长的美好生活需要，为市场提供良性竞争的环境，为社会拓展出更多公共空间等；再次，服务的方式可以是通过"政府购买服务"，也可以是通过制定更加规范完善的相关法制法规，还可以通过多方协作；最后，服务效果的评估应该以民众及社会的满意度为标准。

---

① 《人民日报整版探讨：建设人民满意的服务型政府》，人民网，http://opinion.people.com.cn/n1/2018/0909/c1003-30281187.html，最后访问日期：2021 年 2 月 1 日。

2. 职能结构的转变：日益重视政府的社会事务管理职能

近年来，随着对政府服务能力的日益重视，各级政府都在积极探索如何更好地对社会公共事务进行管理，为公众提供更好的公共服务。政府的社会事务管理职能日益被重视起来。社会事务与民生息息相关，政府已经将民生问题放到与经济发展、社会建设同等重要的位置，主要解决公众日常关心的问题，如农民工子女教育问题、城市住房问题、孤寡老人照顾问题、就业失业问题等。

3. 社会治理方式的转变：由全能型向有限型、合作型政府转变

党的十九大报告提出要打造共建共治共享的社会治理格局，并提出要完善党委领导、政府负责、社会协同、公众参与、法制保障的社会治理体制。① 多元主体参与社会治理一方面可以缓解政府的压力，另一方面可以提升公众的公共意识，并且可以为公众提供其真正需要的公共产品及服务。合作型政府是指打造政府内与政府外的良好的合作环境，避免资源浪费，最大限度地发挥合作的功效。

第八节 社会政策

社会政策与实践相关，与社会不同发展时期解决社会问题的实践密不可分。因此，我们很难给出社会政策的确切定义（杨团、关信平，2006：165）。社会政策的含义是根据各国的社会发展程度、关注的民生问题、社会问题等相关问题而定的。总体看来，社会政策有广义和狭义之分。广义的社会政策是指所有产生福利效应的政治、经济、文化等社会领域的政策；狭义的社会政策仅指与公民生活息息相关，旨在提高公民社会福利的政策。社会政策是现代社会的产物，我国开始社会政策实践相对于西方发达国家较晚，是从改革开放开始的，而对社会政策的学术研究则开始于20世纪末。我国对社会政策的实施及研究还处于探索阶段。

一 社会政策的产生与发展

社会政策的产生可以追溯到1601年英国颁布的《伊丽莎白济贫法》，

---

① 《打造新时代共建共治共享的社会治理格局》，人民网，http://theory.people.com.cn/n1/2018/0108/c40531-29750868.html，最后访问日期：2021年2月1日。

也就是后来所说的旧济贫法。它通过一系列措施为当时社会的弱势群体提供帮助，如为流离失所的人们建立收容所，为有劳动能力的人提供劳动场所，组织儿童和穷人学习，强调父母和子女的社会责任，从富裕地区征税补贴贫穷地区等（钱宁，2006：35）。虽然当时并没有"社会保障""社会福利""社会政策"的概念，但是从中可以看出由经济发展带来的社会问题的增加，国家开始在社会生活领域承担责任，为公众提供相应的社会保障与社会福利。

"社会政策"的概念是由德国经济学家在19世纪80年代提出的，当时正值德国工人运动的高峰，德国社会劳资冲突严重，为了安抚工人阶级、维护社会的稳定，俾斯麦政府颁布了一系列社会政策来缓和阶级冲突，如《职工疾病社会保险法》《工伤事故保险法》《老年和残疾社会保险法》等（孙光德、董克用，2016）。1891年，德国学者瓦格纳（W. Adelph）在发表的一篇论文中第一次提出了"社会政策"的概念，即社会政策是运用立法和行政的手段，以争取公平为目的，清除分配过程中的各种弊害的国家政策（杨团，2000）。

二战后，社会政策进入了实践及快速发展阶段，随着英国建立了"从摇篮到坟墓"的社会福利制度，西方国家也在实践中不断探索适合本国的社会政策。20世纪70年代，西方国家经济增长速度放缓，高额的福利支出给政府财政带来了巨大压力。在总结社会政策实践经验的基础上，西方国家开始改革社会政策，改革主要表现在以下三个方面。

首先，在分配方式上，除了注重经济资源的再分配外，还兼顾社会关系的再分配。马歇尔的公民权利理论认为，公民身份包含三个要素，即公民权利、政治权利与社会权利。经济资源的再分配只能满足公民的社会需求，但不能解决社会弱势群体所面临的社会排斥问题，即弱势群体如何行使公民权利的问题。所以社会政策要拓宽干预范围，促进公民在社会权利、政治权利及社会权利分配上的平等。正如沃克所说，社会政策的实践过程就是公民社会资源、社会权利及社会地位的再分配过程（Walker，1984：400）。

其次，在提供主体方面，逐渐跳出国家福利模式，社会政策主体趋向多元化。随着福利国家的财政负担加重，社会政策研究者在实践中重新阐释了社会政策的内涵，认为"社会政策"不是一个与经济政策相对立的概念，而是可以与其相互协作，社会政策也具有投资功能，如投资环保、投资教育等。因此，社会政策不再仅着眼于为公众提供公共产品及公共服务，而是开始寻找公共服务提供的多元主体，于是，政府开始从直接提供者向补贴者、监管者及引导者过渡。

最后，在研究取向上，从狭义的社会政策向广义的社会政策转变。正如拉特里迪斯所说，20世纪70年代以后，从广义上研究社会政策的学者在不断增多，他们跳出社会福利的局限，倾向于从一种更宽泛的、更综合的方向去研究社会政策（Iatridis，1994：137）。美国学者们认为社会政策是"社会的"政策，而不只是"社会福利的"政策。美国的《社会工作词典》将"社会政策"定义为一个社会的活动和原则，这些原则是一个社会价值观及社会规范、社会惯习长期作用的结果，涉及资源配置的方式及人们的福利水平（Barker，1999：335）。

二 中国社会政策的产生与发展

改革开放前，我国实行的是计划经济体制。新中国成立初期，经济基础薄弱，政府的重心在工业发展，而且以经济建设为中心，对社会福利层面的关注比较少，但这个阶段仍有类似于农村"五保"制度、城镇职工的单位福利等非典型的社会政策。之所以说社会政策是非典型的社会政策，是因为这类政策的保障范围小，也并非针对社会弱势群体。

改革开放后，随着经济的快速转型与政府职能的转变，社会与市场的活力逐渐增强，社会政策开始发展起来。20世纪90年代，我国颁布了《城市居民最低生活保障条例》，旨在为城市生活困难人口提供保障。2000年以来我国逐渐注重民生问题，出台了一系列与民生相关的社会政策，涉及教育、医疗、养老、卫生等各个领域，逐渐建成了制度上全覆盖的社会医疗及养老保险体系。此外，我国还修订了与社会政策相关的各种方案，涉及妇女保障、老年人保障、残疾人保障、青少年保障等内容（王思斌，2019）。

2010年之后，我国的社会政策向精细化发展，一方面不断完善社会政策的结构体系，扩大保障范围，加大保障程度，提高城乡之间及城市地区之间的保障水平；另一方面，寻求与其他组织合作，探索社会政策的多元主体，并通过政府购买服务、定制项目等方式进一步提升社会公共服务质量。

2015年后，"脱贫攻坚""精准扶贫"是我国社会政策的重要成功实践，截至 2020 年 3 月 2 日，我国中部地区贫困县贫困发生率已经降至 2% 以下，西部地区降至 3% 以下。① 2021 年 2 月 25 日习近平同志在全国脱贫攻坚总结表彰大会上宣布，中国脱贫攻坚战取得了全面胜利，现行标准下农村贫困人口实现全部脱贫。

全面建成小康社会后，我国的社会政策应该怎样发展？不同的学者持有不同的意见，有的学者认为我国的社会福利仍处于偏低水平，应该继续加大对社会福利的投入与支持力度，我国的社会政策应该朝着"福利社会"发展，并认为这是实现"共享发展"的重要途径；而有的学者则认为社会福利的过快增长会带来一系列问题，我们应吸取欧洲国家的前车之鉴，警惕陷入"高福利陷阱"。

---

① 《全国又有 8 个省市贫困县全部脱贫摘帽》，央视网，http://www.cpad.gov.cn/art/2020/3/2/art_624_113402.html，最后访问日期：2021 年 3 月 4 日。

参考文献

Alfred Kadushin，1985，《社会工作会谈》，张隆顺译，台湾：桂冠图书有限公司。

Ballew Cournoyer，1997，《社会工作实务手册》，万育维译，台湾：洪叶文化事业有限公司。

Ballew & Mink，1998，《社会工作个案管理》，王介等译，台湾：心理出版社。

Barry Cournoyer，1997，《社会工作实务手册》，万育维译，台湾：洪叶文化事业有限公司。

白秀雄，1989，《社会福利行政》，台湾：三民书局。

Barbra Teater，2013，《社会工作理论与方法》，余潇、刘艳霞、黄玺、吴腾译，华东理工大学出版社。

查尔斯·H.扎斯特罗等，2005，《社会工作实务：应用与提高》，晏凤鸣译，中国人民大学出版社。

陈良瑾，1994，《中国社会工作百科全书》，中国社会出版社。

陈杏铁、张正义，2003，《老年社会工作》，中国人民大学出版社。

陈钟林，2005，《社区工作方法与技巧》，机械工业出版社。

David Howe，2011，《社会工作理论导论》，陈香君、吴筱枫译，台湾：五南图书出版公司。

戴维·波普诺，1999，《社会学》（第十版），李强等译，中国人民大学出版社。

Dean H. Hepworth, Ronald H. Rooney, and Joann Larsen，1999，《社会工作直接服务：理论与技巧》，张宏哲等译，台湾：洪叶文化事业有限公司。

丁开杰，2009，《英国志愿组织联盟与志愿者参与实践——以英格兰志愿组织理事会（NCVO）为例》，《理论月刊》第3期。

范克斯、肖萍，2001，《团体社会工作》，社会科学文献出版社。

斐迪南·滕尼斯，1999，《共同体与社会》，林荣远译，商务印书馆。
甘炳光、梁祖彬等，1998，《社区工作：理论与实践》，香港：香港中文大学出版社。
古德，1986，《家庭》，魏章玲译，社会科学文献出版社。
顾东辉，2004，《社会工作的价值观、冲突及对策》，《北京科技大学学报》（社会科学版）第2期。
顾东辉，2005，《社会工作概论》，上海译文出版社。
顾东辉，2011，《社会工作概论》，复旦大学出版社。
关信平，2017，《当前我国社会政策的目标及总体福利水平分析》，《中国社会科学》第6期。
郭静晃，2006，《青少年心理学》，台湾：洪叶文化事业有限公司。
何洁云，2001，《小组工作程序计划簿》，香港：香港理工大学应用社会科学系。
何雪松，2007，《社会工作理论》，上海人民出版社。
霍恩比，2014，《牛津高阶英汉双语词典》（第六版），商务印书馆。
黄陈碧苑、廖卢慧贞、文锦燕，2005，《交往技巧的运用与分析》，清华大学出版社。
黄东兴，2000，《中国残疾人实用全书》，华夏出版社。
黄丽华，2003，《团体社会工作》，华东理工大学出版社。
黄晓春，2014，《非协同治理与策略性应对——社会组织自主性研究的一个理论框架》，《社会学研究》第3期。
黄晓春，2017，《中国社会组织成长条件的在思考——一个总体性理论视角》，《社会学研究》第1期。
Jane Wonnacott，2015，《社会工作督导》，赵环、魏雯倩等译，华东理工大学出版社。
Jerry M. Burger，2004，《人格心理学》，陈会昌等译，中国轻工业出版社。
吉儿·佛瑞德门、金恩·康姆斯，2009，《叙事治疗：解构并重写生命的故事》，易之新译，张老师文化实业有限公司。
简春安、赵善如，2010，《社会工作理论》，台湾：巨流图书公司。
Leon H. Ginsberg，2005，《社会工作评估——原理与方法》，黄晨熹译，华东理工大学出版社。
李爱华，2001，《现代政治学》，北京师范大学出版社。

梁传孙、伍锐明、吴敏洁，2008，《社会工作实践：认识自我与沟通技巧》，商务印书馆。

李汉林，2008，《变迁中的中国单位制度回顾中的思考》，《社会》第3期。

李迎生，2004，《社会工作概论》，中国人民大学出版社。

李迎生，2018，《社会工作概论》，中国人民大学出版社。

李友梅、肖瑛、黄晓春，2012，《当代中国社会建设的公共性困境及其超越》，《中国社会科学》第4期。

李增禄，1986，《社会工作概论》，台湾：巨流图书公司。

李增禄，2002，《社会工作概论》，台湾：巨流图书公司。

廖荣利，1985，《社会工作学》，台湾：三民书局。

廖荣利，1988，《社会工作理论与模式》，台湾：五南图书出版公司。

林聚任、刘玉安，2004，《社会科学研究方法》，山东人民出版社。

林胜义，2002，《社会工作概论》，台湾：五南图书出版公司。

林胜义，2008，《社会工作概论》（修订版），台湾：五南图书出版公司。

林万亿，1999，《当代社会工作——理论与方法》，台湾：五南图书出版公司。

刘梦、陈丽云，2004，《小组工作手册——女性成长之路》，中国人民大学出版社。

罗国振、文军，2006，《现代意识与都市发展：社会学的视角》，华东师范大学出版社。

洛克，1996，《政府论》（下篇），叶启芳、瞿菊农译，商务印书馆。

《马克思恩格斯选集》（第四卷），1995，中共中央马克思恩格斯列宁斯大林著作编译局，人民出版社。

《马克思恩格斯选集》（第四卷），2012，中共中央马克思恩格斯列宁斯大林著作编译局，人民出版社。

Malcolm Payne，2005，《现代社会工作理论》，何雪松、张宇莲、程福财、丁慧敏译，华东理工大学出版社。

Martin Payne，2012，《叙事疗法》，曾立芳译，中国轻工业出版社。

马洪路，2003，《社会康复学》，华夏出版社。

麦克·怀特，2012，《叙事治疗的实践》，丁凡译，张老师文化事业股份有限公司。

麦克·怀特，2013，《故事、知识、权力：叙事治疗的力量》，廖世德译，华东理工大学出版社。

苗力田，2009，《亚里士多德全集》（第九卷），中国人民大学出版社。

Michael P. Nichols and Richard C. Schwartz，2005，《家庭治疗基础》，林丹华等译，中国轻工业出版社。

民政部社会工作司，2010，《社会工作与志愿服务关系研究》，中国社会出版社。

莫藜藜，2002，《有效督导的督导策略》，台湾儿童暨家庭扶助基金会印制。

帕梅拉·特里维西克，2010，《社会工作技巧：实践手册》（第二版），肖莉娜译，格致出版社。

彭澎，2002，《政府角色论》，中国社会科学出版社。

钱宁，2002，《社区建设中的社会工作探索》，云南民族出版社。

钱宁，2006，《现代社会福利思想》，高等教育出版社。

强海燕，1999，《成功与失败归因的女性模式与教育》，《陕西师范大学学报》（哲学社会科学版）第2期。

全国社会工作者职业水平考试教材编写组，2018，《社会工作综合能力》（中级），中国社会出版社。

全国社会工作者职业水平考试教材编写组，2020，《社会工作实务》（初级），中国社会出版社。

全国社会工作者职业水平考试教材编写组，2020，《社会工作实务》（中级），中国社会出版社。

全国社会工作者职业水平考试教材编写组，2020，《社会工作综合能力》（初级），中国社会出版社。

全国社会工作者职业水平考试教材编写组，2020，《社会工作综合能力》（中级），中国社会出版社。

Robert Adams，2013，《赋权、参与和社会工作》，汪冬冬译，华东理工大学出版社。

Sheldon D. Rose，2003，《青少年团体治疗——认知行为互动取向》，翟宗悌译，华东理工大学出版社。

斯基德莫尔，2005，《社会工作行政：动态管理与人际关系》，张曙等译，中国人民大学出版社。

宋丽玉、曾华源、施教裕、郑丽珍，2002，《社会工作理论：处遇模式与案例分析》，台湾：洪叶文化事业有限公司。

隋玉杰、杨静，2019，《个案工作》，中国人民大学出版社。

孙关宏、胡雨春、任军锋，2008，《政治学概论》（第三版），复旦大学出版社。

孙光德、董克用，2016，《社会保障概论》（第五版），中国人民大学出版社。

谭建光，2008，《志愿中国》，人民出版社。

唐纳德·霍克特、查尔斯·L.马丁，2003，《团队引导技巧》，陈帆译，云南人民出版社。

维吉尼亚·萨提亚等，2019，《萨提亚家庭治疗模式》，聂晶译，世界图书出版社公司。

王成果，2003，《青少年心理危机与危机干预》，《中国青年研究》第1期。

王刚义，1990，《社会工作学》，吉林大学出版社。

王名，2010，《社会组织概论》，中国社会出版社。

王思斌，1998，《社会工作导论》，北京大学出版社。

王思斌，1999，《社会工作概论》，高等教育出版社。

王思斌，2003，《社会工作概论》，高等教育出版社。

王思斌，2006，《社会工作概论》，高等教育出版社。

王思斌，2014，《社会工作概论》（第三版），高等教育出版社。

王思斌，2019，《我国社会政策的"自性"特征与发展》，《社会学研究》第4期。

文军，2007，《社会工作人才队伍专业化与职业化建设》，《新资本》第1期。

文军，2010，《社会工作模式：理论与应用》，高等教育出版社。

文军，2013，《西方社会工作理论》，高等教育出版社。

文军、吴越菲，2016，《超越分歧：社会工作整合理论及其应用》，《社会科学》第3期。

乌尔里希·贝克，2004，《风险社会》，何博闻译，译林出版社。

邬沧萍，1999，《社会老年学》，中国人民大学出版社。

吴贵峰，2019，《单位类型、公共福利与城镇中等收入群体社会地位获得——基于深圳市城镇住户调查数据》，《南方人口》第2期。

吴康宁，2003，《教育社会学》，人民教育出版社。

吴武典，2003，《学校心理辅导原理》，世界图书出版公司。

吴忠民，2004，《社会学理论研究》，中共中央党校出版社。

肖彦，2014，《论志愿者精神》，博士学位论文，中南大学。

夏学銮，1991，《论社会工作价值教育的问题》，载亚洲及太平洋地区社会工作教育协会、中国北京大学社会学系主编《现状 挑战 前景:亚太地区社会工作教育研讨会论文集》,北京大学出版社。

谢美俄,1993,《老人长期照护的相关论题》,台湾:桂冠图书股份有限公司。

徐永祥,2004,《社区工作》,高等教育出版社。

徐震、林万亿,1999,《当代社会工作》,台湾:五南图书出版有限公司。

许莉娅,2013,《个案工作》(第二版),高等教育出版社。

杨团,2000,《社会政策的理论与思索》,《社会学研究》第4期。

杨团、关信平,2006,《当代社会政策研究》,天津人民出版社。

叶楚生,1986,《社会工作概论》,台湾:同泰印刷局。

叶兴华,2003,《社会工作职业化、专业化过程中的政策选择》,《华东理工大学学报》(社会科学版)第3期。

袁媛、谭建光,2011,《中国志愿服务:从社区到社会》,人民出版社。

曾家达,2001,《21世纪中国社会工作发展国际研讨会论文集》,中国社会科学出版社。

翟进、张曙,2003,《个案社会工作》,社会科学文献出版社。

张乐天,1997,《社会工作概论》,华东理工大学出版社。

张乐天,2003,《社会工作概论》,华东理工大学出版社。

张乐天、徐玲,2003,《社会工作基础知识》,上海社会科学院出版社。

张文霞、朱冬亮,2005,《家庭社会工作》,社会科学文献出版社。

张雄,1999,《个案社会工作》,华东理工大学出版社。

张雄,2000,《个案社会工作》,华东理工大学出版社。

张兆球、苏国安、陈锦汉,1999,《活动程序计划、执行和评鉴》,香港城市大学出版社。

章志光,2004,《社区工作》,高等教育出版社。

赵芳,2005,《团体社会工作——理论·实务》,知识产权出版社。

郑杭生,2003,《社会学概论新修》(第三版),中国人民大学出版社。

周运清,2004,《社会学大纲新编》,武汉大学出版社。

朱眉华,2003,《社会工作实务》(上),上海社会科学出版社。

竺乾威,2019,《服务型政府:从职能回归本质》,《行政论坛》第5期。

Barker, R. L. 1999. *The Social Work Dictionary* (4th ed.). Washington, DC: NASW Press.

Bowen, M. 1966. "The Use of Family Theory in Clinical Practice." *Comprehen-*

sive Psychiatry (7): 345-374.

Brager G., Spech H., and Torczyner J. L. 1987. *Communinty Organizing* (2nd). New York: Columbia University Press.

Christopher Barksdale, Michelle L. Peters, and Antonio Corrales. 2019. "Middle School Students' Perceptions of Classroom Climate and its Relationship to Achievement." Educational Studies 47: 84-107. Accessed September 3, 2019. https://doi.org/10.1080/03055698.2019.1664411.

Compton, B & Galaway, B. 1999. *Social Work Processes* (6th ed). Brooks/Cole Publishing Company.

Emily Cummings O'Connor, et al. 2019. "Piloting a Participatory, Community-based Health Information System for Strengthening Community-based Health Services: Findings of a Cluster-randomized Controlled Trial in the Slums of Freetown." *Global Health* 9 (1).

Farley, O. W., Smith L. L, and Boyle S. W. 2003. *Introduction to Social Work* (9th) Boston: Allyn and Bacon.

Fox, R. 1987. "Short-term, Goal-oriented Family Therapy." *Social Casework*.

Gabriel P. Kuperminc. 1997. "Perceived School Climate and Difficulties in the Social Adjustment of Middle School Students." *Applied Developmental Science* (1).

Germain, C & Gitterman, A. 1980. *The Life Model of Social Work Practice*. New York: Columbia University.

Gingerich, W. J. 1990. Rethinking Single-case Evaluation. In L. Videka-Sherman & W. J. Reid (Eds.), *Advances in Clinical Social Work Research*, pp. 13-24. Silver Spring, MD: NASW Press.

Hartman, A. 1994. Diagrammatic Assessment of Family Relationships. In B. R. Compton& B Galaway (Eds.), *Social Work Processes* (5th ed., pp. 153-165). Pacific Grove, CA: Brooks/ Cole.

Hepworth, D. H. & Larsen, J. A. 1986. *Direct Social Work Practice: Theory and Skills*. Chicago, IL: Dorsey Press.

Hepworth, Dean H., Ronald H. Rooney, Glenda D. Rooney, and Kimberly Strom-Gottfried. 2017. *Direct Social Work Practice: Theory and Skills*. 10th ed. Boston: Cengage Learning.

Hollebeek, L. D. 2017. "Virtual Brand Community Engagement Practices: a Refined Typology and Model." *Journal of Services Marketing* (31).

Hollis, F. & Woods, M. 1981. *Casework: a Psychosocial Therapy* (3rd ed.). New York: Random House.

Hutchins, D. E., & Vaught, C. C. 1997. *Helping Relationships and Strategies* (3rd. Ed). Pacific Grove, CA. Brooks/Cole.

Iatridis, D. 1994. *Social Policy Institutional Context of Social Development and Human Services*. California: Brook/Cole Publishing Company.

Johnson, L. C. & Yanca, S. J. 2004. *Social Work Practice: a Generalist Approach* (8th ed). MA: Allyn & Bacon.

Joie Acosta. 2019. "Understanding the Relationship between Perceived School Climate and Bullying: a Mediator Analysis," *Journal of School Violence* 18 (2).

Kirst-Ashman, K. K. & Hull, G. H. 1999. *Understanding Generalist Practice* (2nd ed). Chicago: Nelson-Hall Publishers.

Larissa M. Gaias. 2019. "Positive School Climate as a Moderator of Violence Exposure for Colombian Adolescents." *American Journal of Community Psychology* 63 (2).

Levi, C. S. 1976. "The Value Base of Social Work." In *Journal of Education of Social Work* Vol. 9, No. 1.

Middleman, R. R. & Wood, G. G. 1990. *Skills for Direct Practice in Social Work*. New York: Columbia University Press.

Miley, K., O'Melia, M., & DuBois, B. 1998. *Generalist Social Work Practice: an Empowering Approach* (2nd ed). Needham Heights, MA: Allyn & Bacon.

Nickerson, A. et al. 2019. "Longitudinal Association between Trust, Psychological Symptoms and Community Engagement in Resettled Refugees." *Psychological Medicine* 49 (10).

Pillari, V. 2002. *Social Work Practice-theories and Skills*. Boston, MA: Allyn & Bacon.

Reamer, F. G. 1995. *Ethics and Values In Encyclopedia of Social Work* (19th ed). Washington: NASW Press.

Sheafer, B. W. , Horejsi, C. R. , and Horejsi, G. A. 2000. *Techniques and Guidelines for Social Work Practice* (5th ed). Needham Heights, MA: Allyn & Bacon.

Simons, R. & Aigner, S. 1985. *Practice Principles: a Problem Solving Approach to Social Work*. New York: Macmillan Publishing Company.

Slater, J. and Depue, R. A. 1981. "The Contribution of Environmental Events and Social Support to Serious Suicide Attempts in Primary Depressive Disorder." *Journal of Abnormal Psychology* (90): 275–285.

Stephen Brand. 2008. "a Large Scale Study of the Assessment of the Social Environment of Middle and Secondary Schools: the Validity and Utility of Teachers' Ratings of School Climate, Cultural Pluralism, and Safety Problems for Understanding School Effects and School Improvement." *Journal of School Psychology* 46 (4).

Thomas J. Dishion. 2011. "Peer Contagion in Child and Adolescent Social and Emotional Development." *Annual Review of Psychology* (62).

Tien-Ming Cheng, Homer C. Wu, John Ta-Ming Wang, & Min-Rong Wu. 2019. "Community Participation as a Mediating Factor on Residents' Attitudes towards Sustainable Tourism Development and their Personal Environmentally Responsible Behavior." *Current Issues in Tourism* 22 (14).

Trotzer, J. P. 1980. "Develop your Own Guidance Group: a Structural Framework for Planning and Practice." *The School Counselor* 27: 341–349.

Walker, A. 1984. *Social Policy*. Oxford: Blackwell.

Wells, R. A. 1994. *Planned Short-Term Treatment* (2nd ed.). New York: Free Press.

Yong-Chan Kim, Euikyung Shin, Ahra Cho, et al. 2015. "SNS Dependency and Community Engagement in Urban Neighborhoods: the Moderating Role of Integrated Connectedness to a Community Storytelling Network." *Communication Research* 46 (1).

Zastrow, C. H. 2003. *The Practice of Social Work: Applications of Generalist and Advanced Content* (7th ed). Brooks/Cole-Thomson Learning.

后 记

我国社会工作在快速发展的进程中，对知识更新和实务精进都提出了更高要求。2006年出版以来，《社会工作实务手册》得到了广大社会工作专业教师、学生和实务工作者的厚爱，这激励我们不断对此书加以修改完善。通过本次修订，本书增加了对本土经验的总结和提炼，更好地呈现了我国社会工作理论和实务的新发展趋势。

本次修订工作的参与者较第一版有一些变动。第一章"社会工作概述"和第二章"社会工作的职业特质"，原作者分别是华东师范大学文军教授和吴同老师，本次分别由文军教授和陕西师范大学张方旭老师修订；第三章"社会工作实务通用过程"仍由笔者负责；第四章"社会工作实务具体方法"原作者是刘华丽副教授，本次由华东理工大学陈蓓丽副教授承担相关写作工作；第五章"社会工作实务常用模式"仍由华东理工大学王瑞鸿副教授修订；第六章"社会工作实务基本技能"由华东理工大学费梅苹教授修订；第七章"社会工作实务主要领域"由华东理工大学仝利民副教授修订；第八章"社会工作实务相关资源"由陕西师范大学张方旭老师重写。

衷心感谢社会科学文献出版社参与本书审校工作的编辑老师，他们认真审校书中的每处文字表述，严谨敬业的态度令人敬佩！

朱眉华

2021年8月20日

图书在版编目(CIP)数据

社会工作实务手册 / 朱眉华,文军主编. -- 2 版. -- 北京:社会科学文献出版社,2022.2(2025.2重印)
(社会工作丛书.第二辑)
ISBN 978 - 7 - 5201 - 9654 - 3

Ⅰ.①社… Ⅱ.①朱… ②文… Ⅲ.①社会工作 - 手册 Ⅳ.①C916 - 62

中国版本图书馆 CIP 数据核字(2022)第 012666 号

社会工作丛书　第二辑

社会工作实务手册(第二版)

主　　编 / 朱眉华　文　军

出 版 人 / 冀祥德
责任编辑 / 孟宁宁
责任印制 / 王京美

出　　版 / 社会科学文献出版社·群学分社(010)59367002
　　　　　 地址:北京市北三环中路甲29号院华龙大厦　邮编:100029
　　　　　 网址:www.ssap.com.cn

发　　行 / 社会科学文献出版社(010)59367028

印　　装 / 三河市尚艺印装有限公司

规　　格 / 开　本:787mm × 1092mm　1/16
　　　　　 印　张:25.5　字　数:429千字

版　　次 / 2022年2月第2版　2025年2月第4次印刷

书　　号 / ISBN 978 - 7 - 5201 - 9654 - 3

定　　价 / 69.00元

读者服务电话:4008918866

版权所有 翻印必究